新时期中国适度普惠型儿童社会福利制度建设研究

戴建兵 著

上海科学普及出版社

图书在版编目（CIP）数据

新时期中国适度普惠型儿童社会福利制度建设研究/戴建兵著．—上海：上海科学普及出版社，2016.11
 ISBN 978-7-5427-6823-0

Ⅰ.①新…Ⅱ.①戴…Ⅲ.①儿童福利—福利制度—研究—中国　Ⅳ.①D632.1

中国版本图书馆CIP数据核字（2016）第245190号

责任编辑　吴隆庆

新时期中国适度普惠型儿童社会福利制度建设研究
戴建兵　著
上海科学普及出版社出版发行
（上海中山北路832号　邮政编码200070）
http://www.pspsh.com

各地新华书店经销　上海龙兴印刷有限公司印刷
开本787×1092　1/16　印张20.25　字数408,000
2016年11月第1版　2016年11月第1次印刷

ISBN 978-7-5427-6823-0　定价：55.00元

本书如有缺页、错装或坏损等严重质量问题
请向出版社联系调换

序

进入新时期，中国儿童社会福利制度发生重大变化。随着孤儿津贴的建立，中国儿童社会福利制度逐渐由补缺型向适度普惠型转变。

本书以全面建设小康社会为背景，以中国儿童社会福利制度发展进程为线索，探索到2050年两个"一百年"时中国儿童社会福利制度的发展蓝图。本书基于福利经济学的基本原理，以公平理论、需要理论和制度分析理论等为分析框架，依据中国人口经济社会发展预测，构建起包含三个发展阶段到2050年为止的适度普惠型儿童社会福利制度。

本书具有较强的理论意义和现实意义。首先，在一个儿童数量众多的国家建立面向全体儿童的社会福利体系，其本身的困难和所需的财政保障就要求必须分阶段推进。其次，从家庭对儿童的保障过渡到国家为全体儿童提供福利，这在儿童社会福利体系的模式选择上是一种变革。再次，本书关于儿童社会福利建设理念、模式、内容体系以及运行机制的探索，关于适度普惠型儿童社会福利体系的构建都体现着社会福利模式的创新，对发展适度普惠型儿童社会福利制度的探索有重要理论价值。

本书有以下几个显著特点：

（1）**全面性、系统性**。本书较全面系统地探索自新中国成立以来中国儿童社会福利制度的发展历程，并分析存在的问题以及建立适度普惠型儿童社会福利制度的必要性、可行性。全书基于中国儿童社会福利制度的现状以及未来经济社会和人口发展的可能，提出全面建立适度普惠型儿童社会福利制度的发展蓝图。本书提出的一些理念、原则、发展思路以及建设儿童社会福利制度的模式和路径，对于中国未来儿童社会福利制度的发展有重要参考价值。

（2）**前瞻性**。本书关于中国儿童社会福利制度蓝图的构建是基于中国两个"一百年"的发展战略和中国人口经济社会发展趋势做出的预测，具有一定的前瞻性和预测性。本书关于适度普惠型儿童社会福利内容体系、资金保障、法律体系、运行机制等的构建都以中国未来发展可能图景为依据，以中国社会发展进程为背景，较好地预见了在一个经济逐渐走向发达的国家所应提供的儿童社会福利模式，其前瞻性清晰可见。

（3）**应用性**。本书的基础数据和基本情况来自于对中国社会的调查，本书的基本思想和基本理论对民政部门建设儿童社会福利体系有重要参考价值。同时，有关的建设蓝图以及儿童社会福利绩效评价体系对于推进民政部门工作也有重要帮助。本书旨在与理论界以及民政实务部门共同探讨未来中国儿童社会福利制度发展的愿景和目标。因此，本书的现实意义是帮助人们认识到发展儿童社会福利的意义和价值，以及如何建设有中国特色的儿童社会福利体系。

本书借鉴和参考了许多同行的经验和研究成果，以及实践部门的工作经验，在此一并表示感谢！希望本书的出版对于发展中国儿童社会福利制度有益。

作　者
2016 年 10 月

目录 Contents

第一章 导论

第一节 研究背景与研究意义 1
一、研究背景 1
二、研究意义 2

第二节 文献综述 4
一、国外研究综述 4
二、国内研究综述 10
三、国内外研究述评 22

第三节 研究目标与研究内容 25
一、研究目标 25
二、研究内容 25

第四节 研究方法与技术路线 26
一、研究方法 26
二、技术路线 29

第二章 相关概念和理论基础

第一节 相关概念 30
一、福利、社会福利和社会福利制度 30
二、儿童和儿童社会福利 34
三、三种形态的儿童社会福利制度 37

第二节 理论基础 41
一、制度分析理论 41
二、福利测量与提供理论 46
三、公平理论 52
四、需要理论 54

第三章　中国适度普惠型儿童社会福利制度的由来与现状

第一节　中国适度普惠型儿童社会福利制度的由来 …… 61
　　一、补缺型儿童社会福利制度形成与奠基阶段（1949-1965）…… 62
　　二、补缺型儿童社会福利制度破坏与停滞阶段（1966-1978）…… 63
　　三、补缺型儿童社会福利制度恢复与发展阶段（1979-1988）…… 63
　　四、补缺型儿童社会福利制度大发展阶段（1989-2000）…… 64
　　五、适度普惠型儿童社会福利制度孕育与萌芽阶段（2001-2009）…… 66
　　六、适度普惠型儿童社会福利制度初创阶段（2010-现在）…… 77

第二节　中国适度普惠型儿童社会福利制度的现状 …… 88
　　一、调查概况 …… 88
　　二、儿童社会福利覆盖范围现状 …… 105
　　三、儿童社会福利内容体系现状 …… 108
　　四、儿童社会福利财政支出现状 …… 117
　　五、儿童社会福利法律法规现状 …… 119
　　六、儿童社会福利管理运行现状 …… 120
　　七、儿童社会福利绩效评价现状 …… 123

第四章　中国适度普惠型儿童社会福利制度现状评估

第一节　取得成就 …… 125
　　一、覆盖范围逐步从孤儿扩大到困境儿童和困境家庭儿童 …… 125
　　二、福利内容逐步从单一服务发展到服务与津贴综合提供 …… 127
　　三、福利水平逐步从低水平向高水平发展并实现自然增长 …… 129
　　四、法律法规逐步完善并建立起儿童社会福利专门的法律 …… 131
　　五、管理机构不断健全并逐步完善儿童社会福利管理机制 …… 132

第二节　存在问题 …… 133
　　一、儿童社会福利尚未实现全面覆盖 …… 133
　　二、福利内容中需增加津贴和服务项目 …… 135
　　三、财政资金投入儿童社会福利相对不足 …… 137
　　四、综合性的《儿童福利法》亟需制定 …… 138
　　五、儿童社会福利管理职能亟需整合 …… 138
　　六、儿童社会福利绩效评价有待完善 …… 140

第三节 存在问题的原因分析 ·· 140
一、经济发展较长时间处于不发达水平 ························· 141
二、财政支出规模和结构相对不合理 ···························· 144
三、儿童社会福利政策相对滞后 ··································· 150
四、对儿童社会福利认识相对不足 ······························· 152
五、结论及其启示 ·· 153

第五章 中国适度普惠型儿童社会福利制度建设机理分析

第一节 中国适度普惠型儿童社会福利制度建设必要性分析 ······ 155
一、有利于促进社会公平 ·· 155
二、有利于增加社会福利 ·· 156
三、有利于社会力量参与 ·· 157
四、有利于满足儿童需要 ·· 157

第二节 中国适度普惠型儿童社会福利制度建设可行性分析 ······ 158
一、具备的经济基础 ··· 158
二、具备的政治基础 ··· 158
三、具备的思想基础 ··· 159

第三节 中国适度普惠型儿童社会福利制度建设的理念与思路分析 ······ 160
一、建设理念 ·· 160
二、建设思路 ·· 164

第四节 中国适度普惠型儿童社会福利制度建设的基本原则 ······ 166
一、政府主导，社会参与原则 ······································· 166
二、逐步扩大，循序渐进原则 ······································· 166
三、适应经济，适度普惠原则 ······································· 167
四、统筹兼顾，逐步统一原则 ······································· 167

第五节 中国适度普惠型儿童社会福利制度建设路径分析 ········· 168
一、中国儿童社会福利制度建设进程与经济社会发展的关系 ···· 168
二、中国人口经济社会发展进程预测 ···························· 169
三、中国适度普惠型儿童社会福利制度"三阶段"路径选择 ····· 172

第六章　中国适度普惠型儿童社会福利制度建设探索

第一节　儿童社会福利覆盖范围扩大探索 ················ 174
一、儿童分类划分及其理论依据 ················ 174
二、覆盖范围扩大的三阶段探索 ················ 176

第二节　基于 SSM 的儿童社会福利内容体系构建探索 ················ 179
一、SSM 及其在儿童社会福利中运用的可行性 ················ 179
二、感知和表述儿童社会福利问题情境 ················ 185
三、儿童社会福利制度目标活动模型构建 ················ 188
四、目标活动模型与现实世界比较 ················ 194
五、SSM 方法下儿童社会福利内容体系三阶段构建 ················ 211

第三节　儿童社会福利财政资金保障探索 ················ 222
一、适度普惠型儿童社会福利制度下满足需要的支出分析 ················ 222
二、微观视角下满足儿童个体需要福利标准的确定 ················ 227
三、宏观视角下儿童社会福利财政支出规模三阶段测算 ················ 234
四、适度普惠型儿童社会福利制度财政支出可能性分析 ················ 254
五、适度普惠型儿童社会福利制度财政支出保障机制 ················ 259

第四节　儿童社会福利法律法规体系建设探索 ················ 261
一、尽快出台《儿童福利法》或《儿童福利条例》 ················ 261
二、尽早构建完善的儿童社会福利法律法规体系 ················ 262
三、尽力保障儿童社会福利法律法规的贯彻实施 ················ 264

第五节　儿童社会福利管理运行建设探索 ················ 264
一、整合行政管理职能 ················ 264
二、健全行政管理机构 ················ 266
三、完善行政管理规章 ················ 268
四、创新行政管理方式 ················ 269
五、推进社会化管理 ················ 270

第六节　基于 AHP 方法的儿童社会福利绩效评价建设探索 ················ 271
一、AHP 方法及其在儿童社会福利领域运用的可行性 ················ 271
二、适度普惠型儿童社会福利绩效评价指标体系构建 ················ 274
三、基于 AHP 方法的绩效评价实证分析 ················ 279
四、基于 AHP 方法的儿童社会福利绩效评价过程管理 ················ 287

五、促进中国适度普惠型儿童社会福利绩效评价的建议 ································ 289

第七章　结语

第一节　基本结论 ································ 292
　　一、中国适度普惠型儿童社会福利制度建设需要经历三个阶段 ················ 292
　　二、中国适度普惠型儿童社会福利制度可从三个维度来建设 ··················· 292
　　三、中国适度普惠型儿童社会福利制度建设需要完善三大保障机制 ········· 293

第二节　创新与不足 ································ 294
　　一、特色与创新 ································ 294
　　二、存在的不足 ································ 296

参考文献

中文文献 ································ 297
　　一、著作类 ································ 297
　　二、学位论文类 ································ 299
　　三、期刊论文类 ································ 300
　　四、其他类 ································ 306

英文文献 ································ 309
　　一、著作类 ································ 309
　　二、学位论文类 ································ 312
　　三、期刊论文类 ································ 312
　　四、其他类 ································ 313

第一章　导论

第一节　研究背景与研究意义

一、研究背景

　　进入新时期，中国儿童社会福利制度取得重大进展。2010年开始，民政部在全国范围为全体孤儿发放基本生活津贴。这是中国实施的第一项普惠型儿童社会福利，标志着中国儿童社会福利元年的到来[1]。2012年，民政部又在全国范围内为全体艾滋病病毒感染儿童发放基本生活津贴，建立起第二项普惠型儿童社会福利，标志着中国儿童社会福利制度向适度普惠型儿童福利发展。2013年6月，民政部下发《关于开展适度普惠型儿童福利制度建设试点工作的通知》，决定在江苏昆山、浙江海宁、河南洛宁、广东深圳四地开展适度普惠型儿童社会福利制度建设第一批试点，要求试点地区充分认识适度普惠型儿童社会福利制度建设的重大意义，明确适度普惠型儿童社会福利制度建设的基本内涵和工作重点，切实加强领导，扎实推进。2014年4月，民政部发布《关于进一步开展适度普惠型儿童福利制度建设试点工作的通知》，宣布北京市房山区等46个市（县、区）成为第二批试点地区。第一批和第二批试点工作的开展，拉开了中国适度普惠型儿童社会福利制度建设的序幕。

　　试点过程中，试点地区高度重视适度普惠型儿童社会福利制度建设工作，在儿童社会福利标准确立、资金筹集、管理机构设置、管理制度建设、福利内容扩展、福利提供方式和福利传导机制等方面进行一系列创新，采取切实有效的措施，力争扩大儿童社会福利覆盖面、增加儿童社会福利项目、提高儿童社会福利水平。各地以儿童利益最大化为原则，完善儿童福利机构，建立儿童社会福利督导制度和城乡一体的福利服务网络，取得较大成就。然而，适度普惠型儿童社会福利制度建设是一项系统工程，不会一蹴而就，试点过程中也出现一些困难和困惑，需要在理论上厘清适度普惠型儿童社会福利制度建设的理念和思路；需要根据中国人口、经济、社会发展水平构建有中国特色的适度普惠型儿童社会福利制度发展蓝图；需要对儿童社会福利标准进行测算，对财政支出水平和财政支付能力进行预测；需要进一步完善儿童社会福利相关法律法规，完善各项管理运行制度；需要构建适度普惠型儿童社会福利制度绩效评价机制，完善社会组织第三方评估制度。正是基于这一背景，本书试图通过对适度普惠型儿童社会福利制度相关理论的整理和深入探讨，通过对中国经济、社

---

[1] 刘继同.中国儿童福利时代的战略构想[J].学海，2012（2）：50-58.

会环境的剖析,探索中国适度普惠型儿童社会福利制度建设的理念、原则和发展路径,以期为全国性的适度普惠型儿童社会福利制度建设提供政策参考。

二、研究意义

尊重儿童权利,发展儿童社会福利,根据经济社会发展水平逐步建立起满足全体儿童需要的适度普惠型儿童社会福利制度,不仅是保障儿童享有社会福利的需要,也是社会主义初级阶段经济和社会发展的需要。

(一)理论意义

首先,通过对适度普惠型儿童社会福利制度建设理念、模式、内容体系、运行机制等探索,构建起相对完整的适度普惠型儿童社会福利制度理论体系,有利于弥补国内儿童社会福利理论研究的不足。

其次,设计适度普惠型儿童社会福利制度"三阶段"模式,提出适度普惠型儿童社会福利绩效管理等理念,创立适度普惠型儿童社会福利制度建设的模式。

再次,通过对适度普惠型儿童社会福利制度政策的现状和发展规律的探索,有助于推进儿童社会福利政策创新。

(二)现实意义

第一,适度普惠型儿童社会福利制度建设研究是贯彻党的"十八大"和第十三次全国民政会议精神的需要。党的"十八大"报告指出,中国要继续全面推进改革事业,提高人民生活水平。"第十三次全国民政会议指出:"要完善制度,提高保障水平,使社会福利从补缺向适度普惠转变。"建立适合国情的儿童社会福利模式,是发展新的生产力和社会管理创新。为儿童谋求福利是国家的必然责任。加强儿童保障,提高儿童社会福利水平尤为重要。当前,中国已经建立起孤儿津贴和艾滋病病毒感染儿童津贴制度,使得这两类困境儿童获得基本生活保障。但中国还有大量的残疾儿童、流浪儿童、重病儿童、贫困家庭儿童、服刑人员未成年子女等,这些困境儿童或困境家庭儿童也迫切需要得到基本生活保障。中国还有二亿多普通儿童,他们的发展同样值得重视。因此,加快儿童社会福利制度转型,探索建立有中国特色的适度普惠型儿童社会福利制度,是落实党的"十八大"和第十三次全国民政会议精神的具体体现。

第二,适度普惠型儿童社会福利制度建设研究是适应中国人口结构变化的需要。著名人口专家蔡昉认为,中国人口红利消失的拐点已在2012年出现[1]。随着中国总和生育率持续下降,老龄化、少子化、高抚养比将是中国未来社会人口结构的主要特征。

---

[1] 人民日报.蔡昉:人口红利拐点已现[EB/OL].2013-01-28,http://finance.sina.com.cn/review/hgds/20130128/040514418515.shtml.

2012年，中国0-14岁儿童总数2.2287亿，占总人口比重的16.5%[1]，而1982年，儿童占总人口比重高达33%，三十年间中国0-14岁儿童占总人口的比例下降约17个百分点。与此同时，中国老龄化程度加速发展。2012年，中国60岁及以上老年人口数量达到1.94亿，60岁及以上老年人口占人口总数的比例达到14.3%。据预测，到2051年，中国老年人口规模将达到峰值4.37亿，约为0-14岁儿童人数的2倍[2]。2012年，中国劳动人口首次出现下降，少儿抚养比自1982年来首次上升[3]。中国人口结构变化表明：必须更加重视儿童的素质和质量，增加儿童社会福利。

有研究表明，儿童早期的健康和教育投入会增加未来劳动者的人力资本存量，会在未来以经济附加值的方式回馈社会发展。据估算，投资在儿童健康上的每1美元会获得7倍的回报，投资在学前教育上的每1美元能换取17.07美元的回报[4]。因此，从某种意义上讲，儿童社会福利是一种新的人口红利要素，增加儿童社会福利就是创造新的人口红利。投资儿童就是投资国家未来发展，儿童优先，是一项国家战略[5]。发展属于儿童的社会福利，具有国家战略意义，是适应中国人口结构变化的必然要求。

第三，适度普惠型儿童社会福利制度建设研究是促进儿童全面发展、提高儿童幸福指数、切断贫困代际传递的需要。无论是孤儿、困境儿童、困境家庭儿童还是普通儿童，适度普惠型儿童社会福利制度的建设和完善都将促进他们的全面发展，提高他们的幸福指数。对于贫困家庭的儿童，为避免贫困代际传递，必须拥有足够的物质生活条件和机遇。适度普惠型儿童福利制度建设将促进他们的发展，摆脱贫困。

第四，适度普惠型儿童社会福利制度建设研究为中国政府全面掌握制度实施状况提供实证资料，为中国政府加快适度普惠型儿童社会福利制度建设提供决策参考；通过对适度普惠型儿童社会福利制度的绩效管理研究和实施效果研究，有助于为中国政府提高工作成效提供意见和建议。

---

[1] 中国经济网.中华人民共和国2012年国民经济和社会发展统计公报[EB/OL].2013-02-23, http://news.xinhuanet.com/politics/2013-02/23/c_114772758.htm.
[2] 转自中国社会科学院报.2051年中国老年人口规模将达到4.37亿人[EB/OL].2009-03-31, http://sspress.cass.cn/news/738.htm.
[3] 北京晚报.少儿抚养比1982年来首次上升[EB/OL].2013-02-22, http://bjwb.bjd.com.cn/html/2013-02/22/content_50307.htm.
[4] 宋文珍.加快建立适度普惠型的儿童福利制度[J].中国妇运，2013（6）：35-37.
[5] 北京师范大学壹基金公益研究院儿童福利研究中心.中国儿童福利政策报告（2012）[R].北京：北京师范大学，2012：12.

第二节 文献综述

一、国外研究综述

国外有关儿童社会福利的研究起源较早，最早可追溯到古希腊的雅典社会，柏拉图最早提出子女公养的设想[1]。13-14世纪欧洲国家的宗教组织和慈善团体开展一系列儿童救济活动，推动西方儿童社会福利研究的发展。工业革命到第二次世界大战以后，随着经济和民主进程的发展，强调国家责任的福利国家范式在儿童社会福利研究中发挥重要作用。以John Maynard Keynes和William Beveridge为代表的国家干预理论学说，强调政府是儿童社会福利投资的主体，政府应由消极的管制行政转变为积极的服务行政，承担为儿童等弱势群体谋求福利的责任。20世纪70年代以后，西方国家普遍经历社会转型，这一时期社会投资理论占据上风，研究的重点转到国家如何支持家庭和投资儿童，以促进儿童社会福利的发展。福利多元主义是20世纪80年代伴随国家私有化改革而兴起的理论范式，它主张社会福利来源的多元化。这一理论强调政府仍然是儿童社会福利投资的主体，但福利筹资的渠道可以通过包括市场在内的多种途径来实现，政府、企业、民间资金共同参与儿童社会福利事业。20世纪90年代中后期以后，西方国家实施一系列儿童教育、服务的新政策，人力资本理论逐渐取代福利多元主义，强调社会政策的功能与目标应与人生的各个阶段相对应。在支持家庭方面，则是从预防的角度为普通的非贫困家庭提供帮助。

当前，国外在儿童社会福利制度方面的研究主要涉及国家投资和支持家庭、儿童社会机构照护、家庭替代性养护、公共教育领域儿童社会福利、儿童伤害与儿童保护、儿童社会福利服务等方面。

（一）关于国家投资和支持家庭

人力资本理论影响着儿童社会福利政策。美国经济学家Thodore W. Schults和Becker Gary是人力资本理论的创立者。人力资本理论认为："对劳动者的教育和职业培训能增加蕴藏在人身上的资本存量，并最终提高劳动者的生产效率"。贝克尔更是把人力资本描述为"通过增加人的资源而影响未来的货币和物质收入的活动"[2]。把这一效应放大到社会层面[3]，则每个个体的人力资本的增加，将提高整个社会

---

[1] 柏拉图.理想国[M].郭斌和，张竹明译.北京：商务印书馆，1986：38-42.
[2] Becker, G. S. & B. R. Chiswick.Education and the Distribution of Earnings[J]. American Economic Review, 1966, 56 (1/2):358-369.
[3] Pollitt, Ernesto. Malnutrion and Infection in the Classroom[M]. Paris: UNESCO,1990:143.

的生产效率[1],并最终带来社会经济的增长[2]。人力资本理论推动着各国增加儿童社会福利的财政支出规模以及增大国家对家庭的支持。

许多发达国家都向贫困家庭儿童提供家庭福利,包括津贴和服务两个方面[3]。Ozawa认为,之所以政府必须负有为贫困家庭儿童提供家庭福利的责任和义务,首先是因为只有保障收入安全,才能更有效地保护儿童享有公平的权利;其次是因为儿童社会福利有利于收入再分配,使得收入从富裕家庭流向贫困家庭,缩小贫富差距,是收入再分配的有效手段[4]。Cohen则认为,儿童家庭福利是保护儿童人权的体现,儿童必须生活在收入来源有保障的家庭中,才能不因家庭贫穷而失去享有此种幸福的权利[5]。Stone指出,儿童家庭的富裕或贫穷将会对儿童的未来发展产生深远影响。因此,向贫困家庭儿童提供家庭津贴和比较周到的家庭服务有利于儿童人力资本的积累。家庭津贴或服务是儿童社会资本的一部分[6]。

家庭津贴是儿童社会福利的重要内容。Wisdom认为,国家应该建立一项儿童福利计划,专门向残疾儿童或父母失业的儿童发放,发放形式可以是现金或食物补助,以保障儿童的基本生存权利[7]。

关于儿童家庭服务,Lufton指出,服务内容主要包括保护性措施、治疗性措施和预防性措施三个方面。保护性措施是指为儿童提供保护,为他们的生存权和发展权提供保障。治疗性措施是指对一些不当的行为和习惯提供诊疗服务。预防性措施则指预防儿童出现被剥夺权利等现象。对于不同的家庭,应该提供有针对性的家庭服务,以适应特殊家庭的需要[8]。

Garfinkel指出,要给单身妈妈及其儿童提供具有针对性的家庭服务,一是为母

---

[1] Behrman, J., V. Lavy, and et al. Child Nutrition, Child Health, and School Environment: A Longitudinal Analysis[R]. Working Paper 97-021. Washington, D. C. World Bank/Institute for Economic Research,1997.

[2] Dasgupta, P. Nutritional Status, the Capacity for Work and Poverty Traps[J]. Journal of Economics,1997, 77 (1):5-37.

[3] Griffin, K., and J. Knight. Political Economy of Development and Under- Development, In Wilbur, C. and Jameson, K. Political Economy of Development and Under-Development[M].New York: McGraw-Hill,1992:56-82.

[4] Ozawa, M.N. The 2002 amendments to the social security act: The issue of intergenerational equity[J]. Social Work, 2003,29 (2):131-137.

[5] Cohen, D.J.Federal day care standards: Rationale and recommendations[R].New York: National Association of Social Workers,2005.

[6] Stone, L.M. Effects of maternal employment on children: Evidence from research[J].Child Development, 2007, 31 (4):165-178.

[7] Wisdom,WIC. New York Times[N], 1987,October 14.

[8] Lufoton, R,C,. Myths and realities of crisis intervention[J].Social Casework, 2002,63 (2):276-285.

亲提供帮助，二是确保儿童保持正常的心态，避免出现心理问题[1]。Brown认为，对于单亲家庭，应该提供更多的儿童社会福利服务，尤其是心理方面的服务，对于家庭中父爱或母爱的缺失，由志愿者协助单亲爸爸或单亲妈妈，为这些儿童提供更为周到的服务，为他们提供关爱和保护[2]。Strean认为，对于单亲家庭的儿童，可以提供一种特殊的服务——"家庭主妇"服务，这些"家庭主妇"首先接受由儿童福利机构进行的专业性培训。在培训合格后，在单亲爸爸或单亲妈妈外出工作的时候，为这些单亲家庭的儿童提供照料服务，服务时间比较自由，服务内容也比较广泛，包括儿童家庭生活中的各个方面[3]。Saluter指出，对身体或智力有缺陷的儿童也需要提供特殊的儿童社会福利服务。这些有智力障碍、身体残疾或者慢性疾病的儿童，经常会受到来自社会或家庭的排斥，受到不公正的对待，因此，一般的儿童社会福利不能满足他们的需要，社会福利专业工作者应给予他们特殊的照料和心理服务[4]。

（二）关于社会机构的儿童照护

儿童日间照顾是儿童社会福利的重要内容，儿童日间照顾在许多国家都是必不可少的福利服务内容。Schorr指出，儿童日间照顾的产生具有社会必要性，单亲家庭尤其是单亲妈妈家庭中，父亲或母亲一方需要通过工作来提供经济收入，亟需日间照护服务为单亲家庭儿童提供养育和保护；此外，专业工作人员可以为儿童提供更为专业化的教育和康复服务[5]。Gamble&Zigler认为，儿童日间照顾的产生是经济结构与社会结构化转变的结果，家庭结构的小型化，双职工家庭的日益普遍，使得儿童日间照顾服务需求日益增大[6]。Gray&Coolsen认为，当前美国儿童日间照顾服务开展并不完善，许多家庭的孩子放学后单独在家，缺乏照顾。调查显示，6-9岁和9-11岁的孩子中分别有15%和45%单独在家，缺乏有效的照顾和保护[7]。儿童日间照顾解决父母后顾之忧的同时，对社会稳定起到不可或缺的作用，对儿童的后期成长与家庭照顾具有同样的效果。Farber&Egeland调查表明，婴儿时期有日间照顾

---

[1] Garfinkel, I. Sweden's child support system: Lessons for the United States[J]. Social Work, 1982,27（6）:509-515.

[2] Brown, G.E. Seeking a national consensus[J]. Public Welfare, 2008,45（1）:12-17.

[3] Strean, H.S. Social work and clinical social workers. In Clinical Social Work: Theory and Practice[M].New York: Free Press , 2008:40.

[4] Saluter, A.F.Singleness in America[R]. In U.S. Department of Commerce, Bureau of the Census, Studies in Marriage and Family, Current Population Reports. Washington, DC:U.S. Government Printing Office, 2009:1-10.

[5] Schorr, A.L. Poor Kids[M]. New York: Basic Books,2006:28.

[6] Gamble, T.J., & Zigler, E. Effects of infant day care : Another look at the evidence[J]. American Journal of Orthopsychiatry, 2006,56（1）:42.

[7] Gray,E., & Coolsen,P.How do kids really feel about being home alone? [J] .Children Today, 2008,16（4）:30-32.

经历的孩子，长大后仍可以与父母保持亲密的关系，并没有因为曾享有日间照顾经历而疏远父母[1]。Gamble & Zigler 指出，有受照顾经历的孩子与无受照顾经历的孩子相比，其心理承受能力和成熟度并没有多大区别[2]。因此，儿童日间照顾是对家庭照护的很好的一种替代方式。

（三）关于家庭替代性养护

1970 年以后，对儿童社会福利的研究范围扩大，从专门研究机构照护扩大到为贫困及弱势家庭的儿童提供保护和系统性服务[3]。美国接受寄养服务的儿童数量自 1980 年代中期开始迅速和持续地增加。截至 2003 年，美国和加拿大估计有 300 万受虐待儿童得到政府提供的保护；截至 2006 年，有超过 50 万的儿童接受寄养服务。

Jenkins & Norman 认为，儿童本应由原生家庭进行养护，只有当原生父母不再关注儿童或者确实没有能力进行养护的时候，儿童才能进入寄养家庭由非生父母养护[4]。Duva 指出，儿童的原生父母负有对儿童进行养育和教育的责任，有义务培养儿童具备良好的道德情操。儿童原生家庭养育与教育的结果，可以在寄养时体现出来。许多家庭原生父母具有暴力倾向，这些家庭的儿童一旦进入寄养家庭，也会表现出危险倾向[5]。Beezley 认为，当儿童不得已进入寄养家庭时，寄养服务必须具备如下特征：一是由公共组织或志愿者组织提供寄养照顾服务，这些公共组织或志愿者组织应该全心全意爱护被寄养的儿童，提供周到的服务；二是寄养照顾脱离原生家庭，接受寄养照顾服务的儿童无法得到来自原生家庭的照护。因此，寄养照护服务必须是一种全天式服务[6]。

（四）公共教育领域儿童社会福利

公共教育机构的儿童福利问题相对突出。Schafer & Polk 指出，儿童公共教育福利在某些学校得不到有效地实施。一些学校对儿童实施歧视政策，对低收入家庭的儿童和非白人儿童不能与白人富裕家庭的儿童一样平等对待，甚至排斥他们进入这

---

[1] Farber, E.A., & Egeland, B. Developmental consequences of out-of-home care for infants in a low-income population. In E. F.Zigler, & E.W. Gordon（Eds.），Day care[M]. Scientific and social policy issues. Boston: Auburn House,2002:133.

[2] Gamble, T.J., & Zigler, E. Effects of infant day care：Another look at the evidence[J]. American Journal of Orthopsychiatry, 2006,56（1）:42.

[3] Lindsey, D. The welfare of children[M]. New York: Oxford University Press ,1994:91-118.

[4] Jenkins,S.,& Norman,E.Filial Deprivation and Foster Care[M]. New York: Columbia University Press,2002:116.

[5] Duva,j. Transitional difficulties of out-of-home youth[M]. Washington,DC:Youth and America's Future: William T.Grant Foundation Commission on Work, Family and Citizenship,2008:212.

[6] Beezley,P. Comprehensive family oriented therapy. In R.E. Helfer & C.H.Kempe（Eds.），The battered child（2nd ed.） [M]. Chicago: University of Chicago Press ,2004:155.

些学校[1]。Fiske 认为，当学校制定的政策有碍于儿童正常发展时，儿童社会福利工作者有必要介入儿童公共教育领域，保护儿童教育权利[2]。Lacy & Johnson 提出，儿童的教育责任主要由家庭承担，学校也要承担相应的义务和责任，学校要注重对儿童未来生存能力的培养，提高儿童的社会适应能力[3]。

（五）儿童伤害与儿童保护

儿童遭受不公正对待的现象在各国都存在。为此，许多专家学者都对儿童受伤害状况进行调查。C. Henry Kempe 对受虐儿童进行调查，关注儿童免受虐待的保护[4]。1978 年，Fanshel & Shinn 对纽约市寄养青少年的学业进行调查[5]。这些研究采用实证方法，促进了具有里程碑意义的收养援助制度的建立和 1980 年《儿童福利法》的制定和颁布。这些研究指出，应为儿童提供永久照顾者，而不是采取临时性的措施。应该制定长远计划，采用制度性的联邦拨款方式为儿童提供保护，制定一系列的预防儿童受虐待方案和领养服务体系[6]。Lynette Renner, Kristen Shook Slack & Lawrence Berger 以美国伊利诺伊州家庭为案例进行研究，探讨家庭暴力和儿童保护的关系[7]。Straus & Gelles 对美国儿童遭受不公正对待的情况进行调查研究，发现每 1000 名儿童中就有 19 名儿童曾经遭受虐待或忽视[8]。儿童遭受虐待与忽视不仅是对儿童权利的亵渎，还与儿童长大成人后的犯罪率呈正相关关系。因此，Straus & Gelles 呼吁政府和社会重视儿童遭遇不公正对待现象，减少甚至杜绝这类事件的发生。Carrol & Haase 认为，为了杜绝儿童遭受虐待或忽视事件。首先，要对儿童受虐待的

---

[1] Schafer, W.E., & Polk K. Delinquency and the schools. In President's Commission on Law Enforcement and Administration on Law Enforcement and Administration of Justice,Task force report: Juvenile delinquency and youth crime:Report on Jucenile justice and consultants' papers[R]. Washington, DC: Government Printing Office, 2006.

[2] Fiske,E.B. Is casework effective? A review[J]. Social Work, 2008, 18（1）:1-5.

[3] Lacy,G. & Johnson,C.Tackling the youth employment problem[M]. Washington, DC: Adolescent Pregnancy Prevention Clearinghouse,Children's Defense Fund,2009:78-86.

[4] Pelton, L. H.. For reasons of poverty: A critical analysis of the public child welfare system in the United States[M]. New York: Praeger,1989:193.

[5] Fanshel, D., & Shinn, E.. Children in foster care: A longitudinal investigation[M]. New York: Columbia University Press,1978:122.

[6] Pecora, P. J., Maluccio, A., Whittaker, J., Barth, R. P., & Plotnick, R.. The child welfare challenge: Policy, practice, and research （2nd ed.）[M]. New York: de Gruyter，2000:138.

[7] Lynn, S. J., Lock, T., Loftus, E. F., Krackow, E., & Lilienfeld, S. O. . The remembrance of things past: Problematic memory recovery techniques in psychotherapy[A]. In S. Lilienfeld, S. J. Lynn, & J. M. Lohr （Eds.）, Science and pseudoscience in clinical psychology[C] . New York: Guilford，2003: 250–239.

[8] Straus, M., & Gelles,R. The costs of family violence[J]. Public Health Reports, 2007,102（6）:640.

情况进行调查。其次,要政府努力调节父母与儿童的关系。社会应该进行量化研究,建立一个对儿童照顾的最低标准,提出儿童日间照护应该达到的准则,为避免儿童遭受虐待或忽视提供制度性的保障[1]。Johnson 运用标准化的风险评估工具,采用神经网络技术对儿童虐待案件进行风险评估,希望提高预测儿童保护案件的准确性[2]。

Polier 指出,在美国,父母拥有对儿童的监护权利是绝对的。只有当父母无能力行使这种监护权利时,监护权利才可以移交给相关部门[3]。Goldstein 认同这种观点,认为儿童所在的家庭如果遭遇离婚,政府可以为其委派一个法律代表人,以确保儿童表达真实意愿,保护儿童权利[4]。Williams 对儿童获得最好的监护提出了四项原则:首先,儿童有充分发展其能力的权利;其次,当儿童的父母具备行为能力时,应优先由其父母对儿童提供养育和保护义务;第三,当儿童的父母一方或双方由于各种原因无法实施监护义务时,或父母为儿童提供的照护低于社会最低照顾标准时,政府有权利和责任为儿童安排合理的替代照顾家庭,以保证儿童的健康成长;第四,儿童的照顾人,必须以保护儿童的利益为首要责任[5]。Davidon & Gerlach 在对儿童监护人进行研究时,指出儿童监护人的责任是对法官提供儿童信息;对儿童权益进行保护;当儿童需要在法庭上表达意愿的时候,对所监护的儿童给予适当的劝告和建议[6]。

(六)关于儿童社会福利服务工作者的研究

Lela B. Costin 和 Cynthia J. Bell 对为儿童提供福利服务的社会工作者进行研究,认为儿童社会福利的社会工作者在对儿童保护过程中应该做到:首先,对儿童生活中的潜在风险进行正确评估,利用法律保护儿童;其次,对儿童及其家长进行沟通与教育工作,促进儿童与家庭的和谐;第三,当儿童所在家庭无法为其提供保

---

[1] Carroll,C.A., & Haase,C.C. The function of protective services in child abuse and neglect.In R.E.Helfer, & R.S. Kempe (Eds.),The battered child (4th ed) [M]. Chicago: University of Chicago Press., 2008:159.

[2] Johnson, W. Effectiveness of California's child welfare structured decision-making (SDM) model: A prospective study of the validity of the California Family Risk Assessment[M]. Oakland, CA: Alameda County Social Services Agency,2004:77.

[3] Polier,J. W. Aview from the bench[M]. New York: National Council on Crime and Delinquency, 1994:178.

[4] Goldstein,B. Children and work. Astudy of socialization[M]. New York: Free Press,1979:54;
Harold L. Wilensky & Charles N. Lebeaux.Industrial Society and Social Welfare[M]. New York: THE FREE PRESS,1958:138-140.

[5] Williams,C.W. Guardianship: A minimally used resource for California's dependent children: A study in policy: 1895-1978. Unpublished doctoral dissertation[R]. University of Southren California, Los Angeles,1980.

[6] Davidson, H.A., & Gerlach, K.Child custody disputes: The child's perspective[M]. In R.M. Horowitz & H.A. Davidson (Eds.), Legal rights of children Colorado Springs, 1984:232-261.

护和有利的成长环境时,为儿童寻找可替代性的成长环境;第四,当儿童福利机构或其他机构为儿童提供庇护时,社会工作者可以对这些服务进行正确的甄别,对服务的质量进行合理的评估[1]。

二、国内研究综述

国内关于儿童社会福利制度的研究大致可以分为两个方面:一是关于本国儿童社会福利制度的研究,二是对国外儿童社会福利制度的介绍。关于本国儿童社会福利制度的研究中,首先是对各类别儿童社会福利制度进行详细论述,其次是对儿童社会福利制度发展演变进行探索。

(一)关于本国儿童社会福利制度的研究

1. 各类别儿童社会福利制度研究

(1)关于孤儿社会福利的研究

①关于孤儿生活状况的研究

要清楚地了解孤儿的生活状况,必须先对孤儿的形成原因进行调查。杨生勇指出,孤儿形成的原因主要有:父亲病逝或因意外事故身亡;母亲独自改嫁或自杀去世[2]。尚晓援认为,孤儿形成的原因包括:家庭中超生孩子并将超生的孩子抛弃;非婚生子女,未婚妈妈不愿抚养孩子;父母一方或双方因意外事故去世;艾滋病家庭中,父母因得病死亡等[3]。王飞鹏提出,孤儿形成的原因主要是父亲因为不可抗力去世,母亲再婚[4]。从学者的研究中可以看出,孤儿产生的主要原因有三种,第一种是父母都健在,但孩子是非婚生子女,包括少女未婚生子和成年妇女婚外恋生子等情况;第二种是父亲因各种原因身亡,母亲未带孩子一起改嫁,导致孩子事实无人抚养,只得散落在亲属家中抚养,一般由父亲方面进行抚养;第三种情况是父母双亡,孩子由儿童福利院或寄养家庭抚养长大。

孤儿生活一般都比较贫困,并且伴有隔代抚养或亲友抚养的代沟或心理压力问题。尚晓援根据北京师范大学儿童福利中心2008年对全国13省的19县市及其56个村庄孤儿状况调查的结果,分析指出:90%的农村孤儿仍然生活贫困,农村孤儿

---

[1] Lela B. Costin & Cynthia J. Bell. Child Welfare: Policies and Practice (4th ed) [M]. New York: Macmillan, 1979:481.
[2] 杨生勇,徐晓军.农村孤儿的成因及其现状分析——以武汉市郊李集镇、山坡镇义务教育阶段的孤儿为例[J].青年研究,2005(6):25-30.
[3] 尚晓援等.中国孤儿状况研究[M].北京:社会科学文献出版社,2008:30.
[4] 王飞鹏.农村孤儿的抚养模式与生活状况的实证分析——以山东烟台部分农村调查为例[J].中国青年研究,2010(2):60-63,34.

的生活状况没有得到根本好转，亟需加大孤儿救助力度[1]。赖素莹的调查结果发现：农村中孤儿主要以父系监护、隔代照顾为主，养老问题和抚幼问题同时并存，孤儿的精神和心理问题突出，缺乏社会救助。应该建立起"发展取向——参与型"农村孤儿救助模式，国家、家庭以及第三部门共同参与，从而形成一个多元化资源支持网络，为农村孤儿提供有效服务[2]。杨生勇在对农村孤儿的形成原因、生活状况进行实地调查的基础上，认为在社会转型期要树立现代社会全面帮助孤儿的理念，在福利思想指导下，通过政策调整及制度建设把农村孤儿作为具有特殊需求的独特群体，引入现代社会工作理念及方法，建立起"政府出资、社会支持、家族抚养、社区关爱"的由政府、社区、家族、社会共担责任的现代农村孤儿帮助模式，对农村孤儿这一社会中的弱势群体提供包括生活、教育、心理在内的综合帮助和全面支持[3]。

许莉娅运用参与式观察、深度访谈、焦点小组等方法对北京市儿童福利院孤残儿童进行深入考察，发现院内家庭养护模式能够回应机构和儿童两方的需求，搭建领养家庭和机构之间的桥梁，增进儿童家庭生活适应能力，突破传统单一的集中养护模式，是一种在形式上和养育方法上更好的儿童福利支持系统[4]。朱孔芳以上海市儿童福利院为例，提出专业社会工作介入孤残儿童家庭寄养的必要性，并指出社会工作的职业化和专业化发展路径[5]。郅玉玲指出，孤儿应享有国家的津贴照顾。因为孤儿缺乏劳动能力，不能自主获得收入，孤儿津贴标准建议为当地最低生活保障标准的2倍，以满足孤儿生活需要[6]。

张成荣就如何落实国家"蓝天计划"，造福孤残儿童，提出四点建议：一是应及时修订《儿童福利机构基本规范》；二是要根据儿童的不同需要设立规模不等的机构；三是建筑规划和儿童用房布局要有刚性的标准；四是要积极发挥儿童社会福利服务社区的作用[7]。人力资源社会保障部副部长信长星在全国加强孤儿保障工作电视电话会议上的讲话指出，应着力"四个加强"，切实保障孤儿权益。一是加强孤儿保险服务，二是加强孤儿成年后的就业扶持，三是加强孤儿职业技能培训，四是加强儿童福利机构

---

[1] 尚晓援.孤儿救助亟需加大力度[J].社会福利，2008（12）：32-33.
[2] 赖素莹.全面发展与多元支持——农村孤儿救助模式探讨[D].武汉：华中师范大学，2007：11.
[3] 杨生勇.我国针对农村孤儿的社会变迁及调整对策[J].中国青年政治学院学报，2005，24（6）：132-136.
[4] 许莉娅.失依儿童福利院内家庭养护模式探索性研究——以北京市儿童福利院孤残儿童为例[J].中国青年政治学院学报，2007（4）：8-13.
[5] 朱孔芳.孤残儿童家庭寄养探析——以上海市儿童福利院为例[J].华东理工大学学报：社会科学版，2006（4）：28-33.
[6] 郅玉玲.基于社会保障理论的孤残儿童福利研究[J].人口与发展，2011，17（1）：86-94.
[7] 张成荣.落实"蓝天计划"，造福孤残儿童[J].社会福利，2008（8）：42-42.

工作队伍建设[1]。邹明明对中国孤儿福利的政策导向提出三点建议：一是儿童福利应当采取"以孤儿为中心、以家庭为重点"的政策导向；二是争取中央财政社会保障专项投入，建立孤儿福利制度；三是探索建立孤儿养育服务监督制度[2]。

②关于孤儿的替代性养护研究

孤儿的替代性养护分为机构集中养育、寄养家庭养育、家庭收养和亲属供养等几种方式。

关于集中供养和家庭寄养，学者们做了较为深入的调查，提出了许多有益的建议。成海军认为，许多孤儿由于身体残疾，需要一天24小时不间断地进行护理。需要专业性的医生和护士进行康复训练。因此，集中供养制度提供了医疗护理的便利性和有效性[3]。但是，孙奕和巩桂双认为，中国集中供养机构的护理人员素质和技能有待进一步提高。集中供养机构的护理人员分为正式编制护理人员和临时护理人员。正式编制护理人员中，一些人不做具体的护理工作，而由临时护理人员承担护理工作。临时护理人员一般来自偏远山村，受教育程度低，护理技能不高，年龄偏大，护理水平不能满足一些儿童的需要。中国有必要开展对护理人员的专业性培训[4]。朱丽平指出，中国正规学校的护理专业毕业生不愿意进入福利院等集中供养机构从事护理工作，导致专业性较强的护理工作由许多不专业的护理人员担任，护理人员整体来说，学历较低，护理知识不足，需要进行进一步的培训和深造[5]。梁慧颖通过对沈阳市部分儿童福利院和寄养家庭的调查分析，发现在失依儿童寄养的可持续性、综合康复中心环境建设以及寄养家庭养育资金的来源等方面存在诸多现实问题，提出政府应给予更多政策支持，并制定法律法规规范寄养工作；建立家庭寄养基地工作站；提高家庭寄养人员的专业化水平；引进竞争机制，促进家庭寄养工作社会化等政策建议[6]。韩晶等通过对济南市儿童福利院孤残儿童寄养家庭的实地调研，发现存在寄养家庭与孤残儿童配对不科学、家庭寄养关系中断或变更以及寄养家庭康复技能培训不足等问题，提出引入专业社会工作者介入家庭寄养以及建立寄

---

[1] 信长星.人力资源社会保障部：着力"四个加强"，切实保障孤儿权益[J].社会福利，2011（1）：10-10.

[2] 邹明明."孤儿救助"——福利特征与政策选择[J].社会福利，2008（9）：30-31.

[3] 成海军.从中外儿童福利院舍照顾的比较与变化看我国儿童福利的发展方向[J].社会福利，2003（10）：57-59.

[4] 孙奕，巩桂双.儿童福利机构孤残儿童护理人员现状基线调研报告[J].中国民康医学，2008，20（19）：2292-2294.

[5] 朱丽平.儿童福利机构护士工作现状研究[J].护理管理杂志，2008，8（11）：7-8，11.

[6] 梁慧颖.失依儿童家庭寄养问题研究——以沈阳市为例[D].沈阳：沈阳师范大学，2009：15.

养家庭常规培训制度等对策建议[1]。姚建平和梁智认为,要解决集中供养机构护理人员的专业化问题,首先要提高护理人员的待遇,提高护理岗位的吸引力;其次,要建立健全护理专业人员职称晋升制度,让护理人员有专业水平提高的追求和动力。三是要推行持证上岗制度,只有对护理人员进行专业性培训,经考核合格后才能进入集中供养机构从事护理工作[2]。在寄养家庭养育模式下,许莉娅认为,家庭寄养模式具有较强的优势,可以实现孤儿的家庭式养育,提高孤儿对家庭的适应能力,帮助孤儿更好地融入社会。家庭寄养方式有利于孤儿的身心健康发展[3]。田珂指出,孤儿集中供养方式可能会使孤儿产生心理疾病,长期的集体生活以及与社会隔绝的生活方式不利于孤儿从心理上接纳社会,不利于孤儿与社会各界人士建立联系,不利于孤儿与社会的沟通。因此,应大力提倡家庭寄养方式,让孤儿融入家庭,融入社会[4]。韩伟等认为,家庭寄养能让孤儿感受到家庭的温暖,感受到父亲和母亲的爱,满足孤儿对父爱与母爱的需要。然而,家庭寄养时,寄养时间的不确定性,可能让孤儿心理产生波动,增加孤儿的心理负担[5]。

窦玉沛认为,有条件的地方,要大力拓展家庭收养孤儿方式。国家要进一步完善收养法律,对收养孤儿的家庭提供更多的支持,要建立跟踪反馈制度,对被收养的孤儿的成长情况进行跟踪和记录。要鼓励跨国收养,鼓励符合条件的外国家庭收养孤儿,要规范收养的程序[6]。卢珊等认为,中国儿童的收养存在不合法的事实收养、收养门槛过高以及收养后缺乏监管等问题,提出降低收养门槛,引入儿童试养制度以及规范事实收养等措施[7]。

孤儿的另一种常见的供养方式是亲属供养模式,主要见于社会散居孤儿,一般由父系家族的亲属进行供养,一部分孤儿由父母生前的朋友进行供养。王飞鹏认为,社会散居孤儿由亲属进行供养,一般存在生活困难等情况。如果由爷爷奶奶或外公外婆等祖辈供养,则存在隔代抚养的代沟问题,孤儿的生活资源较少,心理辅助教育更少。叔伯或者舅舅家庭进行的供养,其经济状况往往好于祖辈供养,但要注意孤儿在这些亲属家庭中成长时,可能产生被遗弃心理,可能与叔伯或舅舅家的孩子进

---

[1] 韩晶,韩芳.孤残儿童家庭寄养存在的问题与对策研究——以济南市儿童福利院为例[J].济南大学学报(社会科学版),2015(4):85-90.
[2] 姚建平,梁智.从救助到福利——中国残疾儿童福利发展的路径分析[J].山东社会科学,2010(1):49-52.
[3] 许莉娅.失依儿童福利院内家庭养护模式探索性研究——以北京市儿童福利院孤残儿童为例[J].中国青年政治学院学报,2007(4):8-13.
[4] 田珂.孤儿救助的制度化:孤儿的最好出路[J].重庆城市管理职业学院学报,2008(1):8-11.
[5] 韩伟,罗利君,李珂.多元化孤儿救助模式研究[J].商品与质量,2010(7):35-36.
[6] 参考窦玉沛副部长2011年3月26日在中国儿童福利和收养中心揭牌暨全国儿童福利信息管理系统启动仪式上的讲话.
[7] 卢珊,王小春.中国儿童收养问题的思考[J].社会福利,2014(8):36-38.

行对比，产生寄人篱下的自卑心理。这些都是孤儿福利制度中应注意克服的问题[1]。田珂认为，孤儿被亲属供养时，能否较好地融入供养他的家庭，是一个值得深入探讨的问题。由于供养孤儿的家庭中一般还有亲生的孩子，被供养的孤儿可能被虐待，成长环境堪忧[2]。

③关于孤儿的其他社会福利研究

孤儿的其他社会福利，包括教育福利、就业福利和住房福利等。杨瑛认为，中国学术界对孤儿的教育福利研究较少，对孤儿的生活情况调研较多，但没有专门对孤儿的受教育情况进行调研。虽然由于有的孤儿残疾程度较为严重，在接受正常教育方面存在一些障碍，但还有一部分孤儿可以接受特殊学校和特殊班级的教育，一部分身体健康的孤儿甚至可以接受正常的教育。因此，有必要研究孤儿教育福利，为身体健康孤儿提供教育补贴[3]。梁红秋等认为应重视孤儿的基础教育与职业教育，以提高其就业能力[4]。对于孤儿的就业，刘晓红研究发现，孤儿就业存在较大的困难。一些孤儿由于受教育程度有限，劳动技能比较缺乏，求职中存在障碍。一些孤儿由于存在交往障碍，与社会接触较少，在与别人交往和沟通方面存在一定的困难[5]。要解决就业问题，一是要提高身体健康孤儿的受教育程度，提高他们的就业技能；二是要培养孤儿的人际交往能力，有条件的地方要鼓励家庭寄养方式，让孤儿从小进入家庭，加强沟通能力。三是要为孤儿提供一些公益性岗位。在住房福利方面，郅玉玲指出，孤儿住房福利制度在有些省份较为完善，有些省份还没有建立。住房福利制度发展比较完备的省份有浙江省等，为城镇孤儿提供廉租住房制度，为农村孤儿进行危房改造[6]。很多试点地区正探索解决成年后的孤儿住房困难的有效政策。随着中国适度普惠型社会福利制度的发展，中国孤儿住房问题必将得到解决。

（2）关于困境儿童社会福利的研究

①关于残疾儿童社会福利的研究

杨晓琳通过对陕西省残疾儿童义务教育福利事业状况的分析，借鉴福利多元主义理论、公共产品理论等西方理论学说，提出在残疾儿童义务教育福利的治理结构中，重视第三部门对残疾儿童义务教育福利的推进以及发挥社区的作用实现残疾儿童的社会融合的观点[7]。姚建平、梁智认为：传统的残疾儿童机构替代性养育模式存

---

[1] 王飞鹏.农村孤儿生活状态调查——以烟台部分农村为例[J].中国社会保障，2007（10）：70-71.
[2] 田珂.孤儿救助的制度化:孤儿的最好出路[J].重庆城市管理职业学院学报，2008（1）：8-11.
[3] 杨瑛.教育学视域下的中国孤儿教育救助[J].当代青年研究，2011（1）：72-75.
[4] 梁红秋，杜宇.重视孤儿基础教育与职业培训 提高就业能力[J].前进论坛，2013（10）：37-38.
[5] 刘晓红，宋继芳.孤儿救助及其存在的问题[J].西安电子科技大学学报（社会科学版），2008（1）：162-166.
[6] 郅玉玲.基于社会保障理论的孤残儿童福利研究[J].人口与发展，2011，17（1）：86-94.
[7] 杨晓琳.残疾儿童义务教育福利的治理——以陕西省为例[D].西安：西北大学，2008：18.

在局限，未来残疾儿童社会福利制度的发展路径应是以家庭为中心，针对不同情况分类实施替代性福利、补充性福利和支持性福利，增强家庭对残疾儿童的养育功能[1]。

在残疾儿童社会福利研究中，学者们关注对残疾儿童家庭的扶持和帮助，建议建立健全残疾儿童家庭支持体系。徐素琼指出，家庭支持是强化维持残疾儿童家庭正常功能发挥的重要政策。只有政府为家庭提供支持，才能促进残疾儿童家庭正常运转，减轻残疾儿童家庭的负担和压力[2]。金成川提出，在残疾儿童社会福利政策中，要从以设施、个人和机构福利为中心走向以家庭福利为中心，为家庭提供支持性服务。例如，为家庭提供康复指导，为母亲提供看护服务、护理服务甚至家务服务[3]。何侃认为，家中有残疾儿童，将会对家庭生活带来更多问题，家庭负担比没有残疾儿童的家庭更重。因此，残疾儿童家庭亟需国家提供制度性的支持体系[4]。胡晓毅和王勉认为，残疾儿童社会福利制度的完善，不仅要从经济上对残疾儿童康复提供帮助，还要为残疾儿童家庭提供各种资源和服务，更要为提高残疾儿童家庭生活质量、增进家庭自立能力而努力，让残疾儿童家庭像正常家庭一样，享受生活的乐趣[5]。金炳彻等通过对家庭支持体系的概述，认为只有将残疾儿童视为家庭的组成部分并为家庭提供充分的支持时，改善残疾儿童的功能才能成为可能。残疾儿童家庭支持体系应以残疾儿童家庭需要为基础[6]。华红琴认为，残障儿童的养育既是家庭的责任，更是国家和社会的责任，应完善相关法律保障、提供残障津贴，建立残障儿童与家庭支持性福利政策与服务体系[7]。

②关于流浪儿童社会福利的研究

刘继同分析了社会转型与社会现代化背景下的城市流浪儿童问题。他指出：道德化儿童社会福利政策模式向国家化儿童社会福利政策模式转变既是流浪儿童议题产生的社会背景，又是儿童社会福利政策和流浪儿童问题尚处于社会政策议程边缘化地位的重要社会性成因[8]。薛在兴从社会排斥的角度对城市流浪儿童的问题进行了研究。他认为，当前流浪儿童问题的本质是社会对流浪儿童的排斥[9]。薛在兴从家庭排斥、住房排斥、教育排斥、就业排斥、社区排斥等几个方面对社会排斥流浪儿

---

[1] 姚建平，梁智.从救助到福利——中国残疾儿童福利发展的路径分析[J]. 山东社会科学，2010（1）：49-52.
[2] 徐素琼.美国对身心障碍者的家庭支持及其对我国的启示[J]..中国特殊教育，2008（9）：6-10.
[3] 金成川.以家庭为中心的残疾儿童整合性支持体系研究报告[R].2009：3-30.
[4] 何侃.残疾儿童教育现状与展望[J].残疾人研究，2012（2）：15-20.
[5] 胡晓毅，王勉.北京地区发展性障碍儿童家庭生活质量的研究[J].中国特殊教育，2012（7）：3-10.
[6] 金炳彻，张金峰.残疾儿童家庭支持体系研究综述[J]. 残疾人研究，2014（1）：24-27.
[7] 华红琴.论残障儿童家庭支持性福利政策与服务体系[J]. 社会建设，2015（2）：24-35.
[8] 刘继同.中国儿童福利政策模式与城市流浪儿童议题[J].青年研究，2003（10）：33-38.
[9] 薛在兴.社会排斥理论与城市流浪儿童问题研究[J].青年研究，2005（10）：1-7, 13.

童进行了现实分析，并提出了相关建议。程福财通过分析流浪儿童社会福利政策的实施效果，对中国流浪儿童社会福利政策的绩效进行了评价。他认为，中国现存的流浪儿童社会福利政策实施效果并不是很好，政策合理性需要重估，特别需要考虑流浪儿童自己的生存实际与主观选择[1]。冯元等通过对近10年流浪儿童救助困境的问题进行深入分析，提出构建流浪儿童福利政策体系，建立政府、市场、民间组织、社区和家庭的四维流浪儿童责任主体等政策建议[2]。汤秀娟认为协调教育是实现流浪儿童保护——矫治——回归的重要手段，应发挥政府主导，社会力量参与的机制，实现流浪儿童协调教育的重构，使流浪儿童重新回归家庭[3]。李三梅提出基于发展性福利视角的流浪乞讨儿童社会支持网络建设，包括公安机关的流动式救助支持、街道社区的"类家庭"式支持、民政部门的救助中心支持、教育部门的教育支持，以及其他社会组织的支持[4]。

③关于受艾滋病影响等重病儿童的社会福利研究

刘继同通过对孤儿、受艾滋病影响儿童等脆弱儿童的数量规模与构成状况的分析得出结论，认为中国孤儿、受艾滋病影响儿童等脆弱儿童生存与服务状况堪忧[5]，迫切需要国家承担责任，建立普及性和生活化的儿童社会福利制度[6]。王美静通过对山西省二十个村脆弱儿童问题的分析，认为影响农村孤儿、留守儿童、辍学儿童、受艾滋病影响儿童、服刑人员未成年子女以及大病残疾儿童等的主要因素有两个，一是经济贫困，二是心理困境；设计了一套包括国家和政府、社区、非政府儿童福利机构、儿童福利主任为核心的脆弱儿童社会福利体系[7]。张萍以社会转型、主体建构为研究视角，通过对湖北省北部地区一个艾滋病乡镇艾滋孤儿的"求助行为"进行描述和分析，发现有些艾滋孤儿具备一定的自主意识，能够主动寻求帮助，并能够决定由谁代理其社会资源。她将艾滋孤儿进行分类，以被动受助型艾滋孤儿为参照群体，研究主动求助型艾滋孤儿的求助行为，最后提出以儿童为主体进行儿童社

---

[1] 程福财.中国流浪儿童福利政策的绩效：基于流浪儿童视角的分析[J].社会科学，2009（4）：80-86.
[2] 冯元，高云霞.流浪儿童救助模式转型的创新路径——基于优势视角理论的探讨[J].南京人口管理干部学院学报，2013，29（4）：57-62.
[3] 汤秀娟.流浪儿童协调教育的缺失与重构[J].大连大学学报，2014，35（6）：123-127.
[4] 李三梅.流浪乞讨儿童的社会支持网络研究——基于发展性社会福利理论的视角[J].赤峰学院学报（汉文哲学社会科学版），2014，35（2）：120-122.
[5] 刘继同.中国孤儿、受艾滋病影响儿童和脆弱儿童生存与服务状况研究（下）[J].青少年犯罪问题，2010（5）：15-23.
[6] 刘继同.中国孤儿、受艾滋病影响儿童和脆弱儿童生存与服务状况研究（上）[J].青少年犯罪问题，2010（4）：16-23.
[7] 王美静.农村脆弱儿童福利体系建构的探索性研究——以山西二十个村庄为例[D].南京：南京师范大学，2012：11.

会福利体系建构的政策建议[1]。张长伟通过对河南省 S 县艾滋病致孤儿童的调查，发现艾滋病儿童的专业救助水平仍然偏低，发展性救助措施缺少，认为应构建社会保护取向的艾滋病儿童社会福利体系，促进艾滋病儿童健康成长[2]。

（3）关于困境家庭儿童社会福利的研究

①服刑人员未成年子女保护的相关研究

服刑人员未成年子女是社会上一个特殊群体，由于父母服刑和本身的年幼，他们的各种基本权利常常得不到保障，同时，还会产生心理的负面影响。徐浙宁、冯萍对上海市卢湾区服刑家庭子女进行调查，发现父（母）服刑带给子女的消极影响是综合的、多层面的，其中心理与社会性方面的冲击相对物质生活方面更为严重；服刑家庭存在复合性功能危机，整体生存状况值得关注，家庭内部亲情交流缺乏，亲子关系亟待调整；服刑家庭子女面临多重发展困难，但对社会援助心存顾虑，更倾向于"非公开化"[3]。针对服刑人员未成年子女保护存在的种种问题，彭佳提出五点建议：一要健全社会保障制度，尽早把服刑人员未成年子女保护纳入社会救济的内容之中；二要建立专门的服刑人员未成年子女救济制度；三要健全有关服刑人员未成年子女保护的立法；四要尽量为服刑人员未成年子女营造家庭式成长环境；五要保障服刑人员未成年子女的受教育权[4]。张丽君等通过对 A 省 B 市服刑人员未成年子女生活情况的调查，发现服刑人员家庭子女存在着隔代监护不力，社会保障措施不足等问题，提出完善监护制度，发挥政府主导作用和建立专项基金等措施，提高儿童福利[5]。蒋湘祁探讨了农村服刑人员未成年子女的生存、教育与成长等问题，提出构建政府负责、社会协同、公众参与的社会关爱体系，为服刑人员未成年子女营造良好的成长环境[6]。

②关于贫困家庭儿童社会福利的研究

张时飞、唐钧认为，贫困家庭儿童是"当其家庭收入低于当地最低生活保障标准的全体儿童"，主要是城市和乡村的贫困儿童。儿童的贫困不利于儿童的健康成长，不利于儿童的全面发展，可能导致儿童物质匮乏、教育缺失和其他领域的不足

---

[1] 张萍.主体视角下的儿童福利体系建构——基于鄂北 J 镇农村艾滋孤儿"求助"的实证研究[D].武汉：华中师范大学，2011：9.
[2] 张长伟.从社会救助到社会保护：艾滋病致孤儿童社会福利体系的重构——以河南省 S 县为例[J].中国青年研究，2013（6）：89-93.
[3] 徐浙宁，冯萍.服刑家庭子女生活状况及发展需求调查[J].青年研究，2005（6）：41-48.
[4] 彭佳.浅析服刑人员未成年子女保护的必要性及途径[J].山西青年管理干部学院学报，2010（3）：72-74.
[5] 张丽君，江勇，易榆杰.服刑人员未成年子女情况的调查和思考——基于 A 省 B 市的实证分析[J].预防青少年犯罪，2014（5）：31-36.
[6] 蒋湘祁.构筑农村服刑人员未成年子女社会关爱体系[J].人民论坛，2012（5）：54-55.

[1]。秦睿、乔东平指出，当前对贫困家庭儿童的福利研究一般采用问卷调查的方式，对儿童所问的问题一般由调查者先验性地给出，将儿童当做被研究的客体，不利于真正了解贫困家庭儿童的生活状况和福利需求。对贫困家庭儿童及其福利的研究，正确的做法是将儿童当做被研究的主体，多采用访谈法等深入了解儿童的需求，了解儿童内心真正的想法[2]。王作宝指出，研究贫困家庭儿童及其福利要关注社会对贫困家庭儿童的排斥，分析排斥贫困的各类主体，全面了解儿童福利的复杂性，勾画出贫困家庭儿童及其福利的全面图景，对贫困家庭儿童及其福利的影响因素进行深入分析[3]。俞贺楠等分析了义务教育阶段贫困家庭儿童的福利效果，主要是教育补助和辍学问题，提出将教育福利放在社会保障体系中加以考量、调整反贫困战略，提高贫困家庭收入"安全网"、扩大贫困家庭资助范围和资助标准、资金保障和服务保障并重等建议[4]。林闽钢提出为缓解城市贫困家庭的代际传递，应将城市居民最低生活保障制度发展成综合性生活支持制度，要面向贫困家庭和儿童进行制度设计，形成对贫困家庭和儿童的分类补贴，同时强调政府的责任[5]。

③其他困境家庭儿童的社会福利研究

徐安琪比较了单亲家庭和双亲家庭，发现单亲家庭的孩子无论在生活福利还是主观福利方面都明显低于双亲家庭的孩子，提出要改变对单亲离异家庭子女的负面评价，健全生活保障和经济援助以及完善未成年子女权益保障的相关法律[6]。陈晓敏考察了离异单亲家庭儿童的权益保障。陈晓敏认为，离异单亲家庭母亲的平均经济收入，会大大低于全国职工平均收入。儿童获得抚养费数额低，有时遭遇拒付、无力支付等情况，不能按时足额获得抚养费。因此，离异单亲家庭的儿童基本生活消费费用低，住房条件差。离异单亲家庭的儿童较容易陷入贫困中，需要较为完善的儿童社会福利制度为其提供生活保障和其他权利保障[7]。

2. 对儿童社会福利制度发展演变的探索

（1）对中国补缺型儿童社会福利制度的研究

关于中国补缺型儿童社会福利制度发展的研究，可以分为儿童社会福利政策发展历程研究、儿童社会福利政策现状研究、儿童社会福利政策存在的问题研究等三个方面。陈文认为，20世纪70年代末期对儿童社会福利对象的认识比较片面，仅

---

[1] 张时飞、唐钧.中国的贫困儿童：概念与规模[J].河海大学学报（哲学社会科学版），2009（11）：42-46.
[2] 秦睿、乔东平.儿童贫困问题研究综述[J].中国青年政治学院学报，2012（4）：41-46.
[3] 王作宝.国外未成年人贫困测度及启示[J].东北大学学报（社会科学版），2011（1）：48-53.
[4] 俞贺楠，刘黎明.贫困儿童义务教育福利现状、问题及对策研究[J].理论界，2012（12）：145-147.
[5] 林闽钢.缓解城市贫困家庭代际传递的政策体系[J].苏州大学学报，2013（3）：15-19.
[6] 徐安琪.单亲家庭子女福利及其法律政策援助[J].青年研究，2004（7）：43-47.
[7] 陈晓敏.离异单亲母子家庭儿童的权益保障[J].青少年犯罪问题，2006（1）：29-33.

仅局限于一定领域的儿童。中国儿童社会福利制度经历了孕育萌芽、初步发展、中断停滞、恢复重建与稳步发展、快速发展与制度化发展等五个阶段[1]。宋文珍认为，中国在改革开放前，没有专门的儿童福利机构，是一种补缺型的儿童社会福利制度。1990年以后，才形成儿童社会福利制度框架[2]。

张荆认为，20世纪90年代后，中国制定了将近20多部与儿童社会福利相关的法律法规，这些法律法规涵盖家庭、健康、收养、教育等各个方面[3]。尚晓援指出，2000年后，中国政府有关儿童社会福利的观念发生较大变化，但儿童社会福利立法尚在形成过程中，缺乏畅通的儿童社会福利事业多元参与渠道[4]。

关于中国补缺型儿童社会福利制度存在的问题，仇雨临等认为，儿童社会福利政策分散，缺少统一规范，行政管理体制不顺，导致缺乏协调，缺少整合机制和问责机制；儿童社会福利的保障层次和水平较低[5]。陆士桢、徐选国指出，中国补缺型儿童社会福利制度缺少统一和专门的儿童社会福利立法，国家关于儿童社会福利财政支出水平较低，缺少完整的关于学前儿童福利的研究，没有建立起完整的政策评估体系[6]。

（2）对中国构建适度普惠型儿童社会福利制度的探索

20世纪90年代中后期，中国社会制度发生重大转型，对发展社会福利的呼声也越来越强烈。特别是进入21世纪，随着中国经济的快速发展，以强大的国家财政为后盾，改善民生，构建和谐社会的要求被写进党章和政府工作报告。儿童社会福利制度的研究也发生转向，逐渐过渡到对适度普惠型儿童社会福利制度的探索。

中国许多学者对社会转型背景下如何构建适度普惠型儿童社会福利制度进行了探索。刘继同认为儿童的生活状况反映国家的发展状况，中国儿童健康照顾服务发展严重滞后，儿童社会福利制度高度分隔，应强调儿童社会福利的国家责任，在科学发展观与和谐社会理念下重构儿童社会福利制度，建立起整合性、全国性、普及性、综合性、连续性和生活化的儿童福利政策框架[7]。尚晓援等认为，中国的儿童保护制度迫切需要根本性的转变，即从基于亲权保护原则的制度向基于公民社会权

---

[1] 陈文,蒋虹丽,黄勋宇.城镇儿童医疗保障的演变与发展现况分析[J].中国卫生政策研究,2009(2): 18-23.

[2] 宋文珍.用制度保护我们的孩子[J].求是杂志（社会建设与管理），2013（5）：55-56.

[3] 张荆.未成年人社会福利与犯罪预防[J].预防青少年犯罪研究,2013（1）：50-53.

[4] 尚晓援.中国儿童福利政策的重大突破与发展方向[J].社会福利,2011（6）：5-6.

[5] 仇雨临,郝佳.中国儿童福利的现状分析与对策思考[J].中国青年研究,2009（2）：26-30,46.

[6] 陆士桢,徐选国.适度普惠视阈下我国儿童社会福利体系构建及其实施路径[J].社会工作,2012（11）：4-10.

[7] 刘继同.儿童健康照顾与国家福利责任——重构中国现代儿童福利政策框架[J].中国青年研究,2006（12）：51-56,86.

利制度的转变，以便为全体儿童提供有效的支持和保护[1]。成海军、朱艳敏认为，新中国成立60多年来，中国儿童社会福利制度仍然是"狭义"的，而不是普惠的，在当前社会转型背景下，儿童社会福利领域表现出不同的特征，但儿童社会福利制度的安排明显缺位，未来中国儿童社会福利制度的发展，应该建立起普惠制儿童社会福利模式，通过"津贴+服务"的形式将服务供给从特殊儿童向全体儿童扩展[2]。民政部社会福利和慈善事业促进司司长王振耀认为，应建立与中等发展水平相适应的儿童社会福利制度[3]。民政部副部长窦玉沛在中国儿童福利和收养中心揭牌暨全国儿童福利信息管理系统启动仪式的讲话中指出："中国儿童社会福利应从补缺型向适度普惠型转变[4]。"转变过去把儿童社会福利仅限于福利机构的孤儿、弃婴的做法，努力构建完善的孤儿福利保障制度，同时，探索困境孤儿的福利保障。曹义隽就延续儿童社会福利的适度普惠之路提出三点建议，一是儿童社会福利政策导向应定位在儿童身心全面发展方面，从重保护、重基本生存权转向重生活、重全面发展扩展；二是应建立儿童社会福利事业多元参与的支持制度；三是多部门协同工作[5]。

关于如何完善适度普惠型儿童社会福利制度，刘继同认为，孤儿、受艾滋病影响儿童、脆弱儿童的服务领域和发展重点应予重新界定、确立，应不断完善儿童社会福利政策框架与儿童社会福利服务体系。刘继同从九个方面提出改进的政策和对策建议，这些建议包括：将儿童社会福利问题纳入国家发展议程和优先领域；尽快建立覆盖城乡、普及性的儿童社会福利政策框架与社会保护服务体系；尽快建立注重儿童生活化的积极的儿童社会福利政策与服务体系；尽快建立"五位一体"和"以儿童为中心"的儿童社会福利政策与保护服务体系；尽快发展住房服务和心理健康咨询服务，为儿童身心健康成长创造条件；尽快在国家层面建立"儿童福利与家庭福利局"；尽快建立儿童社会福利与儿童保护的专门性财政账户和科目；尽快建立儿童社会福利的国家基础信息制度和统计指标制度；加快儿童社会福利与儿童保护的基础理论政策研究[6]。张源等认为儿童社会福利制度在构建和谐社会中的作用是基础性的，在倡导"以人为本"和"构建和谐社会"的今天，改善中国儿童社会福利状况应坚持综合施政，多元参与[7]。宋文珍从提升儿童权利和儿童社会福利理念、完

---

[1] 尚晓援，陶传进.中国儿童福利制度的权利基础及其限度[J].清华大学学报（哲学社会科学版），2009（2）：143-150.
[2] 成海军，朱艳敏.社会转型视阈下的普惠型儿童福利制度构建[J].学习与实践，2012（8）：85-96.
[3] 王振耀.建立与中等发展水平相适应的儿童福利制度[J].社会福利，2008（11）：16-17.
[4] 窦玉沛.儿童福利：从补缺型向适度普惠型转变[J].社会福利，2011（4）：6-7.
[5] 曹义隽.儿童福利事业的适度普惠之路如何延续[J].中国民政，2010（4）：48-48.
[6] 刘继同.国家责任与儿童福利——中国儿童健康与儿童福利政策研究[M].北京：中国社会出版社，2010：87.
[7] 张源，尚璐璐，万云晓.和谐社会下儿童福利事业发展问题之探究[J].法制与社会，2011（17）：186-186.

善儿童福利立法、建立儿童社会福利津贴制度以及完善儿童公共服务体系等四个方面提出加快建立适度普惠的儿童社会福利制度[1]。北京师范大学中国公益研究院发布的《2015年中国儿童福利政策报告》指出:"当前中国儿童社会福利制度和服务仍面临多重挑战,包括困境儿童津贴范围有限,保障水平较低、重残重病儿童面临生活和医疗等多种困境、儿童受侵害案件多发,提出全面加快推进普惠型儿童社会福利制度建设,建立困境儿童生活津贴制度、完善重残重病儿童医疗救助保障体系以及加强人才队伍建设等措施[2]。"

(二)对国外儿童社会福利制度的介绍

1. 关于单个国家儿童社会福利制度的介绍

长期以来,国内学者介绍了西方发达资本主义国家的儿童社会福利制度。北京师范大学儿童福利研究中心介绍了英国儿童社会福利的管理机构、儿童社会福利支出占GDP和公共财政支出的比例、有关儿童社会福利的立法、儿童社会福利保障制度等[3]。邹明明介绍了瑞典的儿童社会福利制度,指出:瑞典儿童社会福利制度是津贴+服务模式,从资金补贴和福利服务供给两个方面满足儿童成长所需[4]。蓝瑛波介绍了俄罗斯儿童的健康与医疗保障情况、儿童收养与监护制度,探讨了俄罗斯儿童保障对中国的启示[5]。姚伟、王宁介绍了美国的儿童社会福利制度,指出美国儿童社会福利政策正由补缺性取向发展为普惠性取向,美国儿童社会福利政策涉及儿童营养健康、医疗、教育,普通家庭的心理辅导与训练、父母教养能力训练,针对困境家庭的居家服务和托儿服务,以及针对严重问题家庭的寄养和领养服务等诸多领域。服务对象由原来有特殊需要的儿童扩展到全体儿童;服务内容由主要为儿童身体健康服务扩大到儿童的教育、医疗、心理辅导等多方面的综合性服务[6]。邹明明介绍了日本的儿童社会福利制度,认为日本的儿童社会福利有三大特点:一是巩固家庭养育的基础性地位,二是完备的儿童社会福利指导体制,三是正处于由补缺型向适度普惠型转变[7]。

2. 对多个国家儿童社会福利制度的对比研究

龚婷婷比较了美国和日本的儿童社会福利制度。美国儿童社会福利制度的特点

---

[1] 宋文珍.加快建立适度普惠型的儿童福利制度[J].中国妇运,2013(6):35-37.
[2] 北京师范大学中国公益研究院.构建普惠型儿童福利服务体系[J].社会福利,2015(2):1-3.
[3] 北京师范大学儿童福利研究中心.英国的儿童福利制度[J].社会福利,2011(2):52-52.
[4] 邹明明.瑞典的儿童福利制度[J].社会福利,2009(12):58-59.
[5] 蓝瑛波.俄罗斯儿童福利与保障制度述评[J].中国青年研究,2009(2):22-25.
[6] 姚伟,王宁.当代美国儿童福利政策的特点[J].外国教育研究,2011,38(5):62-65.
[7] 邹明明.日本的儿童福利制度[J].社会福利,2010(1):53-54.

之一是奉行"立法先行",各项儿童社会福利都以具体明确的法律法规为依据。在儿童社会福利管理方面,美国实行联邦与州分权管理的体制,州政府在儿童社会福利方面享有相应的权力和承担一定的责任。日本的儿童社会福利制度强调以家庭为主,具有明显的家庭特色,日本的儿童社会福利法律法规在发展中形成了比较健全的制度,儿童社会福利具有法律上的保障[1]。栾俪云对美国、瑞典、德国、英国、日本等国的儿童照顾与支持的价值理念和制度安排进行介绍,认为:在中国家庭"养儿防老"观念日趋淡化、人口出生率持续下降和极为严重的人口老龄化背景下,对儿童照顾和支持这一议题必须加以重视[2]。

三、国内外研究述评

纵观国内外研究现状,发现两者之间存在研究视角的差异。国内学者、政府部门重视儿童社会福利的政策和制度建设研究,而国外研究更多地是从微观层面、以实务的方式探讨诸如家庭服务、儿童日间照顾、替代性养护等具体内容和途径。两者差异性的根源在于欧美等国已经建立起相对完善的儿童社会福利制度,儿童社会福利立法和儿童社会福利政策得到广泛实施,特别如英国、瑞典、法国、美国和日本等发达国家,福利已经是一种国家形态。而中国社会保障制度建立时间短,经济发展水平相对落后,儿童社会福利研究仍处在一个探索阶段,因而理论研究更多是宏观的和基础性的,研究手段更趋向于定性分析。

(一)国外研究述评

国外研究主要从微观视角,从促进儿童自身发展和为其提供福利保障出发探索儿童社会福利制度建设,研究呈现以下特点:

1. 强调国家和社会对家庭的支持作用

20世纪90年代以后,西方国家在Ota Sik的混合经济模式指引下,发展出"第三条道路"学派,该学派在自由放任资本主义和传统社会主义之间寻求一种中间道路,因此也被称为"新中间路线"。他们既不主张纯粹的自由市场,也不主张纯粹的高福利。他们寻求的"第三条道路"其实质就是社会投资型国家理论。在这一理论影响下,西方儿童社会福利研究强调国家积极福利主张,认为为家庭提供津贴或服务是发展儿童社会资本的一部分。因此,强调国家和社会对家庭的支持作用。

2. 强调"儿童优先"原则,一切以儿童利益最大化为目标

西方国家有关儿童社会福利研究表现出一个显著的特点就是:遵循联合国《儿

---

[1] 龚婷婷.美国和日本儿童福利的发展及其启示[J].精神文明导刊,2010(6):27-27.
[2] 栾俪云.国外儿童照顾与支持的价值理念和制度安排[J].前沿,2010(12):71-73.

童权利公约》精神，强调一切以儿童利益最大化为目标，"儿童优先"。这一原则表现在，当儿童处于不利地位时，国家或儿童社会福利工作者有权介入家庭或教育机构，以确保儿童权利得到保护，最大限度地使儿童免受伤害。

3. 对儿童社会福利的研究具体而广泛

国外儿童社会福利的研究涉及全体儿童，包括儿童的生活、教育、服务与保护等各个方面。对特殊儿童的研究是西方儿童社会福利研究的主体部分，研究内容十分详细和具体，提出了许多具体的措施和对策意见。

（二）国内研究述评

国内研究主要从宏观视角，从政策和制度层面对儿童社会福利进行设计。国内儿童社会福利制度的研究呈现以下特点：

1. 研究对象的集中性

国内关于儿童社会福利的研究主要集中于孤儿、困境儿童（残疾儿童、流浪儿童、艾滋病病毒感染儿童等）和困境家庭儿童（贫困家庭儿童、服刑人员未成年子女、单亲家庭儿童等）。特别是对孤儿的研究十分丰富，包括孤儿的生活状况，孤儿的养育，孤儿的教育、医疗、住房和就业等方面福利的探索。专家学者对孤儿福利进行了相对完善的制度设计。

2. 研究范式的多样性

一是研究视角的多样性，有的专家从福利多元主义理论出发，有的专家从社会排斥理论出发，有的专家从国家干预理论出发，多角度、多维度地探索儿童社会福利制度建设；二是研究方式的多样性，规范研究是国内研究的主要研究范式，但一些专家结合采用观察法、深度访谈法和焦点小组等实证研究范式，多种研究手段综合运用于儿童社会福利制度建设。

3. 研究内容的时代性

国内对于儿童社会福利制度的研究具有鲜明的时代特征。20 世纪 90 年代社会转型以前，主要是对补缺型儿童社会福利制度的探索，从政府如何补救家庭功能缺失的角度出发，探索对孤儿、困境儿童和困境家庭儿童的福利制度设计。20 世纪 90 年代中后期以来，随着社会的转型，对儿童社会福利制度的研究也逐步转到对适度普惠型儿童社会福利制度建设的探索。将儿童作为一个整体，从顶层设计的高度对儿童社会福利制度进行设计。可见，国内儿童社会福利制度的研究具有强烈的时代性。

尽管中国儿童社会福利制度的研究取得许多重要成果，也具有鲜明的特点，但从一个更长远的角度来看，中国儿童社会福利制度的研究仍存在一些问题，主要表现在：

第一，对普通儿童享有福利的研究相对不足。中国学者对儿童社会福利的研究大多集中于对孤儿、困境儿童和困境家庭儿童的研究，对普通儿童的福利关注度不够。这与中国长期的福利观念和现实国情有关。长期以来，中国儿童社会福利主要是民政部主管的福利，所以研究关注的重点是福利机构中儿童的福利，对于占儿童数量最大多数的处于正常状态的普通儿童鲜有研究。当前，中国正进入中等收入国家行列，探讨包括普通儿童在内的全体儿童的福利的时机已经成熟。给予全体儿童以国家照顾，是联合国《儿童权利公约》所赋予儿童的基本权利，让全体儿童享有福利是儿童社会福利发展的必然要求，是国家的必然责任。加强对全体儿童社会福利的研究具有迫切性。

第二，对儿童社会福利的研究定量分析较少。纵观中国儿童社会福利研究现有文献，研究成果主要集中在定性分析上，定量分析相对较少。一方面是中国儿童社会福利方面的数据缺乏或不完整，无法为研究提供充分的数据信息；另一方面，中国有关儿童方面的数据分散在各个部门，剥离相对困难，数据整理难度大。

第三，对儿童社会福利的考量主要从社会角度而非儿童自身角度。更多的研究文献表现出对儿童社会福利的设计是基于社会发展的需要，从政府主管部门和社会的视角透视儿童社会福利。这种研究有助于推进政府儿童社会福利管理，也有助于儿童社会福利的顺利实施，但这种研究往往会把儿童社会福利带入一种非儿童意愿的结果。儿童的发展具有生理、心理、精神、情感和社会的多重体验，从儿童自身发展需要的自然性角度考察儿童社会福利，有助于儿童身心和情感的发展，有助于建立科学的儿童社会福利观和正确的儿童社会福利制度。社会角度和自然角度的结合是研究儿童社会福利的正确方法。

第四，对适度普惠型儿童社会福利制度建设的研究还有待深入。当前，适度普惠型儿童社会福利制度建设的探索是中国儿童社会福利制度研究的主要方向。许多专家学者以及实践部门的工作人员都在探索适度普惠型儿童社会福利制度的建设，并且取得一定的成果。但必须看到，适度普惠型儿童社会福利制度建设是一项系统工程，需要根据中国经济社会发展和人口结构变动进行合理设计，需要根据中国儿童社会福利制度实践的发展不断丰富和完善。已有研究还需不断地深入。本书试图结合当前中国适度普惠型儿童社会福利制度试点的实践，通过对中国未来经济社会发展趋势的假定和推测，对适度普惠型儿童社会福利制度建设进行深入探索，包括从理念、模式、概念体系到运行机制的探索，以期构建起中国适度普惠型儿童社会福利制度的清晰图景。

第三节 研究目标与研究内容

一、研究目标

本书研究的主要目标在于通过对中国适度普惠型儿童社会福利制度历史由来和现状的分析，在借鉴国际经验的基础上，探索构建起与中国经济社会发展水平相适应的有中国特色的适度普惠型儿童社会福利制度。

第一，对中国适度普惠型儿童社会福利制度的由来和现状进行系统梳理，分析取得的成就和存在的问题。

第二，在借鉴国际经验的基础上，探索中国适度普惠型儿童社会福利制度建设的理念、原则和路径。

第三，对中国适度普惠型儿童社会福利制度进行系统构建，包括儿童社会福利覆盖范围如何扩大，内容体系如何构建、财政资金如何保障，法律法规如何建设，管理运行如何完善，效果如何监测等。

二、研究内容

适度普惠型儿童社会福利制度建设需要厘清相关概念，阐明制度构建的理论基础，对建设的现状和存在的问题进行表述，分析其中的原因，通过对适度普惠型儿童社会福利制度机理的分析，并通过借鉴国际经验，从而探索构建适度普惠型儿童社会福利制度的路径。研究的主要内容包括：

（一）相关概念

本书将重点厘清几个主要概念，这些概念包括：福利、社会福利、社会福利制度、儿童、儿童社会福利、补缺型儿童社会福利制度、普惠型儿童社会福利制度以及适度普惠型儿童社会福利制度。

（二）适度普惠型儿童社会福利制度建设的理论基础

本书将综合运用经济学、人口学、管理学、社会学等多学科交叉方法，运用制度分析理论、福利经济学、公平理论、需要理论等来阐明适度普惠型儿童社会福利制度构建和发展的理论依据。

（三）中国适度普惠型儿童社会福利制度的由来和现状

一是运用文献法和制度分析理论探索建国以来中国儿童社会福利制度的发展历程，揭示中国适度普惠型儿童社会福利制度的历史背景和由来；二是通过问卷调查、访谈以及统计分析的方法，对中国适度普惠型儿童社会福利制度的实施现状进行分析。

（四）中国适度型儿童社会福利制度综合评估

对中国适度型儿童社会福利制度建设取得的成就和存在的问题进行综合评估，并对存在问题进行原因探究。

（五）儿童社会福利国际比较与经验借鉴

根据福利对象、福利内容、福利水平、保障目的等因素的不同，选取美国、日本、加拿大、英国、澳大利亚、法国、德国、意大利、瑞典、丹麦、挪威、印度、巴西等国家，通过对儿童社会福利内容体系、资金投入、法律制度、管理运行等方面的比较，总结各个国家儿童社会福利制度的成功经验及其对中国的启示。

（六）中国适度普惠型儿童社会福利制度建设探索

这一部分是本书研究的主体，包括以下两方面的内容：

1. 适度普惠型儿童社会福利机理分析

适度普惠型儿童社会福利机理分析是指对适度普惠型儿童社会福利的功能、目标、系统、结构等进行探讨，包括：（1）适度普惠型儿童社会福利制度构建的理念和思路；（2）适度普惠型儿童社会福利制度模式的选择。

2. 适度普惠型儿童社会福利制度建设探索

包括以下六个方面：（1）适度普惠型儿童社会福利制度的覆盖范围如何扩大；（2）适度普惠型儿童社会福利制度内容体系框架如何构建；（3）适度普惠型儿童社会福利制度的财政支出规模有多大，资金如何保障；（4）适度普惠型儿童社会福利制度法律法规体系如何健全；（5）适度普惠型儿童社会福利制度运行管理如何完善；（6）适度普惠型儿童社会福利制度的效果如何监测。

第四节　研究方法与技术路线

一、研究方法

根据研究的总体需要，本书用到的研究方法包括：文献法、问卷调查法、访谈法以及软系统分析法。

（一）文献法

文献法也称文献研究法，是指通过对现存文献资料的搜集、整理、鉴别，从而形成对事实的科学认识的一种研究方法。因此，它既是一种收集资料的方法，也是一种分析资料的方法[1]。按照具体来源的不同，文献资料可以分为个人文献、官方文献及大众传媒三大类，也可以分为原始文献和二次文献两大类。本研究所使用的文献为原始文献或二次文献，研究的主要内容包括：

首先，通过搜集、整理国内外有关福利和社会福利等方面的文献资料，厘清福利、社会福利、儿童与儿童社会福利、补缺型儿童社会福利制度、普惠型儿童社会福利制度、适度普惠型儿童社会福利制度等相关概念，阐述儿童社会福利的相关理论，探索中国儿童社会福利制度的历史脉络和发展历程。

其次，对部分发达国家和发展中国家的儿童社会福利资料进行整理、鉴别，探索国外儿童社会福利制度的成功经验及其对中国的启示。

（二）问卷调查法

本书用到的问卷调查主要包括两部分。第一部分是对中国当前适度普惠型儿童社会福利制度实施现状的调查，其目的是了解中国儿童社会福利覆盖的对象、福利内容和福利水平状况以及各类儿童对福利的认同情况。第二部分是对儿童福利需求情况的调查，其目的是了解不同群体对儿童社会福利需求的看法。本书编制了《儿童福利需求调查问卷》，问卷由卷首语、指导语、问题与答案以及结束语等四部分构成。主要采取封闭式提问方式，全部提问以单项选择为主，结合使用多项选择。问题部分主要由两大模块构成：第一模块为"基本情况"，旨在了解被调查者的基本信息；第二模块为"儿童福利需求调查"，旨在了解不同群体对儿童社会福利需求的看法，包括儿童医疗福利、生活福利、教育福利、安全福利、文化娱乐福利、福利设施和综合等七个部分。

本书采取分层随机抽样等办法选取上海、浙江、广东、河南、湖南、贵州、甘肃等省市进行调查，通过发放和回收问卷，进行统计分析，从而获得必要的第一手资料。调查地点的选取和问卷发放的详细情况说明见本书第三章和第七章。

（三）访谈法

访谈法也称访问法，是指通过访员和受访人面对面地交谈来了解受访人的心理和行为的一种研究方法。它是一种最古老、最普遍的收集资料的方法[2]。按照访谈过程的受控程度，访谈法可分为结构式访谈和非结构式访谈。结构式访谈高度模式化、标准化，受控程度高，一般按照标准的程序进行，通常采用问卷或调查表。非结构式访谈是一种半控或无控的访问模式，没有定向标准化程序，事先不设计问卷，往往只给定一个题目，被访问者可以自由交谈。

本书采用结构式访谈，专门设计访谈提纲，通过对各类儿童、家长、社会人士、

---

[1] 袁方，王汉生.社会研究方法教程[M].北京：北京大学出版社，1997：392.
[2] 袁方，王汉生.社会研究方法教程[M].北京：北京大学出版社，1997：268.

民政部门工作人员以及营养学家、医疗保健专家、心理学专家、教育专家等进行有目的的访谈,从而获得来自各个领域有关儿童社会福利状况的相关素材和认识。

(四)软系统分析法

软系统方法论(SSM,Soft Systems Methodology)是一项运用系统思考解决非系统问题的定性研究方法,主要用以解决包含大量社会、政治以及人为因素的问题。它的基本步骤是:首先,运用"丰富图"(Rich Pictures)表述问题;然后,对相关系统进行根定义(Root Definition);接下来评估是否是可行的、理想的系统变革,当确定该系统为最优时,最后执行系统,解决问题。

适度普惠型儿童社会福利制度的构建是一项较为复杂的系统工程,软系统分析法有助于找到可行的、理想的系统变革。它的结构见图1.1。

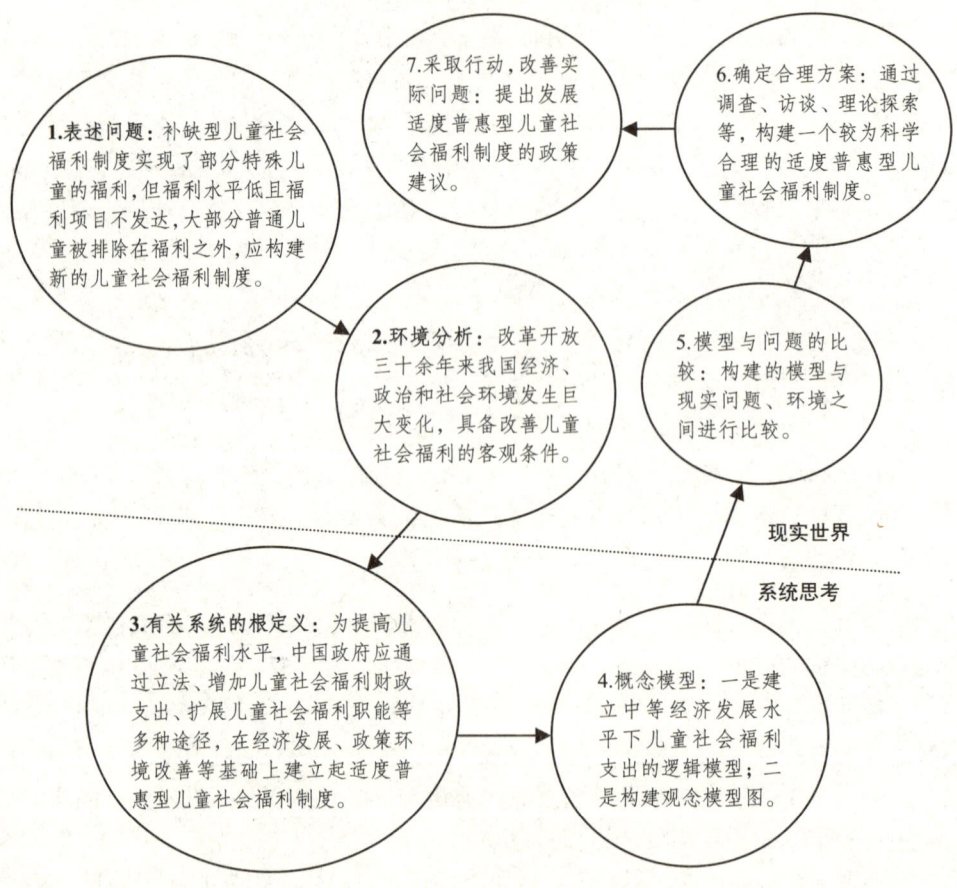

图1.1 基于SSM的适度普惠型儿童社会福利制度建构方法

二、技术路线

本书的技术路线将按照图1.2的方式进行。首先,对中国适度普惠型儿童社会福利制度发展的由来和实施现状进行系统梳理。总结转型期中国儿童社会福利制度的演进过程与不同阶段的发展轨迹,分析中国适度普惠型儿童社会福利制度现状,对存在的问题进行深刻剖析。然后,分两条路线对中国适度普惠型儿童社会福利制度建设进行探索。一条是理论路线,在相关理论和方法论的指导下,探索适度普惠型儿童社会福利制度构建的理念、原则与模式;另一条则沿着现实路线行进,通过社会调查等实证研究,并借鉴国外儿童社会福利制度发展经验,探索中国适度普惠型儿童社会福利制度覆盖范围、内容体系、财政支持体系、法律体系、行政管理体系、绩效评价体系等的建设,最终构建起与中国经济社会发展相适应的适度普惠型儿童社会福利制度,为政策决策提供参考。

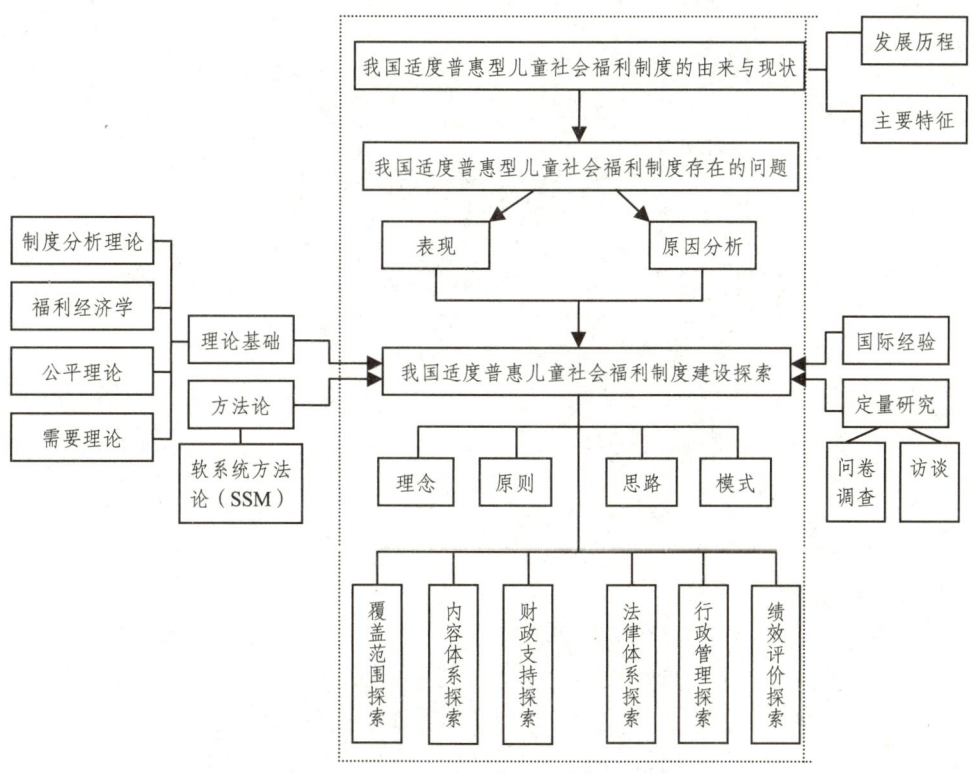

图1.2 技术路线图

第二章 相关概念和理论基础

> 厘清相关概念有助于把握事物的相互关系和内在规律,阐明相关理论有助于廓清认识和为实践活动提供指导。适度普惠型儿童社会福利制度在本质上是儿童与福利的一组关系。而本研究所要探明的儿童社会福利是指国家或社会为儿童提供的福利,区别于家庭为儿童提供的福利。儿童社会福利制度有两种主要形态,一种是补缺型儿童社会福利制度,另一种是普惠型儿童社会福利制度。适度普惠型儿童社会福利制度是普惠型儿童社会福利制度的一种不完全形态,是补缺与普惠的过渡形态。本章第一节将厘清福利、社会福利、社会福利制度,儿童、儿童社会福利、补缺型儿童社会福利制度、普惠型儿童社会福利制度和适度普惠型儿童社会福利制度等相关概念。第二节阐述与研究相关的基础理论,包括制度分析理论、福利经济学、公平理论、需要理论等。

第一节 相关概念

一、福利、社会福利和社会福利制度

(一)福利

福利一词的英文拼写是"welfare",源于拉丁文"wlle"和"fare",分别表示"好"和"生活"的意思。因此,福利的英文意思是"安乐的人生之路"、良好的生活状态[1]。

(二)社会福利

美国《社会工作词典》指出,社会福利(Social Welfare)具有两个方面的含义:"第一,一种国家的项目、待遇和服务制度,它帮助人们满足社会的、经济的、教育的和医疗的需要,这些需要对维持一个社会来说是最基本的。第二,一个社会共同体的集体的幸福和正常的存在状态。"[2]美国《社会工作百科全书》对社会福利的界定为:"社会福利是一个宽泛的和不准确的词,它最经常地被定义为旨在对被认识到的社会问题作出反应,或旨在改善弱势群体的状况的'有组织的活动'、'政府干预'、政策或项目。社会福利可能最好被理解为一种关于一个公正社会的理念,

---

[1] 转自戴建兵,曹艳春.社会福利研究述评[J].浙江社会科学,2012(2):82-90.
[2] R.L. Barber. The Social Work Dictionary, 4th Edition[M].Washing D.C.: NASW Press,1999:20-21.

这个社会为工作和人类的价值提供机会，为其成员提供合理程度的安全，使他们免受匮乏和暴力，促进公正和基于个人价值的评价系统，这一社会在经济上是富于生产性的和稳定的。这种社会福利的理念基于这样的假设：通过组织和治理，人类社会可以生产和提供这些东西，而因为这一理念是可行的，社会有道德责任实现这样的理念。"[1]显而易见，《社会工作百科全书》是从广义的角度来界定社会福利的。根据《新大不列颠百科全书》，狭义的社会福利又称福利服务，对象是"弱势群体"，目的是疗救社会病态。

美国学者米基利（Midgley）指出，社会福利是"当社会问题得到控制时，当人类需要得到满足时，当社会机会最大化时，人类正常存在的一种情况或状态"。米基利主张从两个层次来分析社会福利的含义，指出：社会福利既可以指社会福利状态，也可以指社会福利制度。当人们把社会福利当作一种状态来看待时，社会福利是指人类生活中的幸福和正常的状态。当人们把社会福利当作一种制度来看待时，社会福利制度是为达到社会福利状态而做出的集体努力（包括政府的努力）[2]。美国学者威廉姆·H·怀特科（Whitaker，W.H）认为："社会福利的目的就是帮助人们在其社会环境中更有效地发挥作用，包含两层意思：第一，满足人们的基本生存需要（充足的营养食品、衣服、房屋、医疗保险，清洁的水和空气）；第二，满足人们必需的心理的、精神的社会交往需要……社会福利还应该提供包括以下内容：为使人们参与经济建设而提供充分的教育，提供咨询以认识并处理个人所遇到的困难，提供就业门路和其他社会活动。"[3]

国内学者一般将社会福利区分为狭义的社会福利界定和广义的社会福利界定。

根据田北海的统计，狭义的社会福利界定又可分为剩余性狭义社会福利观、制度性狭义社会福利观和发展性狭义社会福利观[4]。其中，剩余性狭义社会福利观认为社会福利是一种疗救社会病态、预防或矫治社会问题的一种制度或手段。尚晓援指出，狭义的"社会福利"是指为帮助特殊的社会群体，疗救社会病态而提供的社会服务，它与"社会保障"的制度安排同为促进人类幸福的制度措施，只是针对不同的社会问题[5]。多吉才让指出，社会福利仅指"民政部门代表国家提供的针对弱势老人、残疾人、孤儿和优抚对象的收入和服务保障"[6]。制度性狭义社会福利观提出，

---

[1] NASW. Encyclopaedia of Social Work,19th Edition[M].Washing D.C.: NASW Press, 1999:59-60.
[2] Midgley,James. Social Welfare in Global Context[M]. London:Sage,1997:135-136.
[3] Whitaker,W.H,& Federico,R C . Social Welfare in Today's World[M]. Boston:WCB,McGraw-Hill, 1997:171-173.
[4] 田北海.社会福利概念辨析——兼论社会福利与社会保障的关系[J].学术界，2008（2）：278-282.
[5] 尚晓援."社会福利"和"社会保障"的再认识[J].中国社会科学，2001（3）：113-121.
[6] 多吉才让.中国社会福利丛书总序.周弘主编.国外社会福利制度[M].北京：中国社会出版社，2002：12.

社会福利应面向所有社会成员，而不仅仅是困难群体或弱势群体，但社会福利的层次仅限于保障社会成员的基本生活。社会福利是指国家和社会为保障社会成员的基本生活而采取的措施及服务，包括社会救济、社会保障、社会服务等子系统[1]。发展性狭义社会福利观认为，社会福利的服务对象是全体公民，其功能在于提高公民的生活水平和生活质量。社会福利是指在解决了人们的基本生存需要之后更好地生存或发展的一种状态[2]。

广义社会福利观认为，"社会福利"制度指国家和社会为实现"社会福利"状态所做的各种制度安排，包括增进收入安全的"社会保障"制度安排。"广义社会福利的对象扩大到全体公民，社会福利的项目从针对弱势群体的社会救助和社会福利服务扩大到了包括社会保障、教育和医疗等项目，广义社会福利的提供者也扩大为全社会"[3]。周沛对社会福利的界定为：社会福利是以政府及社会为主体，以全体社会公民与社区居民为对象，以制度化与专业化为基本保证，以保障性与服务性为主要特征，以社会支持网络为主要构架，以物质资助和精神支持为主要内容，以解决社会问题为目的，旨在不断完善和提升公民的物质与精神需求，提高社会生活质量的社会政策和社会制度[4]。唐钧认为，社会福利是指"政府和社会团体为提高社会成员的物质和精神生活水平而采取的种种措施"[5]。

综上所述，福利指的是一种美好的生活状态，而社会福利可以从狭义和广义两个层面来界定。狭义的社会福利主要指国家或社会为特殊的社会群体（如弱势老人、残疾人、孤儿和优抚对象等）提供的收入和服务保障。突出表现在福利对象的选择性。而广义的社会福利则是指国家或社会为全体社会成员提供的旨在满足其物质和精神生活的各种制度安排，包括社会保障、教育和医疗。广义的社会福利有两个主要特征：一是将福利对象从特殊群体扩大到全体社会成员；二是福利项目从社会保障扩大到包括教育和医疗在内的公共福利项目。

本书认为，在广义的社会福利和狭义的社会福利之间，还存在一种中观的社会福利，这种社会福利概念界定以中国民政部副部长窦玉沛的论述为代表。窦玉沛认为："要由特定的服务对象，向全体老年人、残疾人和处于困境中的儿童转变，同时在服务项目和产品的供给上，要满足他们不同层次的多样化的需求。"从上述定义可以看出，这种中观的社会福利界定适用于中国适度普惠型社会福利制度建设阶

---

[1] 张建明，龚晓京.社会福利与社会保障关系刍议.窦玉沛主编.重构中国社会保障体系的探索[M].北京：中国社会科学出版社，2001：62.
[2] 王思斌.我国适度普惠型社会福利制度的建构[J].北京大学学报（哲学社会科学版），2009（5）：58-65.
[3] 尚晓援."社会福利"和"社会保障"的再认识[J].中国社会科学，2001（3）：113-121.
[4] 周沛.社会福利体系[M].北京：中国劳动社会保障出版社，2007：11.
[5] 唐钧.中国需要适度普惠的儿童福利政策[J].中国社会保障，2011，（6）：30-30.

段。一方面，这种中观的社会福利观比狭义的社会福利观在覆盖人群、福利内容和福利水平三个维度上有所提升；另一方面，这种中观的社会福利观比广义的社会福利所包含的内容相对较少，覆盖人群相对狭窄，主要包括全体老年人、残疾人和全体儿童，符合中国从 2010 年到 2050 年这一阶段建设适度普惠型社会福利制度的需要，与这一阶段经济和社会发展水平相适应。

（三）社会福利制度

美国学者威伦斯基（Harold Wilensky）和李宾克斯（Charles Lebeaux）在《工业社会和社会福利》一书中将社会福利划分为剩余性社会福利和制度性社会福利两种类型[1]。剩余性社会福利也称补缺性社会福利或残补性社会福利，是为社会无法自助者提供的暂时性和补偿性的社会救助，是对"不幸者的慈善"。一般来说，家庭和市场是满足个人需求的自然渠道，只有在家庭遭到天灾人祸以及市场发生经济萧条等变故后，才由政府和社会提供社会福利的援助，当家庭和市场恢复正常后，政府和社会提供的援助就会被取消。剩余性社会福利的援助对象一般是"选择性"的，援助也是暂时性的。制度性社会福利是指政府为所有公民而不是为少数有特殊需求的公民所提供的福利。制度性社会福利是常规性的和常态性的，援助对象是普遍性的。

在威伦斯基和李宾克斯有关社会福利制度二分法基础上，卡恩（Alfred Kahn）和罗曼尼斯克因（John Romanyshyn）提出发展性社会福利（developing welfare），他们认为，发展性社会福利要求建立的是提高人民生活质量和满足人类发展型的社会福利制度，而不仅仅是解决社会问题的制度。因此，社会福利制度按其实施目的，可以分为三种：剩余性社会福利、制度性社会福利和发展性社会福利。

英国学者蒂特马斯（Richard Titmuss）在其著作《社会政策导论》中指出，按照国家、家庭、市场三者的关系，福利体系可以分为剩余型福利体系、产业福利体系和制度化福利体系，形成分析福利制度的三种模型。蒂特马斯从国家的作用、优先考虑的事项、接受者的地位以及政治立场等四个方面对这三种模型的基本特征进行了描述[2]。

丹麦学者艾斯平-安德森在著作《福利资本主义的三个世界》中则进一步提出"去商品化"和"社会权利"两个重要概念。他根据"去商品化"程度的差异性将福利体系划分为市场化体系、社会保障体系和普遍主义体系三种类型[3]。

---

[1] Harold L. Wilensky & Charles N. Lebeaux.Industrial Society and Social Welfare[M]. New York: Russell Sage. 1958:137-147.

[2] Richard Morris Titmuss. Social Policy: An Introduction [M]. New York: Pantheon Books, 1974:30-31.

[3] [丹麦]埃斯平-安德森.福利资本主义的三个世界[M].苗正民，滕玉英，译.北京：商务印书馆，2010：168.

根据威伦斯基和李宾克斯的论述，世界上存在着两种主要类型的社会福利制度，一种是剩余性社会福利制度，另一种是制度性社会福利制度。

剩余性社会福利制度，也称残补型社会福利制度或补缺型社会福利制度，是指在家庭功能缺失或市场失灵的情况下，政府发挥补缺的作用，对社会无法自助者提供暂时性和补偿性援助的一种社会福利制度。在这种福利制度下，国家只为部分公民承担最低限度的社会福利和相关服务，家庭、市场、非政府组织和劳动者个人承担主要的社会福利责任。这种社会福利制度强调政府最后出场的角色，强调政府的补缺功能，因此往往被称之为补缺型社会福利制度。这种社会福利制度的特点是：第一，选择性，只为部分有特殊需要的社会成员承担有限责任，如孤儿、残疾人、社会流浪人员、弱势老人等；第二，暂时性，只是一种援助，一旦这些部分群体获得家庭或市场的福利，政府则退出责任范围；第三，无偿性，亦即这种援助不需要偿还。

制度性社会福利制度，是指国家或社会为全体社会成员提供的一种福利制度。政府在社会福利的分配上采取涵盖所有公民的普惠主义原则，为所有公民提供福利津贴或服务。这种制度也有三个特征：第一，非选择性，福利针对全体社会成员；第二，长期性，福利是一种常规化、常态化的措施；第三，无偿性，制度性社会福利免费提供给社会成员，不需要偿还。

本研究认为，在补缺型社会福利制度和普惠型社会福利制度之间，还存在着一种过渡形态，即适度普惠型社会福利制度。适度普惠型社会福利制度可以被看成是普惠型社会福利制度的一种不完全形态，是补缺型和普惠型的一种中间形态。适度普惠型社会福利制度可以从普惠和适度两个维度来界定：第一，普惠维度，政府为全体社会成员提供福利；第二，适度维度，指社会福利的渐进性。包括覆盖对象的渐进性、内容的渐进性和水平的渐进性。其中，对象的渐进性是指福利的覆盖对象由某一群体的部分成员逐步过渡到另一群体的所有社会成员，最终过渡到全体社会成员；内容的渐进性是指福利内容由生存性福利逐步过渡到发展性福利，最终形成多样化福利体系；水平的渐进性是指福利水平由低水平逐步过渡到高水平。

二、儿童和儿童社会福利

（一）儿童

儿童（child）是一个发展的概念。在中国古代，凡年龄大于婴儿而尚未成年的人都叫儿童。男子二十岁行弱冠礼，女子十五岁行及笄礼，表示成年。古代把二至三岁叫做孩提，三四岁至八九岁称之为垂髫，八九岁至十三四岁叫总角，十三四岁至十五六岁为豆蔻，都属于儿童阶段的年龄。女子满十五岁结发，男子满十五岁束发，就到了可以结婚的年龄。因此可以认为，在中国古代儿童大约是指小于十六周岁的未成年人。到了现代，儿童的概念有多种解释。《现代汉语词典》给出的定义是：较幼小的未成年人（年纪比"少年"小），其中"少年"指"人十岁左右到十五六岁的阶段[1]。"因此，《现代汉语词典》中的儿童是指十岁以下的未成年人。心理学界则将"儿童"划为几个时期："0岁至1岁为乳儿期；1岁至3岁为婴儿期；3岁至6岁为少儿期；6、7岁至11、12岁为童年期[2]。"因此，心理学所指儿童为12岁以下的未成年人。现代医学则将儿童年龄划分为七个时期，一直从胎儿期到青春期，时间从0岁到20岁[3]。人口学把15-25岁确定为青年，并据此进行人口统计。从人口学的角度看，儿童是指14岁以下的未成年人。《中华人民共和国未成年人保护法》则从是否具有完全民事行为能力的角度，把未满18周岁的公民界定为未成年人。

国际上，1994年以前，一般认为14岁以下为少儿，15岁至64岁为青壮年，65岁及以上为老年。联合国大会将"青年"定义为年龄介于15岁与24岁之间的那些人。目前，联合国教科文组织、世界卫生组织、联合国人口基金等组织都规定青年的年龄为14岁以上，但对儿童的年龄没有明确界定。目前国际上对儿童年龄做出明确界定的是联合国《儿童权利公约》。《儿童权利公约》指出："儿童系指18岁以下的任何人，除非对其适用之法律规定成年年龄低于18岁。"

从国内外有关儿童年龄的划分以及对儿童概念的表述可以看出，当前并不存在对儿童概念的一致认同。但有一个共同特征，即：在表述儿童概念或界定儿童年龄时，都使用成年人或未成人作为其对应的概念。因此，本书认为儿童是一个与成年人相对的概念。

本书赞成《儿童权利公约》关于儿童的界定，把儿童看作为任何18周岁以下的未成年人。第一，儿童的概念是一个与成年人相对的法律概念。按照《中华人民共和国民法通则》，18周岁即是成年人。成年人可以被认为身心发展均已成熟，并且具备完全的社会鉴别和社会行动功能，在法律上已经具备完全的民事行为能力，是一个完整的人。而儿童无论其生理还是心理发展均未达到成熟，无法为其个人行为承担完全的法律责任，且因其各项功能的脆弱而需要特别的保护。因此，从法律上讲，儿童是未成年人。第二，儿童是指任何18周岁以下的未成年人。儿童的概念是一个具有多重角色的定义。在不同的领域（社会学、心理学、医学、法学等）由于其需要的不同，对儿童年龄的界定各不相同。本书所指儿童，包括儿童享有的福利，是相对于儿童权利而言。联合国出于对儿童权利尊重的需要，特别是对儿童受保护权、受教育权的尊重，将儿童年龄上限界定为18周岁，具有国际人权的意义。因此，本书遵循联合国《儿童权利公约》关于儿童的定义，将儿童界定为任何

---

[1] 中国社会科学院语言研究所词典编辑室.现代汉语词典（第6版）[M].北京：商务印书馆，2012：332.
[2] 费穗宇，张潘仕.社会心理学辞典[M].石家庄：河北人民出版社，1988：13.
[3] 沈晓明，王卫平. 儿科学（第7版）[M].北京：人民卫生出版社，2011：4.

不满 18 周岁（0-17 岁）的人。

（二）儿童社会福利

儿童社会福利（child social welfare）是社会福利在儿童中的体现，是社会福利中特别以儿童为对象的一种福利形态，与社会福利中的老年人福利相对应。在国内，很多研究者使用"儿童福利"这个概念，本书认为在本质上是一致的。但从一种更严格的意义上讲，"儿童社会福利"这个词更准确地表达了国家和社会作为福利供给主体对儿童享有福利的保障。因此，本书使用儿童社会福利这个概念。

国际上，1959 年联合国《儿童权利宣言》指出："凡是以促进儿童身心健全发展与正常生活为目的的各种努力、事业及制度等均称之为儿童福利。"《美国社会工作年鉴》指出："儿童福利旨在谋求儿童愉快生活、健全发展，并有效地发掘其潜能，它包括了对儿童提供直接福利服务，以及促进儿童健全发展有关的家庭和社区的福利服务"。联合国《儿童权利宣言》和《美国社会工作年鉴》都是从广义的角度来界定儿童社会福利。美国儿童福利联盟则认为："儿童福利是社会福利中特别以儿童为对象，提供在家庭中或其他社会机构所无法满足需求的一种服务。"美国儿童福利联盟是从狭义的角度来界定儿童社会福利。

Liederman 认为，儿童福利应包括所有有关保护、关心儿童和促进其健康发展的项目和政策[1]。Kadushin 认为儿童福利是社会工作专业领域之一，旨在针对儿童提供直接或间接的福利服务，以支持、增强或补充的办法，强化家庭的功能，谋求儿童健全发展，并有效发挥其潜能[2]。国外文献表明，儿童福利实际上是对儿童时期的生理、心理、社会环境提供满足需要、促进发展的社会政策、专业科学知识以及具体行为等的总称[3]。

陆士桢认为，儿童福利是社会福利在儿童中的体现。儿童福利是由国家或社会为立法范围内的全体儿童普遍提供的旨在保证正常生活和尽可能全面健康发展的资金与服务的社会政策和社会事业[4]。徐月宾认为，儿童福利是指政府和社会为有特殊需要的儿童及其家庭提供的各种支持、保护和补偿性服务[5]。张海鹰认为中国儿童福利可以分为两种，一种是广义上的界定；一种是狭义上的界定。广义的儿童福利，是指一切为了儿童身心健康而举办的社会事业；狭义的儿童福利，专指补充和替代父母照顾管理儿童[6]。中国台湾学者周震欧指出："狭义而言，儿童福利系以问题取

---

[1] Liederman, D.S. Child welfare[M]. Washington, DC: NASW Press,1995:423-424.
[2] Kadushin, A.,& Martin, J. A. Child welfare services（4th ed.）[M]. New York : Macmillan,1998:226.
[3] 陆士桢，常晶晶.简论儿童福利和儿童福利政策[J].中国青年政治学院学报，2003（1）：1-6.
[4] 陆士桢.简论中国儿童福利[J].华中师范大学学报（哲学社会科学版），1997（6）：10.
[5] 徐月宾.儿童福利服务的概念与实践[J].民政论坛，2001（4）：17-21.
[6] 张海鹰.社会保障辞典[M].北京：经济管理出版社，1993：60.

向为主，针对有特殊需求之儿童，如贫困失依儿童、受虐儿童、行为偏差或情绪困扰儿童、身心障碍儿童等，所施与之救助、保护、矫正、辅导或养护等措施。广义而言，儿童福利系以发展取向为主，关怀之对象扩及至一般儿童健全生活所需之服务，包括福利措施、卫生保健、儿童教育及司法保护等领域[1]。"

从以上定义可以看出，国际国内对儿童社会福利的定义有广义和狭义之分。国内所指的儿童福利其本质都是儿童社会福利，因为所指的儿童福利提供主体都是国家或社会，而不是家庭。

本书认为，儿童社会福利是社会福利中特别以儿童为对象的一种社会福利，它区别于老年人福利，特指国家或社会为儿童提供的一种福利形态，强调儿童社会福利的社会属性。

本书认为，儿童社会福利有广义和狭义之分。狭义的儿童社会福利是国家或社会为部分有特殊需要的儿童（如孤儿、困境儿童、困境家庭儿童等）提供的在家庭或社区中无法满足其需求的一种福利。而广义的儿童社会福利则可定义为：国家或社会为保障全体儿童的生活而采取的一切措施和政策努力，包括资金和服务。广义的儿童社会福利有三大特征：第一，儿童社会福利是一个与儿童权利联系在一起的概念框架。儿童社会福利是儿童权利实现的内在要求，也是儿童权利的体现，它反映了儿童的各项权利诉求。第二，儿童社会福利的责任主体是国家或社会。国家不仅在家庭或市场功能缺失时承担补缺的职能，国家也有主动承担建设儿童福利的社会责任。因此，为实现全体儿童的生存、发展与正常生活，国家必须采取一切政策措施和行动，包括资金和服务两个方面。第三，儿童社会福利的目的旨在为全体儿童的生存和发展提供保障。

本书认为，在中国经济社会发展的不同阶段，可以取舍不同种儿童社会福利的定义。在中国经济相对不发达阶段，主要关注部分有特殊需要的儿童，可以使用狭义的儿童社会福利概念。在中国经济进入中等发达阶段后，可以采用以民政部为代表的中观的儿童社会福利概念，即认为儿童社会福利的覆盖对象由部分有特殊需要的"机构内养育孤儿"扩展到全体孤儿、困境儿童、困境家庭儿童和部分普通儿童，为他们提供与中国经济社会发展相适应的适度普惠型儿童社会福利；相对于狭义的儿童社会福利，中观的儿童社会福利无论在覆盖人群、福利内容和福利水平上均有所提升。而在中国经济进入发达阶段，则可以采用广义的儿童社会福利概念。

三、三种形态的儿童社会福利制度

根据前文对社会福利制度的三种划分，儿童社会福利制度也可以划分为三种类型，分别是：补缺型儿童社会福利制度、普惠型儿童社会福利制度和适度普惠型儿

---

[1] 周震欧.儿童福利（修订版）[M].台湾：巨流出版社，2007：9.

童社会福利制度。

（一）补缺型儿童社会福利制度

所谓补缺型儿童社会福利制度，是指政府或社会在家庭功能缺失的情况下替代家庭为有特殊需要的儿童（如孤儿、弃婴、残疾儿童、流浪儿童等）提供暂时性和补偿性援助的一种社会福利形态。

可以从三个方面来理解这一概念。第一，儿童社会福利的补缺功能。补缺型儿童社会福利制度是在家庭功能丧失，无法为儿童提供保障的情况下，最后由国家提供对儿童的一种保护和援助，强调国家的最后干预功能；第二，援助的临时性和不经常性。在家庭功能缺失时，国家作为最后的后盾提供暂时性援助，而一旦这种状况消失，援助也随即结束，具有不经常性；第三，援助对象的选择性。纳入政府或社会保障的对象是部分孤儿和困境儿童。这些儿童包括孤儿、弃婴、残疾儿童、流浪儿童等。

（二）普惠型儿童社会福利制度

所谓普惠型儿童社会福利制度，是指政府或社会为全体儿童提供的一种旨在满足其基本生活和需要的一种社会福利形态。

可以从三个方面来理解普惠型儿童社会福利制度的含义。第一，制度性。所谓制度性，是指为儿童提供的社会福利已经成为一种常态，有规范的制度保障。它区别于补缺型儿童社会福利制度在于它不需要临时性施与，已经常态化；第二，普惠性。普惠型儿童社会福利制度的最大特征在于它的普惠性，它是对全体成员所给予的一种普享待遇。只要属于那一群体，就毫无例外地获得相同的待遇；第三，非援助性。与补缺型模式不同，在这种制度模式下，儿童获得的生活和需要不再是施舍，而是一种公民权利，它体现国家对儿童人格尊严和价值的尊重。

（三）适度普惠型儿童社会福利制度

适度普惠型儿童社会福利制度，严格地讲，属于普惠型儿童社会福利制度的一种不完全形态。它介于补缺型和普惠型儿童社会福利制度之间，可以被认为是一种过渡形态。

民政部对适度普惠型儿童社会福利制度有明确的界定。2013年，民政部下发《民政部关于开展适度普惠型儿童福利制度建设试点工作的通知》(简称《通知》)。《通知》本着"适度普惠、分层次、分类型、分标准、分区域"的理念，对适度普惠型儿童社会福利制度的内涵进行了完整的定义。《通知》指出，所谓"适度普惠型"，是指逐步建立覆盖全体儿童的普惠福利制度。"分层次"，是将儿童群体分为孤儿、困境儿童、困境家庭儿童、普通儿童四个层次。"分类型"，是将各层次儿童予以类型区分，孤儿分社会散居孤儿和福利机构养育孤儿；困境儿童分残疾儿童、重病儿童和流浪儿童；

困境家庭儿童分父母重度残疾或重病的儿童、父母长期服刑在押或强制戒毒的儿童、父母一方死亡另一方因其他情况无法履行抚养义务和监护职责的儿童、贫困家庭的儿童。"分区域",是指全国划分为东、中、西部,因地制宜制定适应本地区特点的儿童补贴制度。"分标准",是指对不同类型的儿童,分不同标准予以福利保障[1]。

本书遵循民政部关于适度普惠型儿童社会福利制度的界定,并加入自己的理解,形成自己的概念体系。本书认为:在中国,适度普惠型儿童社会福利制度是指从21世纪初叶中国步入小康社会到21世纪中叶中国达到中等发达国家水平这一阶段所要实现的一种福利制度[2]。可以从"普惠"和"适度"两个视角来探索适度普惠型儿童社会福利制度。所谓普惠,是指儿童社会福利覆盖全体儿童或某一特殊群体中全体儿童。所谓适度,是指儿童社会福利的渐进性,可以从覆盖范围、福利内容、福利水平三个维度加以界定,即:在覆盖范围上,由某一特殊群体的儿童逐渐扩大到更多特殊群体的儿童,并逐步扩大到普通儿童;在福利内容上,由生存性福利逐步扩大到发展性福利,并最终形成多样化的儿童福利体系;在福利水平上,福利标准从低水平逐步发展到高水平。如图2.1所示。

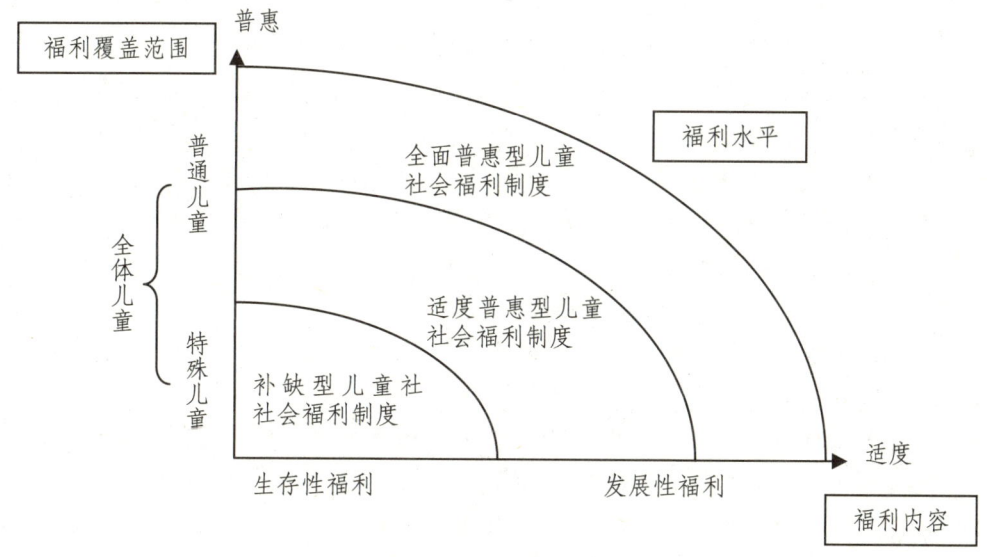

图 2.1 适度普惠型儿童社会福利制度概念体系

---

[1] 社会福利和慈善事业促进司.民政部关于开展适度普惠型儿童福利制度建设试点工作的通知[EB/OL][2013-06-26].http://www.mca.gov.cn/article/zwgk/tzl/201306/20130600478862.shtml.
[2] 戴建兵,曹艳春.论我国适度普惠型社会福利制度的构建与发展[J].华东师范大学学报(哲学社会科学版),2012(1):26-31.

第一，福利覆盖范围。相对于补缺型儿童社会福利制度，适度普惠型儿童社会福利制度的覆盖范围由特殊儿童[1]逐步扩大到普通儿童，旨在为全体儿童谋求福利。

第二，福利内容。补缺型儿童社会福利制度下，儿童获得的福利以生存性福利为主，辅以发展性福利。而适度普惠型儿童社会福利制度下，儿童享有的福利内容将更广泛、更全面，包括生存性福利和发展性福利，逐步形成多样化的儿童福利体系。

第三，福利水平。相对于补缺型儿童社会福利制度，适度普惠型儿童社会福利制度下儿童福利水平较高。补缺型儿童社会福利制度下，儿童获得的福利水平以满足最低生存为限度；而适度普惠型儿童社会福利制度下，儿童福利水平能满足其基本生活需要。

有中国特色的适度普惠型儿童社会福利制度具有三大特征：

第一，儿童社会福利权利的均等性。儿童社会福利权利不是一种赠与，而是天赋人权。全体儿童都有从国家、家庭和社会获得满足福利的基本权利。因此，在中国，随着经济的发展，不仅是孤儿、困境儿童、困境家庭儿童和普通儿童也有获得社会福利的权利。

第二，儿童社会福利范围、内容和水平的渐进性。首先，福利覆盖对象的渐进性，在中国经济社会发展的不同阶段，儿童社会福利覆盖面逐步扩大，覆盖对象扩大顺序为：孤儿→困境儿童（残疾儿童、重病儿童和流浪儿童）→困境家庭儿童（父母重度残疾或重病的儿童、父母长期服刑在押或强制戒毒的儿童、父母一方死亡另一方因其他情况无法履行抚养义务和监护职责的儿童、贫困家庭儿童等）→普通儿童。其次，福利内容的渐进性，即由生存性福利→发展性福利，逐步形成多样化的儿童福利体系。再次，福利水平的渐进性。在经济发展水平较低的阶段，儿童社会福利项目给付标准较低，随着经济发展和人民生活水平的提高，儿童社会福利给付标准逐步提高。

第三，儿童社会福利实现方式的多样性。一是儿童社会福利内容与形式的多样性，包括：实物形式的福利、服务形式的福利、货币形式的福利和精神、心理形式的福利。二是福利提供主体的多样性，可以通过多渠道实现儿童社会福利的给付与传递。

---

[1] 注：特殊儿童与普通儿童相对应，指有特殊需要的儿童，包括孤儿、困境儿童、困境家庭儿童。如无特殊说明，本书中各章节提到的特殊儿童均指孤儿、困境儿童和困境家庭儿童。

第二节 理论基础

一、制度分析理论

制度分析既是一种研究方法,也是一种理论的学说体系。制度分析最早可以追溯到古希腊的雅典社会,亚里士多德用制度分析政治现象问题,从而使制度学说成为政治的中心议题[1]。现代制度分析理论源于19世纪80年代德国历史学派与奥地利学派之间的一场方法论的论争,虽然这场论争使历史学派的命运发生重大转折,但历史学派试图创建一套无所不包的经济学体系和倡导通过对各国发展历程的比较找出发展规律的历史方法却被保留下来,并发展出制度分析方法。制度分析方法将制度作为发展的要素并且强调它的重要性,在20世纪成为经济学制度分析学派的理论核心[2]。在整个20世纪,制度分析理论演变出三种主要的学说体系,分别是新制度经济学(new institutional economics)、社会学制度主义(sociological institutionalism)和历史制度主义(historical institutionalism)[3]。

(一)新制度经济学

新制度经济学把制度与制度变迁分析纳入经济学的考察视角,贯彻经济思想史的始终。以凡勃伦(Thorstein Veblen)和康芒斯(Commons)为代表的老制度经济学派试图将制度加入经济学研究的视域,创立制度经济学说。在社会心理学派代表人物凡勃伦看来,制度是由一般的思想习惯形成的,它受到本能的支配,是对外部环境特别是经济环境刺激作出的反应。因此,制度必须随环境的变化而变化,就其本质而言,它是这类环境刺激作出的一种习惯方式的反应。而这些制度的发展也就是社会的发展[4]。凡勃伦认为,今天的社会状况构成明天的制度,制度整体变迁则需要社会成员通过个体思维习惯的改变来完成。而以康芒斯为代表的社会法律学派则认为,经济关系的本质是交易,社会就是由无数种交易组成的有机体。由于参与交易各方受到利益冲突的影响,因此只有通过法律才能解决。康芒斯强调法律制度在经济关系中的作用,并以此为基础,形成他的制度经济理论。

兴起于20世纪60年代的以科斯(Ronald H. Coase)和诺斯(Douglass C. North)为主要代表的新制度经济学派,则试图揭示制度的起源与演化、制度的性质与功能,

---

[1] 杨盛花.制度分析理论视角下我国高校教学管理制度研究[D].长沙:湖南大学,2008:11.
[2] 彭华民,齐麟.中国社会福利制度发展与转型:一个制度主义分析[J].福建论坛:人文社会科学版,2011(10):169-176.
[3] Aoki, M.Toward a Comparative Institutional Analysis. Cambridge, Mass: MIT Press, 2001:4-9.
[4] [美]凡勃伦.有闲阶级论[M].蔡受百译,北京:商务印书馆,1964:3,139,148.

以及各种制度的经济后果。他们试图运用经济学的主流思想分析制度的构成与运行，并从中发现制度因素在经济体系中的地位和作用，寻求制度分析与主流经济学的耦合，从而建立起一套涵盖资本、技术、习俗、偏好和文化传统在内的制度分析的新框架。

新制度经济学的鼻祖科斯创造性地提出了"交易费用"这一概念，阐明了"交易费用""产权界定""制度安排"等在经济体制和经济结构中的地位和作用。科斯理论中所蕴含的制度选择与演化思想，经诺斯等人的发挥，衍生出新制度经济学的制度变迁模型，其主要内容包括制度变迁和路径依赖等。

1. 制度变迁模型

诺斯认为，制度是一个社会中的博弈规则（game of rules），制度的基本成分有规范（norms）、规则（rules）、惯例（conventions）、价值、习惯和它们的实践[1]。它规定了人类在什么情况下可以做和什么情况下不能做的限制。诺斯认为，在决定一个国家经济增长和社会发展方面，制度具有决定性的作用。

制度变迁是指为实现一定的目标而进行的制度重新安排或制度结构的重新调整。它是制度的替代、转换、交易与创新的过程[2]。制度变迁的后果是一种新的更高效益的制度取代前一种低效益的制度。在诺斯看来，由于正外部性和规模经济的存在，随着交易成本的上升，潜在收入也在增加，从而使得制度变迁的总收益大于社会总成本，形成了制度的非均衡，从而发生制度变迁，进而形成新的均衡。诺斯强调，技术的革新固然为经济增长注入了活力，但一个国家如果没有制度创新和制度变迁的冲动，并通过一系列制度（包括产权制度、法律制度等）构建把技术创新的成果巩固下来，那么人类社会长期经济增长和社会发展是不可设想的。总之，制度变迁理论认为，制度的变迁是制度自身的一种结构性调整和创新，这种调整会带来效益的增加。因此，制度变革是比技术更有效的一种社会资源配置方式。

2. 路径依赖理论

最早提出路径依赖理论并将其运用于经济领域的是英国经济学家大卫·保罗（Paul A. David）。保罗和阿瑟（W. B. Arthur）在20世纪80年代将路径依赖方法运用到技术变迁的研究，引起西方经济学流派的广泛关注。阿瑟主要研究报酬递增与路径依赖之间的关系，认为一种技术的市场份额的多少不仅取决于偏好和技术的可能性，而且还取决于导致报酬增长的具有锁定效应（lock-in）的一些历史小事

---

[1] North, D.C.Institutions, Institutional Change and Economic Performance[M]. Cambridge: Cambridge University Press：1990:1-10.
[2] 杨盛花.制度分析理论视角下我国高校教学管理制度研究[D].长沙：湖南大学，2008：13.

件[1]。而保罗则强调偶然事件对路径依赖的影响效应。保罗认为，一旦某些具有正反馈机制（positive feedback）的系统受到一些偶然事件的影响，就会沿着一条新的轨迹或路径演化下去，即使路途中出现一些新的变化或事件，也不会改变这条新的路线，从而形成一种"不可逆转的自我强化趋向。"[2]

诺斯将保罗的路径依赖理论运用到社会领域，创立了自己的制度变迁中的路径依赖模型。诺斯认为，"路径依赖是理解长期经济变迁的关键"[3]，在制度变迁中也存在着自增强（self-reinforcing）或正反馈机制。一旦制度变迁走上了某种轨迹，就会在正反馈机制的作用下使路径得到自我强化，并保持某一确定的方向，形成路径依赖。诺斯修正了新古典经济学的理性假设理论并将其运用到社会学领域，从而形成新的假设，即：只有合理的有效的制度才会被保留，否则会形成新的制度。

（二）社会学制度主义

社会学领域特别是组织社会学从组织与制度环境之间的关系来认识组织发生的现象和采取的行动。社会学制度主义有关组织与制度关系的研究，主要理论包括合法性机制以及组织趋同。

1. 合法性机制理论

有关合法性的概念，最早由社会行动学派的代表人物帕森斯（Parsons）提出，后来被新制度学派加以运用，成为解释制度趋同理论的一个核心概念。所谓合法性，可以被理解为在社会建构的内部，对行动是否合乎期望或恰当的一般认识和假定[4]。

合法性机制理论的基本观点是：规范、规则、价值、惯例、信念等制度性机制具有强大的社会约束力量，一旦被人们广泛接受，就能成为约束人们行动和行为的内在驱动机制。这些具有合法性的机制不仅能约束组织的行为，而且也能够提升组织的社会地位，增强组织在社会交往中的地位，改善组织的生存能力。制度之所以能够稳定地、长久地存在，其根本原因在其具有合法性机制，能够被人们广泛接受。它是建立在自然的、合理的和理性的基础之上。

制度学派认为，组织不是一个封闭的系统，组织与制度环境之间进行着资源与能量的交换。组织会受到制度环境的影响，并不断适应制度环境的变化和要求，组

---

[1] ARTHUR W.BRIAN.Competing Technologies,Increasing Returns and Lock- in byHistorical Events [J] . Economic Journal, 99, 116- 131, 1989.

[2] PAUL A. DAVID. Evolution and Path Dependence in Economic Ideas : Past and Present [M]. Cheltenham,England , 2000:138.

[3] [美]道格拉斯.C.诺斯.制度、制度变迁与经济绩效[M].上海：上海三联书店，1994：3，225-226，150，36.

[4] M C Suchman.Managing legitimacy: Strategic and institutional approaches[J].Academy of Management Review,1995（20）:571-610.

织是制度环境的产物。各种各样的组织生活在制度环境中，是制度化的组织。当组织或组织中的个体做出的行为或采取的行动有悖于制度规范，就会出现"合法性"危机，组织就会难以生存下去。因此，组织必须接受合法性机制，采取被人们"广为接受"的组织结构和形式，才能不断适应制度环境的发展要求。

2. 趋同理论

合法性机制使组织为了与制度环境相适应，不断地调节自己的组织形式和做法，结果使得各种不同的组织在采取与制度环境的协调的过程中出现了趋同现象。同时，各种组织之间也通过相互模仿和学习，不断地改变自己的组织结构和组织行为，从而使各种组织在进化中逐步趋同。

迈耶与罗恩（John W. Meyer & Brian Rowan）、迪玛奇奥和鲍维尔（DiMaggio & Powell）等人认为趋同是组织面临制度环境选择做出的合理安排，有三个机制在组织趋同中发挥作用。第一，强迫机制（coercive）。组织必须接受规范的管理，如法律规定、政府法令等，否则就会接受惩罚，出现合法性危机。第二，模仿机制（mimetic）。由于制度环境的不确定性，组织在发展过程中不知道如何行动。在这种情况下，其他组织往往会对标杆组织进行模仿，从而使组织保持先进性和合理性。通过模仿使组织之间在结构和组织管理上逐步趋同。第三，社会规范机制（normative）。道格拉斯认为，社会规范是具有广泛约束性的机制，对共同信念和共同理想的形成有重要作用。组织在社会规范的框架下，组织调整自己的行动指针，从而使组织之间逐步趋同。

（三）历史制度主义

保罗·皮尔逊（Paul Pierson）认为，历史制度主义既是历史的，同时又是制度的，是历史和制度的统一[1]。历史制度主义历史观包含两重涵义：第一，历史被看做为一种研究方法；第二，历史被看做为一种研究的对象。

1. 历史作为一种研究方法

历史制度主义主要是从经验或现象中归纳规律，因此大多采用归纳法和比较动态分析法等方法，与"哲学的方法"相对应[2]。历史制度主义认为，那种过于严格的假设、理性工具以及演绎逻辑等往往是不完善的。任何研究方法都有其优点，也有其缺点，一种摆脱两难的办法莫过于把它们综合起来，优缺点互补。

历史制度主义的主要议题是关于20世纪70、80年代后英国经济政策转型和后

---

[1] Paul Pierson.The Path to European Integration: A Historical Institutionalist Analysis[J]. Comparative Studies,1996, 29（2）:126. 转引自何俊志.结构、历史与行为——历史制度主义对政治科学的重构[M].上海：复旦大学出版社，2004：257.
[2] [德]威廉·罗雪尔.历史方法的国民经济学讲义大纲[M].朱绍文译，北京：商务印书馆，1997：233.

福利时代各国政策调整，涉及西方一些主要国家对凯恩斯主义经济政策的态度及价值认同与否，都是一些重大的历史事件。因此，历史制度主义以宏观的重大历史事件为分析视角，这些视角展示了政治经济政策被理解为随时间而展开的过程。在这里，历史当做一种研究的方法。即从历史的角度，审视各种政治经济政策的背景、发展历程和后果。

因此，比较动态分析法自然而然地成为历史制度主义的基本分析方法。历史制度主义舍弃了比较静态分析方法，进而选择动态分析方法作为以制度为中心的政策分析的考量视角。它通过对历史事件的纵向回顾和系统梳理，从一个长时段的历史跨度分析经济社会问题，探索人类政治活动的背景和基本动因。

2. 历史作为一种研究对象

把历史作为一种研究对象，可以从以下两个方面得到体现：第一，重视时间序列；第二，历史是量变和质变的统一。

（1）重视时间序列

历史是由无数特殊事件经过时间序列组合而成。每一种事物的形成都有其过去，在历史的某一点，每一事物又必然成为过去。因此，历史事件是偶然和必然的统一。全部历史都是有限的特殊事物的历史，无所不包的历史等于空无一物[1]。诺斯也强调："历史至关重要。……因为现在和未来是通过一个社会的连续性与过去连接起来的。今天和明天的选择是由过去决定的，过去只有在被视为一个制度演进的历程时才可以理解[2]。"前一阶段发生的事情对后一阶段依旧会产生作用和影响。

其次，政策与政策之间又因为时间序列的差异而有所不同。巴林顿·摩尔（Barrington Moore）在《民主和专制的社会起源》一书中认为，一国历史本身制约着该国的现代化的路径和时间选择，因为各种政治模式的历史前提是大相径庭的[3]。

（2）历史是量变和质变的统一

历史制度主义用关键枝节点（critical juncture）和阈值效应取代传统的阶段式分析思路。历史制度主义认为，引起制度变迁的不仅是重大的历史事件，一些微小的历史事件也可能引起制度功能转化或制度断裂。而阈值效应则是指历史具有临界点，当某一事件达到一定的阈值时，就会引起历史做出根本性的改变，出现历史拐点或转向。阈值效应显示历史事件在时间序列中对历史发展方向的影响作用及其强弱程度。关键枝节点和阈值效应强调制度的量变和质变，是量变和质变的统一。一方面，强调微小历史事件在酝酿重大历史事件中的量变作用，强调从量到质的积累。

---

[1] [英]柯林武德.历史哲学[EB/OL]http://www.jiahp.net/academic/yilin/collingwood/historyphilo.htm.
[2] [美]道格拉斯·诺斯.制度、制度变迁与经济绩效[M].刘守英译，上海：上海三联书店，1994：2.
[3] [美]巴林顿·摩尔.民主和专制的社会起源[M].拓夫等译，北京：华夏出版社，1989：335.

"……表明历史的前后关系的细节在制度选择、特定制度的内涵和制度的路径依赖中的潜在重要性[1]。"另一方面,又着眼于制度变迁的大框架,强调质的变化。

综上所述,制度分析理论的主要成果是制度变迁理论、路径分析、合法性机制以及组织趋同理论。制度分析理论既是一种理论,又是一种方法。它在历史的维度分析制度,探讨制度变迁;在制度的框架下分析"秩序"。它以长时段、重大历史事件为标志,深刻分析制度变迁,研究制度发展的路径,进行后果分析,关注关键枝节点和阀值效应,对第三章中中国适度普惠型儿童社会福利制度的由来以及第七章中适度普惠型儿童社会福利制度的建设有重要指导意义。

二、福利测量与提供理论

(一)福利测量相关理论

1. 旧福利经济学

福利经济学(Welfare Economics)创立于20世纪20年代,被认为是研究不同经济状态社会合意性的经济理论[2]。福利经济学区分为旧福利经济学和新福利经济学。旧福利经济学的代表人物是英国经济学家霍布斯(Hobbes)和庇古(A.C.Pigou)。庇古创立了福利经济学的最初概念,因而被推崇为福利经济学之父[3]。

庇古从边沁功利主义原则出发,以"最大多数人的最大幸福"为目标,探讨经济福利与国民所得之间的关系。并根据边际效用基数论提出两个基本的福利命题:第一,国民所得总量愈大,社会经济福利就愈大;第二,国民所得分配愈是均等化,社会经济福利就愈大。

首先,他从生产的角度,论述国民所得的变化与经济福利的关系。他认为,假如穷人所创造的国民所得并未减少,总国民所得的增加,必然使经济福利有所增加。假如国民所得中的某些项目可以更容易地获得,其净结果将是增加经济福利。假如未来人均收入增加,那么国民所得的增加不仅立即会而且最终也会增加经济福利。即使考虑到生产国民所得需要增加工作量,一般说来也将增加经济福利[4]。

其次,庇古从分配的角度,论述国民所得均等化的必要性。庇古从边沁功利主义原则出发,认为要增大社会经济福利,必须实现收入均等化,实现国民财富从富人向穷人转移。庇古指出,社会收入可以如此转移的根本原因是:从收入的绝对量来看,一个越是富有的人,他消耗的收入在其总收入中所占的比例就愈小,比如说

---

[1] 阿弗纳·格雷夫,韩毅.历史制度分析:从经济史视角研究制度问题的新进展[J].经济社会体制比较,2003(5):30-43.
[2] 哈维·S·罗森.财政学[M].马欣仁,陈茜译.北京:中国财经出版社,1992:122.
[3] 余永定,张宁燕,郑秉文.西方经济学(第二版)[M]. 北京:经济科学出版社,1999:54.
[4] A.C.Pigou.The Economics of Welfare, Macmillan 4thed[M].London,1952:110-115.

富人的收入是穷人的二十倍，那么他消耗的收入可能只是穷人的五倍。所以，当把富人的绝对收入的一部分转移给较贫穷的人时，就可能使较强烈的需要在损害不那么强烈的情况下得到满足，所以必然会增加满足总量。因而，任何可以使穷人口袋里实际收入增加的因素，只要不导致国民所得的减少，一般说来就会增加经济福利。另一方面，从收入的相对量来看，他说："富人收入带来的满足较大部分来自其相对数量，而不是绝对数量。只要所有富人的收入一起减少，这部分满足就不会消失。所以，当资源控制权由富人转给穷人时，相对于穷人经济福利的增加而言，富人遭受的经济福利损失，要比只考虑效用递减规律时少得多。"因此，把富人收入的一部分转移给穷人，最终会增加经济福利。

此外，庇古提出，国民所得分配的改善，从而使全体穷人富裕程度的增加，并不会从根本上带来社会总人口的增加。因而，国民所得分配的改进实际上只会减少劣等家系所生子女的比例，因此，其最终结果是增进经济福利和一般福利。庇古还谈到，如果把这种转移支付所得的收入放在穷人正常孩子的训练和培育上，将是一个有利于投资的无限机会。帮助这些儿童在一生中最有希望的时期建立强健的躯体和精神，赋予至少一般的知识，乃至技术能力，将是大有可为的[1]。

庇古的福利经济学思想对适度普惠型儿童社会福利制度的构建有重要的理论指导。首先，他的"国民所得总量愈大，社会经济福利就愈大"的思想对当前实现儿童社会福利制度转型有重要借鉴意义。改革开放三十多年的发展，积聚了巨大的国民财富，从而使得儿童社会福利能够从特殊儿童扩展到普通儿童，儿童社会福利项目从少数几项扩大到多层次。这种国家财富的巨大增长为更多儿童享受社会福利创造了条件，从而推进儿童社会福利制度从补缺向适度普惠转型；其次，他的关于分配均等化的理念，一方面可以理解为国家财政支出在有工作者和没有工作者（儿童）之间转移，增进儿童社会福利；另一方面可以理解为福利在儿童之间分配的均等化，普通儿童均等地获得这种转移支付的利益，从而使全体儿童享受到国家福利，这为适度普惠型儿童社会福利覆盖范围扩大提供理论上的依据。

2. 新福利经济学

新福利经济学兴起于20世纪30、40年代，是在庇古的旧福利经济学基础上修改、发展而成，其代表人物有意大利的帕累托（Vilfredo Pareto），美国的勒纳（Abba Ptachya Lerner）、霍特林（Harold Hotelling）、萨缪尔森（Paul Anthony Samuelson）以及英国的卡尔多（Nicholas Kaldor）等人。新福利经济学用帕累托最优标准取代总和效用最大化标准，认为：在帕累托最优状态下，一项政策要使某个人的处境变好而又不使任何人的处境变坏，必然会带来福利损失。任何政策的调整都会伴随有

---

[1] A.C.Pigou.The Economics of Welfare, Macmillan 4thed[M].London,1952:689-690.

人受益，有人受损现象的存在。这种效应导致新福利经济学放弃帕累托最优标准转而求助潜在帕累托改进标准[1]。认为如果一项干预政策使受益者在补偿受损者后还有剩余，就不失为正当的政策，也就增加了社会福利。这正是新福利经济学重要的补偿原则。卡尔多提出假象补偿原则，希克斯提出长期补偿原则，西托夫斯基提出双重检验标准的补偿原则，李特尔提出三重检验标准补偿原则。因此，他们被称为补偿原则论派。补偿原则论派的核心观点是，如果任何改变使一些人的福利增加而使另一些人的福利减少，那么只要增加的福利超过减少的福利，就可以认为这种改变增加了社会福利。补偿原则虽然以效率为中心，但也并没有放弃经济理论的价值判断。补偿原则为中国政府财政的转移支付在地区之间、城乡之间寻求统筹发展，实现普惠型儿童社会福利的财政支持能力提供了理论基础。

补偿原则论派受到 A·伯格森、P·萨缪尔森等函数论派的批判。伯格森认为卡尔多、希克斯等人企图把福利经济学中的效率和公平问题分开是一种完全的失败[2]。继伯格森之后，萨缪尔森等人对社会福利函数作了进一步论述，形成福利经济学的社会福利函数论派。

社会福利函数论派认为，社会福利是个人福利的总和，因而社会福利可以表示为所有个人福利的函数。其基本公式如下：

$$W = f(U_1, U_2 \cdots U_n) \tag{2.1}$$

其中，W 代表社会总福利，$U_1, U_2 \cdots U_n$ 代表社会中个人的效用。

假定社会中只有 A 和 B 两个人，那么一个简单的社会福利函数便可以写成：

$$W = f(U_A, U_B) \tag{2.2}$$

对于不同的社会福利水平 W_1、$W_2 \cdots W_n$，可以得到一系列的等福利曲线。等福利曲线表示不同产品的配置组合可以达到相同的社会福利效用水平。社会福利函数的具体形式，经历了一系列经济学家的讨论和改进。

功利主义者提出，社会福利函数的基本形式是：

$$W = \delta_1 U_1 + \delta_2 U_2 + \cdots + \delta_n U_n \tag{2.3}$$

其中，W 为社会总福利，U 为社会中每个人的效用，δ 为社会中每个人的效用所占的权重。功利主义者认为，每个人的效用在总效用计算中所占的权重应该相等。即：

$$\delta_1 = \delta_2 = \delta_3 \cdots = \delta_n \tag{2.4}$$

现代对社会福利函数的讨论最初是由伯格森（A.Bergson）和萨缪尔森（Paul A.Samuelson）分别在 1938 年提出。为了纪念伯格森和萨缪尔森共同的贡献，这一函数被命名为"伯格森-萨缪尔森的社会福利函数"。伯格森-萨缪尔森的社会福利函

---

[1] Anna Mlnsdotter, Lars Lindholm, Ann Ohman. Women, Men and Public Health——How the Choice of Normative Theory Affects Resource Allocation[J].Health Policy,2004,69（1）:351-364.

[2] Bergson, A. A reformulation of certain aspects of welfare economics[J]. Q J Econ 1938（52）:310–334.

数也被称为小写的 swf(social welfare function)函数,其公式是：$w=w(z_1,z_2\cdots z_i\cdots)$。其中,$z_i$代表所有可能影响社会福利的因素。伯格森-萨缪尔森的社会福利函数并没有具体指明到底哪些因素影响社会福利值的大小,但它为我们提出了一种新的思维方式,即可以用社会福利函数的影响因素组合起来反映社会福利值。

继伯格森-萨缪尔森的社会福利函数之后,精英者学派提出了社会福利函数,即：$W=\max(u_1,u_2\cdots u_i)$。精英者社会福利函数认为：社会福利总水平取决于整个社会中效用最高或境况最好的那部分人的福利水平。他们认为,当今社会要重视伟大人物,要允许出类拔萃,要允许两极分化。该函数由于忽视底层百姓的福利而受到广泛的批评。

经济学家纳什提出一个新的社会福利函数,称为纳什社会福利函数,即：$W=U_1U_2\cdots U_i$。纳什社会福利函数认为,社会福利总水平等于社会中所有成员各自的效用水平的乘积。这一函数要求提高每个社会成员的效用。因为当社会中某个成员的效用为负数时,社会中各成员效用的乘积将成为负数。当某个成员的效用为极小的纯小数时,社会总福利的值也将变得非常小。因此,我们要兼顾每个社会成员的效用,以使得社会总福利最大化。

社会福利函数论者通过画一组表示社会偏好的社会福利无差异曲线与社会福利可能性曲线相切得到社会福利最大化。如图 2.2 所示：

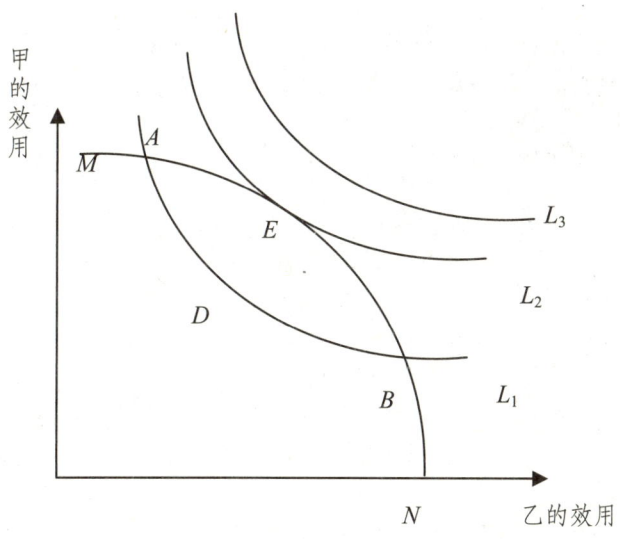

图 2.2　社会福利函数图

如图 2.2 所示,L_1、L_2 和 L_3 为三条社会福利无差异曲线。其中,L_1 所代表的福利水平低于 L_2,L_2 所代表的福利水平低于 L_3。L_1 所代表的社会福利无差异曲线与社会福利可能性曲线相交于 A 点和 B 点。在这两点上,表明资源得到有效配置。但 D 点处于社会福利可能性曲线的内部,表明社会资源没有达到有效配置,社会资源处于无效率的配置状态。A、B 和 D 点所代表的社会福利水平均低于 E 点。在 E 点,社会福利无差异曲线与社会福利可能性曲线相切,社会资源达到有效配置。在 L_3 上的任意一点则因为处于社会福利可能性曲线之外,社会资源无论怎么配置都不能达到这一点。因此,L_3 上的任意一点所代表的社会福利水平在现有社会资源总量条件下无法实现。

社会福利函数论派对适度普惠型儿童社会福利制度的构建具有指导意义,它提出一个社会福利合理分配的原则。在一个既定的国民财富中,财政用于儿童的社会福利事业是全部分配给特殊儿童,还是在特殊儿童和普通儿童之间进行合理的配置,这不仅是一个关系到效率的问题,也是一个关系到公平的问题。国家在多大程度上介入家庭,以及国家的儿童责任在多大程度上实现,将会形成不同的儿童社会福利切点。

在一个较小的国民财富中,把更多的财政收入用于特殊儿童的发展,将有利于解决效率问题,这也是为什么中国长期实行补缺型儿童社会福利制度的原因;但当国民财富增长到一定程度,这时,社会福利最大值的切点将会平移到 E 点,表明普通儿童在国民财富增长中也获得一份份额。儿童社会福利从特殊儿童扩展到普通儿童,实现社会公平。因此,构建适度普惠型儿童社会福利制度是儿童社会福利效率和公平的结合。新福利经济学对第六章中适度普惠型儿童社会福利制度建设理念和原则的确立有着重要的理论指导意义。

(二)福利提供的相关理论

福利提供的相关理论主要是福利多元主义。福利多元主义认为,福利提供主体不应局限于政府,而应该是多个主体。从福利提供者的角度来看,可以分为"三元"或"四元"。

福利提供者"三元"划分论的代表人物是英国著名社会学家伊瓦思。伊瓦思指出,福利提供者可以分为市场(经济)、家庭和国家。市场(经济)所提供的福利是就业福利,家庭提供的是非正规福利,国家则是运用正规的社会福利制度将社会资源进行再分配。伊瓦思的理论如图 2.3 所示:

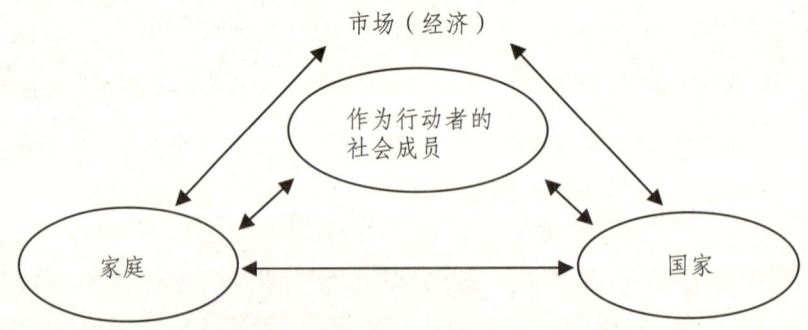

图 2.3 伊瓦思的"福利三角"

关于福利提供者的划分,其他学者提出了不同的观点。虽然这些学者都认为,福利应该由三个主体来提供,但三个主体的划分方法不一致。阿布瑞汉森指出,三个福利提供者依次是提供权力的国家、提供财源的市场和提供团结的市民的社会组合。在阿布瑞汉森看来，福利的主要提供者是国家，其次是市场和社会组合。这对中国儿童社会福利的提供主体安排有一定的启发。罗斯认为，福利提供的主体是国家、市场和家庭。欧尔森提出，社会福利提供主体是国家、市场和民间社会。杜非指出，提供福利的主体是国家、市场和市民社会。德柳波格则认为，提供福利的主体是市场、家庭和公共权威[1]。对福利提供主体的"三元"观点如表2.1所示：

表2.1 福利提供主体的"三元"论总结表

学者	福利提供主体		
伊瓦思	国家	市场（经济）	家庭
阿布瑞汉森	国家	市场	社会组合
杜非	国家	市场	市民社会
德柳波格	公共权威	市场	家庭
罗斯	国家	市场	家庭
欧尔森	国家	市场	民间社会

从表2.1可以看出，各国学者对社会福利提供主体的看法略有差异，但基本都提出"三元"论，即认为应当有三个主体来提供社会福利。第一个主体是国家或公共权威，国家作为拥有权力和执行力的强制性机构，既有权力，也有义务为国民提供社会福利。第二个主体是市场，市场主要依靠市场经济，以市场行为提供社会福利，这些福利往往以交换的形式获得。第三个主体是社会组织或家庭。在传统社会中，家庭应当作为福利提供的主体，为家庭成员提供福利；随着社会经济的发展，社会组织越来越发展壮大，成为社会福利提供的主体之一。

社会福利提供的"四元"论是指，社会福利应当由四个主体来共同提供。其中，伊瓦思指出，社会福利可以由国家、市场、社区和民间社会共同提供。约翰逊提出，社会福利可以由国家、市场、家庭和志愿组织提供[2]。无论是伊瓦思还是约翰逊，都认为国家和市场是社会福利提供的主体，不同的是，伊瓦思指出了社区和民间社会的作用，约翰逊更重视家庭和志愿组织的作用。

虽然社会福利由不同的主体来提供，但对于接受社会福利的成员来说，他们得到的福利的总和等于所有提供主体提供的社会福利的加总。因此，罗斯指出，社会福利的计算公式为：

---

[1] 彭华民.西方社会福利理论前沿[M].北京：中国社会出版社，2009：61.
[2] Evers A. & Olk. T. Wohlfahrts Pluralismus: Vom Wohlfahrts Staat Zur Wohlfahrts Gesellschaft[M]. Opladen,1996:110-112.

TWS=*H*+*M*+*S*　　　　　　　　　　　　　　　　　　　　（2.5）

其中，TWS是社会总福利，*H*是家庭提供的福利，*M*是市场提供的福利，*S*是国家或社会提供的福利。

本研究认为，从福利提供的角度来进行理论分析，儿童社会福利的提供主体可以分为四个方面，分别是国家、市场、志愿者、社区（社会组织）。儿童所能获得的福利总和为四个提供主体所提供的社会福利的加总。

结合中国适度普惠型儿童社会福利制度初创阶段的实际国情，国家依然处于儿童社会福利提供的主导地位，以民政部门作为儿童社会福利的最主要的直接管理者和直接提供者；市场提供的社会福利不明显，但可以进行探索和发展；社区和社会组织方面，则需大力发挥第三方组织的力量，为儿童提供补充性的社会福利；志愿者方面，要培育和发展志愿组织，充分发挥志愿者的作用。

三、公平理论

（一）功利主义的公平标准

功利主义由杰瑞米·边沁（Jeremy Bentham）等提出，主张实行整个社会的收入均等化，实现收入分配公平。

功利主义假定A是富人，B是穷人。穷人和富人具有相同的边际效用曲线。随着收入的增加，最后一单位货币所带来的边际效用逐渐降低。

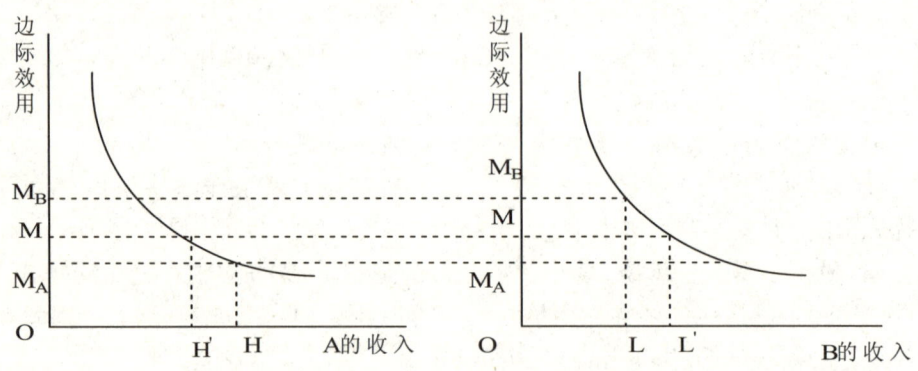

图2.4　收入转移与社会福利的关系[1]

图2.4中，纵轴代表边际效用，横轴代表收入。根据假定，A和B的边际效用曲线相同。但由于边际效用随着收入增加而降低，则拥有更多财富的富人A的最后一单位货币带来的边际效用远远小于拥有较少财富的穷人B的最后一单位货币带

---

[1]杨志勇.公共经济学[M].北京：清华大学出版社，2010：25.

来的边际效用。当 A 的收入处于 H 点时，其边际效用为 M_A；B 的收入处于 L 点时，其边际效用为 M_B。由于 M_A 小于 M_B，则可以将 A 的一单位收入转移给 B，这时，A 减少的效用低于 B 增加的效用。

根据卡尔多补偿原则，当一个社会收入结构变动，一部分人的福利增加，另一部分人的福利减少。如果增加的这部分人的福利大于另一部分人减少的福利，整个社会的福利总量仍然是增加的。因此，依此类推，可以主张 A 把更多的货币转移给 B，则社会总福利会增加。一直到 A 和 B 的收入相等，这时社会总福利达到最大化。

（二）罗尔斯的公平标准

罗尔斯（John Rawls）指出，社会福利函数 $W=\delta_1U_1+\delta_2U_2+\cdots+\delta_nU_n$ 中，每个人的效用所占的权重并不相等，$W=\min(u_1,u_2\cdots u_i)$，即社会总福利水平取决于社会中处境最差的那个人的福利水平。一个社会的公平状况，取决于这个社会中生活处境最差的那个人[1]。罗尔斯公平思想是基于"无知的面纱"而提出的。

罗尔斯认为，每个人都无法预知自己的未来，每个人都有陷入极度贫困的可能性，因此，社会中每个人都厌恶风险，希望整个社会中处境最差的人的福利处于一个可以接受的水平。

罗尔斯提出了第一原则。他认为："每个人拥有在某些自由项上平等对待的权利，包括信仰、迁移和就业、尊严和政治参与等[2]。"因此，社会要尊重每一个成员。在对待社会成员的问题上，要更加重视穷人。罗尔斯提出，富人的一单位效用与穷人的一单位效用不等价。一般来说，穷人的一单位效用的社会价值高于富人的一单位效用的社会价值。

罗尔斯提出了最大最小标准：使效用最小的社会成员的效用达到最大化。罗尔斯的最大最小原则可以用公式表示：

$$W=\delta_1U_1+\delta_2U_2+\cdots+\delta_nU_n \tag{2.6}$$

其中，$W=\max\{\min(U_1,U_2,U_3\cdots U_n)\} \tag{2.7}$

其经济与社会含义为：最低收入者的权重为 1，其他人为 0。罗尔斯公平标准认为，在两个社会团体中，当一个社会团体的收入最低者的效用高于另一个社会团体中的收入最低者的效用时，即认为前者更为公平。

罗尔斯主义的公平标准可用图 2.5 表示：

---

[1] John Rawls. A Theory of Justice[M]. Cambridge, MA: Harvard University Press, 1971:60-62.
[2] [美]约翰·罗尔斯.正义论[M]. 何怀宏等译.北京：中国社会科学出版社，2001：6.

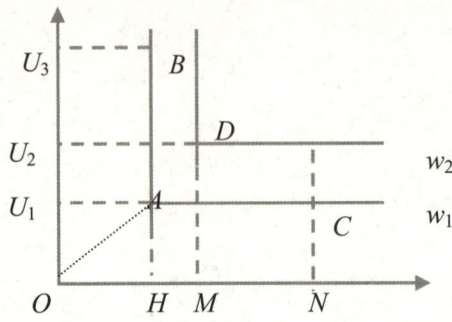

图 2.5 罗尔斯主义的公平标准[1]

如图 2.5 所示，W_1 为一个团体的社会效用水平，W_2 为另一个团体的社会效用水平。根据罗尔斯的最大最小原则，W_1 是一条无差异曲线，B 点、C 点和 A 点的社会福利是相同的，都是效用 U_1，W_2 也是一条无差异曲线，D 点对应的效用是 U_2，由于 $U_2 > U_1$，因此，根据罗尔斯的观点，W_2 团体比 W_1 要更公平。

（三）折中主义的公平标准

折中主义将功利主义和罗尔斯主义的公平标准进行折中。折中主义认为："社会福利函数中，收入越高，权重越低；收入越低，权重越高。"折中主义承认要更重视穷人，但也要给予富人效用水平一定程度的重视。认为富人的一单位效用的社会价值小于穷人的一单位效用。但富人的效用只要大到一定的程度总可以等同于穷人的一单位效用。

$$w = \delta_1 U_1 + \delta_2 U_2 + \cdots + \delta_n U_n \tag{2.8}$$

其中，将社会成员按收入水平从低到高排列，其效用所占的权重逐步降低。

综上所述，功利主义的公平标准、罗尔斯的公平标准、折中主义的公平标准都强调通过边际效用增减传递社会公平。沿用补偿原则，穷人的边际效用大于富人的边际效用，富人一单位收入的减少和穷人一单位收入的增加将最终增加社会总效应。由于"无知的面纱"的存在，一切人都可能沦为穷人，因而他们主张社会财富从富人转移到穷人，实现社会公平。公平理论对财政转移支付有重要的理论价值，因而对第七章适度普惠型儿童社会福利的财政支持分析有指导意义。

四、需要理论

（一）需要层次理论

需要层次理论由美国心理学家马斯洛（Abraham.h.maslow）在 1943 年提出[2]。马斯洛需要层次理论认为，按照从低到高的标准，需要层次可以分为基本生理需要、

---

[1] 杨志勇.公共经济学[M].北京：清华大学出版社，2010：26.
[2] A.H.Maslow. A Theory of Human Motivation[J].Psychological Review,1943（50）:370-396.

安全需要、社会交往需要、社会尊重需要和自我实现需要。

生理需要是指衣、食、住、行和性等人类最基本的和最原始的需要。只有满足生理需要，人类才能生存。

安全需要是避免和摆脱疾病、意外伤害等需要。

社会交往需要也叫联系动机，当人类满足生理需要和安全需要后，就希望自己隶属于某个群体，在群体中与其他成员进行交往，获得信任和爱情等。

尊重需要是指人们希望自己有实力，取得成功，保持自尊，能获得他人对自己的尊重，获得一定的名誉、地位和成就。

自我实现是最高层次的需要，包括胜任感和成就感两个方面。这五种需要层次逐步上升。但不同的情境下，五种需要可以分为不同的需要层次结构：生理需要主导型、安全需要主导型、社会需要主导型、尊重需要主导型和自我实现主导型。

美国心理学家克雷顿·奥尔德弗（Clayton Alderfer）修正了马斯洛的需要层次理论，提出"ERG 需要理论"[1]。他将人的需要分为：生存需要（Existence Needs）、关系需要（Relatedness Needs）和成长需要（Growth Needs），简称为"生存、关系、成长理论"或 ERG 理论。

生存需要是指人的衣、食、住、行等物质方面的需要，包括马斯洛需要层次论中的生理需要和安全需要。

关系需要是指人们对在群体中保持核心关系的需要，这一层次包括马斯洛的社会交往需要和部分尊重需要。

成长需要是指人们希望获得事业上的成功，获得人生价值的自我实现。这一层次的需要包括马斯洛的部分尊重需要和自我实现的需要。

因此，奥尔德弗三层次需要理论包含的需要和马斯洛需要层次理论包括的内容相似，囊括了人一生中所有的需要。

马斯洛认为，只有当低层次的需要得到满足后，才会递进到更高一级的需要。而如果某一层次的需要没有得到满足，它就会停留在这一需要层次上，直到满足为止。而 ERG 需要理论则认为，当某一更高层次的需要受到挫折时，作为替代，某一较低层次的需要就会有所增加。多种需要可以同时作为激励因素而起作用，并且当满足较高层次需要的企图受挫时，会导致人们向较低层次需要的回归（见图 2.6）。

---

[1] Alderfer.C.P.An Empirical Test of a New Theory of HumanNeeds,Organizational Behavior and Human Performance[J]. May,1969:142-175. Alderfer,C.P. Existence,Relatedness and Growth: Human Needs in organitional settings[M].New york:Free Presss,1972:216.

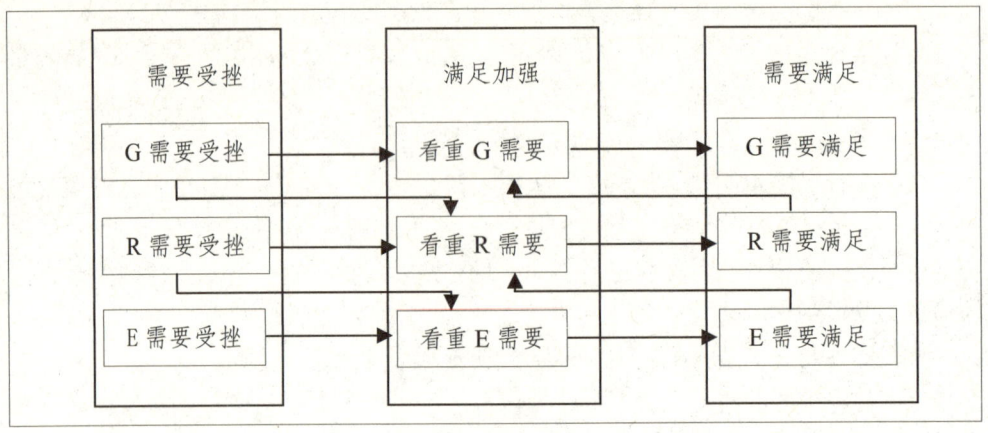

图 2.6　ERG 需要理论替代模式

20 世纪 50 年代，美国心理学家戴维·麦克莱兰（David C.Mcclelland）提出成就需要理论[1]，认为人的需要层次可以分为成就需要、权力需要和合群需要。成就需要是指人们希望获得成就，挑战目标，解决问题，以获得成就感。权力需要是指人们希望能影响和控制别人，获得较高的社会地位，能操纵别人。合群需要是一种交往需要，追求人与人之间的友谊和信赖。

根据马斯洛的需要层次理论，儿童的需要分为基本生存权利和基本发展权利。首先，儿童最需要满足的是基本生存权利，包括食品、衣服、住房、交通和医疗五个方面；其次，在儿童的成长过程中，需要满足基本发展权利，获得自身发展。基本发展权利包括劳动技能、社会参与、特殊服务和自我实现需要等四个方面。儿童需要层次如表 2.2 所示：

表 2.2　马斯洛需要层次理论与儿童社会福利保障目标[2]

功能	需要层次	保障目标		次序
自我实现	自我实现需要	基本发展权利	劳动技能培训、教育培训、社会参与技能培训、特殊服务、自我实现	高
自我尊重	社会尊重需要			高
社会交往	社会交往需要			中
安全	安全需要	基本生存目标	食品、衣服、住房、交通、医疗	低
生存	基本生存需要			低

---

[1] D. C. Mc Clelland. The Achievement Motive（Century psychology series）[M]. Appleton-Century-Crofts, 1953.

[2] 曹艳春.中国适度普惠型社会福利制度发展研究[M].上海：上海人民出版社，2013：243.

(二) 需要满足途径

根据马斯洛需要层次理论，儿童社会福利需要分为五个层次。要满足这五个层次的需要，可以采用家庭照顾、社区互助、非政府组织、市场就业、国家再分配等五种方式来提供儿童社会福利。可以采用单个提供方式，也可以通过不同途径的组合，采用组合方式提供儿童社会福利。不同基本需要满足途径的优点与缺点如表 2.3 所示：

表 2.3　不同基本需要满足途径的主要优点与缺点比较表[1]

需要满足途径	主要优点	主要缺点
家庭照顾	及时、弹性、情感为主、无耻辱感	照顾局限、照顾者的援助空白点
社区互助	及时、弹性、方便、合作、心理归属	范围、资源局限、机会、能力限制
志愿团体	及时、弹性、创新、填补空白点	人财物限制、持久、专业和规模化
市场就业	自由、高效率、平等、独立、无耻辱感	不平等、选择性、边缘化空白点
国家再分配	资源多、保障、稳定性、覆盖面大	官僚、无效率、缺乏弹性、浪费
不同途径的组合	变化、优势互补、相互依赖和体现	沟通协调管理和结构功能动态平衡

(三) 需要确定过程

英国著名学者布兰德·肖（Bradshaw J）[2]认为："需要及其界定方式可以分为四种类型，分别是：规范性、感觉到的、表达性和比较性需要。其中，规范性需要是指由专家或专业人员、行政者或社会科学家界定的需要。感觉到的需要是指个人感觉到的需要，基本等同于要（want）。表达性需要是指说出来的需要，将感觉到的需要转变为行动。比较性需要是指与具有相似特点之人或群体比较后确定的需要。"

要满足儿童需要，首先要确定儿童具体有哪些需要必须得到满足，因此，需要确定过程分析是需要理论的核心。刘继同认为："社会群体分为精英群体、优势群体、普通民众、劣势群体和弱势群体五大类型。社会福利制度主要满足劣势群体与弱势群体的基本需要。弱势群体主要是指在社会生活中比较脆弱和易受伤害的无劳动能力社群。劣势群体主要是指在就业和社会生活中长期处于不利社会境况的社群。"因此，中国社会福利受益群体主要确定为弱势群体和劣势群体，包括：儿童、年轻人、家庭、老年人、成年人、残疾人、精神残疾人七类[3]。

长期以来，儿童属于弱势群体，属于被保护同时也是被侵犯的对象。中国儿童

---

[1]刘继同.欧美人类需要理论与社会福利制度运行机制研究[J].北京科技大学学报，2004（3）：1-5.
[2]Bradshaw J. A taxonomy of social need. In: McLachlan G, editor. Problems and progress in medical care[M]. London: Oxford University Press,1972:71–82.
[3]刘继同.欧美人类需要理论与社会福利制度运行机制研究[J].北京科技大学学报，2004（3）：1-5.

社会福利的内容，基本上由社会精英和政府官员来制定。儿童对儿童社会福利要么不了解，要么处于只能被动接受的地位。精英和官员制定儿童社会福利的时候，经常采用"由上到下"的方式，代替儿童决定儿童的福利需要。精英和官员是否能了解儿童社会福利需要，是否愿意提供符合儿童内心需要和外在需要的儿童社会福利内容，决定着儿童社会福利确定过程是否合理。只有吸收儿童观点，让儿童自己参与儿童社会福利内容制定，才能切实满足需要确定的正确程序，真正满足儿童的福利需要。

（四）影响儿童社会福利需要的因素

1. 单位成本增长影响需要论

根据马斯洛需要层次理论，儿童社会福利需要分为五个层次。要满足儿童五个层次的需要，其成本将会不断增加。著名经济学家鲍莫尔（W.J. Baumol）建立了一个非均衡增长模型，从支出的角度在理论上分析社会福利需要不断增长的影响因素[1]。

在鲍莫尔模型中，经济分为进步部门和非进步部门。进步部门主要是一些生产部门，例如工业生产部门。在这些部门中，生产产品供人们消费，生产率提高很快。而非进步部门主要是服务部门，服务部门提供的是服务，基本上不提高生产率。当进步部门的生产率提高时，尽管单位产品的生产成本不变，由于在相同的时间内生产的产品数量增加，则人们的收入水平也增加。非进步部门的人员工资水平也要求增加，如果得不到增加，则非进步部门的人员将流向进步部门，社会结构将不平衡。鲍莫尔模型假定：两部门生产函数为：

$$X_{1t} = \alpha_1 L_{1t} \qquad X_{2t} = (\alpha_2 e^{rt})L_{2t} \qquad \frac{X_{1t}}{X_{1t}+X_{2t}} = \frac{\alpha_1 L_{1t}}{\alpha_1 L_{1t}+(\alpha_2 e^{rt})L_{2t}} \qquad (2.9)$$

其中，L_{1t} 表示 t 时间非进步部门的劳动要素，X_{1t} 表示非进步部门 t 时间的产出；L_{2t} 表示 t 时间进步部门的劳动要素，X_{2t} 表示进步部门 t 时间的产出；α_1，α_2 分别代表两部门的系数。

假设进步部门与非进步部门间工资率相等，进步部门工资率增长与进步部门生产率同步，则：

$$w_0 = w_1 e^{rt} \qquad (2.10)$$

其中，w 指工资。

设非进步部门产出的单位成本为 S_{1t}，进步部门产出的单位成本为 S_{2t}，则

$$S_{1t} = \frac{w_0 e^{rt} L_{1t}}{\alpha_1 L_{1t}} = \frac{w_0 e^{rt}}{\alpha_1} \qquad S_{2t} = \frac{w_0 e^{rt} L_{2t}}{\alpha_2 e^{rt} L_{2t}} = \frac{w_0}{\alpha_2} \qquad (2.11)$$

鲍莫尔认为，由于非进步部门的工资水平和进步部门的工资水平不断增长，则

---

[1] 杨志勇.公共经济学[M].北京：清华大学出版社，2008：95-100.

整个社会的总成本必然会不断上升[1]。

2. 基于电梯理论的儿童社会福利需要增长论

德国最早实践"电梯理论"[2]。电梯理论认为，人类生活水平会随着社会的发展而不断提高，生活水平提高的倍数即为"电梯系数"。富裕人群的生活水平需要提高，贫困人群、弱势人群的生活水平也将提高，提高的速度相差无几。在中国经济发展过程中，国家多次提出"让全体国民共享经济社会发展成果"，就是体现了电梯理论对社会福利标准不断提高的要求。

"电梯理论"认为，在整个社会中，富裕人群的生活水平在初期比弱势群体生活水平高，随着社会经济的发展，富裕人群的生活需要进一步提高，满足需要的成本提高。包括儿童等在内的弱势群体生活水平较低，只能保障较低层次的需要满足；随着国家的逐步富裕和逐步发达，弱势人群满足需要的成本不断提高，其需要层次不断增加，国家能给予的保障也越来越多，最终弱势群体的生活水平进一步提高，弱势群体的生活水平提高倍数与富裕人群提高倍数相差不大，即处于同一电梯之内。如图2.7所示[3]：

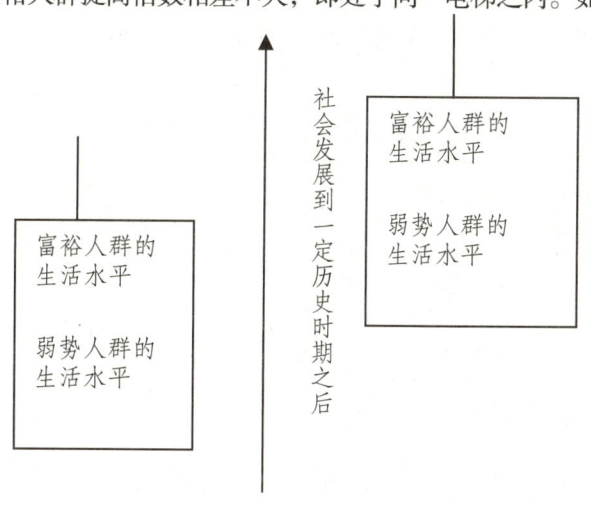

图 2.7　社会福利电梯理论图

中国正在构建适度普惠型儿童社会福利制度，在初级阶段，对儿童的福利服务提供不足，儿童生活水平处于较低阶段，尤其是很多困境儿童的需要只能部分满足；

---

[1] W.J. Baumol, J.C. Panzar, R.D. Willig. Contestable markets and the theory of industrial structure[M].New York: Harcourt Bbrace Jovanovich,1982:393-425.
[2] 李旭穗.我国城市居民最低生活保障水平"电梯理论"实证分析[J].华东经济管理，2010（8）：63-65.
[3] 曹艳春.我国适度普惠型社会福利制度发展研究[M].上海：上海人民出版社，2013：31.

当儿童社会福利制度发展到中级阶段，社会积累的财富进一步增加，国家能给予儿童的社会福利项目进一步增加，儿童社会福利水平进一步提高；当儿童社会福利水平发展到高级阶段时，将全面满足儿童社会福利需求。儿童社会福利水平将像"电梯"一样不断攀升。

综上所述，需要理论的主要代表人物有马斯洛、奥尔德弗、麦克莱兰等，他们认为人的需要是有层次的，人的需要往往从低层次向高层次发展。一般说来，只有当低层次的需要得到满足以后，高层次的需要才会被重视；但当高层次的需要受挫时，又会回归到低层次，加强低层次需要的发展。需要理论对第七章中适度普惠型儿童社会福利覆盖范围、内容体系和财政资金保障等的确定有重要参考价值。

第三章 中国适度普惠型儿童社会福利制度的由来与现状

> 摸清中国适度普惠型儿童社会福利制度的历史和现状，对于正确理解和评价中国儿童社会福利制度有重要参考价值，也为深化中国适度普惠型儿童社会福利制度建设提供重要的史实依据。本章依据制度分析理论，从制度变迁的视角，自新中国成立以来到2014年中国开展大规模的适度普惠型儿童社会福利制度建设试点止，中国60余年儿童社会福利制度的发展历程进行纵向回顾，并对其特点进行总结，从而揭示中国适度普惠型儿童社会福利制度的由来。本章还对2010年以来中国适度普惠型儿童社会福利制度的现状进行探索，对其实施状况进行分析。

第一节 中国适度普惠型儿童社会福利制度的由来

中国适度普惠型儿童社会福利制度从补缺型儿童社会福利制度变迁而来，是随着中国经济、政治和社会民主进程的发展而逐步建立起来的。建国初期，经济落后，百废待兴，新中国儿童社会福利政策的主要任务是收养和照料因战争遗留下来的大量孤儿、弃婴和流浪儿童，补救家庭功能的缺失。20世纪60年代中期，国家在城市中设立儿童福利院，在农村中建立"五保"制度和家庭寄养制度，这些制度最终成为中国补缺型儿童社会福利制度的基石。"文化大革命"期间，中国儿童社会福利制度遭到破坏并处于停滞状态。十一届三中全会以后，党中央"拨乱反正"，把工作重心转移到经济建设上来，中国儿童社会福利制度也得到恢复和发展，残疾儿童被纳入国家保障范畴。20世纪80年代后期，儿童社会福利制度虽然得到发展，但在"效率优先""兼顾公平"思想指导下，中国儿童社会福利制度仍然是补缺型的。20世纪80年代末到21世纪初，是中国补缺型儿童社会福利制度大发展的时期。这一时期中国儿童社会福利制度与国际接轨，通过了一系列的法律、文件和纲要，补缺型儿童社会福利制度获得巨大发展。21世纪头十年，是中国适度普惠型儿童社会福利制度的孕育、萌芽阶段。这一阶段，中国经济获得巨大发展，人均GDP于2003年突破1000美元大关，为适度普惠型儿童社会福利制度的建立准备了经济基础。政治上，党的多次重要会议又为其准备了政治基础。2007年底，民政部提出建设适度普惠型社会福利制度的设想，为中国适度普惠型儿童社会福利制度的创建准备了思想基础。2008年，民政部成立儿童福利处，专门负责儿童社会福利的管理，为中国适度普惠型儿童社会福利制度的建立准备了组织基础。2009年，民政部先后为社会散居孤儿和机构集中供养孤儿确定最低养育标准，筹备建立儿童福利津贴制度。2010年，民政部在全国范围内为全体孤儿发放基本生活费，建立起第一项普惠型儿童社会福利，标志着中国适度普惠型儿童社会福利制度的创立。随后中国又为艾滋病病毒感染儿童发放基本生活费，建立起第二项普惠型儿童社会福利。2013年和2014年，民政部提出开展适度普惠型儿童社会福利制度建设试点，从而拉开中国适度普惠型儿童社会福利制度建设的序幕。这就是中国适度普惠型儿童社会福利制度的由来。

本节以制度分析理论为指导，以重大历史事件或特殊事件为标志，以关键枝节点为分析切入口，对新中国成立以来到2014年中国开展大规模的适度普惠型儿童社会福利制度建设试点这一阶段的历史进行纵向回顾，以揭示中国适度普惠型儿童社会福利制度的由来。

一、补缺型儿童社会福利制度形成与奠基阶段（1949-1965）

新中国的儿童社会福利制度，最早可以追溯到建国初期。新中国成立时，百废待兴。当时经济发展水平落后，物质匮乏，医疗和卫生条件恶劣，儿童社会福利状况堪忧。20世纪50年代初期，婴儿死亡率高达200‰，全国仅有儿童医院5所，床位139张[1]。由于战争初定，国家财力匮乏，新中国儿童社会福利政策的主要任务是收养和照料因战争遗留下来的大量孤儿、弃婴和流浪儿童。建国初期，国家把在死亡线上挣扎的20多万孤儿、弃婴和流浪儿童收养起来，使他们得到抚育[2]。这便是新中国补缺型儿童社会福利制度的雏形。

1949年到1954年的5年时间里，全国666个儿童福利机构共收养婴幼儿童2.596万人。在三年自然灾害时期，由于社会上孤儿和弃婴增多，国家在城市中建立更多的儿童福利院。1962年，全国共有772家儿童福利院，总共收养无依靠、无家可归的婴幼儿童6.5182万人，成为历史上儿童福利院数目最多，收养婴幼儿、孤儿和流浪儿童最多的一年[3]。

与此同时，国家对农村中的"三无"人员实行五保供养政策。1953年，中央人民政府内务部把无劳动能力、无依无靠的"孤、老、残、幼"定为一等救济户。1956年，国家对生活没有依靠的"老、弱、孤、寡、残"社员给予保吃、保穿、保烧、年幼的保证受到教育、年老的保证死后安葬，即"五保"。无法定抚养义务人、无劳动能力、无生活来源的孤儿和残疾儿童纳入"五保"对象。一些散居孤儿，寄养

---

[1] 国务院.中国的儿童状况（1996）. http://news.xinhuanet.com/zhengfu/2002-11/15/content_630932.htm
[2]《当代中国》丛书编制辑委员会.当代中国的民政（下册）[M]. 北京：当代中国出版社，1994：13.
[3]《当代中国》丛书编制辑委员会.当代中国的民政（下册）[M]. 北京：当代中国出版社，1994：14.

在亲属家,由亲属供养。

从新中国成立到"文化大革命"发动前这一阶段,国家在城市中建立专门的儿童福利院,在农村中开展"五保"制度和家庭寄养制度,探索建立基于家庭和亲属关系的儿童替代性养护模式,这些制度最终成为中国补缺型儿童社会福利制度的基石[1]。

二、补缺型儿童社会福利制度破坏与停滞阶段(1966-1978)

1966年,"文化大革命"全面爆发。"文化大革命"十年间,国家大量正常工作和活动遭到破坏,中国儿童社会福利制度建设也遭受重大冲击。当时负责儿童福利事业的内务部和地方性民政机构被强行撤销或合并,儿童福利院等福利性机构也被迫关闭。到1978年底,全国的社会福利院只有577家,儿童福利院只剩下49个,总共收养孤儿、弃婴和残疾儿童3665名,与1962年相比,无论是儿童福利服务性机构还是收养儿童人数都大大减少,不少孤儿、残疾儿童和无人照料的儿童又重新沦落街头[2]。这一阶段,中国儿童社会福利制度处于停滞甚至是破坏的阶段。

三、补缺型儿童社会福利制度恢复与发展阶段(1979-1988)

1978年底,中共十一届三中全会召开。十一届三中全会的中心议题是把党的工作重心转移到经济建设上来,在思想路线、政治路线和组织路线等方面全面拨乱反正,同时实行改革开放。随着中国社会经济建设等各个领域的全面拨乱反正,中国儿童社会福利制度也得到恢复,并开始发展。1982年,时任全国人大委员长万里同志主持召开包括劳动人事部与教育部、民政部、国家经济贸易委员会、国家发展计划委员会在内的多部门工作会议,明确社会上无依无靠、无家可归、无生活来源的人员归民政部门管理。这样,儿童社会福利事业得到恢复。1982年,民政部与联合国儿童基金会开展"残疾儿童社区康复"合作项目,在全国多个省市建立残疾儿童康复网络,对残疾儿童工作者和家长进行培训。1983年,第八次全国民政会议召开,进一步明确民政工作的地位和作用,明确提出民政工作是"四化建设"的重要战线,是政权建设工作的一部分。全国民政会议的召开,为中国儿童社会福利制度的建设奠定坚实的基础。1985年起,中国加入国际SOS儿童村组织,在天津、烟台等地建立9所SOS儿童村,收养300多名孤儿。

这一时期,中国儿童社会福利事业得到发展。儿童福利院从1979年的52个增加到1988年的58个,收养儿童数量从3977人增加到5402人,人均经费支出从819

---

[1] 陈沙沙.儿童福利:何时从"院内"到"院外"[EB/OL].2012-02-20,http://paper.people.com.cn/mszk/html/2012-02/20/content_1014839.htm?div=-1.
[2] 《当代中国》丛书编制辑委员会.当代中国的民政(下册)[M].北京:当代中国出版社,1994:15.

元增加到 3315 元[1]。收养对象也从原来的"三无"儿童，扩大到残疾儿童和事实无人照料儿童。儿童福利服务方式也发生变化，从单纯的救济型转向福利型，从封闭型转向开放型，从单一的"以养为主"转变到"养、治、教、康并重"[2]。并且开展自费收养服务，通过多种途径筹措资金，形成政府、企业、个人参与共同办院的局面。这一时期，中国特殊教育也得到发展。1988 年，特教学校从 504 所增加到 650 所，增长 29%；在特教学校学习的人数由 5.28 万人增加到 6.31 万人，增长 19.5%，弱智儿童入学率增长 39.4%[3]。

中国补缺型儿童社会福利制度恢复与发展阶段的主要特点：第一，儿童福利院里收养的儿童绝大部分是残疾婴幼儿；第二，全国城市儿童福利院普遍实行自费收养；第三，对孤儿、流浪儿童以及残疾儿童采取不同的工作方针；第四，开展残疾儿童康复工作，弱智儿童的康复开辟了中国儿童社会福利事业的新领域；第五，特殊教育事业获得发展。

这一时期，国家出台一些与儿童社会福利事业有关的法律法规，如 1980 年的《中华人民共和国婚姻法》、1986 年的《中华人民共和国义务教育法》等，为儿童社会福利事业的发展奠定了法律基础。

这一阶段，由于中国把主要精力集中于经济建设，在"效率优先，兼顾公平"原则指导下，尽管儿童社会福利制度得到发展，但从本质上讲仍然是补缺型的。

四、补缺型儿童社会福利制度大发展阶段（1989-2000）

20 世纪 80 年代末一直到 21 世纪初，是中国补缺型儿童社会福利制度大发展阶段。这一阶段，中国儿童社会福利制度逐步与国际接轨。1989 年，联合国大会通过《儿童权利公约》。《儿童权利公约》是为全体儿童谋求幸福的世界性公约，提出儿童作为独立于成人所享有的各项社会权利。《儿童权利公约》的通过为中国政府推进儿童社会福利事业提供理论基础和规范性文件，为中国未来儿童社会福利事业的建设指明了方向。1990 年联合国世界儿童问题首脑会议通过《关于儿童生存、保护和发展的世界宣言》以及《执行九十年代儿童生存、保护和发展世界宣言行动计划》两个重要文件。在这两个文件中，联合国提出保护儿童和改善生活的十点方针，以及在 2000 年前改善儿童健康和教育状况的一些具体指标。这两个文件直接导致中国后来于 1992 年通过《九十年代中国儿童发展规划纲要》，为中国儿童社会福利事业的发展提供直接的指导。1991 年，李鹏总理代表中国政府在《关于儿童生存、

---

[1] 1993 年《中国社会统计资料》。
[2] 成海军.从中外儿童福利院舍的比较与变化看我国儿童福利的发展方向[J].社会福利，2003（10）：57-59.
[3] 中国残联资料。

保护和发展的世界宣言》以及《执行九十年代儿童生存、保护和发展世界宣言行动计划》两个文件上签字。1992年，联合国《儿童权利公约》对中国生效。同年，国务院公布《九十年代中国儿童发展规划纲要》。这一切，标志着中国正式加入儿童权益保护的国际大家庭，推动中国儿童社会福利事业与国际的接轨。

《九十年代中国儿童发展规划纲要》（以下简称《纲要》）是在中国经济快速发展和中国依然是发展中国家的国情背景下实施的，其目的是改善儿童生存与保护现状，促进新一代儿童身心健康成长。《纲要》通过的一些主要发展目标和政策措施，如5岁以下儿童中度和重度营养不良患病率下降一半、保持较高的计划免疫覆盖面、大幅度减少残疾儿童出生率、改善儿童福利机构设施条件、保护处于困难条件下的儿童、对经济不发达地区儿童的生存、保护和发展给予特殊支持等有力地推动了中国儿童社会福利事业的发展。

在这一阶段，中国政府颁布一系列与儿童社会福利有关的法律法规。其中最主要的法律有《中华人民共和国残疾人保障法》（1990年）、《中华人民共和国未成年人保护法》（1991年）、《中华人民共和国收养法》（1991年）、《中华人民共和国妇女权益保障法》（1992年）、《中华人民共和国母婴保健法》（1994年）、《中华人民共和国预防未成年人犯罪法》（1999年）等；行政法规方面除《九十年代中国儿童发展规划纲要》（1992年）以外，有《残疾人教育条例》（1994年）、《托儿所、幼儿园卫生保健管理办法》（1994年）、《中国妇女发展纲要（1995—2000）》（1995年）、《公安机关办理未成年人违法犯罪案件的规定》（1995年）、《中国公民收养子女登记办法》（1999年），《社会福利机构管理暂行办法》（1999年）、《城市居民最低生活保障条例》（1999年）等，这些政策法规覆盖与儿童社会福利有关的家庭、健康、收养、教育等各个领域[1]。

2000年9月，联合国千年首脑会议在联合国总部举行。千年首脑会议确定八项全球发展目标，如消除极度贫困和饥饿，促进社会性别平等和提高妇女权力，降低婴儿死亡率，改善孕产妇保健，与艾滋病、疟疾和其他疾病作斗争，普及全球初等教育，确保环境的可持续能力，全球合作促进发展等。千年首脑会议把儿童的生命、健康、教育、医疗、平等发展等权利提高到前所未有的高度，使儿童处于全人类千年发展目标和千年议程中心位置[2]。联合国千年首脑会议推动中国补缺型儿童社会福利制度向纵深发展，推动着中国儿童社会福利制度转型。

这一阶段，中国儿童社会福利的最大特征就是儿童的生命权、生存权、健康权、受教育权等得到切实的保障。在此阶段，政府对儿童的健康关注上升。儿童计划接

---

[1] 刘继同.当代中国的儿童福利政策框架与儿童福利服务体系（上）[J].青少年犯罪问题，2008（5）：13-21.
[2] 联合国儿童基金会：千年发展目标关注儿童问题[M].联合国儿童基金会，2003：56.

种免疫工作取得巨大成就，多种传染性疾病的发病率大大降低，儿童因传染病死亡率也大大降低。政府开展20多种甲乙类法定传染病的免疫接种与监测。到2000年，已经基本上消灭脊髓灰质炎和白喉这两种流行性传染病，鼠疫、霍乱、百日咳、霍布斯菌病、炭疽、斑病伤寒、黑热病、登革热等的死亡率为零，发病率也大大降低，有的传染病种的发病率接近零。

这一阶段，中国儿童社会福利事业获得巨大发展，以国家为主的"院舍式养护"成为孤残儿童养护的主流。截至2000年11月底，全国共有儿童福利院108所，SOS儿童村8所，约有30000名儿童获得政府养育和监护，这些儿童的年龄大部分在14周岁以下，约占中国未成年人总数的万分之零点九八（1999年底数据）。另外，散布全国城乡的1200多个社会福利院和敬老院，也承担部分孤残儿童、被遗弃儿童、病弱儿童的养育和监护职责。还有一些儿童或分散在群众家中寄养，或由群众依法收养[1]。

根据第五次全国人口普查（2000年）推算，全国0-6岁残疾儿童约为139.5万，其中智力残疾儿童所占比例最高，约为95.4万名，其次为肢体残疾儿童、听力残疾儿童、视力残疾儿童和精神残疾儿童。从1995年起，民政部与卫生部开始在全国实施残疾孤儿康复工程，取得良好效果。一是开展智力残疾儿童系统康复训练，1996年到2000年累计训练109325例，有效率达89.6%；二是开展肢体残疾儿童康复训练，2000年为10005名患儿做了儿麻矫治手术，完成约17000名聋儿康复任务，使他们都能开口说话。其中一部分康复儿童进入幼儿园、小学正常上学；三是为2万多名低视力儿童配用助视器，帮助他们改善视力；四是到2000年底为30多万名智力残障儿童开展心理辅导，提高他们的自我接纳能力和认知能力。截至2000年，全国已建立中国聋儿康复研究中心和31个省级聋儿康复中心，以及3000多个残疾儿童康复站。

残疾儿童的特殊教育也获得发展。2000年底，全国残疾人特殊教育学校已达1648所，比1980年增长5倍，普通学校附设特教班4567个，在校接受特殊教育学生近59万人，学龄残疾儿童少年共计762983人，全国盲、聋、弱智各类儿童的平均入学率达77.2%，在经济发达地区这一比率达到85%以上[2]。

五、适度普惠型儿童社会福利制度孕育与萌芽阶段（2001-2009）

21世纪最初的10年，是中国适度普惠型儿童社会福利制度孕育和萌芽阶段。这一阶段，中国经济社会发生重大变化，为中国适度普惠型儿童社会福利制度的创

---

[1] 南方网.中国儿童状况发展扫描 [EB/OL]. http://www.southcn.com/news/community/shzt/children/wb/200405260567.htm.
[2] 中国残疾人统计数据库。

立准备了必要的条件。一是中国经济建设获得巨大发展。2001年，中国GDP总量突破10万亿元大关，相当于1.3万亿美元，人均GDP达到1090美元，这是中国人均GDP首次突破1000美元大关[1]。2006年中国GDP总量突破20万亿元，人均GDP超过2000美元。2008年中国GDP总量突破30万亿元，人均GDP超过3000美元。经济的快速发展为中国适度普惠型儿童社会福利制度的建立准备了必要的经济基础。二是中国政治建设获得巨大发展，民主建国和依法治国逐步成为国家政治生活中的重要方略。2002年，党的十六大提出全面建设小康社会的宏伟目标，提出到2020年，全面建成惠及十几亿人口的更高水平的小康社会。2004年，党的十六届四中全会进一步提出构建社会主义和谐社会的理念。2007年，党的十七大提出构建科学发展观，推动和谐社会建设，为夺取全面建设小康社会新胜利而继续奋斗。党的十七大把关注和改善民生作为社会主义建设的重要目标，提出要着力保障和改善民生，加快建立覆盖城乡的社会保障体系，加快建立基本医疗制度，促进社会公平正义，努力使全体人民"学有所教、劳有所得、病有所医、老有所养、住有所居"，真正实现社会和谐。党的多次重要会议为中国适度普惠型儿童社会福利制度的建立准备了必要的政治基础。三是中国社会福利制度建设获得巨大发展。随着中国经济和政治民主进程的发展，中国社会福利制度也实现重大突破。2007年底，民政部提出中国社会福利制度应由"补缺型"向"适度普惠型"转变[2]，并作为新世纪的战略目标。适度普惠型社会福利制度概念的提出，为中国适度普惠型儿童社会福利制度的建立准备了必要的思想基础。

这一阶段中国儿童社会福利制度有几个显著性标志：一是2001年通过了《中国儿童发展纲要（2001—2010年）》，在《九十年代中国儿童发展规划纲要》把儿童放在优先发展的基础上，继续坚持"儿童优先"原则，把保障儿童的生存、发展、受保护和参与社会生活的权利提到一个更高的高度，从而使儿童问题成为全社会普遍关注的问题。二是出台一系列与儿童有关的法律法规，实施多项儿童社会福利政策，使儿童社会福利事业发展有坚实的基础。三是推行一系列促进儿童发展的福利措施。四是2008年政府机构改革中，民政部首次设立"儿童福利处"，使儿童问题从婚姻、家庭关系中走出，成为独立的国家政策议题。儿童福利处的成立为中国适度普惠型儿童社会福利制度的创建准备了必要的组织基础，具有重大战略意义[3]。

---

[1] 新华网.我国人均GDP首次突破1000美元，经济发展进入新阶段[EB/OL]. http://news.xinhuanet.com/fortune/2004-01/20/content_1285206.htm.
[2] 东南快报.民政部：福利事业将转为适度普惠型[EB/OL]. http://news.sina.com.cn/ c/2007-10-19/000512750829s.shtml.
[3] 国务院办公厅秘书局、中央机构编制委员会办公室综合司编.中央政府组织机构 2008[M].北京：党建读物出版社，2009：33.

五是民政部为福利机构内孤儿和社会散居孤儿建立津贴标准,儿童社会福利从院内扩大到院外,标志着中国适度普惠型儿童社会福利制度的萌芽。

(一)中国儿童发展纲要(2001—2010年)

2001年,国务院通过的《中国儿童发展纲要(2001—2010年)》有两个重要背景:一是人才战略。2000年,中央经济工作会议首次提出"要制定和实施人才战略",同年,党的十五届五中全会提出要把"培养、吸引和用好人才作为一项重大的战略任务切实抓好"。2001年发布的国民经济和社会发展十五规划用专门的一章探讨人才战略问题。开发人力资源和实施人才战略要从儿童抓起,必须把儿童培育好,才能造就高素质的人才队伍。二是儿童发展面临的诸多现实问题。《九十年代中国儿童发展规划纲要》实现了许多重要目标,改善了儿童的生存状况。但是中国儿童发展的整体水平仍然不高,儿童发展的地区差异、城乡差异依然存在;贫困尚未消除,仍有数百万儿童生活在贫困之中;艾滋病的泛滥使得艾滋病患者中儿童数量呈上升趋势;拐卖儿童、伤害儿童的违法犯罪事件时有发生。因此,儿童的生存、发展、受教育和被保护依然是今后一个时期的重要任务。

《中国儿童发展纲要(2001—2010年)》由总目标、主要目标与策略措施、组织与实施、监测与评估四个部分组成。

总目标遵循联合国《儿童权利公约》有关儿童优先发展的原则,确认儿童独立于成人所享有的生存权、发展权、受保护权和社会参与权等四大类基本人权,把促进儿童的身心发展放在一个国家战略高度,与《九十年代中国儿童发展规划纲要》一脉相承。

在主要目标层面,设定四项儿童具体发展的领域:儿童与健康、儿童与教育、儿童与法律保护、儿童与环境,基本上对应儿童应享有的四项基本人权。在儿童发展四大领域中设计一些具体的观测指标,同时列举实现这四大目标的具体策略措施。这些目标及措施为未来十年的儿童政策实施提供依据,具有政策导向性。

《中国儿童发展纲要(2001—2010年)》与《九十年代中国儿童发展规划纲要》相比,总目标更加明确,主要目标中的指标要求更高,并且拓展许多儿童发展的新领域,比如,增加安全方面的政策;除关注儿童的身体健康以外,国家对儿童的心理健康等方面的关注增加;儿童受教育的权利得到发展,以义务教育为中心,向两端延伸,学前教育和高中阶段教育被纳入国家视野;弱势儿童保护政策更加完善;加强了对儿童青少年犯罪的司法保护;鼓励儿童参与家庭、文化和社会生活的各个方面。

《中国儿童发展纲要(2001—2010年)》实施阶段正是中国和谐社会建设时期,党的十六大和十七大都明确提出要更加重视和关注民生,重视和改善儿童的生存状况。因此,在这十年间,中国儿童的各项福利得到更多发展。据统计,到2010年底,"纲要"所确定的各项主要目标基本实现。出生人口质量、儿童健康状况、营养状况持续改善。婴儿、5岁以下儿童死亡率分别从2000年的32.2‰、39.7‰下降到2010年的13.1‰、16.4‰;孕产妇死亡率从2000年的53.0/10万下降到2010年的30.0/10万;国家儿童免疫接种率达到90%以上。同时,儿童受教育程度普遍提高,学前教育毛入园(班)率从2000年的35.0%上升到2010年的56.6%,十年间,增长将近22个百分点;小学学龄儿童净入学率达到99.7%;初中阶段和高中阶段毛入学率分别达到100.1%和82.5%。孤儿、贫困家庭儿童、残疾儿童、流浪儿童、受艾滋病影响儿童等弱势儿童群体得到更多关怀和保障[1]。

(二)与儿童有关的法律法规和政策

这一阶段,为构建和谐社会、关注和改善民生、发展儿童社会福利,国务院和民政部先后出台一系列与儿童有关的法律法规和政策。

一是与孤儿、残疾儿童有关的管理办法。为使孤儿、残疾儿童重新回归家庭,创新家庭寄养和收养方式,推进儿童社会福利事业社会化,2003年10月,民政部发布《家庭寄养管理暂行办法》,有力地推动孤残儿童事业家庭社会化模式。2003年,儿童福利院共收养孤儿2.3万人,而家庭收养则达到5.4万人,是机构收养的2倍。2006年3月,民政部联合财政部等15部门出台《关于加强孤儿救助工作的意见》,呼吁全社会采取多种方式妥善安置孤残儿童,保障孤儿基本生活和合法权益。意见的出台,推动孤儿保障从单纯养育向养、教、医、康、住、业等多方面发展。

二是制定多项儿童社会福利行动计划。(1)残疾孤儿手术康复明天计划。为解除福利机构中孤残儿童的疾患,帮助他们重建生活,民政部于2004年5月启动"残疾孤儿手术康复明天计划"(简称"明天计划")。"明天计划"是民政部使用福利彩票资金为福利机构中具有手术适应症的残疾孤儿实施手术矫治和康复的一项儿童社会福利政策。截至2007年,民政部已成功地为3.5万名具有手术适应症的残疾孤儿实施手术矫治和康复治疗,解除孤残儿童的痛苦,帮助他们建立起新的生活。为使这项计划长期开展下去,扩大康复计划的效果和影响,2007年,民政部下发《关于建立"残疾孤儿手术康复明天计划"长效机制的通知》,将"明天计划"扩展到城乡各类福利机构以及社会分散供养的残疾孤儿。(2)儿童福利机构建设蓝天计划。儿童福利机构建设蓝天计划(简称"蓝天计划"),是民政部在"十一五"时期,利用福利彩票公益金实施的一项公益项目,其目的是在大中城市新建、改建和扩建一批集养护、救治、教育、康复、特教于一体的功能完善、设施齐全、环境优美的儿童福利机构。为实施"蓝天计划",从2006年起,民政部每年从部本级福利彩票公益金中安排2亿元予以资助,力争用5年时间,联合地方民政部门

---

[1] http://baike.baidu.com/link?url=ZxVGHJaG7J1mdwWtqtIiDabo_n2LRsgNYmX8erSqyeM45Ot2lPyJMl_jgmle6qO02UKSXXoCJv-jvFy6eMgZea.

投入总资金60亿元,在全国大中城市建设和完善一批集养护、教育、康复、特教于一体的儿童福利机构。(3)农村五保供养服务设施建设霞光计划。这项计划是民政部于2007年1月启动的一项惠及农村五保户居住和供养需求的公益政策。农村五保供养服务设施建设霞光计划(简称"霞光计划"),旨在使用福利彩票公益金为农村集中供养和分散供养的五保对象修建、改建一批集中居住点,为五保老人和贫困家庭儿童解决住房和供养需求。(4)重生行动——全国贫困家庭唇腭裂儿童手术康复计划。"重生行动"是2008年民政部和李嘉诚基金会实施的一项合作项目,旨在为全国贫困家庭和分散供养的五保对象中患有唇腭裂症的0-18周岁儿童提供免费手术和康复治疗。

(三)与儿童有关的福利措施

1. 残疾儿童社会福利措施

1987年,中国进行第一次全国残疾人抽样调查。抽样调查结果显示,中国0-14岁残疾儿童总数817.35万,占残疾人总数的15.8%,占全国3亿儿童的2.7%[1]。听力残疾、言语残疾、智力残疾、视力残疾、肢体残疾、精神残疾、多重残疾和其他残疾儿童的数量及其占残疾人总数的比率见表3.1。

表3.1 第一次全国抽样调查残疾儿童数量及其占残疾人总数的比率[2]

残疾儿童类别	残疾儿童数量(万人)	占残疾人总数的百分比
听力残疾、言语残疾	116	14.2%
智力残疾	539	66%
视力残疾	18	2.2%
肢残	62	7.6%
精神残疾	1.4	0.17%
多重残疾	80.7	9.9%

2006年,中国进行第二次全国残疾人抽样调查。调查结果显示,中国0-14岁残疾儿童387万人,比第一次抽样调查时减少430.35万人,占残疾人总数的4.66%。残疾儿童中,6-14岁学龄残疾儿童246万人,占全部残疾人口的2.96%。其中视力残疾儿童13万人,听力残疾儿童11万人,言语残疾儿童17万人,肢体残疾儿童48万人,智力残疾儿童76万人,精神残疾儿童6万人,多重残疾儿童75万人。6-14

---

[1]中国残疾人联合会.1987年全国残疾人抽样调查研究资料-中国残疾儿童状况[EB/OL].2008-04-07, http://www.cdpf.org.cn/sytj/content/2008-04/07/content_30316023.htm.
[2]根据中国残疾人联合会1987年全国残疾人抽样调查研究资料整理。http://www.cdpf.org.cn/sytj/content/2008-04/07/content_30316031.htm.

岁学龄残疾儿童中，63.19%正在普通教育或特殊教育学校接受义务教育，各类残疾儿童接受义务教育的比率为：视力残疾儿童79.07%，听力残疾儿童85.05%，言语残疾儿童76.92%，肢体残疾儿童80.36%，智力残疾儿童64.86%，精神残疾儿童69.42%，多重残疾儿童40.99%[1]。

（1）残疾儿童康复福利措施

"十一五"以来，党和政府十分关心残疾儿童的康复工作，先后开展残疾儿童的视力、听力、语言、肢体、智力和精神残疾等方面的康复治疗和训练工作。主要包括以下五方面：一是对低视力儿童配用助视器，培训低视力儿童家长；二是新收和在训聋儿的听力和语言方面，培训聋儿家长，开展贫困聋儿人工耳蜗、助听器抢救性康复项目，为聋儿免费配戴助听器；三是为肢体残疾儿童进行康复训练和实施矫治手术；四是为智力残疾儿童和脑瘫儿童实施康复治疗。五是为孤独症儿童提供机构训练。从残疾人康复工作发展状况来看，从2006年至2009年，中国残疾儿童康复工作取得较大进步。残疾儿童康复事业取得成就如表3.2所示。

表3.2 残疾儿童康复事业基本情况统计表（2006-2009）

项　目	2006年	2007年	2008年	2009年
视力残疾康复				
低视力者配用助视器（人）	32000	31607	34803	40501
培训低视力儿童家长（人）	14000	13000	11000	15264
听力语言残疾康复				
新收训聋儿（人）	19444	19869	20122	19830
培训聋儿家长	22322	26737	24314	25654
贫困聋儿人工耳蜗、助听器抢救性康复项目	1875	6000	6000	500
聋儿免费配戴助听器	3750	12000	12000	3000
肢体残疾康复				
肢体残疾儿童康复训练（人）		12239	15690	15058
贫困肢体残疾儿童实施矫治手术（人）	-	-	3014	2817
智力残疾康复				
智残儿童康复训练（人）	26000	26084	26887	26748
脑瘫儿童进行机构康复训练（人）	-	-	-	-
精神残疾康复				
孤独症儿童机构训练（人）	750	1056	1027	5290

---

[1] 2006年第二次全国残疾人抽样调查主要数据公报。

注：①残疾儿童的统计口径：0-14 岁。②肢体残疾儿童机构康复训练数，包括肢残儿童和脑瘫儿童。

数据来源：根据 2008-2010 年各年《中国统计年鉴》、2007-2009 年各年《中国残疾人事业发展统计公报》整理。

（2）残疾儿童教育福利措施

"十一五"以来，残疾儿童受教育权得到更好保障，进一步提高残疾儿童素质和平等参与社会的能力。首先，为盲、聋、智残少年儿童兴办特殊教育学校、义务教育普通学校附设特教班。"十一五"以来，国家为盲、聋、智残少年儿童兴办的特殊教育学校数量逐年增长，由 2006 年的 1648 所增加到 2009 年的 1697 所，义务教育普通学校附设特教班及其在校生人数稳定增长（见图 3.1）。

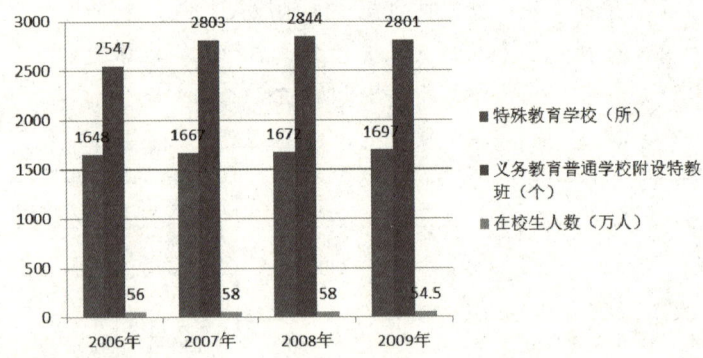

资料来源：根据 2006-2009 年各年《中国残疾人事业发展统计公报》整理。

图 3.1 "十一五"时期特殊教育学校、特教班及其在校生人数

其次，特殊教育普通高中、中等职业学校在校生人数及其高考录取人数方面，截至 2009 年，国家兴办特殊教育普通高中 104 所，在校生人数 6339 人；残疾人中等职业教育在校生人数达到 11448 人，被普通高等院校和特殊教育学院录取的人数达到 7782 人。"十一五"以来特殊教育普通高中、中等职业学校在校生人数及其高考录取人数见表 3.3。

表 3.3 "十一五"以来特殊教育普通高中、中等职业学校在校生人数及高考录取人数

	2006 年	2007 年	2008 年	2009 年
特殊教育普通高中（所）	69	83	95	104
特殊教育普通高中在校生（人）	4192	4978	5464	6339
残疾人中等职业教育在校生（人）	-	9028	9932	11448
高等院校录取残疾考生（人）	5134	6320	7305	7782

数据来源：根据 2006-2009 年各年《中国残疾人事业发展统计公报》整理。

再次，资助贫困残疾儿童入学方面，为推进残疾人教育事业，加大残疾人福利实施力度，使更多的贫困残疾学生完成学业，2004年起，中国残联和教育部共同组织实施"中国残联专项彩票公益金助学项目"。项目实施地区为山西、内蒙古、辽宁、吉林、黑龙江、安徽、山东、河北、河南、湖北、湖南、江西、广西、海南、四川、重庆、云南、贵州、陕西、甘肃、宁夏、青海、新疆和新疆生产建设兵团。2004-2006年，连续3年每年拨款6000万元，每年资助大约2万名义务教育阶段贫困残疾学生就学。"十一五"时期，中央继续加大对义务教育阶段贫困残疾学生就学的资助力度，安排1亿多元彩票公益金。

2. 孤儿福利措施

表3.4显示2005-2009年中国孤儿总数情况。从表3.4可以看出，2005-2009年孤儿数量存在上升的趋势，5年时间里，孤儿总数增加了13.9万人；但2009年以后又出现下降的趋势。这可能与2008年的四川汶川大地震、青海玉树地震有关，地震导致国家在2009年接收的孤儿数量增加。总的来看，2005年以后全国孤儿总数在50万-70万人之间波动。

全国孤儿中，尽管福利机构收养的孤儿逐年增加，社会散居孤儿逐年减少，但总的来看，机构收养的孤儿数量有限，社会散居孤儿占到孤儿总数的80%以上。

2005年以后，儿童福利机构数量急剧增加，从2005年的224个增加到2009年的303个，增加79个；儿童福利机构床位数从3.2万张增加到4.4万张。但家庭收养孤儿数量呈现逐年递减的趋势，从2005年的5.1万人减少到2009年的4.4万人。

表3.4 2005-2009年全国孤儿数量统计表

	2005年	2006年	2007年	2008年	2009年
全国孤儿数量（万人）	57.3	55.4	56.7	66.2	71.2
其中：福利机构收养儿童数量（万人）	6.6	7.2	8.0	9.0	11.5
其中：社会散居孤儿数量（万人）	50.7	48.2	48.7	57.2	59.7
儿童福利机构数量（个）	224	249	269	290	303
儿童福利机构床位数（万张）	3.2	3.1	3.3	4.0	4.4
家庭收养登记数量（万人）	5.1	4.8	4.5	4.3	4.4

注：以"万"为单位的数据均采取四舍五入的方法计算。
数据来源：根据2005-2009年各年《民政事业发展统计公报》整理。

2001年以来，国家采取一系列措施保障孤儿的生活、教育、医疗、康复、养育、居住和就业安置。

2003年，民政部发布《家庭寄养管理暂行办法》（以下简称《暂行办法》），在福利机构养育孤儿的基础上，发挥家庭在养育和照料孤儿方面的独特优势，探索基于家庭和亲属关系的替代养护模式。《暂行办法》明确规定寄养家庭应当具备的条件，应当履行的义务。同时明确家庭寄养服务机构应当承担的工作，确定民政部门与寄养家庭的协议以及民政部门对寄养家庭的监督职责。《暂行办法》同时确定异地家庭寄养的工作办法，明确家庭寄养经费的来源。《暂行办法》有力地保障孤儿在家庭环境下成长所需要的条件，较好地促进了孤儿的健康成长和社会融入。

2006年，民政部会同财政部、国家发展和改革委员会等15部门出台《关于加强孤儿救助工作的意见》（以下简称《意见》）。《意见》指出各地应当高度重视孤儿救助工作，采取多种措施妥善安置孤儿，保障孤儿基本生活和合法权益。第一，财政部门应当将孤儿救助所需资金纳入城乡社会救助和社会福利事业发展资金需求，统筹安排；第二，发展改革部门应将儿童福利机构和流浪未成年人救助保护中心建设纳入整体规划，统一建设。在2010年前，基本达到每个地级市拥有一所集"养、教、康、疗"为一体的大型儿童福利机构；第三，政府举办的非营利性机构应当为孤儿提供基本的卫生医疗服务，鼓励和支持非营利性机构自愿为散居孤儿减免医疗费用；第四，教育部门应当为义务教育阶段的孤儿免收杂费，免费提供教科书，并补助寄宿生活费。对于被公办高中、中等职业学校和高等学校录取的孤儿，给予教育救助；第五，劳动和保障部门应当为适龄孤儿提供职业培训补贴和免费职业介绍；第六，公安部门应对遗弃儿童和利用儿童进行非法活动的违法犯罪行为进行查处和打击；第七，司法部门应依法保护孤儿的人身和财产安全；第八，当地政府应因地制宜地解决孤儿住房问题。《意见》的出台和实施有力地保障了孤儿生活、教育、医疗、住房、就业等各方面的福利和权益。这是新中国成立以来对孤儿生活救助和服务保障的第一个综合性的、福利性的制度安排，在中国儿童社会福利事业发展史上具有里程碑的意义[1]。

3. 艾滋病病毒感染儿童福利措施

1998年和2001年，国务院分别印发《中国预防与控制艾滋病中长期规划（1998-2010）》和《中国遏制与防治艾滋病行动计划（2001-2005）》等文件，为受艾滋病影响儿童的防治提供法律和政策保障。

2003年，中国启动艾滋病免费抗病毒治疗项目。2004年，国务院开始实施"四免一关怀"政策。"四免"是指为农村居民和城镇未参加基本医疗保险的经济困难

---

[1] 中国网.十五部委联合出台《关于加强孤儿救助工作的意见》[EB/OL].2006-04-14 http://www.china.com.cn/chinese/PI-c/1183979.htm.

人员中的艾滋病患者免费提供抗病毒药物;在全国范围内为自愿参加艾滋病咨询检测的人员免费提供咨询和初次检测;为感染艾滋病病毒的孕妇提供免费母婴阻断药物及婴儿检测试剂;对艾滋病致孤儿童免收上学费用。"一关怀"是指将生活困难的艾滋病患者纳入国家救助范围,提供必要的生活救济。2005年,儿童艾滋病抗病毒治疗试点启动,先后在河南、云南等六省开展试点,取得较好成效。2006年,国务院发布第457号令,通过《艾滋病防治条例》(以下简称《条例》)。《条例》要求各级人民政府对艾滋病病毒感染者、艾滋病患者及其家属提供关怀和救助;要求对感染艾滋病病毒的孕产妇及其婴儿,提供预防艾滋病母婴传播的咨询、产前指导、阻断、治疗、产后访视、婴儿随访和检测等服务。《条例》第四十五条明确指出:"生活困难的艾滋病患者遗留的孤儿和感染艾滋病病毒的未成年人接受义务教育的,应当免收杂费、书本费;接受学前教育和高中阶段教育的,应当减免学费等相关费用。"第四十六条又指出:"县级以上地方人民政府应当对生活困难并符合社会救助条件的艾滋病病毒感染者、艾滋病患者及其家属给予生活救助。"2006年,卫生部办公厅下发《关于开展儿童艾滋病抗病毒治疗工作的通知》,决定在全国开展艾滋病患者免费抗病毒治疗,中国各级政府把儿童艾滋病抗病毒治疗纳入本地区免费艾滋病抗病毒药物治疗工作中,对家庭困难的艾滋病病毒感染儿童提供免费治疗并给予生活补助,同时为接受治疗的儿童及其家庭提供包括生理、心理、营养、教育等多方面的支持与帮助。例如,河南全省共有艾滋病致孤儿童2891人,艾滋病导致的单亲家庭中,共有未成年子女5878人,其中,儿童感染者2153人。全省受艾滋病影响的儿童约4万人。从2003年起,河南省逐步建立"三项救助方式""四种安置途径""三个发展措施"的救助安置政策体系,艾滋病病毒感染儿童得到较好的医疗救助[1]。

2009年,民政部发布《民政部关于进一步加强受艾滋病影响儿童社会福利保障工作的意见》,提出:第一,要制定艾滋病致孤儿童的基本生活标准不低于当地平均生活水平的养育标准。"艾滋病致孤儿童全额发放基本生活保障金,最低养育标准为每人每月600元,并创造条件对孤儿监护抚养人给予一定的补贴和支持。父母一方感染了艾滋病或因艾滋病死亡的儿童可参照艾滋病致孤儿童标准执行福利补贴。携带艾滋病病毒或感染艾滋病的儿童在发放基本生活保障金最低每人每月600元的基础上,给予适当的营养医疗补贴。"第二,要为受艾滋病影响儿童提供与其他儿童均等的受教育机会。"对处于义务教育阶段的受艾滋病影响儿童免收杂费,免费提供教科书并补助寄宿生生活费;对被公办普通高中、中等职业学校和高等学

---

[1] 新华网.河南:4万名受艾滋病影响的儿童得到救助[EB/OL]. 2010-01-30,http://www.xinhuanet.com/chinanews/2010-01/30/content_18913439.htm.

校录取的受艾滋病影响儿童，纳入现有资助政策体系，给予教育救助，联系孤儿所在学校优先为其提供勤工俭学机会；对集中安置受艾滋病影响儿童的福利机构，在安排教学工作时给予指导和支持。"第三，要为受艾滋病影响儿童提供便利的基本医疗条件。"对受艾滋病影响儿童中的艾滋病毒感染者要采取适应儿童的医疗手段，进行免费的抗病毒治疗和抗机会性感染治疗；对未感染艾滋病毒的其他受艾滋病影响儿童，要在政府举办的乡镇医疗机构提供基本的卫生医疗服务。"第四，要建立大龄受艾滋病影响儿童就业和生活服务制度。第五，要采取多种形式妥善安置艾滋病致孤儿童。

（四）民政部设立儿童福利处

2008年，国务院政府机构改革，民政部社会福利和慈善事业促进司下设儿童福利处，主要负责孤儿、残疾儿童等特殊群体权益保护政策的制定和实施。儿童福利处的成立，标志着儿童社会福利事业有了独立的管理机构，为未来特殊儿童社会福利权益的争取和普通儿童权益的获得创造重要条件，是儿童社会福利事业的重大进步，具有重要的历史意义。儿童福利处的成立，使对儿童问题的研究，从传统的婚姻、家庭、儿童关系的研究中独立出来，把儿童问题上升为国家政策议题，为中国适度普惠型儿童社会福利制度的创立准备了必要的组织基础，具有国家战略意义。

（五）筹建孤儿基本生活津贴标准

长期以来，孤儿保障水平偏低，难以满足其成长需要[1]。2009年，民政部办公厅印发《民政部关于制定孤儿最低养育标准的通知》，制定全国统一的社会散居孤儿最低养育标准为每人每月600元，从而为社会散居孤儿建立起基本生活津贴标准。针对福利机构儿童残疾比例高、残疾种类多、营养康复和医疗需求大的特点，为保障在院儿童身心全面发展需要，避免出现养育标准过低、康复条件较差、各地养育标准差距较大的问题。2009年，民政部下发《民政部关于制定福利机构儿童最低养育标准的指导意见》，要求各地民政"以全国福利机构儿童最低养育标准为基准，科学制定和落实本地福利机构儿童养育标准，并建立自然增长机制，实现儿童福利事业与经济社会的协调发展"。经民政部测算，福利机构儿童每月养育费用超过1100元，建议福利机构儿童最低养育标准为每人每月1000元。这一标准包含伙食费、服装被褥费、日常用品费、教育费、基本医疗费和康复费（见表3.5）。这样，民政部又为机构集中养育孤儿建立起基本生活津贴标准。为全体孤儿筹建津贴标准促进了中国适度普惠型儿童社会福利的萌芽。

---

[1] 中华少年儿童慈善救助基金会、中国青少年研究会.中国孤儿基本状况及救助保护研究报告[M].北京：中国人民公安大学出版社，2013：8.

表3.5 福利机构儿童养育费用支出参照表（均值）

项目	0-1岁 人均月消费（元）	1-3岁 人均月消费（元）	3-6岁 人均月消费（元）	6-14岁 人均月消费（元）	14岁以上 人均月消费（元）
伙食费	511	386	417	505	631
服装被褥费	96	112	123	148	165
日常用品费	108	108	60	57	71
教育费	21	68	68	178	178
基本医疗费	230	230	230	230	230
康复费	204	204	204	204	204
合计	1170	1108	1102	1322	1479

资料来源：社会福利和慈善事业促进司.《民政部关于制定福利机构儿童最低养育标准的指导意见》（民发[2009]77号）。

六、适度普惠型儿童社会福利制度初创阶段（2010-现在）

2010年，国务院下发《关于加强孤儿保障工作的意见》，要求建立孤儿基本生活保障制度，按照不低于当地平均生活水平的原则，合理确定孤儿基本生活最低养育标准，地方安排专项资金，中央予以补助。其中机构抚养孤儿养育标准应高于散居孤儿养育标准，并建立最低养育标准自然增长机制。同年12月，民政部、财政部联合下发《关于发放孤儿基本生活费的通知》。通知规定：2010年，中央财政安排孤儿基本生活费专项补助资金25亿多元，其中，对东、中、西部孤儿每月分别补助180元、270元、360元[1]。以后每年按照当地平均生活水平动态调整。这一事件标志着中国儿童社会福利元年的到来，也标志着中国适度普惠型儿童社会福利制度的创立。至此，中国儿童社会福利制度从补缺型逐步转向适度普惠型。2010年以后，以在全国范围内为全体孤儿建立基本生活保障制度为标志，中国儿童社会福利制度转入适度普惠型建设阶段[2]。

这一阶段，中国经济社会继续快速发展。一是中国经济总量持续增加，人均GDP不断增长。2011年，中国人均GDP达到35083元，折合约5432美元，按照

---

[1] 新华网.民政部：我国孤儿保障制度全面建立[EB/OL].2011-01-02, http://news.xinhuanet.com/society/2011-01/02/c_13673803.htm.
[2] 杨雄主编.儿童福利政策[M].上海：上海人民出版社，2012：59.

世界银行关于经济体的划分标准，中国进入上中等收入经济体国家行列[1]。中国已由较不发达阶段进入到中等发达阶段。二是 2012 年党的十八大胜利召开。十八大是在中国进入全面建成小康社会决定性阶段召开的一次十分重要的会议，这次会议的目标是确保到 2020 年中国全面建成小康社会。这既为中国适度普惠型儿童社会福利制度建设准备了必要的政治基础，又为中国开展适度普惠型儿童社会福利制度建设提供了政策上的指导。

2011 年，国务院颁布《中国儿童发展纲要（2011-2020 年）》，这是在新的历史起点上一份有关儿童全面发展的新的规划纲要。纲要旨在谋求为全体儿童获得充分发展的必要条件和资源，以促进全体儿童获得更多更好的福利。2013 年，民政部下发《民政部关于开展适度普惠型儿童福利制度建设试点工作的通知》，要求在江苏昆山、浙江海宁、河南洛宁、广东深圳四地开展适度普惠型儿童福利制度建设试点，2014 年，民政部继续指定 46 个城市作为第二批试点城市进行试点，从而拉开中国适度普惠型儿童社会福利制度建设的序幕。

（一）文件、政策和措施

1. 中国儿童发展纲要（2011-2020 年）

自从 1992 年国务院发布《九十年代中国儿童发展规划纲要》以来，中国政府先后发布三个儿童发展纲要。与前两个纲要相比，2011 年纲要呈现许多新的内容和特点。首先，在总目标的设定上，2011 年纲要更加趋向于普惠型儿童社会福利的设计。在国家经济实力更加强大的发展环境中，中国政府试图使全体儿童普遍享受到均等化的公共服务资源，包括均等的基本医疗卫生和保健服务以及均等的教育资源；在涉及儿童发展领域方面，2011 年纲要在 2001 年纲要四大领域的基础上，增加儿童与福利领域，特别强调儿童应享有的福利。2011 年纲要显示中国政府对《儿童权利公约》的全面遵循。其次，在一些具体指标的设定上，如安全、弱势儿童保护、学校教育、儿童参与等环节，2011 年纲更完善、更全面，儿童社会福利覆盖的范围和儿童保障水平都更广、更高。

2. 民政部开展适度普惠型儿童社会福利制度建设试点

2013 年 6 月，民政部下发《关于开展适度普惠型儿童福利制度建设试点工作的通知》，要求江苏、浙江、河南、广东四省开展先行先试，探索建立与中国经济社会发展相适应、与儿童生存与发展相适应的适度普惠型儿童社会福利制度。

在民政部试点工作的通知中，民政部首先详细界定了适度普惠型儿童福利制度

---

[1] 京华时报.人社部专家：我国已进入上中等收入经济体国家[EB/OL]. http://news.sina.com.cn/c/2013-06-14/032427392132.shtml.

的内涵。其次,指出这次试点工作的重点是要为困境儿童建立基本生活保障制度。民政部要求试点地区切实加强领导,把政策创制放在试点工作的突出位置,营造良好的环境推动试点工作顺利开展。

2014年,民政部指定46个城市作为第二批试点城市,适度普惠型儿童社会福利制度试点工作进一步深入。两批试点工作的开展,标志着中国正式进入适度普惠型儿童社会福利制度建设阶段。

(二)儿童社会福利制度进展状况

1. 孤儿社会福利进展情况

(1)孤儿数量和儿童福利机构数量

表3.6显示2010-2014年中国孤儿数量和儿童福利机构数量。2010年全国孤儿数量为65.5万人,2014年减少到52.5万人。其中,福利机构收养孤儿数量从10万人减少到9.4万人,社会散居孤儿数量则从55.5万人下降到43.2万人。与此同时,儿童福利机构数量则逐年增加,从2010年的335个增加到2014年的545个。

表3.6 2010-2014年全国孤儿数量和福利机构数量统计表

	2010年	2011年	2012年	2013年	2014年
全国孤儿数量(万人)	65.5	50.9	57.0	54.9	52.5
其中:福利机构收养儿童数量(万人)	10.0	10.8	9.5	9.4	9.4
其中:社会散居孤儿数量(万人)	55.5	40.1	47.5	45.5	43.2
儿童福利机构数量(个)	335	397	463	529	545
儿童福利机构床位数(万张)	5.0	6.0	7.7	9.8	9.6
家庭收养登记数量(万人)	3.5	3.1	2.7	2.4	2.3

注:以"万"为单位的数据均采取四舍五入的方法计算。
数据来源:根据2010-2014年各年《社会服务发展统计公报》整理。

(2)孤儿福利内容体系

①孤儿生活福利

2010年,民政部、财政部联合下发《关于发放孤儿基本生活费的通知》,要求"各省(自治区、直辖市)要根据城乡生活水平、儿童成长需要和财力状况,按照保障孤儿的基本生活不低于当地平均生活水平的原则,合理确定孤儿基本生活最低养育标准,具体标准参照民政部关于孤儿最低养育标准的指导意见确定。"民政部自2010年1月起为全国孤儿发放基本生活费。中央财政2010年安排25亿元专项补助资金,对东、中、西部地区孤儿分别按照月人均180元、270元、360元的标准予以补助。

2011年，中央财政下拨25亿元孤儿基本生活费补助金，东、中、西部地区补助标准分别提高到每人每月200元、300元和400元，全国65.5万名孤儿从中受益[1]。2012年中央财政再次下拨24.3亿元孤儿基本生活补助金，惠及61.6万孤儿[2]。2013年，中央财政资金全年共下拨22.6亿元，用于保障57.4万名孤儿和艾滋病病毒感染儿童的基本生活。2010-2013年四年间，中央财政共安排孤儿基本生活保障补助金合计97.32亿元，有效地保障了孤儿基本生活[3]。

②孤儿医疗福利

孤儿是最弱势的群体，而且其中大部分孤儿是因为重大疾病或残疾被遗弃的儿童。2004年开始，民政部启动"残疾孤儿手术康复明天计划"（简称"明天计划"），为福利机构中具有手术适应症的残疾孤儿实施手术矫治和康复。十年来，民政部共投入10亿元专项资金，每年1亿元，现已有8万多名残疾孤儿得到手术矫治和康复训练，其中1.8万名手术康复后的孤儿被国内外家庭收养[4]。

当前，中国已经形成包括8家部级定点医院，297家省级定点医院的残疾孤儿二级救治网络，全国270多家儿童福利机构实现全覆盖。以3家部级、4家省级脑瘫儿定点医院，60家脑瘫康复训练示范基地为依托，在全国形成脑瘫儿童救治网络，推动儿童福利机构中孤残儿童康复水平的整体提高。

③孤儿教育福利

2010年，国务院办公厅下发《关于加强孤儿保障工作的通知》，要求各地落实孤儿教育保障政策。对于家庭经济困难孤儿接受学前教育的由政府给予补助，将义务教育阶段的孤儿寄宿生全面纳入生活补助范围，将在普通高中、中等职业学校、高等职业学校、普通高校就读的孤儿纳入国家资助体系，成年孤儿可继续享受此政策。具备条件的残疾儿童在普通学校随班就读，不具备条件的由福利机构设立特设班或特殊教育学校。

天津市规定：孤儿在学前教育和九年义务教育阶段优先录取，免收学杂费、免收食宿费、免收其他服务性费用；保障智力正常的孤儿读完学前教育和义务教育；在公办高中、中等职业学校和普通高校就读的孤儿免收学杂费。江西省规定，学前教育阶段孤儿的教育费由政府资助，孤儿从6周岁起接受义务教育，政府免收学杂

---

[1] 光明网.孤儿基本生活费补助标准提高，65.5万名孤儿从中受益[EB/OL].2011-07-26, http://politics.gmw.cn/2011-07/26/content_2347120.htm.
[2] 中国财经报.中央财政保障困难群众基本生活取得新进展[EB/OL].2013-02-05, http://www.mof.gov.cn/zhengwuxinxi/caizhengxinwen/201302/t20130205_732146.html.
[3] 中国财经报网.中央财政全年共拨22.6亿元保障孤儿基本生活[EB/OL].2013-07-06，http://www.cfen.com.cn/web/meyw/2013-07/06/content_987243.htm.
[4] 民政部.李立国部长在"明天计划"推进工作视频会议上的讲话[EB/OL].2014-06-17, http://www.mca.gov.cn/article/zwgk/ldjh/201406/20140600654326.shtml.

费、免费提供教科书、补助寄宿孤儿生活费,在普通高中、中职、高校就读的孤儿减免或免收部分学费、书本费、住宿费。辽宁省规定,读公办高校和高职院校的孤儿可以减免学费和住宿费。浙江省规定,适龄孤儿在公办幼儿园就读的免收保育费;在义务教育就读的免收住宿费,提供营养午餐;在高中就读的免除学费、代管费,由政府补贴;在大学就读的,纳入资助体系,享受学费减免、提供国家助学金、困难补贴和国家助学贷款补贴。北京市规定,贫困家庭孤儿从学前教育到大学的的各项教育福利,包括就读大学免收学费、住宿费和服务性费用。

当前,全国大部分省(自治区、直辖市)都设立孤儿从就读学前教育到大学教育的一条龙的教育福利政策,为孤儿减免学杂费、住宿费、服务性费用等,有力地促进了孤儿教育事业的发展。

④孤儿就业福利

浙江、江苏、湖北、北京等地规定,成年孤儿优先安置到政府公益性就业岗位。自谋职业的孤儿发给职业技能培训补贴、职业技能鉴定补贴和职业介绍补贴等。天津市对具备劳动能力的孤儿,免费提供就业培训和指导。广东省将孤儿纳入就业重点援助对象,提供免费就业培训。职业指导,对特别困难的孤儿,采取公益性岗位托底安置。河南对年龄在 15-20 岁,具有初中以上文化程度的孤儿提供免费培训,还发给生活费。广西(区)、江西省对就业困难的城镇失业孤儿作为重点援助对象,享受自主创业、小额担保等再就业扶持政策。

⑤孤儿住房福利

2013 年,上海市黄浦区首次将孤儿纳入共有产权房保障体系,为 4 名成年孤儿每人购置一套经适房,这一做法在全国尚属首次[1]。浙江规定孤儿成年后纳入困难群体住房救助体系,农村孤儿按照农村困难住房群体安置;城市孤儿,符合廉租住房的,优先安排配租,符合经适房的,优先解决。广州市将为孤儿统一配置公租房,孤儿可落户社区。2013 年东莞市拟对 18 周岁的孤儿一次性发放 12 万元安置费,其中发放 5 年基本生活费,5 年基本医疗补助金,5 年租房补助费 3.24 万元,日常费用 4 万元,就业政策补贴 0.5 万元,以及其他费用。北京市孤儿成年获一次性 15 万元补贴,统筹住房就业。

⑥孤儿服务性福利

2014 年,全国共有儿童收养服务机构 890 个,其中儿童福利机构 545 个,儿童福利机构床位 9.6 万张,集中养育孤儿 9.4 万人。2014 年,民政部办理儿童收养 22772 件,其中内地居民收养 19694 件,港澳台华侨收养 191 件,外国人收养 2887 件[2]。

---

[1] 东方网.孤儿入住经适房 黄浦首纳成年孤儿入保障范围[EB/OL].2013-02-18,http://finance.eastday.com/economic/m1/20130218/u1a7199677.html.
[2] 2014 年民政部社会服务发展统计公报。

2. 困境儿童社会福利制度进展情况

(1) 困境儿童基本情况

困境儿童包括残疾儿童、重病儿童和流浪儿童。根据《中国儿童福利政策报告2011》，截至 2010 年底，全国 0-17 岁的各类残疾儿童共 504.3 万人[1]。根据中国残联的调查结果，中国每年出生缺陷儿童总数高达 80 万至 120 万人。新增 0 至 6 岁残疾儿童 19.9 万人。残疾儿童包括自闭症儿童、肢体残疾、听力残疾、智力残疾等。重病儿童的数量无法做精确统计，有关部门的统计结果显示，中国每年因疾病死亡的农村儿童中，50.5%未得到充分治疗，只能看看门诊；在一些贫困地区，儿童罹患重疾死亡率高达 54%，比城市儿童高出约 9 倍。重病儿童所患的疾病包括恶性肿瘤（含鼻咽癌、食管癌和贲门癌、原发性肝癌、肺癌、胃癌、大肠癌、恶性淋巴瘤等）、重要器官移植或造血干细胞移植术（肾脏移植、心脏移植、肺移植、肝移植、骨髓移植）、白血病、尿毒症、急性或亚急性重症肝炎、脑炎后遗症、先天性心脏病等。

重病儿童中，病种典型且患病数量较多的一种病是艾滋病。截至 2011 年 9 月底，中国累计报告艾滋病病毒感染者和患者 42.9 万例，其中艾滋病患者 16.4 万例，死亡 8.6 万例[2]。到 2013 年 8 月 31 日，中国累计的艾滋病毒感染者和艾滋病患者中，存活 428867 人，死亡 127758 人。2013 年 1 月到 8 月期间，新发现艾滋病毒感染者 45744 例，艾滋病患者 16303 例。由此可见，中国艾滋病毒感染情况不容忽视。调查显示，中国艾滋病疫情的地区分布差异较大。报告病例数排行前六位的省份，总病例数约占全国的 80%，分别是云南、河南、广西、新疆、广东、四川[3]六省（区）。中国疾控中心性艾中心负责人介绍说，据初步估计中国各地艾滋病感染者中 14 岁以下儿童约有八千人左右[4]，受艾滋病影响的儿童数量更多，其中包括感染艾滋病毒、成为艾滋病患者以及父母等直系亲属感染艾滋病毒等多种情况。这些儿童的成长情况堪忧，需要更多的儿童社会福利保障。

关于流浪儿童，现有的统计数据主要有：民政部 2000 年流浪儿童救助教育工作进展》中提到"到 2000 年，全国的流浪儿童已达 15 万人次"。2003 年，在河北省石家庄市举行的"救助流浪儿童国际学术研讨会"上，有研究报告指出"中国约有 15 万至 30 万名流浪儿童"。2003 年，国务院妇女儿童工作委员会委托石家庄市

---

[1] 北京师范大学壹基金公益研究院儿童福利研究中心.中国儿童福利政策报告（2011）[R].北京：北京师范大学，2011：10.
[2] 中国新闻网.卫生部部长:中国艾滋病患者人数已达 42.9 万[EB/OL]. 2011-11-01, http://discovery.163.com/11/1101/09/7HP0TPS1000125LI.html.
[3] 常州日报. 我国艾滋病 6 个高发省份[EB/OL]. 2008-12-02,http:// news.sina.com.cn/o/2008-12-02/103614818072s.shtml.
[4] 国际在线.中国艾滋病病毒感染儿童超过 8000 人 上学难问题亟待解决[EB/OL]. 2012-12-01, http://gb.cri.cn/27824/2012/12/01/2625s3944782.htm.

保护流浪儿童研究中心做的课题调查报告推测"全国每年存在的流浪儿童人数应该在 100 万至 150 万人之间"[1]。2006 年,尚晓援等按照国际惯例推算中国至少有 30 万以上的街头儿童[2]。鞠青等的《中国流浪儿童研究报告》提到:"我们在前期调查中,访谈了民政部社会福利司的有关官员,他们根据目前全国流动人口的规模以及几个典型城市流浪儿童的流动人口的比例规律,推算出全国流浪儿童大约有 100 万人"[3]。

尽管官方对流浪儿童的总体规模没有一个准确的说法,但不管怎样,流浪儿童是一个庞大的社会群体却是一个不争的事实。中国青少年研究中心 2006 年根据对全国 138 所流浪儿童救助站和部分民间救助流浪儿童进行的抽样调查分析,中国流浪儿童的地域分布:流出省份前十位依次为四川、河南、安徽、湖南、山东、湖北、江苏、贵州、吉林、云南。流入省份前十位依次为四川、广东、河南、上海、湖南、江苏、吉林、山东、安徽、广西。四川、河南、安徽、湖南、山东、江苏流浪儿童流出和流入数量均居全国前列。流出多于流入数量的依次是安徽、黑龙江、重庆、湖北、陕西,流出少于流入数量的依次是广东、上海、湖南、北京、河南、天津[4]。

(2)困境儿童社会福利内容体系

①残疾儿童社会福利

从表 3.7 可以看出,2010 年至 2014 年,残疾人福利有较大发展,低视力者配用助视器人数从 33467 人增长到 142000 人;聋儿免费配戴助听器人数从 3000 人增长到 19600 人。对肢体残疾儿童康复训练、智残儿童康复训练以及脑瘫儿童进行机构康复训练人数均有较大幅度的增长。2014 年,贫困肢体残疾儿童实施矫治手术人数大约是 2010 年的 4 倍多。

表 3.7 残疾儿童康复事业基本情况统计表(2010-2014)

项 目	2010 年	2011 年	2012 年	2013 年	2014 年
视力残疾康复					
低视力者配用助视器(人)	33467	35737	117000	129000	142000
培训低视力儿童家长(人)	12000	6997	37000	38000	36000
听力语言残疾康复					
新收训聋儿(人)	18809	17730	20000	20000	19000

---

[1] 国务院妇女儿童工作委员会办公室、石家庄市保护流浪儿童研究中心课题组.流浪儿童保护机制和对策研究[J].中国妇运,2005(6):11-14.
[2] 尚晓援,吴文贤.对我国流浪儿童教育问题的探讨[J]. 青少年犯罪问题,2006(1):34-37.
[3] 鞠青,张小亮,陈晨编.中国流浪儿童研究报告[M].人民出版社,2008:1.
[4] 陈晨. 托起折翼天使——全国流浪儿童抽样调查报告[A].和谐社会建设与青少年发展研究报告——第三届中国青少年发展论坛暨中国青少年研究会优秀论文集(2007)[C],2007:460-463.

培训聋儿家长	22924	30000	39000	39000	39000
贫困聋儿人工耳蜗、助听器抢救性康复项目	730	700	4000	4288	11200
聋儿免费配戴助听器	3000	3000	4500	4500	19600
肢体残疾康复					
肢体残疾儿童康复训练（人）	21375	29350	-	35000	35000
贫困肢体残疾儿童实施矫治手术（人）	2050	1311	6221	6721	8860
智力残疾康复					
智残儿童康复训练（人）	26731	28037	20000	24000	31000
脑瘫儿童进行机构康复训练（人）	-	17558	30000	35000	40000
精神残疾康复					
孤独症儿童机构训练（人）	5620	6910	11000	17000	20000

注：①残疾儿童的统计口径：0-14岁。②"肢体残疾儿童康复训练"指标口径有所调整，2011年之前指肢体残疾儿童机构康复训练数（包括肢残儿童和脑瘫儿童），2011年起包括肢残儿童社区、家庭康复训练数和脑瘫儿童机构康复训练数。

数据来源：根据2011-2014年各年《中国统计年鉴》、2010-2014年各年《中国残疾人事业发展统计公报》整理。

2010年，国家为盲、聋、智残少年儿童兴办的特殊教育学校数量达到1705所，义务教育普通学校附设特教班及其在校生人数分别为2775个和51.9万人。截至2014年，国家已兴办特殊教育普通高中187所，在校生人数7227人；残疾人中等职业教育在校生人数达到11671人；被普通高等院校和特殊教育学院录取的人数达到7864人。2010年至2014年特殊教育普通高中、中等职业学校在校生人数及其高考录取人数见表3.8。

表3.8 2010-2014年特殊教育普通高中、中等职业学校在校生人数及其高考录取人数

	2010年	2011年	2012年	2013年	2014年
特殊教育普通高中（所）	99	179	186	194	187
特殊教育普通高中在校生（人）	6067	7207	7043	7313	7227
残疾人中等职业教育在校生（人）	11506	11572	10442	11350	11671
高等院校录取残疾考生（人）	8731	8027	8363	7538	7864

数据来源：根据2010-2014年各年《中国残疾人事业发展统计公报》整理。

2010年，未入学适龄残疾儿童少年人数为14.6万人，经过民政部等各部门的努力，2011年这一人数下降为12.6万人，2012年进一步下降为9.1万人，2013年减少到8.4万人，如图3.2所示。

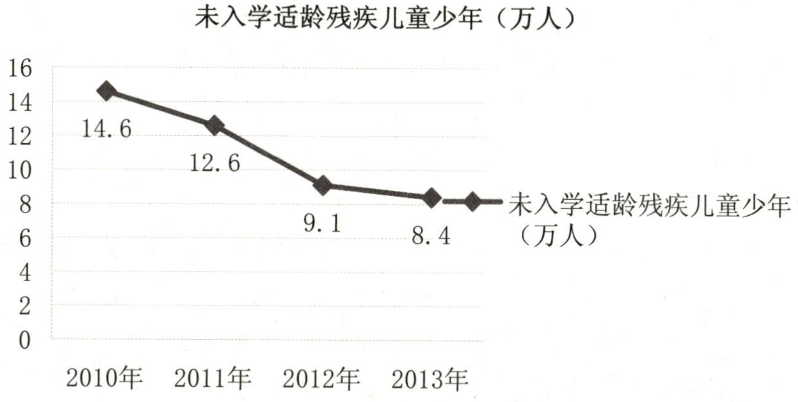

未入学适龄残疾儿童少年（万人）

```
16 ┤
14 ┤ ●14.6
12 ┤      ●12.6
10 ┤
 8 ┤           ●9.1  ●8.4 ── 未入学适龄残疾儿童少年（万人）
 6 ┤
 4 ┤
 2 ┤
 0 ┤
   2010年  2011年  2012年  2013年
```

资料来源：根据2010-2013年各年《中国残疾人事业发展统计公报》整理。

图3.2 2010-2013年未入学适龄残疾儿童少年人数

在适度普惠型儿童社会福利制度建设试点过程中，各地在残疾儿童福利工作方面作出一定的成效。在医疗保障方面，财政给予残疾重病儿童医疗补助。为促进残疾儿童康复，利用财政资金配置康复训练工具，安排专职康复训练人员，对残疾儿童进行康复训练和康复护理。有的地方如浙江省海宁市设立评估和督导制度，大力促进残疾儿童社会福利制度发展。

②重病儿童社会福利

对于重病儿童，国家制定的政策主要是医疗补助政策。真正的适度普惠型儿童福利制度主要是指为艾滋病影响儿童发放基本生活费。

对于受艾滋病影响儿童，2010年，国务院发布《国务院关于进一步加强艾滋病防治工作的通知》，要求各地、各部门继续落实"四免一关怀"政策和"五扩大，六加强"综合防治措施，推动中国艾滋病防治工作进一步深入。2012年，民政部部长表示，今后要把受艾滋病影响儿童、残疾儿童、患罕见病儿童等纳入保障范围，同时儿童福利机构还将向社区辐射，为社区残疾儿童等特殊儿童提供服务。

2012年，民政部、财政部联合下发《关于发放艾滋病病毒感染儿童基本生活费的通知》，决定自2012年1月起，为全国携带艾滋病病毒及患有艾滋病的18岁以下儿童发放基本生活费。至此，自2010年民政部、财政部为全国孤儿发放基本生活费以来，又一项普惠性的儿童社会福利制度在全国建立。

通知下发后，全国大部分地区参照孤儿基本生活费发放标准发放艾滋病病毒感染儿童基本生活费,即机构集中养育的艾滋病病毒感染孤儿每人每月不低于1000元,社会分散的艾滋病病毒感染孤儿每人每月不低于600元。但部分地区如天津和上海等是参照社会散居孤儿的标准发放。2013年,天津市参照社会散居孤儿基本生活费标准,给每位艾滋病病毒感染儿童每月发放1560元,并随低保标准进行调整。上海也是参照社会散居孤儿的标准,每人每月发放1400元。另有部分地区,如重庆等,对已满18周岁但仍在中学或中等职业学校就读的儿童,生活费发放延至其毕业。

截至2012年,治疗的艾滋病病毒感染儿童约有2000多人[1]。2012开始,包括艾滋病机会性感染等8类大病救助在300个试点县先行推开,2015年将实现全国覆盖[2]。2011年,安徽省出台《重大传染病病人医疗救助与艾滋病患者生活救助实施办法》,规定全省范围内确认的艾滋病患者及感染者都可获得医疗救助,对包括艾滋病在内的重大传染病医疗救助实施全民覆盖[3]。

2014年,民政部安排使用福利彩票公益金33000万元,为大龄艾滋病影响儿童提供学历教育,实施孤残儿童助学工程以及残疾儿童、艾滋病影响儿童养治教康项目以及县级儿童福利机构建设项目等[4]。

③流浪儿童社会福利

中国政府为流浪儿童提供的社会福利,主要包括三个方面:

第一,建立相对完善的流浪儿童救助法律体系,为流浪儿童救助提供政策保障。国家十分重视流浪儿童的救助保护,从全国人大常委会通过的法律,到国务院通过的行政法规,再到部门规章,形成相对完善的流浪儿童救助保护法律法规体系。

第二,建立相当数量的流浪儿童救助保护中心,为广大流浪儿童创造一个暂时栖息的"家"。截止2014年底,全国已建立340多个流浪儿童救助保护机构,床位1.2万多张,救助流浪儿童达17万人次(具体见表3.9)。流浪儿童救助保护中心为流浪儿童提供必要的食物、住宿、医疗和卫生条件,保障了流浪儿童的基本生活需求。郑州流浪儿童救助保护中心创立的"郑州模式",即由街头流动救助、全天候救助、街头救助亭以及"类家庭"模式组成的救助体系,是一种建立新的流浪儿童

---

[1] 国际在线.中国艾滋病病毒感染儿童超过8000人 上学难问题亟待解决[EB/OL]. 2012-12-01, http://gb.cri.cn/27824/2012/12/01/2625s3944782.htm.

[2] 法制晚报.卫生部:儿童白血病等8类大病救助将全国覆盖[EB/OL]. 2012-3-22,http://news.sina.com.cn/c/2012-03-22/131324157544.shtml.

[3] 合肥在线-江淮晨报. 安徽省大病救助对象扩大 艾滋病者可获医疗救助[EB/OL]. 2011-03-29,http://health.sohu.com/20110329/n305044709.shtml.

[4] 中彩网.民政部2014年度本级福彩公益金使用情况公告[EB/OL]. http://www.mca.gov.cn/article/zwgk/mzyw/201506/20150600841184.shtml.

保护制度的努力[1]。广州、北京、哈尔滨等地建设的少年儿童救助保护中心,也为流浪儿童把脚留住,停止流浪做出努力,减少了流浪儿童的数量。

表3.9　2010-2014年流浪儿童救助保护状况

	流浪儿童救助保护中心（个）	床位数（万张）	救助流浪未成年人（万人次）
2010年	145	0.5	14.6
2011年	241	0.8	17.9
2012年	261	1.0	15.2
2013年	274	1.1	18.4
2014年	345	1.2	17.0

资料来源：根据2010-2014年各年民政部《社会服务发展统计公报》整理。

第三,开展各类专项行动,维护流浪儿童的生命权、生存权、受教育权和免受伤害的权利。2009年开始,公安部在全国范围内开展打击拐卖妇女、儿童犯罪专项行动。据中国公安部的数据,2010-2013年四年间,共摧毁约1.1万多个拐卖儿童犯罪团伙,解救5.4万余名被拐儿童[2]。2011年12月12日,民政部、中央综治办等8部门联合下发《关于在全国开展"接送流浪孩子回家"专项行动的通知》。通知要求从2011年12月起至2012年底,在全国联合开展以"保护儿童,告别流浪"为主题的"接送流浪孩子回家"专项行动。到2012年底,"接送流浪孩子回家"行动取得明显成效,各城市主城区基本无流浪未成年人,无群体性跨区域流浪未成年人,基本做到一旦有报告能及时得到救助保护,基本实现城市街面无流浪未成年人的目标[3]。为巩固"接送流浪孩子回家"专项行动成果,深化流浪未成年人教育矫治和源头防治工作,帮助流浪未成年人顺利回归校园、融入社会、健康成长。2013年,民政部、中央综治办等8部门又联合下发《关于在全国开展"流浪孩子回校园"专项行动的通知》,要求"做好关爱帮扶和源头防治工作,加强未成年人家庭教育指导,引导父母履行未成年人监护责任,加大对农村贫困家庭扶持力度,提高家庭监护能力和养育水平,为流浪未成年人健康快乐成长创造有利条件和环境,有效预防和减少未成年人流浪乞讨现象"。

---

[1] 尚晓援,张雅桦等.建立有效的中国儿童保护制度[M].北京：社会科学文献出版社,2011：180.
[2] 新华网.2009年以来全国共解救5.4万余名被拐儿童[EB/OL].http://www.chinanews.com/fz/2013/03-25/4673938.shtml，2013-03-25.
[3] 社会事务司."接送流浪孩子回家"专项行动进展情况[EB/OL]. http://sws.mca.gov.cn/article/gzdt/201212/20121200398097.shtml,2012-12-20.

3. 困境家庭儿童社会福利内容体系

对于困境家庭儿童，中国还没有建立全国统一的儿童社会福利制度。在适度普惠型儿童社会福利制度建设过程中，部分地区进行了有益的尝试。

例如，浙江省海宁市、广东省深圳市等尝试为单亲家庭儿童发放生活补助。但这些面向困境家庭的儿童社会福利一般实施范围小，局限于试点地区等少数儿童社会福利建设比较完善的地区；受益的儿童数量也较少，困境家庭儿童全面实施社会福利制度还任重道远。

4. 普通儿童社会福利内容体系

对普通儿童普遍实施的社会福利，在中国当前阶段仅有免费义务教育制度，这一制度由教育部主管。在免费义务教育制度中，普通儿童获得免费的日常保健，由所在学校建立定期免费体检和健康档案制度。

从民政部主管的角度而言，对普通儿童实施的社会福利制度仅有优惠福利，即国家为儿童颁发儿童优待证，或者虽然没有优待证，但可以凭借身高低于一定的高度而可以享受各项优惠。

例如，身高低于1.2米的儿童乘坐火车时可以免费；身高介于1.2米到1.5米之间的儿童可以享受火车票半价的优惠制度。

第二节 中国适度普惠型儿童社会福利制度的现状

本节有关中国适度普惠型儿童社会福利制度发展现状的数据主要来自作者的社会调查。数据包括两类，一类是问卷调查数据，一类是访谈资料。

一、调查概况

（一）样本的选取

本书选取的问卷调查对象分为孤儿、困境儿童、困境家庭儿童和普通儿童四大类。问卷的发放采取分层抽样和随机抽样相结合的方法。对全国各地区的分层采用省、地（市）、县（区）、乡镇（街道）和村（社区）五级划分法。

首先，根据全国经济和社会发展水平的不同，依据中国对31个省份（省、自治区、直辖市）东部、中部、西部三大带的划分，在东部、中部和西部各选取2-3个省份（省、自治区、直辖市），以兼顾到不同地区的共性和差异性。

其次，在各个地区选取省份时，采用随机抽样的方法，东部选择上海市、浙江省和广东省，中部选取湖南省和河南省，西部选取贵州省和甘肃省[1]。在省级以下选取县（区）时，同样采用随机抽样方法进行选取。上海市抽取普陀区和奉贤区；浙江省抽取海宁市（县级市）和临安市（县级市）；广东省抽取深圳市罗湖区；湖南省抽取邵东县、湘潭市岳塘区、长沙市芙蓉区和湘乡市（县级市）；河南省抽取洛宁县；贵州省抽取榕江县；甘肃省抽取兰州市城关区。

笔者首先在上海市普陀区和浙江省临安市进行了两次问卷试做，以判断问卷的有效性，改正问卷设计的不合理之处。2013年6月-2014年5月间，在上述七个省份的县（县级市、区）进行问卷调查。问卷发放和回收情况见表3.10。共发放问卷1323份，回收有效问卷1276份，问卷有效回收率96.4%。其中向孤儿发放700份，回收676份；向困境儿童发放210份，回收200份；向困境家庭儿童发放205份，回收198份；向普通儿童发放208份，回收202份。

表3.10 问卷发放和回收情况

对象	发放份数	回收份数	有效回收率
孤儿	700份	676份	96.5%
困境儿童	210份	200份	95.2%
困境家庭儿童	205份	198份	96.5%
普通儿童	208份	202份	97.1%
合计	1323份	1276份	96.4%

按地区分类，问卷发放和回收情况见表3.11。其中湖南省发放204份，回收199份，有效回收率97.4%；甘肃省发放203份，回收198份，有效回收率97.5%；上海市发放203份，回收200份，有效回收率98.5%；贵州省发放199份，回收195份，有效回收率97.9%；河南省发放157份，回收151份，有效回收率96.2%；浙江省发放202份，回收199份，有效回收率98.5%；广东省发放155份，回收134份，有效回收率86.4%。

---

[1] 1986年，东部地区包括北京、天津、河北、辽宁、上海、江苏、浙江、福建、山东、广东和海南等11个省（市）；中部地区包括山西、内蒙古、吉林、黑龙江、安徽、江西、河南、湖北、湖南、广西等10个省（区）；西部地区包括四川、贵州、云南、西藏、陕西、甘肃、青海、宁夏、新疆等9个省（区）。1997年设立重庆市为直辖市，西部地区所包括的省级行政区增加重庆。由于内蒙古和广西两个自治区人均国内生产总值的水平正好相当于上述西部10省（市、区）的平均状况，2000年国家制定的在西部大开发中享受优惠政策的范围增加内蒙古和广西。目前，西部地区包括的省级行政区共12个，分别是四川、重庆、贵州、云南、西藏、陕西、甘肃、青海、宁夏、新疆、广西、内蒙古；中部地区有8个省级行政区，分别是山西、吉林、黑龙江、安徽、江西、河南、湖北、湖南；东部地区包括的11个省级行政区没变。

表3.11 按地区问卷发放和回收情况

地区	发放份数	回收份数	有效回收率
湖南省	204 份	199 份	97.4%
甘肃省	203 份	198 份	97.5%
上海市	203 份	200 份	98.5%
贵州省	199 份	195 份	97.9%
河南省	157 份	151 份	96.2%
浙江省	202 份	199 份	98.5%
广东省	155 份	134 份	86.4%
合计	1323 份	1276 份	96.4%

访谈则以个案的方式进行。共在上述地区访谈55人。其中集中供养孤儿5人，社会散居孤儿5人，困境儿童3人，普通儿童3人，家长或村民16人，福利机构工作人员5人，相关干部和市民18人。具体见表3.12。

表3.12 访谈个案情况汇总

访谈对象	地点	人数
集中供养孤儿	湘潭市社会福利院、兰州市儿童福利院、上海市奉贤区广慈残疾儿童福利院	5
社会散居孤儿	湖南省湘乡市于唐镇、栗山镇、湖南省邵东县双凤乡、贵州省榕江县、上海市奉贤区南桥镇	5
困境儿童	浙江省临安市锦城街道、湖南省长沙市湘雅医院、湖南省邵东县	3
普通儿童	上海市普陀区、湖南省湘乡市中沙镇、广东省深圳市	3
家长或村民	湖南省湘乡市中沙镇、月山镇、湖南省邵东县仙槎桥镇、湖南省长沙市芙蓉区、浙江省海宁市、上海市奉贤区南桥镇、杨浦区等	16
福利院工作人员	湘潭市社会福利院、兰州市儿童福利院、上海广慈残疾儿童福利院等	5
相关干部和市民	湖南省湘乡市于唐镇、中沙镇、月山镇、棋梓桥镇、东山镇、湖南省邵东县双凤乡、湖南省邵东县仙槎桥镇、上海市奉贤区南桥镇、浙江省海宁市、河南省洛宁县、广东省深圳市等	18

（二）被调查儿童基本情况

1. 孤儿基本情况

（1）孤儿性别情况

此次回收有效调查问卷的676名孤儿和接受访谈的10名孤儿，共686名孤儿接受调查。其中，男性孤儿354名，女性孤儿332名。男性孤儿占孤儿总数的51.6%，女性孤儿占孤儿总数的 48.4%。总体来说,健康孤儿中,女童所占比率较高。病残孤儿中,男童所占比率较高。孤儿数量及性别分布如图 3.3 所示:

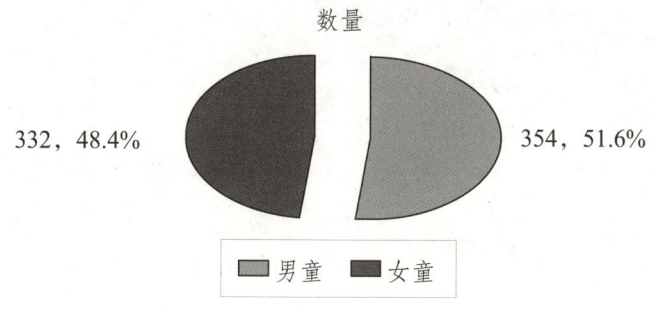

图 3.3 孤儿数量及性别分布

(2)孤儿年龄分布

从孤儿年龄分布来看(见图 3.4),被调查孤儿中,最多的是 0-3 岁和 4-6 岁的儿童,分别为 301 名和 286 名,占被调查孤儿总数的 43.9%和 41.7%。这些孤儿的具体情况由工作人员代为回答。7-14 岁孤儿 77 名,占总数的 11.2%;15-17 岁孤儿 22 名,占总数的 3.2%。0-6 岁的儿童居多,主要是因为年龄较大、自理能力稍强的孤儿被收养和被寄养的比例较大。笔者在上海市奉贤区广慈残疾儿童福利院的访谈证明了这一现象:

"我们福利院的孤儿主要是 0-3 岁的婴幼儿,这些孤儿大多是被遗弃的孩子和身体有残疾的儿童。年龄稍大、有一定自理能力的孤儿一般被收养或寄养在正常的家庭中。国家鼓励收养和寄养的方式,以便孤儿能回归家庭和社会。一般家庭也愿意照顾一些年龄较大、身体较为健康的孩子。到我们这里收养孩子的好心人不少。其中,有几个残疾程度不重的孩子还被美国北卡罗来纳州的好心夫妇收养。这些孩子主要患有唇腭裂等残疾。在进入收养家庭后,经过精心治疗,基本上看不出残疾,都已经融入正常家庭,健康成长。"

(访谈地点:上海市广慈残疾儿童福利院;访谈时间:2013 年 7 月 25 日;访谈对象:广慈福利院院长。记录人:作者本人[1])

---

[1] 后文中引用的访谈材料,如无特殊说明,记录人均为作者本人。

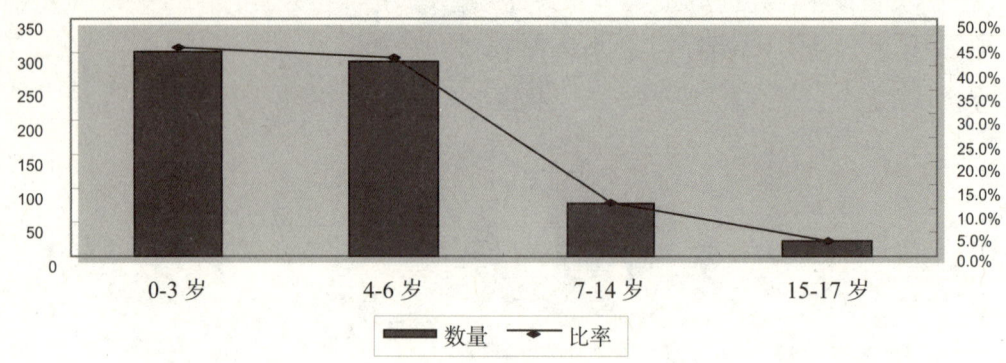

图 3.4 被调查的孤儿年龄分布情况

（3）孤儿身体状况

调查结果显示：集中供养孤儿中，残疾孤儿和重病孤儿在孤儿总数中所占的比重较大，但当接受治疗和康复护理后，部分残疾或重病孤儿身体转为健康。例如，有些唇腭裂孤儿，手术后基本看不出残疾特征，可以正常说话；先天性心脏病孤儿在进行手术后，基本能治愈。

"我们这里的孤儿在送来时，身体得重病的较多，患有先天性心脏病、肺炎、唇腭裂、肠道疾病、肾功能不全等。许多孤儿是残疾，有听力障碍、语言障碍或智力障碍。例如，有一家近亲结婚的父母，生了一个儿子一个女儿，都是智障儿童。儿子六岁了都不会站立、不会说话；女儿三岁了，也只能躺着。后来，两个孩子被送到我们福利院。还有些被遗弃到这里的儿童是脑瘫儿童，大小便无法自我控制。所以，每次见到来探望孤儿（或弃儿）的好心人士，问我们需要给孩子们准备什么礼物，我都说希望得到尿不湿和奶粉。"

（访谈地点：湘潭市儿童福利院；访谈时间：2013 年 7 月 20 日；访谈对象：湘潭市儿童福利院工作人员。记录人：作者本人）

（4）致孤（或被遗弃）原因

孤儿或弃儿致孤（被遗弃）原因主要有：父母双方去世；父亲去世，母亲改嫁；父母离异后各自重组家庭，不再承担抚养责任；私生子或未婚生子；因为身体残疾被遗弃；其他不明原因。在访谈中，儿童福利院的工作人员还表示，很大部分的孤儿，是从"安全岛"或医院门口捡来的，或被好心人送来的，所以根本无法弄清楚其成为孤儿的原因。

"我们福利院工作人员经常在门口捡到被遗弃的儿童。有的是残疾儿童，估计是父母嫌弃孩子残疾；有的是健康儿童，多半是一些非婚生孩子。一些单亲妈妈生了孩子后丢在这里。有时候，附近人民医院送一些被遗弃的孩子过来。"

（访谈地点：湘潭市儿童福利院；访谈时间：2013 年 7 月 20 日；访谈对象：

湘潭市儿童福利院工作人员。记录人：作者本人）

从问卷情况来看，各种原因中，因为身体残疾被遗弃是最主要的原因，父母双方去世是主要原因之一。如表3.13所示：

表3.13 致孤（或被遗弃）的原因总结

致孤（或被遗弃）的原因	数量（人）	占总数的比率
父母双方去世	154	22.5%
父亲去世，母亲改嫁	125	18.2%
父母离异后各自重组家庭，不再承担抚养责任	26	3.8%
私生子或未婚生子	11	1.60%
因为身体残疾被遗弃	218	31.78%
其他不明原因	152	22.16%

（5）孤儿生活和学习状况

在儿童福利院接受集中供养的孤儿，接受儿童福利院较为周到的统一照顾服务。身体较为健康、年龄较大的孤儿，会被送到寄养家庭进行寄养或被收养。社会散居孤儿中，则主要是跟随亲属或邻友生活。一般来说，跟随父系亲属生活的孤儿较多。亲属中，最主要的抚养者是爷爷或奶奶、叔叔或伯伯、姑妈等。有的孤儿被远方亲戚抚养或父辈的邻居、朋友抚养。

"我们村里有两个孤儿，是兄弟。母亲是一个患有癫痫的智障人士，父亲是一个老实本分的农民。由于他父亲年轻时，家里贫困，娶不到妻子，就娶了这个智障女人。这个智障女人每天在村子里到处走。后来，不知怎么走丢了，家里也没再去找她。父亲在一次车祸中去世，两个年幼的孩子由其年迈的奶奶抚养。奶奶最担心的是她去世后怎么办？孙子交给谁抚养？"

（访谈地点：湖南省邵东县双凤乡；访谈时间：2013年8月11日；访谈对象：双凤乡某村干部。记录人：作者本人）

"我们村里有个孤儿，父亲打工时，出事故身亡，母亲出走。现在由伯父抚养，每月领取孤儿津贴，在村里读小学。"

（访谈地点：湖南省湘乡市于唐镇；访谈时间：2013年8月22日；访谈对象：于唐镇某村干部。记录人：作者本人）

孤儿由于身体残疾、经济条件不好等各种原因，受教育程度整体较低。调查结果显示：没上学的有391名，占孤儿总数的57.0%。没上学的情况分为两种，一种是处于学龄前年龄，还没达到入学条件；另一种是患有智力残疾或其他重度残疾，无法去学校接受正常教育。162名在读小学，133名在读初中，54名初中辍学，11名正在读高中，6名读大学。占孤儿总数的比率分别为23.6%、10.1%、7.4%、1.0%

和 0.9%。如表 3.14 所示：

表 3.14 孤儿受教育情况

受教育情况	数量	比例	受教育情况	数量	比率
没上学	391 人	57.0%	初中辍学	51 人	7.4%
小学在读	162 人	23.6%	高中文化	7 人	1.0%
初中在读	69 人	10.1%	大学文化	6 人	0.9%

（6）孤儿心理状况

对目前生活满意度方面，大约 65.0%的孤儿选择"很满意，生活很好"；21.0%的孤儿选择"不太满意，但很乐观"；14.0%的孤儿选择"生活不好，有些担忧"，如图 3.5 所示。认为生活不好的主要是社会散居孤儿，经常有寄人篱下的感觉，存在自卑心理。

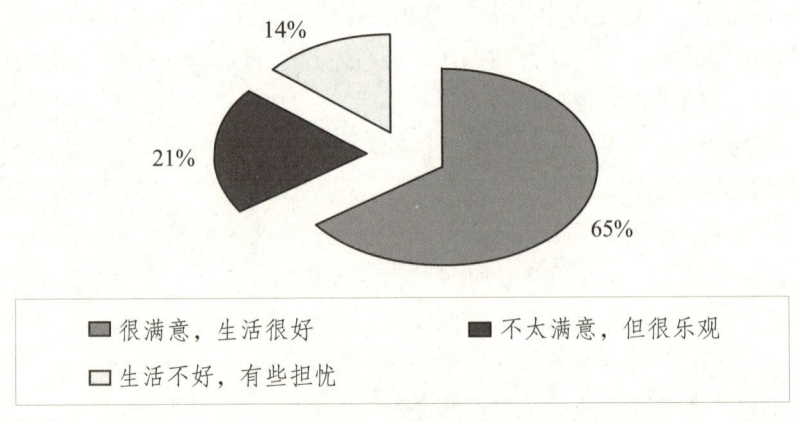

图 3.5 孤儿生活满意度情况

关于对生活担忧的原因，主要包括担心以后经济条件一直不好；担心娶不到媳妇；自卑心理严重，内心产生的担忧心态等。

"我条件不好，没有爸爸妈妈。我爸爸本来就是娶的一个傻女人，我妈妈现在又离家出走，不知去向。我没钱，盖不起房子。现在农村里都盖两层新房，只有我家还是土砖的破旧瓦房。而且现在农村里工钱很贵，我邻居盖一幢两层四间的楼房，花了 38 万。这对我来说是个天文数字。我担心以后娶不到媳妇。"

（访谈地点：湖南省湘乡市栗山镇；访谈时间：2013 年 8 月 23 日；访谈对象：栗山镇某孤儿。记录人：作者本人）

2. 困境儿童基本情况

（1）性别和年龄情况

关于困境儿童的基本情况，作者主要通过湖南省邵东县和湘乡市（县级市）、长沙市芙蓉区、上海市奉贤区的残联、民政局和贵州省榕江县的残联、浙江省临安市（县级市）的锦城街道办事处介绍，对5名困境儿童和5名家长进行访谈。在上述地区，作者发放问卷210份，回收有效问卷200份。

被调查的困境儿童主要包括残疾儿童、流浪儿童和重大病儿童等。其中，重大病儿童包括患各种疾病，如先天性心脏病、白血病等疾病的儿童以及患艾滋病的儿童。关于被调查困境儿童的性别，男性儿童为105人，占被调查困境儿童总数的52.5%；女性儿童为95人，占被调查困境儿童总数的47.5%。

被调查困境儿童的年龄分布，主要是7-14岁的儿童，达到137人，占被调查困境儿童总数的68.50%。其次是4-6岁的儿童，占被调查困境儿童总数的比率为17.00%。0-3岁的儿童和4-6岁的儿童由于不识字等原因，其答案由调查人员口述回答，或由其监护对象根据实际情况作答。

调查情况如表3.15所示：

表3.15　被调查困境儿童的年龄分布

年龄	人数	占总人数的比率
0-3岁	16	8.00%
4-6岁	34	17.00%
7-14岁	137	68.50%
15-17岁	13	6.50%

（2）生活、学习和心理状况

①生活状况

困境儿童中残疾儿童最主要的生活困难是照顾问题。其次为家庭经济条件不好以及一些心理问题。86%的被调查者认为"照顾存在困难"，37%的人认为"家中经济条件不好"，另有15%认为"别人看不起我"，24%的选择"生活没有乐趣"，还有3%的人回答"缺少房子"，1%的人认为"缺少医药"。"存在哪些生活困难"（多选）的回答如图3.6所示：

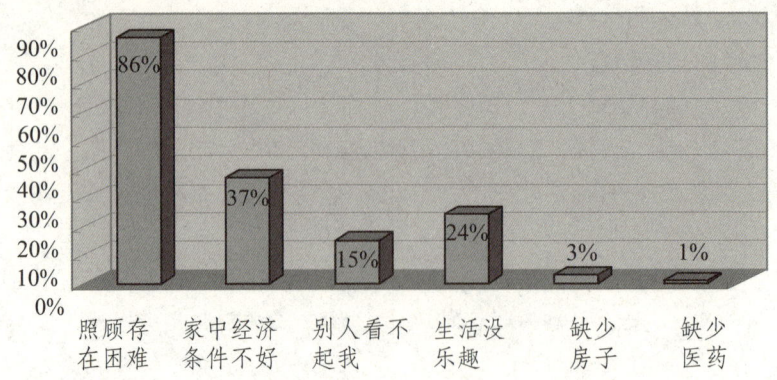

图 3.6 残疾儿童的生活困难

作者在浙江临安市锦城街道办事处干部带领下，访谈了一名车祸致残儿童。

"我今年16岁了。我本来过着幸福的生活。但15岁那年，我从学校回家，路上发生车祸，我被截断双腿，瘫痪在床。但我头脑是清醒的。我的生活照顾任务主要由母亲承担。每天早上，母亲上班前，背我上厕所，帮我洗脸、刷牙、吃早餐。然后，我躺在床上看看电视，学习一些电脑知识。中午，母亲回家做饭给我吃。吃好中饭后，母亲上班。晚上再回来给我做饭吃。母亲在家时，经常带些附近工厂的零活回来干，照顾我的生活需要。我也能上网，赚一些零花钱。街道居委会为我家申请了低保。但我最大的问题是瘫痪在床，需要人照顾。我担心父母离去后我的生活怎么办？"

（访谈地点：浙江省临安市锦城街道；访谈时间：2013年6月7日；访谈对象：浙江省临安市锦城街道残疾儿童李某。记录人：作者本人）

流浪儿童生活最大的问题是缺少管教。由于监护人的缺失，流浪儿童经常处于到处游荡的状态。

"我们村里有个孩子，父亲身体不好，卧病在床，母亲生了四个孩子，无力管教，第二个儿子就到处流浪。有时回家来住几天，没几天又出去流浪。经常不归家。"

（访谈地点：湖南省邵东县仙槎桥镇；访谈时间：2013年6月12日；访谈对象：湖南省邵东县仙槎桥镇干部戴某。记录人：作者本人）

重病儿童的生活状况取决于病种、病情能否治愈。如果有幸得到有效的治疗，重病儿童的生活状况将有较大改观。

"我家儿子5岁，早一阵被发现是先天性心脏病。前几天，在村里的帮助下，我把他送到湘雅二医院动手术。经过治疗，现在基本康复。"

（访谈地点：湖南省湘乡市中沙镇；访谈时间：2013年6月15日；访谈对象：湖南省湘乡市中沙镇村民黄某。记录人：作者本人）

②学习状况

困境儿童的学习中,最大的困难是跟不上正常的学校学习进度,由于自理能力较差,很多残疾儿童、重病儿童被普通学校拒收。42%的儿童选择"跟不上正常学习进度",36%的儿童选择"身体不好,无法上学",22%的儿童选择"缺少有效的辅导和管教"。如图3.7所示:

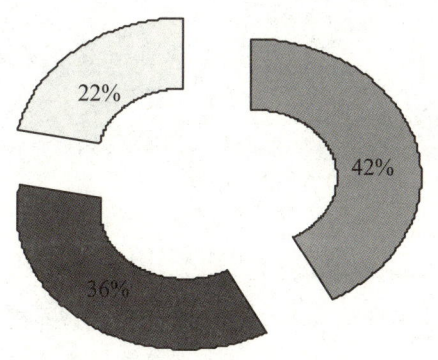

图 3.7　困境儿童的学习困难

"我家孩子是弱智。由于拖累学校的教学,很多学校都拒收。我磨破了嘴皮,求了好多人,最后才勉强进入一所小学读书。"

(访谈地点:上海市奉贤区南桥镇;访谈时间:2013年8月13日;访谈对象:上海市奉贤区南桥镇村民高某。记录人:作者本人)

"我家孩子智商比较低,总是班级最后一名。老师多次家访,表示希望我家孩子退学。最后,孩子表示自己不想上学了,学习没有乐趣。小学没毕业就跟着村里的村民去外地打工去了。由于没有技术,只能在建筑工地出苦力。"

(访谈地点:湖南省湘乡市月山镇;访谈时间:2013年6月15日;访谈对象:湖南省湘乡市月山镇某村民。记录人:作者本人)

③心理状况

困境儿童由于残疾、重病等,最大的心理问题是孤独、自卑。他们渴望平等,却老是遭到周围或是怜悯或是鄙视的目光。也有很多重病儿童在病痛的折磨下,逐渐变得坚强。

对于问题"你对生活的感受是"(多选),24%的儿童表示"充满希望";36%的儿童回答"暗无天日";23%的儿童表示"觉得孤独";42%的儿童认为"觉得自卑";15%的儿童回答"很乐观开朗";20%的儿童回答"其他"。调查结果如图3.8所示:

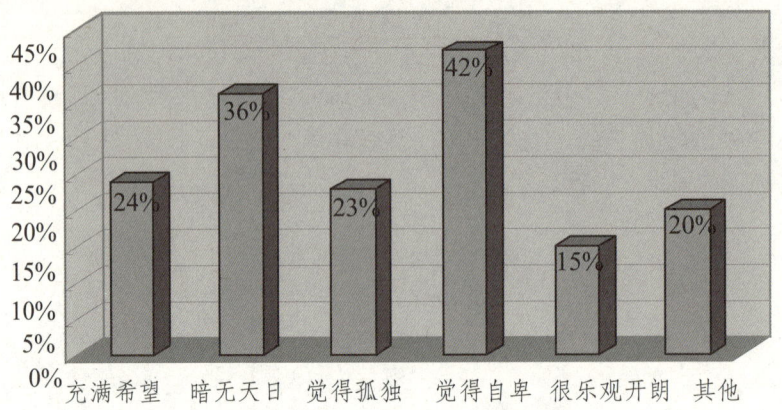

图 3.8 对生活的感受

"我知道自己活不长了。我希望捐献我的器官,为别人带来好处。也希望父母能坚强地活下去。我很想活下去,可是,我没有办法了。"

(访谈地点:湖南省长沙市湘雅医院;访谈时间:2013年6月18日;访谈对象:湖南省长沙市湘雅医院某救治儿童。记录人:作者本人)

3. 困境家庭儿童基本情况

困境家庭儿童主要是指由于家庭变故而陷入困境的儿童。这些儿童本身身体健康,但父母一方或双方发生变故,导致家庭破裂,处于事实无人抚养状态或贫困状态。困境家庭儿童可以分为四种:一是父母重残或重病的儿童。父母患有重病或因各种原因导致重度残疾,所养育的儿童不可避免地陷入贫苦无依的状态。二是父母服刑或被强制戒毒家庭的儿童。三是父母一方死亡另一方发生其他情况,导致子女事实无人抚养的儿童。四是贫困家庭儿童。

(1)生活状况

困境家庭儿童面临的生活问题主要有:贫困、监护人监管不力等。作者在湖南省湘乡市的调研表明:父母因为重病或重残、服刑以及一方死亡等原因而使家庭陷入困境,孩子的生活将受到非常大的影响。

"我们家有三个孩子,老大和老二是女儿,老三是儿子。在镇中学和村里小学读书,他们学习成绩优异。他们父亲一次晚上回来,不小心跌入村边的一个大坑,造成全身瘫痪;我一直身体弱,患有慢性肺结核、高血压等病,经常要去医院治疗,劳动能力差。因此,家里成年人都丧失劳动能力,三个孩子中的老大和老二只能辍学。老大去广东打工,老二在家照顾父母,只有老三勉强维持学业。"

(访谈地点:湖南省湘乡市棋梓桥镇;访谈时间:2013年6月19日;访谈对象:湖南省湘乡市棋梓桥镇村民黄某。记录人:作者本人)

"村民李某家本来是一个幸福的家庭。去年十二月的一天,李某和朋友出去玩,骑摩托车的时候摔伤了。在湘潭市人民医院治疗十几天,花了几万元钱,最后还是死亡。家中有一个妻子、一个六岁的女儿和一个八十岁的老父亲。家里顶梁柱没了,目前一贫如洗。妻子准备改嫁,老父亲没有劳动能力,村里给他申请了低保,靠低保金度日。年幼的女儿跟着爷爷,靠亲友接济才能勉强度日。这一家人真可怜啊!老父亲有病也不去治疗,就在家里拖着。"

(访谈地点:湖南省湘乡市东山镇;访谈时间:2013年6月20日;访谈对象:湖南省湘乡市东山镇村民柳某。记录人:作者本人)

关于住房情况,困境家庭一般都无力改善家庭的住房条件。居住于一些棚户区或地下室。被调查家庭中,户均住房面积53.21平方米。其中,50平方米以下的家庭占86%。许多家庭是经济收入和住房的"双困户"。在邵东县的调研中,作者发现,有一户父亲残疾、母亲体弱且带一个男孩子的家庭,住在一户好心人提供的柴间,只有一间屋子,简单地摆了一个桌子、一个床和一个柜子,门口放着一个煤气灶,就是全部的家当。在上海市普陀区的访谈结果也表明,困境家庭的儿童住房条件相对比较差。

"我家是一个单亲家庭,收入较低,是来上海打工的外来户口家庭。我租住的房子每月350元。是一个简陋的棚户区的一个阁楼,走路都直不起腰。不过,有个栖身的地方我已经知足了。离孩子上学的地方近。我们很多外来户都租住在这里。只要孩子能上学,我们什么苦都能吃。我们还有些老乡,租住在一个大房子里,有100平米吧。10户人家分租。房东把三室两厅的房子做了隔墙,分成了十个独立的房间。还有一个亲戚,四户人家租住在一个30多平米的大厅里。他们自己做了几个木门,把房间隔开,做成四个独立的房间。平均每户大概八平方米吧。政府有廉租房,可是我们没本地户口,不符合条件。政府有公共租赁房,条件比较好,可是每个月两千多元的租金,我每月的工资还不够付房租的。"

(访谈地点:上海市普陀区;访谈时间:2013年8月1日;访谈对象:上海市普陀区外来务工人员陈某。记录人:作者本人)

(2)受教育情况

①对学杂费的负担情况

关于"家庭能否负担得起学杂费"?义务教育阶段许多家庭表示,可以负担学杂费。因为义务教育阶段免学费,只有100元左右的活动费。学校会要求订校服,但很多毕业班或已毕业的好心家长会将不再需要的校服捐赠给低年级的困境家庭儿童。例如,在临安市的调研中,很多大学教师将小学已毕业子女的校服捐给附属小学,让困境家庭的儿童能穿上校服。这些校服质量很好,穿了好几年还没破,困境家庭的孩子很喜欢。幼儿园阶段和高中、大学阶段的儿童表示,难以承担较高昂的学杂费,只好到处借钱或辍学去广东等地打工。总的来说,73%的儿童认为负担得起学杂费,27%的儿童认为负担不起学杂费。

对于负担较重的家庭,当地民政部门和教育部门会给一些减免措施,帮助他们度过难关。有些亲友、邻居也会给予一些帮助。68%的儿童表示,接受过当地民政部门的学费减免和资助,主要是孩子上大学时给予每年一定金额的学费资助,或者中小学阶段的费用减免。有的地方,如上海市奉贤区,为农民工子弟小学的全体学生提供免费营养午餐,一定程度上减轻了家庭的经济负担。

关于"为何没有享受学杂费减免或资助",家长的回答有两种:一是不知道怎么去申请。有的班主任直接指定班级享受减免或资助的学生,其他学生不知情。有的学生得到通知,但出于"爱面子"等原因,没有告知家长去申请,自己也未提出申请。部分家长表示:"申请了,但是没有得到批准。"

②学习手段和成绩状况

关于困境家庭儿童学习手段和成绩状况。首先,询问困境家庭儿童的课余娱乐形式。25%的学生选择"在家看书";31%的学生选择"帮助父母做家务事";1%的学生选择"上网";15%的孩子选择"看电视";28%的孩子选择"进行免费的户外活动",如图3.9所示:

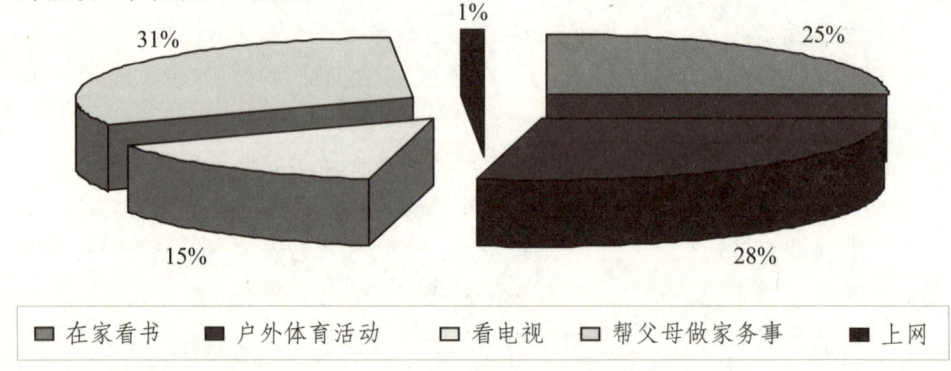

图3.9 困境家庭儿童课余活动情况

在询问困境家庭儿童课余是否上兴趣班或课外辅导班,96%的儿童表示,没有任何形式的课外辅导班或兴趣班。4%的儿童表示,为了个人未来发展,会选择一些费用不是太高的课外辅导班或兴趣班。

关于困境家庭儿童学习情况,23%的儿童表示"在班级排名第1-10名";26%的儿童表示排名第11-20名左右。3%的儿童表示,在班级排名最后。其他都选择"居于班级中游水平"。在访谈中,老师和学生家长也介绍说,家庭条件不好的学生在学习方面有两个极端,要不就是学习非常好,要不就是学习非常不好。

"我们村里有三个困境家庭儿童。一个学习非常好,在班级中排前三名。非常懂事。虽然,为家里分担家务占去很多时间,但孩子非常用功,利用一切课余时间学习。相反的情况是,另一个家庭,父亲去世后,母亲身体每况愈下,家中孩子本来资质就不好,又缺少管教和辅导,成绩在班上处于下游。还有一个孩子,母亲是个轻微智障女士,父亲是个老实巴交的庄稼人。孩子学习老是居于最后一名。小学阶段留级很多次。"

(访谈地点:湖南省湘乡市棋梓桥镇;访谈时间:2013年6月19日;访谈对象:湖南省湘乡市棋梓桥镇村民万某。记录人:作者本人)

为了解困境儿童在班级的交往情况和能力表现情况,作者设计的问题是"你在班级担任班干部吗"?36%的孩子回答"担任班干部",64%的孩子回答"没有担任班干部"。担任班干部的形式有:担任小队长,负责小组的学习和作业检查;担任中队长;担任学习委员。调查中没有担任大队长和班长的困境家庭儿童。

"困境家庭儿童懂事的话,学习非常用功,有的孩子成绩比较好。但是,困境家庭儿童由于家庭困难、父母重病等原因,一般个性比较内向,有一定的自卑心理,在班级中和同学关系融洽,但很难成为统领班级的班长或大队长,难以成为班级核心。"

(访谈地点:湖南省湘乡市中沙镇;访谈时间:2013年6月15日;访谈对象:湖南省湘乡市中沙镇某村杨某。记录人:作者本人)

③对教育的期望

为了解困境家庭儿童对教育的期望,作者设计了两个问题。第一个问题是关于"会不会考虑退学"?63%的孩子表示:如果家庭难以为继,肯定考虑退学。37%的儿童表示,会坚持上学,长大后好好回报家庭。

调查结果显示,如果家庭中有其他亲属支持且困境家庭儿童成绩相对较好,一般会考虑上学。如果儿童本身成绩一般,家庭的亲属支援又少,一般会考虑退学打工。

"我们村里有一户贫困家庭,父亲和母亲都患有疾病。生育三个女儿。家里有个亲戚在城里工作,支援学费和一定的生活费。只有大女儿退学去广东打工,二女儿和三女儿都在坚持上学。今年两个女儿都考进县城的重点中学了。"

(访谈地点:湖南省湘乡市于唐镇;访谈时间:2013年6月29日;访谈对象:湖南省湘乡市于唐镇某村民陈某。记录人:作者本人)

第二个问题是"你对自己的受教育程度的期望"。34%的儿童选择"希望上大学";45%的孩子选择"希望上职高,毕业后赚钱养家";21%的被调查者选择"初中毕业或未毕业就愿意出去打工挣钱",如图3.10所示。

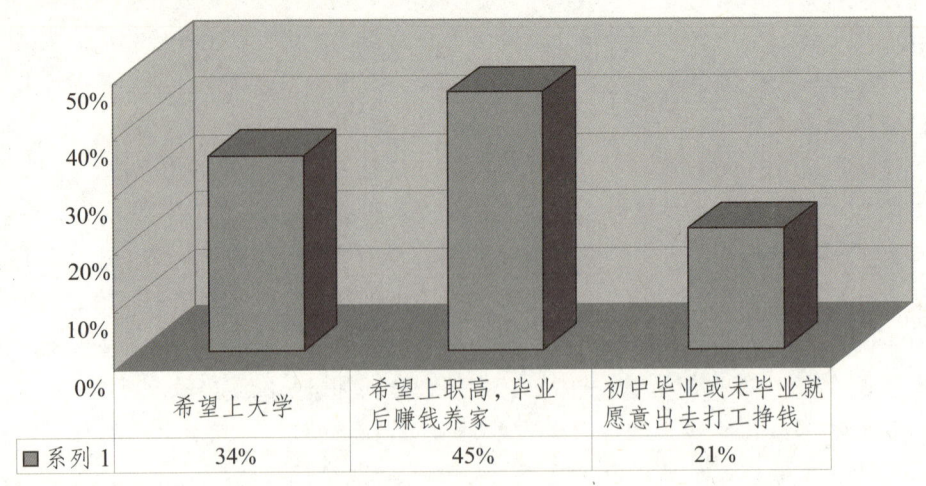

图 3.10 对未来的教育期望

（3）心理情况

为了解困境儿童对自己出身的看法及其受家庭出身的影响，作者设计了三个问题。第一个问题是："家庭经济状况和父母情况使我更加……"（多选）的问题，困境家庭儿童的选择是：31%选择"使我更懂艰辛"；46%选择"使我更懂事"；28%选择"使我更有爱心"；也有少部分儿童坦诚受家庭困境的影响，更加悲观失望或自卑，性格更内向等。如图 3.11 所示：

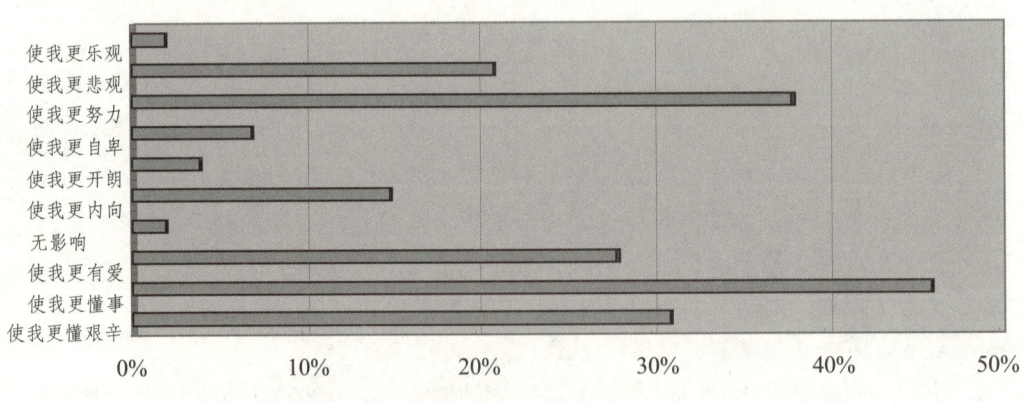

图 3.11 家庭情况对困境儿童的影响

4. 普通儿童基本情况

关于普通儿童的情况，作者设计了六个问题。首先，为了解普通儿童的家庭经济条件，设计问题"你家每月收入有多少"？16%的儿童选择"大于或等于 2 万元"，23%的儿童选择"1 万到 2 万之间"，39%的儿童选择"5 千到 1 万之间"，22%的儿童选择"2千到5千之间",没有人选择"0元到2千之间"。调查结果如图3.15所示：

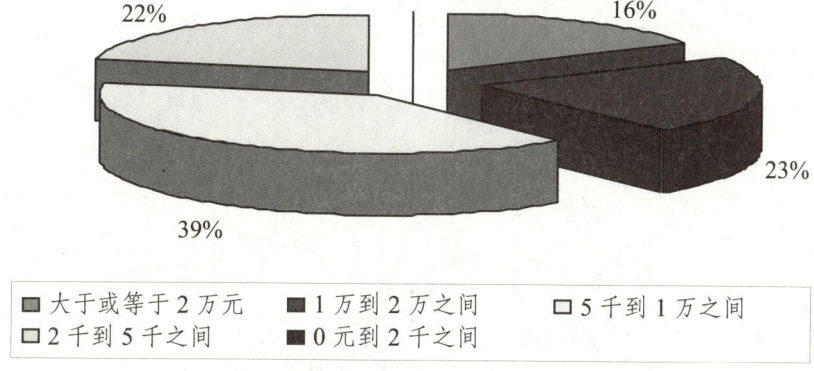

图3.12 被调查儿童家庭收入情况

其次,关于普通儿童对生活的满意度问题,45%的儿童选择"非常满意",31%的儿童选择"比较满意",26%的儿童选择"一般",较少有儿童选择"不太满意"或"非常不满意"。调查结果如图3.13所示：

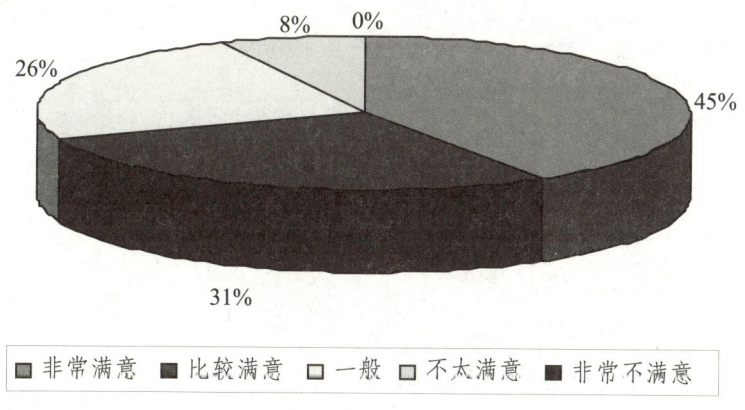

图3.13 普通儿童的生活满意度

再次,关于普通儿童的学习情况,调查结果显示：家庭条件比较好的家庭,可以为孩子提供良好的学习条件。大部分孩子学习成绩在班级排名比较靠前。当然,也有些儿童处于班级中下游。如表3.18所示：

表3.18 普通儿童学习情况调查

在班级排名情况	占被调查儿童总数的比率
前3名	6%
第4到第10名之间	25%

（续表）

第 11 到第 30 名之间	48%
班级 30 名以后	21%

资料来源：根据调查结果整理。

第四，关于被调查普通儿童的性格，认为自己"开朗乐观"的达到总人数的76%；23%的儿童认为自己"内向"；只有1%的孩子认为自己"自卑"。调查结果表明，良好的家庭环境有利于形成较为开朗乐观的性格。调查结果如图3.14所示：

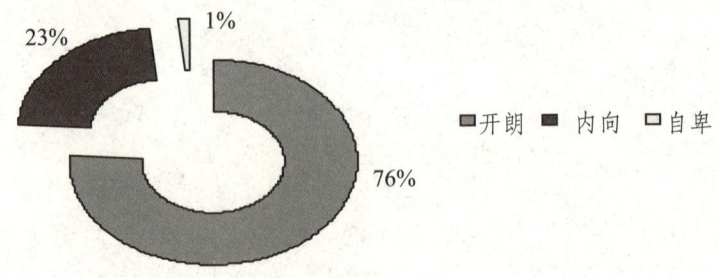

图 3.14 被调查的普通儿童的性格

第五，关于"对受教育程度的期望"，普通儿童表现出较高的追求。68%的儿童表示"希望上大学"；27%的儿童认为"希望上到高中"；只有 5%的儿童表示"希望初中毕业后去打工"。如图 3.15 所示：

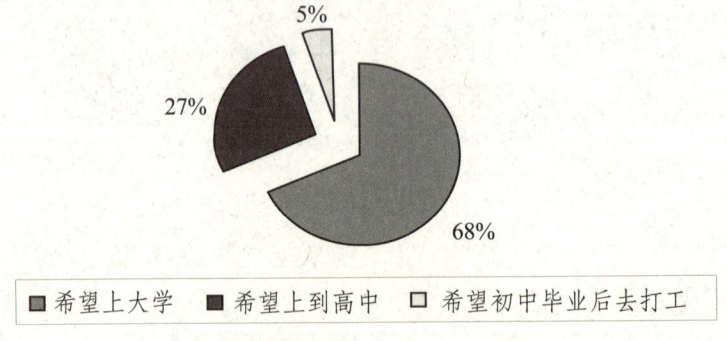

图 3.15 对受教育程度的期望

第六，关于"课余生活中主要做什么"这个问题，44%的儿童选择"上补习班或兴趣班"；26%的儿童选择"做各种运动"；9%的儿童选择"帮助父母劳动"；21%的儿童选择"其他事情"。如图 3.16 所示：

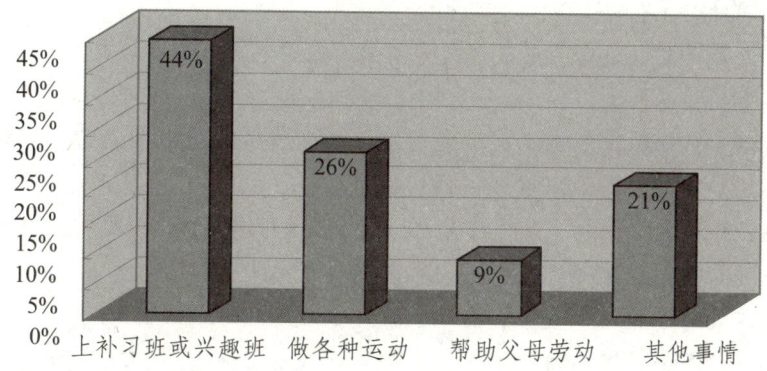

图 3.16　课余生活中主要做什么

"我是一个六年级的学生。我的生活无忧无虑。课余生活中,我主要是上各种兴趣班或补习班。我喜欢学习,上的班有物理班、数学班和英语班等。平时,我参加各种运动。现在上海市为中小学生发放游泳卡,我和爸爸经常去指定的游泳馆游泳。我觉得非常快乐。"

(访谈地点:上海市普陀区;访谈时间:2013 年 8 月 1 日;访谈对象:上海市普陀区儿童吴某。记录人:作者本人)

二、儿童社会福利覆盖范围现状

1. 被调查孤儿全部获得基本生活保障

2010 年,民政部发布通知,在全国范围内建立孤儿津贴制度,为集中供养孤儿和社会散居孤儿发放基本生活费。在此之前,只有福利院集中供养孤儿得到儿童社会福利制度的保障。社会散居孤儿基本上由家族亲戚或隔代直系亲属提供养护服务。因此,2010 年孤儿津贴制度的建立,使得儿童社会福利制度覆盖面从集中供养孤儿扩大到社会散居孤儿。作者在各地调研中,与孤儿及其亲属的访谈中也明显感觉到覆盖面扩大给孤儿带来的变化。

"对孤儿的福利啊,我印象里就是农村五保制度。那时候,我们村里定了三个人吃'五保',一个是无儿无女的老奶奶,一个是盲人老爷爷,一个是父母去世的孤儿。我们村集体给他们供应柴火,派人给他们挑水。每年双抢过后,我作为村干部,挨家挨户去收谷子,做他们全年的口粮。每家出几斤谷子给他们,就是集体福利啊。"

(访谈地点:湖南省湘乡市中沙镇;访谈时间:2013 年 6 月 15 日;访谈对象:湖南省湘乡市中沙镇村干部熊某,记录人:作者本人)

"我们村里有一个孤儿,2005 年的时候,他才 5 岁。他家依山新建了房子。可是不幸的是,那年春节下暴雨,由于盖新房子时把屋后的山体挖动了,山体滑坡,父母和弟弟均被山体滑坡导致房屋倒塌而压死。只有他因为当天在亲戚家拜年，没有在家而幸免于难。此后一直靠姑妈养育着，姑妈家也在农村，家庭条件不是太好。2010年，省里下达指令，给社会散居孤儿提供孤儿生活费。这笔钱在农村来说不少，能够基本满足他的生活需要，大大减少了他姑妈的经济压力。孤儿生活费覆盖到社会散居孤儿，我认为是政府做了一件大好事。"

（访谈地点：湖南省湘乡市于唐镇；访谈时间：2013年8月22日；访谈对象：湖南省湘乡市于唐镇村干部梁某，记录人：作者本人）

"现在的孤儿福利制度很完善了。你看，我们福利院的孤儿有些已经成年了，需要住房啊什么的，政府都给解决，提供廉租住房给他住。政府对孤儿真好啊！去年我们福利院里设立了电话热线，为孤儿做心理辅导，指导他们的生活和学习。孤儿被纳入国家制度性的保护中，生活幸福指数大大提高了。"

（访谈地点：湖南省湘潭市社会福利院；访谈时间：2013年7月20日；访谈对象：湖南省湘潭市儿童福利院工作人员张某，记录人：作者本人）

2. 大部分困境儿童得到儿童社会福利制度保障

根据民政部的通知，困境儿童包括残疾儿童、重病儿童和流浪儿童。这三类儿童在中国适度普惠型儿童社会福利制度建立以前，享有一些不太完整的福利制度，但仍有很大一部分困境儿童没有得到儿童社会福利制度的保护。在适度普惠型儿童社会福利制度建立后，中国为困境儿童建立制度性的保护。例如，建立残疾儿童康复训练补助制度、重病儿童补助制度和艾滋病病毒感染儿童基本生活保障制度等。困境儿童逐步得到儿童社会福利制度覆盖，得到制度性保护。

"我是浙江省海宁市的一个残疾儿童的家长。去年，我儿子因为一次车祸失去双腿。当时真是绝望啊，我家经济条件不好，又遇到这样的事情，真的非常伤心。感谢政府帮了我们的大忙。今年，政府给我们提供1.2万元的康复训练补助。我经常带着儿子去做康复训练，为他配制假肢，政府给了我们1500元。感谢政府对残疾儿童这么好，让我们的负担减轻了很多。"

（访谈地点：浙江海宁市；访谈时间：2013年8月29日；访谈对象：浙江海宁市市民崔某，记录人：作者本人）

"我们河南洛宁虽然经济不太发达，但政府真正为老百姓着想。村里有一个艾滋病病毒感染儿童，真是可怜，这么小得了这种病。生活困难不说，还受到大家的歧视，小伙伴也不和他玩。这个孩子家里很穷，只有一个破旧的黑白电视机，一个吃饭的桌子和几条凳子，家里就没有几样像样的家具。爷爷奶奶愁死了，舍不得吃，舍不得穿。今年，政府为他每月发津贴。有了这笔收入，爷爷奶奶经常给他买一点好吃的荤菜。艾滋病病毒感染儿童确实可怜，政府是该管管，让他们生活过得好一点儿。"

（访谈地点：河南省洛宁县；访谈时间：2013年8月7日；访谈对象：河南省洛宁县某村干部邢某，记录人：作者本人）

"我们深圳市在探索建立流浪儿童临时救助津贴制度。对流浪儿童，不能老是依靠把他们送回家这唯一的办法，要着眼于他们的长远发展，发放临时救助津贴，解决他们的临时生活困难。"

（访谈地点：广东省深圳市；访谈时间：2013年8月16日；访谈对象：广东省深圳市李某，记录人：作者本人）

然而，在调查过程中，作者发现，少部分困境儿童，如残疾儿童，所获得的福利不足以保障他们的生活；或者由于流动性等原因，一些流浪儿童在救助站得到几天救助后，被遣返回家，但一旦政府不再关注他们的时候，又继续出外流浪。

"我们这里有两个脑瘫儿童，政府每个月给他们一定的生活补助。可是，他们的妈妈还是得不到有效的帮助，没有政府人员或志愿者帮忙照看孩子，家里人的照看负担很重。后来，孩子的妈妈干脆出外打工，把孩子丢给年迈的爷爷奶奶照看，混一天算一天。"

（访谈地点：贵州省榕江县；访谈时间：2013年8月10日；访谈对象：贵州省榕江县黄某，记录人：作者本人）

3. 少数地区推进到覆盖困境家庭儿童

对于困境家庭儿童，包括父母残疾或重病的儿童、父母长期服刑在押或强制戒毒、父母一方死亡另一方因其他情况无法履行抚养义务和监护职责的儿童、贫困家庭的儿童。2013年，民政部决定在全国四个城市进行适度普惠型儿童社会福利制度试点工作。许多试点地区都将儿童社会福利制度覆盖范围扩大到困境家庭儿童。虽然，目前还只是试点地区或其他少数地区将困境家庭儿童纳入儿童社会福利制度覆盖范围，但随着中国适度普惠型儿童社会福利制度建设的推进，困境家庭儿童被纳入儿童社会福利制度覆盖范围之内指日可待。笔者在海宁市和深圳市对民政干部进行访谈，了解到两个试点地区在困境家庭儿童福利方面所做的努力。

"困境家庭儿童生活上也面临很多困难。例如，有很多不是孤儿的儿童，也面临着生活无人照顾的困境，如父母长期服刑在押或强制戒毒的儿童，基本上处于缺少父爱和母爱的困境，也需要政府给予关爱和制度性的保障。我们在试点过程中，尝试对困境家庭儿童每月提供200-300元的补贴，为困境家庭儿童提供制度性帮助。"

（访谈地点：浙江省海宁市；访谈时间：2013年8月29日；访谈对象：浙江省海宁市民政干部，记录人：作者本人）

"我们深圳市对扩大儿童社会福利覆盖面所做的努力包括：建立单亲困境儿童基本生活费制度，为单亲困境儿童提供基本生活补贴；为暂时性失依儿童提供补贴。

例如，父母一方死亡另一方出走的情况，孩子实际上处于没有父母照顾的状态下，我们给提供生活保障。对贫困儿童，我们提供免费午餐。"

（访谈地点：广东省深圳市；访谈时间：2013年8月16日；访谈对象：广东省深圳市民政干部李某，记录人：作者本人）

"上海作为一个国际大都市，我们给农村户口儿童和城市贫困家庭儿童提供义务教育阶段免费午餐。对于有些年轻的父母或单亲家庭，由于工作繁忙，无法照顾孩子上学和放学。寒假和暑假双职工家庭或单亲家庭需要上班，孩子无法得到照看和获得卫生营养的伙食，只好跟随父亲或母亲来到上班场所，干扰父亲（母亲）的工作，还容易因为父亲（母亲）忙于工作，疏于照看，而出现危险。甚至出现父母上班，将子女锁在家中，因缺乏看管而发生子女坠楼的事件。我们在暑期组织志愿者提供照看服务和免费辅导服务，获得家长的一致好评。目前，上海市还在考虑建立父母长期服刑在押家庭的儿童津贴制度，为父母在押家庭的儿童提供津贴，保障他们的基本生活。儿童福利覆盖面需要逐步扩大，要根据当地的经济发展水平提供财政承受能力范围内的福利。"

（访谈地点：上海市普陀区长风街道；访谈时间：2013年8月1日；访谈对象：上海市普陀区长风街道干部张某，记录人：作者本人）

从被调查地区的调查结果来看，困境家庭儿童福利还只是少数试点地区或发达地区实行，大部分地区只覆盖到孤儿或部分困境儿童。困境家庭儿童的数量相对较多，如果没有完善的发现机制，相对难以"被发现"。例如，有些单亲家庭的孩子出于自卑心理等原因，不愿意公开承认自己来自"单亲"家庭，只有在迫不得已的情况下才告诉班主任，一般情况下班主任也是为其"保守秘密"。因此，由于政府人力物力的有限性以及缺乏有效的发现机制，困境家庭儿童的社会福利制度在大部分地区仍然缺乏。

三、儿童社会福利内容体系现状

当前，中国适度普惠型儿童社会福利涵盖儿童生活、教育、医疗、就业、住房、福利服务等各个方面。调查结果显示，全国各地均建立了孤儿基本生活保障制度，为孤儿发放生活津贴。福利制度较为完善的地区建立了全方位的儿童社会福利制度，但是福利制度欠发达地区则只停留在发放基本生活津贴等有限的福利方面。

（一）孤儿社会福利内容体系现状

关于孤儿享受到的社会福利内容体系，作者在调查过程中，有切身的体会。首先，孤儿领取基本生活津贴的比例非常高，都能发放到位。其次，在其他方面，则有的地方做得非常完善，有的地方还非常欠缺。

1. 孤儿生活福利

为了解孤儿基本生活津贴是否按时足额发放,作者设计了一个问题:"你是否按时足额领到政府发放的孤儿基本生活津贴?"100%回答"是",0%回答"否"。

"我们儿童福利院的孤儿,每个月都能收到国家发给他们的生活津贴。小一点的孩子我们为他们买尿不湿,奶粉等。大一点的孩子则需要一些文具等。当然,这些孩子的生活津贴主要还是用于伙食方面。我们也欢迎志愿者来支援我们,他们每次来时都带来很多尿不湿和零食等。"

(访谈地点:湘潭市儿童福利院;访谈时间:2013年7月20日;访谈对象:湘潭市儿童福利院陈某,记录人:作者本人)

"我们这里的散居孤儿缺的不是钱,他们的孤儿生活津贴标准在我们看来是蛮高的了。你瞧瞧,每个散居孤儿每月都有600元的补贴,其他人哪有这么高啊?我们每个月的养老金才100元呢。低保户的低保金嘛,最低的每个月才发50元,和孤儿的生活津贴比,差远啦。不过,散居孤儿缺的是爱,是教养。我们这里有个孤儿,父母都不在了,每天在村子里晃来晃去的,也不知道去学门手艺什么的,将来怎么过日子啊?"

(访谈地点:湖南省湘乡市棋梓桥镇;访谈时间:2013年6月19日;访谈对象:湖南省湘乡市棋梓桥镇曹某,记录人:作者本人)

"现在国家政策真是好呐。你没见,我们这里还有事实孤儿,也能拿到津贴呢。你知道什么是事实孤儿吗?就是事实上无人抚养的儿童,主要是指父母一方死亡,另一方放弃了监护责任,或父母一方服刑,另一方离异,放弃对儿童的监护责任等。国家对这些孩子都养起来了。"

(访谈地点:上海市普陀区长征镇;访谈时间:2013年8月1日;访谈对象:上海市普陀区长征镇街道干部余某,记录人:作者本人)

由此可见,在作者调查地区,各地民政局均在贯彻民政部下发的为孤儿建立基本生活津贴制度的指示。财政局则在财政支出中列出专门的款项,保障对孤儿的生活津贴。孤儿基本生活津贴能满足生活所需。在一些儿童社会福利较为发达的地区,还将事实孤儿纳入孤儿基本生活保障制度覆盖范围内,切实保障孤儿的基本生活需要。

2. 孤儿医疗福利

为了解孤儿的医疗福利,作者设计了问题:"你生病住院或做手术的费用政府有没有补贴?"因为被调查对象涉及机构集中供养孤儿和社会散居孤儿,所得到的答案不太一致。408名孤儿回答"有",占被调查人数的比率为59.47%。278名孤儿回答"没有",占被调查孤儿总数的40.53%。

"我们这里有个孩子是孤儿,跟着他叔叔过日子。一般小病小痛的,都是叔叔给出钱治病。没有专门给医疗福利。不过,小孩病痛不多,没有得过大毛病。所以我也不知道国家给不给医疗福利。"

（访谈地点：临安市锦城镇衣锦街道；访谈时间：2013年6月7日；访谈对象：临安市锦城镇衣锦街道季某，记录人：作者本人）

3. 孤儿教育福利

关于孤儿享有的教育福利，作者设计了问题："政府是否给你减免了学杂费？"95%的孤儿回答"是"，5%的孤儿回答"否"。经仔细询问，回答"否"的孤儿是因为"身体原因而无法正常上学"。因此，只要在上学的孤儿都得到了这项减免学杂费的教育福利。一些无法正常上学的孩子也得到了志愿者的帮助。

"我们儿童福利院经常有志愿者过来教孩子们学习英语、语文和数学等。志愿者还经常和他们做游戏。因为有些孩子病情很重，不能进入正常的班级学习。志愿者就教会他们一些简单的计算和汉字。例如，有个游戏，志愿者先给孩子们看三幅画，如老虎、狮子和猴子。然后，志愿者和孩子们交谈一会。十分钟过后，志愿者再问孩子们刚才看到哪三幅画？以此来训练孩子们的认知能力和记忆能力。"

（访谈地点：上海市奉贤区广慈儿童福利院；访谈时间：2013年7月25日；访谈对象：上海市奉贤区广慈儿童福利院管理人员赵某，记录人：作者本人）

4. 孤儿就业福利

关于孤儿就业福利，调查结果显示，有些地方进行了有益的探索，有的地方则"无力提供"。一些乡村管理者认为，政府很难管理散居孤儿的就业，散居孤儿成年后，一般会跟随村里的劳动力到外地打工。

"我们村子里有一名孤儿，我们也没能力负责他的就业问题。不过，我们村里有个基建队，长年累月在上海、浙江等地修高速公路。我就和村里的包工头说，让他带这个孤儿（满16岁以后）去上海修路。这个基建队收入不稳定，高的时候一年能赚到六万块，低的时候老板几个月不发工资。不过，只要能去打工，家里生活总会好起来的。接下来村里会操心给他介绍个对象，只要他踏踏实实地干活，总能娶上个媳妇的。"

（访谈地点：湖南省湘乡市中沙镇；访谈时间：2013年6月15日；访谈对象：湖南省湘乡市中沙镇某村委会主任赵某，记录人：作者本人）

在上海调研时有管理者说：

"我们会给孤儿提供公益性就业岗位。政府的福利性项目，或者公益性岗位，优先安排成年的有劳动能力的孤儿来工作。"

（访谈地点：上海市奉贤区南桥镇；访谈时间：2013年8月13日；访谈对象：上海市奉贤区南桥镇施某，记录人：作者本人）

5. 孤儿住房福利

关于孤儿的住房福利，许多地方并没有建立这一制度。在作者调查的地方中，只有在上海听说过"为孤儿建立了住房福利制度"。其他地方，如贵州省、湖南省等，村委会干部表示"如果没房子住，会考虑给个危房改造款"。由此可见，孤儿住房福利制度还没有形成统一的制度。

"我们村里没有孤儿住房福利制度。不过，那个去打工的孤儿如果攒了一些钱，回来修房子娶媳妇的话，我们会从农村危房改造款中拨给他八千到一万块钱。其他的就要靠他自己挣了。不过，打工了嘛，总能挣到钱的。"

（访谈地点：湖南省湘乡市中沙镇；访谈时间：2013年6月15日；访谈对象：湖南省湘乡市中沙镇某村委会主任赵某，记录人：作者本人）

"上海市为孤儿建立了住房福利制度。有一次，我们有四个孤儿，长大成人了，要独立居住，我们利用经济适用房制度，政府每人资助几万，加上他们自己借来的钱，凑在一起，以优惠价格给他们各买了一套房子。"

（访谈地点：上海市普陀区甘泉街道；访谈时间：2013年8月1日；访谈对象：上海市普陀区甘泉街道王某，记录人：作者本人）

6. 孤儿服务性福利

关于孤儿服务性福利，作者询问了许多福利服务提供者，他们认为主要是机构集中供养孤儿需要得到服务性福利，政府也能比较方便地为他们提供服务性福利。

"我们每天照看这些孤儿，身上都有残疾的，你看，三四岁了还在用尿不湿呢。"
（访谈地点：上海市奉贤区广慈儿童福利院；访谈时间：2013年7月25日；访谈对象：上海市奉贤区广慈儿童福利院管理人员赵某，记录人：作者本人）

对于社会散居孤儿来说，基本上由寄养或收养家庭提供服务，政府一般不再安排专门的人提供服务性福利。当然，一般来说社会散居孤儿身体状况比集中供养孤儿健康，故所获得的福利性服务也较少。

（二）困境儿童社会福利内容体系现状

1. 困境儿童生活福利

如前所述，困境儿童包括残疾儿童、重病儿童和流浪儿童等。这些儿童由于身体残疾、患重病等，亟需社会给予必要的福利保障。因此，作者调查了他们各方面的福利享受情况。

关于困境儿童享受的生活福利，作者进行了深入的探访。在困境儿童中，能全面享受生活福利的主要是艾滋病感染儿童。因此，面向艾滋病感染儿童，作者设计了问题"你是否领到过政府发放的基本生活费"？得到的回答中，100%的被调查对象的答案为"是"。在河南省洛宁县，作者见到了一个艾滋病感染儿童的爷爷。该儿童才七岁，父母由于卖血被感染艾滋病去世，孩子在共同的生活中也不幸感染了艾滋病毒。

"我们每个月都能领到政府发放的生活津贴。不过，孩子缺的不是钱，主要是没有父母，没有朋友。他就一个人待在家里，也不去上学。唉，真是造孽啊！"

（访谈地点：河南省洛宁县某村；访谈时间：2013年8月7日；访谈对象：河南省洛宁县村民李某，记录人：作者本人）

在残疾儿童中，能获得生活福利的不是太多。一些残疾儿童的家庭非常贫困，可以通过家庭被评上"低保"而获得生活补助。然而，许多残疾儿童虽然身体残疾，但家庭情况不够评上"低保"，还是无法享受生活福利保障。

在湖南省邵东县双凤乡，一个村民对笔者说：

"我家一共生了三个孩子。因为前面两个是女儿，我一心想要生儿子。谁知道儿子一出生就一只手发育不全，听说是他妈妈怀他时吃了治病的药。家里勉强糊口吧。我家超生了，也没去交罚款，儿子还是黑户呢，哪敢去要生活补贴？"

（访谈地点：湖南省邵东县双凤乡某村；访谈时间：2013年8月11日；访谈对象：湖南省邵东县双凤乡某村民戴某，记录人：作者本人）

"我家儿子是有一次不小心被家里做饭的火烧了（该地是地上挖个洞烧火做饭），一只脚踩进火里，落下个跛脚。政府给补贴？没有的事。村里比我们穷的人多着呢，低保都给别的病人和穷人了。"

（访谈地点：湖南省湘乡市东山镇某村；访谈时间：2013年6月20日；访谈对象：湖南省湘乡市东山镇某村民徐某，记录人：作者本人）

2. 困境儿童医疗福利

关于困境儿童的医疗福利，作者在调查过程中发现，对于残疾儿童的康复，政府做了很多努力。在湖南省长沙市一家残疾人康复中心调查中，工作人员说：

"我们这里每年都给残疾儿童做康复，包括视力残疾、听力残疾、语言残疾等。你看我们的医疗器械，康复设备，很齐全的，经常有志愿者来帮忙。患者啊，来自湖南省各个县市，有湘乡的，新邵的，宁乡的，张家界的，株洲的，哪里来的都有。国家对残疾儿童的康复很重视呢。"

（访谈地点：湖南省长沙市芙蓉区；访谈时间：2013年6月18日；访谈对象：湖南省长沙市芙蓉区某残疾人康复中心顾某，记录人：作者本人）

在对湖南省湘乡市残疾人联合会的调查过程中，工作人员给作者拿出厚厚的一叠资料，记载着各次对当地残疾儿童的康复治疗过程。由此可见，残疾儿童康复医疗福利制度比较完善。但是，调查过程中，几乎没有发现对流浪儿童进行医疗补贴的案例。

3. 困境儿童教育福利

关于困境儿童教育福利，主要是指他们进入特殊学校接受教育或者享受免费的食物、住宿、减免学杂费等福利。在调查过程中发现，流浪儿童被遣返后一般会被安排进老家的学校进行学习，但是，这些流浪儿童不能安心学习，总是找机会离开。残疾儿童中，轻度残疾的孩子会被安排在正常学校学习，中度残疾的孩子则进入特殊学校学习，重度残疾的孩子如果无法上学，就在家里，不会接受系统的教育。被调查的艾滋病感染儿童则是留在家中，并没有上学。

"我们班上有个残疾儿童，听力不好，戴了个助听器。学校给免掉了学杂费，但是没有其他特殊待遇。"

（访谈地点：甘肃省兰州市城关镇；访谈时间：2014年1月10日；访谈对象：甘肃省兰州市城关镇某中学曹某，记录人：作者本人）

"我们村里有个流浪儿童，小时候成天在村子里晃来晃去的。十几岁以后就去城市里流浪，经常被遣返回来。回来住不了几天又跑掉了，他父母也管不了。后来，因为天天在外面'打流'，被一伙流氓打死了，扔在铁路边。"

（访谈地点：湖南省湘乡市于唐镇某村；访谈时间：2013年8月22日；访谈对象：湖南省湘乡市于唐镇某村民谭某，记录人：作者本人）

4. 困境儿童就业福利

关于困境儿童的就业福利，对于有就业能力的残疾人，残疾人联合会将提供机会帮助他们进行就业。作者在湖南省湘乡市残疾人联合会看到，工作人员手中有残疾儿童的登记名册，在他们成年后，联系福利企业，给他们介绍工作。但是，对于流浪儿童和艾滋病感染儿童来说，一种情况是居无定所，另一种情况是身体条件不允许，因此，基本没有系统的就业福利制度。

5. 困境儿童住房福利

在调查过程中，作者发现，几乎没有系统的制度为困境儿童提供住房福利。困境儿童一般是居住在家里，或者到处流浪，居无定所。

"我们村子里那个董某，每天就只知道'打流'（流浪），政府哪里知道他住哪里啊？家里穷得叮当响，小时候邻居还给送点被子什么的。大了嘛，村子里的好心人刚开始还介绍他去城市里打工，2000多元一个月。他干不了几天，吃不了苦，就会向人借钱，借到钱了就溜了。后来大家也不太管他了。房子嘛，如果他想造，村子里还是可以申请危房改造款给他，不过，我看他这人不会安定下来的。"

（访谈地点：湖南省邵东县仙槎桥镇某村；访谈时间：2013年6月12日；访谈对象：湖南省邵东县仙槎桥镇某村贺某，记录人：作者本人）

6. 困境儿童服务性福利

关于困境儿童服务性福利,作者在调查中发现,现有的福利主要有为残疾儿童提供的康复指导服务。湖南省长沙市某残疾人康复中心表示,就近的他们会上门进行指导,远的他们会电话进行指导。

调查过程中,湖南省图书馆表示,会为困境儿童提供力所能及的服务性福利。

"我们会安排工作人员给盲童送盲文书籍,给肢体残疾儿童送一些书。只要他们打个电话来,行动不便的残疾儿童、大重病儿童都可以要求工作人员把他们所需要的书和有声读物送到他们家里,甚至陪伴他们阅读。"

(访谈地点:湖南省长沙市湖南图书馆;访谈时间:2013 年 6 月 18 日;访谈对象:湖南省图书馆馆员黄某,记录人:作者本人)

(三)困境家庭儿童社会福利内容体系现状

调查过程中,笔者发现,对困境家庭儿童提供全国性的福利制度基本没有。但是,许多试点地区进行了有益的尝试,开创了一些针对困境家庭儿童的福利制度。这些困境家庭儿童福利制度一般都是单项福利制度,尚未成为困境家庭儿童社会福利体系。因此,针对困境家庭儿童的社会福利内容体系建设仍任重道远。

调查过程中,笔者获知,浙江省海宁市设立多项专项福利。为困境家庭儿童设立档案,享受教育优惠政策;为贫困家庭儿童提供教育券,义务教育阶段的儿童可以享受爱心营养餐券;高等教育阶段的贫困家庭子女可享受每年 5000 元的教育资助;为贫困家庭儿童提供全额医疗费用资助;对就业困难的家庭,提供政府开发的公益性岗位供其就业。

"海宁市的困境家庭儿童管理在全国是比较有创新性的做法,建立了困境家庭儿童档案。全国很多地方都没有建立。我们得益于民政部将首批适度普惠型儿童社会福利试点地区设立于海宁市等四个城市。2013 年,我们市进行制度创新,为困境家庭儿童采取多项福利措施。"

(访谈地点:浙江省海宁市;访谈时间:2013 年 8 月 29 日;访谈对象:浙江省海宁市某街道干部。记录人:作者本人)

作者调查得知,广东省深圳市拓宽津贴享受范围,探索建立孤儿津贴制度以外的津贴制度,包括单亲困境家庭儿童津贴制度、重残家庭儿童津贴制度、暂时性失依儿童津贴制度。各种津贴制度面向各种不同群体,为困境家庭儿童提供经济援助。

"深圳市的儿童津贴种类较多,在全国属于首创。我们的单亲困境家庭儿童津贴制度、重残家庭儿童津贴制度、暂时性失依儿童津贴制度的建立,将儿童社会福利覆盖范围扩大到困境家庭儿童。这种做法受到相关部门的表扬。"

(访谈地点:广东省深圳市;访谈时间:2013 年 8 月 16 日;访谈对象:广东省深圳市某街道干部。记录人:作者本人)

访谈中，作者了解到，上海市探索为部分服刑人员未成年子女建立基本生活保障制度。2013年，上海市民政局、财政局联合下发《关于做好本市部分服刑人员未成年子女基本生活费发放工作的通知》，要求对父母双方服实刑或一方服实刑且另一方死亡的18周岁以下本市户籍儿童，参照社会散居孤儿基本生活费发放标准为其发放基本生活费。

"我们现在是参照社会散居孤儿的标准为服刑人员未成年子女发放基本生活费，每月发放1400元。补发数从2013年6月算起。对原来享受民政救济的，采取差额的方式补发。原来享受定期定量补助的，在享受基本生活费后，原来的定期定量生活补助停发。我们为服刑人员未成年子女发放基本生活费，这在全国算是做得比较早的。"

（访谈地点：上海市普陀区；访谈时间：2014年1月10日；访谈对象：上海市普陀区某街道干部。记录人：作者本人）

（四）普通儿童社会福利内容体系现状

调查过程中，作者获知针对普通儿童的社会福利尚未建立系统性的制度。中国传统的儿童社会福利只有某些部门实施的优惠福利是全国性实施的制度，例如，儿童可以免费参观博物馆，半价或免费参观公园，半价参观景区等。在儿童乘坐汽车、火车时，也能享受半价优惠或免费乘坐（符合身高低于1.2米等条件）。只有少数儿童社会福利制度建设比较突出的地区，建立了其他一些针对普通儿童的社会福利制度，如健康医疗体检制度和免费游泳制度等。

1. 健康医疗福利

健康福利制度包括两个方面：一是日常保健，二是医疗与护理保障制度。其中，日常保健包括定期免费体检和建立健康档案制度。定期免费体检制度是日常保健中的一项具有重大意义的制度。体检的意义在于：防范疾病、早期发现疾病，及时治疗，可以防止许多小病发展为大病。定期免费体检制度对身体健康保护起到非常重要的作用。这项制度在许多地方都有提供。对上海市普陀区、长沙市芙蓉区和浙江省海宁市等地学校的访谈结果证明了这一点。

"现在学校里每学期都会对儿童进行基本的体检，测量身高、体重、视力等情况。当然，体检项目不够多，体检不够深入。我们只是利用现有的条件，主要是学校医务室或聘请街道医务室工作人员对学生进行体检。建立简单的体检档案。"

（访谈地点：湖南省长沙市芙蓉区；访谈时间：2013年6月18日；访谈对象：湖南省长沙市芙蓉区某学校老师。记录人：作者本人）

学校的体检一般只是测量身高、体重、视力等，对牙齿、口腔和身体其他方面等体检不够。因此，建立的医疗档案也止于简单的记录。浙江海宁市对困境家庭儿童建立更为详细的医疗档案，一定程度弥补了这一不足。

2. 教育福利

儿童教育福利主要是指实施免费义务教育，对寄宿生实行住宿费补贴。中国绝大部分地区均已经实施这一制度。少数发达地区，例如，深圳市探索在九年义务教育的基础上，提供初中后一年免费职业教育和学龄前一年免费学前教育，扩大义务教育的年限。

儿童教育福利还包括儿童养育过程中由政府给予的一些制度性福利待遇。包括几个方面的内容：一是义务教育阶段的儿童的免费中餐和免费牛奶计划，二是对学龄前儿童的幼儿园免费中餐计划。这些制度在中国还处于个别地区的萌芽状态，全国没有普遍性的制度。笔者在上海市奉贤区调查过程中获知，该区为农民工子弟小学的孩子建立免费午餐制度，由财政局从财政收入中拨出专项经费支付这些孩子的午餐费用。

"我们在上海市奉贤区进行试点，为农民工子弟小学提供免费午餐。这一制度在全国属于首创，受到广大农民工兄弟的欢迎。"

（访谈地点：上海市奉贤区南桥镇；访谈时间：2013年4月6日；访谈对象：上海市奉贤区南桥镇某街道干部。记录人：作者本人）

3. 优惠福利

优惠福利是指国家为儿童颁发儿童优待证，持有优待证的儿童可以享受各项优惠，从而实现儿童优惠福利的全覆盖。儿童优惠福利主要是本地公园、博物馆、科技馆、景点等免费或半价优惠。中国当前儿童福利建设过程中，有一个悖论：就是身高超过1.5米的儿童（小学生、初中生和高中生等），不能享受火车票和长途汽车半价优惠，然而，大学生、研究生能享受半价优惠。许多中小学生是农民工子弟，每到寒假和暑假要长途探亲，身高超过1.5米的儿童一律购买全价票。上海市规定，身高超过1.3米的儿童不能享受市内交通免费。

"以身高来判别是否给予儿童优惠福利的制度存在很多不合理性。有的儿童发育快，幼儿园的孩子就可能达到1.3米。小学还没毕业的女孩子，80%以上超过1.5米，甚至达到1.6米。一般来说，小学四、五年级就进入青春期，身高发育基本完成。也就意味着，还处于小学阶段的儿童就不能享受优惠福利。我建议用儿童年龄来作为判别标准。12岁以下儿童实行全免费制度。13-17岁儿童实行半价制度。"

（访谈地点：上海市普陀区长风街道；访谈时间：2013年4月2日；访谈对象：上海市普陀区长风街道某家长。记录人：作者本人）

四、儿童社会福利财政支出现状

（一）财政在儿童社会福利方面的支出情况调查

财政支出作为政府分配的手段，不仅是维护政府职能的财政基础，也是市场经济条件下政府活动范围和内容的总体概括[1]。

为调查儿童社会福利方面的财政支出情况，作者设计了两个指标。一是财政用于儿童的福利性支出占国内生产总值（GDP）的比重；二是儿童福利性支出占财政总支出的比重。两者用公式表示如下：

$$w_1 = \frac{F_c}{\text{GDP}_i} \times 100\% \tag{3.1}$$

$$w_2 = \frac{F_c}{F_i} \times 100\% \tag{3.2}$$

其中，W_1表示儿童社会福利支出占GDP的比重，表明儿童社会福利支出与经济发展水平的适应性，如果W_1很小，表明儿童社会福利支出与经济发展水平不相适应，慢于经济发展；相反，如果W_1很大，则表明儿童社会福利的财政支出快于经济发展水平。W_2表示儿童社会福利支出占财政总支出的比重，表明财政的支出倾向，如果W_2很小，说明政府不重视对儿童的福利支出；如果W_2很大，则表明相对于其他群体，政府更加重视对儿童的支出。F_c表示儿童社会福利的财政支出。GDP_i表示第i年的国内生产总值。F_i表示第i年的财政支出。

利用这两个指标，作者对上海市普陀区民政局、上海市奉贤区财政局、湖南省湘乡市民政局和财政局、贵州省榕江县民政局等工作人员进行了访谈。这些工作人员对中国或者当地财政用于儿童社会福利的支出状况进行了计算和分析，表达了几种观点。

1. 财政用于儿童社会福利制度的支出难以精确计算

上海市奉贤区财政局的工作人员表示，财政用于儿童社会福利制度的支出很难进行精确计算。

"根据国家财政数据，2012年中国财政总支出125952亿元，其中社会保障和就业支出12585亿元，约占财政总支出的10.0%。在社会保障性支出中，属于社会福利、残疾人事业、城镇居民和农村居民最低生活保障、城镇和农村生活救助以及其他社会保障和就业性支出总计2692亿元，约占社会保障和就业支出的21.4%，仅占国家财政总支出的2.14%。中国儿童社会福利的财政支出缺乏专门的预算，数据统计资料不完整，统计不详细。因此，我们无法得到有关儿童社会福利财政支出的

---

[1] 李东瑞.对我国财政支出规模和结构的研究[D].石家庄：河北大学，2004：3.

年度具体数据,只能进行大致的推算。

上海市奉贤区的儿童社会福利支出我们做了一些记录,但没有专门的统计。例如,我们每年给奉贤区的农民工子弟学校的孩子供应免费午餐。但这些年随着农民工大量进入上海,尤其是聚居在奉贤区这样的郊区,我们负担也比较重,我们自己区的财政收入增长不快,负担太多的儿童社会福利支出也比较吃力。我们很难建立稳定的增长机制,一般是民政局、教育局等各个方面在编制预算前上交他们的支出需要,我们有钱就多给点,没钱就要砍掉他们的预算。"

(访谈地点:上海市奉贤区南桥镇;访谈时间:2014年4月6日;访谈对象:上海市奉贤区财政局工作人员袁某。记录人:作者本人)

2. 财政用于儿童社会福利方面的支出比例较低

在湖南省湘乡市民政局等地的调查中,工作人员告诉本书作者,他认为财政用于儿童社会福利方面的支出比例较低。

"财政用于儿童的支出主要包括两块:一是对孤儿、残疾儿童、流浪儿童、艾滋病病毒感染儿童以及贫困家庭儿童等的定额现金补助性支出;二是各类儿童福利服务机构(如儿童福利院、流浪儿童救助站等)的服务费用支出。

如果从广义上讲,则还应该包括儿童的医疗费用补贴支出和教育费用补贴支出,即四块:现金补助、服务费用、医疗费用补贴和教育费用补贴。

说来惭愧,我们湘乡市还没有一所独立的儿童福利院呢。你要调查的话,必须到湘潭市岳塘区的湘潭市儿童福利院去调查。我们湘乡市的孤儿、被遗弃的残疾儿童和大重病儿童都要被送到湘潭市儿童福利院去。所以,我们主要就管社会散居孤儿,你可以算算,占湘乡市财政支出的比例会有多少?"

(访谈地点:湖南省湘乡市民政局;访谈时间:2013年8月24日;访谈对象:湖南省湘乡市民政局工作人员沈某。记录人:作者本人)

在调查过程中,湖南省邵东县民政局的工作人员和本书作者共同推算了2012年中国财政用于儿童社会福利方面的支出。纳入推算的费用包括:孤儿、艾滋病病毒感染儿童基本生活费;残疾儿童康复补助费用;城乡贫困家庭儿童生活补助费;农村贫困家庭儿童营养计划补助费;农村寄宿制学生生活补助费;儿童福利院服务支出;流浪儿童救助保护支出;其他遗漏计算的费用。

"2012年,中国共有艾滋病病毒感染儿童和孤儿总数57.4万,财政支出总费用为50亿元;残疾儿童康复计划"明天计划"共安排资金1亿元;全国城市低保补助金共计674亿元,农村低保补助金共计658亿元,如果按照低保受助对象中每5个人即有2个儿童的标准推算,那么财政用于儿童的低保补助金则为533亿元;农村贫困家庭儿童营养计划补助费160亿元;农村寄宿制学生生活补助费160亿元;

儿童福利院支出12亿元；用于流浪乞讨人员救助费用总计16亿元，估算用于流浪儿童费用为2亿元；除此之外，在推算的过程中可能遗漏一些项目未予以计算，这个数值大约在1亿元。这样，中国用于儿童社会福利的总支出约为919亿元。

我们再来查阅2012年中国GDP值和财政支出金额，可以测算出2012年中国儿童福利水平。2012年中国GDP 519322亿元，财政总支出125953亿元。这样，2012年儿童社会福利支出占GDP的比重约为0.18%，占财政总支出的比重约为0.73%。我们可以看出中国儿童社会福利化水平都非常低。中国还有很大必要提高财政用于儿童社会福利方面的支出。不过，像我们这种财政收入不高的县级市，财政要支持生产，哪有这么多钱来支持儿童社会福利啊？"

（访谈地点：湖南省邵东县民政局；访谈时间：2013年8月11日；访谈对象：湖南省邵东县民政局工作人员曾某。记录人：作者本人）

五、儿童社会福利法律法规现状

为调查对中国儿童社会福利相关法律法规的认知情况，本书作者总结了中国儿童社会福利法律法规制定现状。到目前为止，中国儿童社会福利法律法规方面，还没有建立专门的《儿童福利法》，主要依靠相关法律对儿童社会福利进行指导。2009年及以前颁布的相关法律法规有：《中华人民共和国义务教育法》《中华人民共和国残疾人保障法》《中华人民共和国未成年人保护法》《中华人民共和国收养法》《中华人民共和国母婴保健法》《中华人民共和国预防未成年人犯罪法》《九十年代中国儿童发展规划纲要》《残疾人教育条例》《公安机关办理未成年人违法犯罪案件的规定》《中国公民收养子女登记办法》《中国儿童发展纲要（2001-2010年）》《城市生活无着的流浪乞讨人员救助管理办法》《家庭寄养管理暂行办法》《关于加强孤儿救助工作的意见》和《关于加强流浪未成年人工作的意见》等。2010年以后颁布的法律法规有：《关于加强孤儿保障工作的意见》《国务院办公厅关于加强和改进流浪未成年人救助保护工作的意见》以及《中国儿童发展纲要（2011-2020年）》。具体见表3.19。

表3.19 到目前为止中国已制定的与儿童社会福利有关的法律法规、政策

序号	法规名称	序号	法规名称
1	《中华人民共和国义务教育法》（1986）	9	《公安机关办理未成年人违法犯罪案件的规定》（1995年）
2	《中华人民共和国残疾人保障法》（1990）	10	《中国公民收养子女登记办法》（1999年）
3	《中华人民共和国未成年人保护法》（1991年）	11	《中国儿童发展纲要（2001-2010年）》（2001）
4	《中华人民共和国收养法》（1991年）	12	《家庭寄养管理暂行办法》（2003）

（续表）

5	《中华人民共和国母婴保健法》（1994年）	13	《关于加强孤儿救助工作的意见》（2006）
6	《中华人民共和国预防未成年人犯罪法》（1999年）	14	《关于加强孤儿保障工作的意见》（2010）
7	《九十年代中国儿童发展规划纲要》（1992）	15	《关于加强和改进流浪未成年人救助保护工作的意见》（2011）
8	《残疾人教育条例》（1994年）	16	《中国儿童发展纲要(2011-2020年)》（2011）

在调查过程中，作者设计了一个问题，"你知道哪些与儿童社会福利相关的法律法规（多选）"，调查结果见表3.20。从调查结果可以看出，被调查者对一些基本法律法规比较了解，但对一些与儿童社会福利相关的专门法律缺乏了解。

表3.20　对儿童社会福利相关法律法规和条例的知晓度情况　单位：人，%

法规条例名称	知晓人数	知晓度	法规条例名称	知晓人数	知晓度
《中华人民共和国义务教育法》（1986）	686	100.00%	《中国公民收养子女登记办法》（1999年）	36	5.25%
《中华人民共和国残疾人保障法》（1990）	582	84.84%	《中国儿童发展纲要（2001-2010年）》（2001）	68	9.91%
《中华人民共和国未成年人保护法》（1991年）	465	67.78%	《家庭寄养管理暂行办法》（2003）	29	4.23%
《中华人民共和国收养法》（1991年）	125	18.22%	《关于加强孤儿救助工作的意见》（2006）	57	8.31%
《中华人民共和国母婴保健法》（1994年）	324	47.23%	《关于加强孤儿保障工作的意见》（2010）	195	28.43%
《中华人民共和国预防未成年人犯罪法》（1999年）	24	3.50%	《关于加强和改进流浪未成年人救助保护工作的意见》（2011）	36	5.25%
《九十年代中国儿童发展规划纲要》（1992）	67	9.77%	《中国儿童发展纲要（2011-2020年）》（2011）	63	9.18%
《残疾人教育条例》（1994年）	47	6.85%	《公安机关办理未成年人违法犯罪案件的规定》（1995年）	105	15.31%

六、儿童社会福利管理运行现状

（一）管理机构现状

目前与儿童社会福利有关的管理机构主要有两类：第一类是政府部门，包括国家和地方的各级民政部门；第二类是非政府组织。

1. 政府部门

调查发现,被调查对象对政府部门的认知度比较高,基本上都知道"民政局(部门)是儿童社会福利的主管机构"。本书作者调查过程中,对贵州省榕江县民政局工作人员的访谈中,该工作人员介绍了民政部门的结构。

"与儿童社会福利有关的政府组织结构中,民政部在社会福利和慈善事业促进司下设儿童福利处,省级则设有民政厅和社会福利处,地市级和区县级设有民政局和社会福利处,负责儿童福利事务,形成相对完善的儿童社会福利组织机构。"

(访谈地点:贵州省榕江县民政局;访谈时间:2013年8月10日;访谈对象:贵州省榕江县民政局工作人员江某。记录人:作者本人)

浙江省海宁市民政局工作人员李某还为本书作者绘制了民政部统管下的儿童社会福利组织结构示意图,其中,他特意说明,县级(区)儿童福利服务指导中心、街道(乡镇)儿童福利服务工作站以及专职和兼职儿童福利督导员制度只有在少数试点地区,如海宁市才有设立,有些地区仍没设立。如图3.17所示:

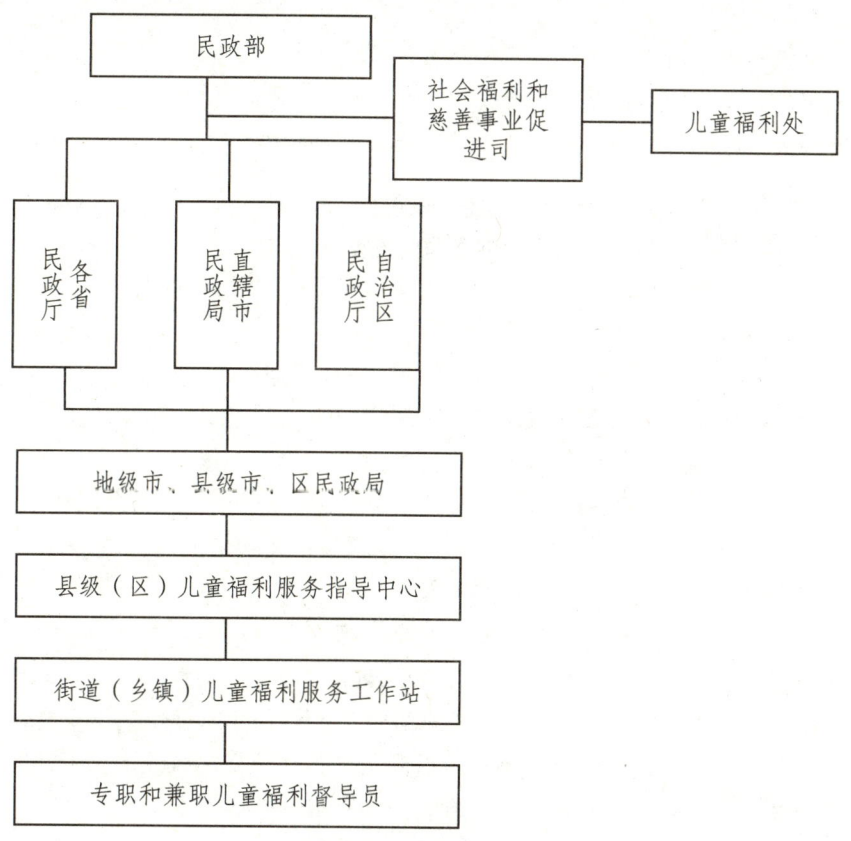

图 3.17 儿童社会福利政府组织结构图

试点过程中,在民政部指导下,各地县级部门建立儿童福利服务指导中心,负责对各乡镇或街道办事处的儿童社会福利事务进行指导。儿童福利服务指导中心为当地各种类型儿童建立档案,基本建成特殊儿童信息库。各地民政部门设立"儿童福利热线",为民众解答疑惑,对监护人和服务人员进行培训。

在街道和乡镇,各地建立儿童福利服务工作站,负责日常的儿童社会福利管理工作。设立专职儿童福利督导员,对各村、居委会的儿童福利申请进行信息核实,对接受福利的儿童进行定期寻访,对特殊儿童家庭的养育、教育和康复训练进行指导。例如,海宁市设立238名专兼职督导员,督导员实行持证上岗,持证上岗率达到97%,有效提高督导员的服务水平。

"中国儿童社会福利事业中,一件非常重大的变革是民政部设立儿童福利处,但一般民政局还只是设立了社会福利处,统管老年人福利和儿童福利等。有的地方设立了儿童福利科(股),有的地方则还没设立。如果有可能,建议在社会福利处全部设立儿童福利科(股)。在街道(乡镇),建议设立儿童福利服务工作站。民政局聘任专职和兼职儿童福利督导员,指导和督促儿童社会福利工作。这个制度是我们海宁市的首创,在全国很多地区还没有设立这一制度。"

(访谈地点:浙江省海宁市民政局;访谈时间:2013年8月29日;访谈对象:浙江省海宁市民政局工作人员王某。记录人:作者本人)

2. 非政府组织

儿童社会福利的非政府组织可以按照三种方式进行划分:按活动方式分类、按组织职能分类和按表现形式分类。非政府组织在中国适度普惠型儿童社会福利制度建设中发挥着较大的作用。

在适度普惠型儿童社会福利制度建设过程中,许多地区充分发挥社会组织的作用。例如,深圳市允许三家分别来自香港和澳门的社会组织为儿童社会福利提供社会服务业务。洛宁县则整合社会力量提供儿童社会福利,接受5万多人次的捐赠,与国际组织建立联系,接受国际组织或外国组织的帮助。其中,联合国儿童基金会、美国国际希望基金会、香港"主流梦工场"基金会、瑞银基金会和加拿大乐益会等公益组织积极参与洛宁县儿童社会福利工作。

"我认为,非政府组织在儿童社会福利中可以发挥一定的作用,当前,中国可以采用福利多元主义观点,吸收社会力量参与政府主导的儿童社会福利工作。深圳市在这方面做得比较好,吸收三家分别来自香港和澳门的社会组织为儿童社会福利提供社会服务业务。我们这个创举在全国民政工作会议上还被表彰了呢。"

(访谈地点:广东省深圳市民政局;访谈时间:2013年8月16日;访谈对象:广东省深圳市民政局工作人员罗某。记录人:作者本人)

"我觉得第三方组织的作用不可忽视。在儿童社会福利制度建设中,要充分发挥非政府组织和志愿者的作用。例如，洛宁县接受国际组织捐赠，有效地提高了儿童福利水平。儿童福利事业要发挥多方力量，让社会组织积极参与进来。"

（访谈地点：河南省洛宁县市民政局；访谈时间：2013年8月7日；访谈对象：河南省洛宁县市民政局工作人员朱某。记录人：作者本人）

（二）儿童社会福利管理运行现状

在适度普惠型儿童社会福利试点地区，大多建立儿童社会福利工作部门联动机制。其中，海宁市形成较为典型的"海宁模式"，儿童发展规划被列入市委和市政府的重点工作。市政府牵头，建立由民政、财政、发展和改革委员会、公安和教育等各部门共同参与的海宁市儿童社会福利工作领导小组。有关儿童社会福利工作建立联席制度，各个部门进行充分协调与合作，一起讨论研究工作方案，形成儿童社会福利工作的长效机制。对于日常工作，海宁市制定各种规章制度。例如，制定实施《关于加快推进适度普惠型儿童福利体系建设的实施意见（试行）》，为儿童社会福利工作提供指导。

"我们海宁模式是受到民政部表扬的。我们在工作过程中，建立了民政和财政等联合办公的制度。你想想，如果民政工作没有财政的支持，财政局不给我们做儿童社会福利的预算，我们能给儿童提供什么福利呢？因此，一项事业的成功，一定要借助各个部门的力量。"

（访谈地点：浙江省海宁市民政局；访谈时间：2013年8月29日；访谈对象：浙江省海宁市民政局工作人员王某。记录人：作者本人）

七、儿童社会福利绩效评价现状

对于儿童社会福利制度实施绩效评价，各试点地区做了有益的探索。其中较为典型的做法是深圳市，建立社会组织第三方评估机制。由广东省民政厅制定评估工作方案，制定儿童社会福利工作评估指标以及评分细则，公开遴选第三方组织机构对深圳等地的儿童社会福利日常工作和效果进行评估。在深圳市的典型示范作用下，广州和东莞等地民政部门开始确立第三方评估机制。社会组织第三方评估机制的探索，是儿童社会福利绩效评估方面的萌芽，还需要不断完善。

"深圳市的绩效评价工作得到了民政部的表彰。在第一批试点地区中显得非常突出。因为我们建立了社会组织第三方评估机制。由第三方来进行评估，能确保不再'既做运动员又做裁判员'，能促进儿童社会福利绩效评价制度的发展。当然，我们的工作还需要改进。全国在儿童社会福利制度绩效评价方面都水平不高，我们也在继续学习中。"

（访谈地点：广东省深圳市民政局；访谈时间：2013年8月16日；访谈对象：广东省深圳市民政局工作人员罗某。记录人：作者本人）

海宁市试点过程中，建立健全涵盖孤儿和困境儿童的督导评估体系。海宁市聘请的238名专兼职督导员，到2013年为止，走访1283人次，深入了解孤儿和困境儿童在享受福利前后的生活状况，分析儿童社会福利制度对孤儿和困境儿童的保障效果。督导员还深入福利机构，对福利机构集中供养儿童的生活状况进行评估；进入学校，对就读的孤儿和困境儿童教育状况进行评估。

"海宁市的督导员制度是我们的独创。试点地区中，我们第一个建立了督导员制度。督导员分为专职督导员和兼职督导员。专职督导员是专职上班的，兼职督导员则聘用村干部、社区干部等。督导员专职化是我们改革的方向，但现在我们专职督导员力量不足的时候，采用兼职督导员制度来补充，也是一种比较有效的方法。现在全国都在学习我们的经验呢。"

（访谈地点：浙江省海宁市民政局；访谈时间：2013年8月29日；访谈对象：浙江省海宁市民政局工作人员王某。记录人：作者本人）

第四章 中国适度普惠型儿童社会福利制度现状评估

> 中国适度普惠型儿童社会福利制度是在中国经济社会由较不发达状态转向中等发达状态下实施的一项社会制度变革。这项制度的成败,在很大程度上取决于中国经济发展水平、社会政治觉悟、决策力量、民主化进程和理论研究的推动,是多种因素共同作用的结果。本章对中国适度普惠型儿童社会福利制度取得的成就和存在的问题进行综合评价,并对存在的问题进行原因探析。

第一节 取得成就

2010年,民政部在全国范围内为机构集中供养孤儿和社会散居孤儿发放基本生活津贴,使孤儿享有的社会福利逐步从院内扩大到院外,扩大了孤儿社会福利的覆盖面。2012年,民政部又为全体艾滋病病毒感染儿童发放基本生活津贴,使儿童社会福利覆盖面从孤儿扩大到困境儿童。2013年民政部在四地开展适度普惠型儿童福利制度建设试点,2014年,试点地区扩大到50个城市(含2013年开始试点的4个城市)。试点地区在儿童社会福利覆盖范围、福利内容、福利水平、规章建设、管理运行、绩效评价等方面进行了有益的探索和创新。相对于以往补缺型儿童社会福利制度,中国适度普惠型儿童社会福利制度建设取得较大成就。

一、覆盖范围逐步从孤儿扩大到困境儿童和困境家庭儿童

(一)孤儿福利从院内扩大到院外

从第三章笔者对中国儿童社会福利制度的梳理和调查结果,可以得知:长期以来,中国孤儿福利主要是机构福利,社会散居孤儿处在制度的边缘。新中国成立以后,中国于20世纪50年代在城市中新建一批儿童福利院,为部分儿童提供机构养育服务。但是一直到2006年,中国还没有针对全体孤儿的正式的制度安排[1]。社会散居孤儿主要是由农村的家庭和亲属提供非正式的保护和生活保障。2006年发布的《关于加强孤儿救助工作的意见》是新中国成立以来第一个为孤儿提供的综合性的制度安排,它为全体孤儿提供生活、教育、医疗、就业、住房等方面的救助。但这

---

[1] 尚晓援.中国孤儿状况研究[M].社会科学文献出版社,2008:19.

个政策主要是为孤儿提供最低生存的保障，还没有上升到福利的水平。2009 年，为保障社会散居孤儿的基本生活和成长需要，民政部下发《民政部办公厅关于制定孤儿最低养育标准的通知》，为全国社会散居孤儿制定统一的最低养育标准，标准为每人每月 600 元。这样，国家为儿童第一次建立起福利津贴标准。随后，民政部又下发《民政部关于制定福利机构儿童最低养育标准的指导意见》，规定福利机构儿童最低养育标准为每人每月 1000 元，从而为福利机构孤儿建立起福利津贴标准。2010 年，国务院颁布《关于加强孤儿保障工作的意见》，对孤儿生活、教育、医疗、就业、住房、保护等方面做出全面的制度安排。同年，民政部、财政部联合下发《民政部财政部关于发放孤儿基本生活费的通知》，在全国范围内为全体孤儿发放基本生活津贴。这样，对孤儿的福利保障逐渐由院内转向院外，扩大了孤儿福利的覆盖范围。

（二）儿童社会福利逐步从孤儿扩大到困境儿童和困境家庭儿童

中国儿童社会福利覆盖范围扩大的另一个重大变化是由孤儿逐步扩大到孤儿和艾滋病病毒感染儿童。2012 年，民政部、财政部联合下发《民政部财政部关于发放艾滋病病毒感染儿童基本生活费的通知》，全体艾滋病病毒感染儿童获得基本生活保障。残疾儿童福利方面，覆盖的残疾儿童数量逐步增多，表明中国儿童社会福利覆盖范围在扩大。民政部将儿童群体分为孤儿、困境儿童、困境家庭儿童和普通儿童四个层次，由于经济社会条件的制约，首先满足孤儿的福利需求，有条件的地区已经开始对困境儿童提供福利的试点，甚至开始向困境家庭儿童提供福利。

试点过程中，许多省市儿童社会福利覆盖面快速扩大。2013 年，深圳市探索为孤儿、流浪儿童、单亲困境家庭儿童、重残家庭儿童、暂时性失依儿童等建立基本生活费。在儿童重特大疾病保障方面，出台较为完善的政策，计划将覆盖面扩大到普通残疾儿童和重病儿童。2013 年试点中，河南省洛宁县扩大儿童社会福利覆盖面，事实无人抚养儿童、患重病儿童、因家庭贫困而无力抚养的儿童以及残疾儿童纳入儿童福利覆盖范围，有效扩大了儿童社会福利覆盖面。浙江省在试点过程中推进困境儿童分类保障，将父母双方不能完全履行抚养和监护责任的事实无人抚养儿童，以及困难家庭中的重度残疾儿童、患重病和罕见病儿童纳入福利供养范围。江苏昆山市按照分类保障原则，将父母因服刑或无法履行监护抚养义务的儿童纳入孤儿保障体系，扩大孤儿保障范围。为重残儿童提供康复补助，将重度残疾儿童纳入福利范围。将儿童重症疾病的种类扩大到 15 种，困难家庭儿童纳入重病保障范围。

"虽然国家对孤儿的认定有具体的政策，但我们县在具体做法上已经把事实无人抚养儿童纳入孤儿保障体系，扩大了孤儿保障范围。我们村的李某某，今年读初一，他爸爸前年因传销打伤人，被判了三年刑。去年在监狱里坐牢，他妈妈也改嫁了。现在他跟着爷爷奶奶过，但爷爷奶奶都 70 多了，而且他爷爷还中风，躺在床上起不来。奶奶又眼睛不好,挂着棍子走路。这个孩子也真可怜,现在很少说话。像这样事实无人抚养的儿童我们也把他算到孤儿中发放生活费。"

(访谈地点:湖南省邵东县双凤乡;访谈时间:2013年8月11日;访谈对象:双凤乡某村干部。记录人:作者本人)

二、福利内容逐步从单一服务发展到服务与津贴综合提供

(一)从单纯的养育服务发展到"养、治、教、康、特"于一体

建国初期,由于战争遗留下来的孤儿数量巨大,国家没有足够的财力和医疗条件为儿童提供更多的治疗和康复服务,福利院里的儿童主要以粗放的养育为主。20世纪50、60年代,由于自然灾害和大量的出生人口,孤儿和弃婴增多,许多福利机构管理人员数量不足,福利设施陈旧,儿童生活难以保障。即使到20世纪70、80年代,福利院的儿童仍然以养育为主。

"(20世纪)80年代,那个时候财政拨款比较少,主要靠社会捐助和好心人士提供的一些帮助。福利院里的孩子主要是保证他们基本的生活和简单的照料。像今天可以治愈的一些先天性心脏病,在当时根本没办法治疗,也没有钱治。福利院里的几个脑瘫儿童经常大小便失禁,工作人员全靠的是耐心和爱心。"

(访谈地点:甘肃省兰州市儿童福利院;访谈时间:2013年7月27日;访谈对象:甘肃省兰州市儿童福利院工作人员。记录人:作者本人)

20世纪80年代以后,儿童福利服务发生许多变化,从单纯的"以养为主"逐步转到"养、治、教、康"并重。特别是进入21世纪,随着国家经济发展水平的提升和医疗卫生事业的发展,福利机构逐步把治疗和康复作为重要目标。随着儿童福利机构建设蓝天计划的实施,许多福利院按照新的建设标准建立起集养护、救治、教育、康复和特殊教育于一体的功能完善、设施齐全、环境优美的儿童福利机构,机构福利服务内容更加丰富。

"我们这里收养'三无'孤儿300多名,残疾婴幼儿比较多,如脑瘫儿、痴呆儿、唇腭裂儿童,还有肢体残疾儿童。按照国家最新的儿童福利设施建设标准,院内设有婴幼儿养育区、孤残儿童救治康复区、少儿特殊教育区和生活区。每一栋楼都是按功能划分,每个孩子都能得到悉心照料。"

(访谈地点:甘肃省兰州市儿童福利院;访谈时间:2013年7月27日;访谈对象:甘肃省兰州市儿童福利院工作人员。记录人:作者本人)

(二)从单一的福利服务发展到服务与津贴并重

在过去的几十年里,中国儿童社会福利主要是以服务为主,特别是以福利机构的养育服务为主。随着中国经济的飞速发展和国家财力的日渐丰裕,为儿童建立津贴的制度逐步建立起来。2009年民政部先后下发社会散居孤儿养育标准和福利机构

集中供养孤儿养育标准，在全国范围内为孤儿建立起津贴制度，从而使中国儿童社会福利制度从服务转向服务与津贴并重的阶段。

调查过程中，本书作者了解到，许多试点地区将为儿童提供津贴作为重要的福利措施。深圳市探索为单亲困境家庭儿童、失依儿童发放基本生活费。建立困境儿童信息档案，落实由财政保障的相关津贴制度。昆山市将父母双方服刑在押以及父母一方死亡另一方因其他情况无法履行监护责任和抚养义务的儿童纳入孤儿保障体系，按孤儿养育标准发放基本生活费。上海市从 2013 年起为部分服刑人员未满 18 周岁子女按照社会散居孤儿标准发放基本生活费发放，对象为父母双方服实刑或一方服实刑，另一方死亡的儿童。贵州省兴义市从 2014 年 1 月起为 2600 名困境儿童发放每人每月 600 元的基本生活费。兴义市将困境儿童分为四类：第一类是父亲死亡，母亲改嫁，孤儿由祖父母抚养，且祖父满 60 岁，祖母满 55 岁，无负担能力；第二类是父母双方服刑、失踪或弃养、重病、重残，事实无人抚养；第三类是父母一方死亡，另一方失踪或事实无人抚养；第四类是患有艾滋病或罕见病儿童。海宁市对持证困难家庭儿童的补贴按低保家庭儿童基本生活费补贴的 50%确定，重残儿童按照 75%确定，事实无人抚养和重病儿童按照 50%确定。洛宁县实行分类保障，为困境儿童发放生活补助。

（三）儿童社会福利项目从少数几项发展到多项

笔者通过调查得知：海宁市设立多项专项福利。为孤儿和困境儿童设立档案，享受教育优惠政策；为贫困家庭儿童提供教育券，义务教育阶段的儿童可以享受爱心营养餐券；高等教育阶段的贫困家庭儿童可享受每年 5000 元的教育资助；为孤儿和贫困家庭儿童提供全额医疗费用资助，为残疾儿童提供康复补助和康复器具补助；为成年后的孤儿提供住房保障，对就业困难的成年孤儿，提供政府开发的公益性岗位供其就业。

深圳市拓宽津贴享受范围，探索建立孤儿津贴以外的津贴项目，包括单亲困境儿童津贴、重残家庭儿童津贴、暂时性失依儿童津贴、重残儿童康复津贴、流浪儿童临时救助津贴以及大病儿童医疗康复津贴。各种津贴面向各种不同群体，为孤儿、困境儿童和困境家庭儿童提供经济援助。

儿童社会福利工作中，不仅为孤儿和困境儿童提供多种津贴，还为他们提供多种服务项目。例如，海宁市选配专业社工，为孤儿和困境儿童提供精神关爱服务；为残疾儿童提供康复服务；利用机关干部和社会爱心人士等资源，建立结对帮扶服务；利用儿童福利等机构，提供机构抚育服务等。

经过试点地区的不断努力，适度普惠型儿童社会福利内容更加丰富，更加多样化，表现在：第一，从只发放面向孤儿的基本生活补贴扩展到发放面向残疾儿童和重病儿童的医疗康复补贴、面向艾滋病儿童的生活补贴。生活补贴和医疗与康复补贴构成当前适度普惠型儿童津贴的内容；第二，从只关注特殊儿童的生活照料发展到关注儿童全方位的服务，包括保障对象的生活、医疗、康复、文化体育、精神慰籍等方面。各地实施了孤残儿童康复治疗计划和就业援助计划，目前已经形成部、省两级残疾孤儿手术救治网络，将孤儿社会福利由单纯养育向教育、康复、住房、就业等方面扩展。第三，建立更多的儿童社会福利服务设施和服务网络。各地建立一系列符合残疾儿童需要的服务设施，设立的有声读物图书馆、无障碍设施等不断增多。

三、福利水平逐步从低水平向高水平发展并实现自然增长

（一）儿童津贴标准逐步提高，并建立自然增长机制

通过调查，笔者了解到：2010年国家为全体孤儿建立基本生活保障制度之前，中国孤儿保障实行的是最低生活保障制度、"五保"制度和定期定量补助制度等，补助标准都相对较低。

例如，2005年，5.3万名城镇孤儿享受城镇居民最低生活保障，平均每人每年的补助标准1826元，折合每月152元。12.5万农村孤儿享受"五保"待遇，平均每年补助标准1191元，折合每月99元。还有11.6万名孤儿被纳入农村特困户定期定量补助范围，补助标准都不高。如青海，每人每年只有110元，折合每月9元。很多地方，孤儿生活保障标准只具有象征意义。

调查结果显示：2010年开始，国家为全体孤儿建立津贴制度，保障标准有了很大提高。如，国家规定机构集中养育孤儿津贴标准为1000元/人·月，社会散居孤儿津贴标准为600元/人·月，这一标准已是2005年半年的补助标准。事实上，很多省（自治区、直辖市）的津贴标准都高于国家标准（见表4.1）。不仅如此，全国各地还根据国务院关于建立孤儿津贴标准自然增长机制的要求，对孤儿基本生活费实现动态增长。2012年以后，大部分省（自治区、直辖市）发布提高孤儿基本生活费的通知，并根据居民收入和消费支出增长情况建立自然增长机制。到2014年，全国大部分省份多次提高孤儿津贴标准。

表4.1　部分省（自治区、直辖市）孤儿津贴标准　单位：元/月

地区	2011年		2012年		2013年	
	机构养育孤儿	社会散居孤儿	机构养育孤儿	社会散居孤儿	机构养育孤儿	社会散居孤儿
北京	1600	1400	1600	1400	1600	1400
天津	1000	600	1440	1440	1440	1440
内蒙古	1490	900	1490	900	1490	900
辽宁	1000	600	1300	800	1300	800

(续表)

上海	1600	1400	1600	1400	1600	1400
江苏	1000	600	1273	600	1273	600
浙江	1042	625	1192	715	1364	818
河南	1300	750	1300	750	1300	750
山东	1000	600	1000	600	1200	720

资料来源：根据各地公布的数据和作者调查获得的资料整理。

自从 2012 年民政部为全体艾滋病病毒感染儿童发放基本生活费以后，艾滋病孤儿获得的津贴标准也相对较高，并实现自然增长。

（二）儿童生活水平逐步提高，不低于城乡居民平均生活水平

从调查结果可知：横向来看，儿童生活水平逐步提高。孤儿津贴标准逐渐达到或超过城乡居民人均消费水平。以农村为例，2011 年农村居民年人均消费支出为 5221 元，2012 年为 5908 元。按照农村散居孤儿每人每月 600 元的津贴标准，孤儿年生活补助费为 7200 元，高于农村居民平均生活水平，且孤儿津贴标准随物价变动实行动态调整。可见，中国孤儿基本生活水平有了很大提高，已经达到或超过当地居民平均生活水平，儿童的福利水平大大提高。

在访谈过程中，当谈起孤儿现在的基本生活状况时，有村民证实散居孤儿的生活水平有了很大提高。

"简直是天壤之别！他（指孤儿）爸爸妈妈前几年在一次车祸中死了，他就到处打流浪，现在每个月可以领到 600 元孤儿生活费。他爷爷给他买了新衣服，吃得也比以前好，还有肉和蛋吃。看病不要钱，有医疗报销。现在学校里要他去上学，还提供住宿补助呢。"

（访谈地点：湖南省邵东县双凤乡；访谈时间：2013 年 8 月 11 日；访谈对象：双凤乡村民张某。记录人：作者本人）

（三）儿童社会福利支出逐步增加，受益面不断扩大

随着中国儿童社会福利事业的发展，用于儿童社会福利的财政支出逐步增加。根据民政部关于社会服务经费支出的统计，2012 年中国用于孤儿基本生活费的支出为 50.50 亿元，比 2011 年的 40 亿元，增加 10.5 亿元，增幅 26.26%。2012 年拨付儿童福利院 11.68 亿元，比 2011 年的 9.96 亿元，增加 0.3 亿元，增幅 17.28%[1]。

在医疗福利方面，自 2007 年起，国家每年投入 1 个亿用于孤残儿童康复"明天计划"，现已累计投入 6 亿元；2008 年起，民政部与李嘉诚基金合作的"重生行

---

[1] 中国民政统计年鉴-2013。

动"每期投入 1 个亿，现已投入资金 2 亿元。

在教育福利方面，国家为贫困家庭儿童提供各类教育补贴。2013 年，各级财政共安排 168.51 亿元用于贫困家庭学生寄宿费补助，惠及 1553.09 万义务教育阶段贫困家庭儿童；2013 年，各级财政安排义务教育阶段营养改善计划资金 348.76 亿元，其中中央财政 242.25 亿元，地方财政 106.51 亿元，惠及 1.26 亿农村贫困家庭中小学生[1]。

四、法律法规逐步完善并建立起儿童社会福利专门的法律

（一）与儿童社会福利相关的法律法规逐渐完善

社会福利法是国家为从物质上帮助陷入生存危机的公民而制定的各种法律规范的总称[2]。在 20 世纪 90 年代以前，有关儿童社会福利方面的法律散落在各种法律通则中，没有儿童方面的专门法规。20 世纪 90 年代以后，随着中国与国际的接轨，与儿童社会福利相关的各种法律法规逐步健全起来。中国制定并颁布了《中华人民共和国未成年人保护法》《中华人民共和国收养法》《中华人民共和国母婴保健法》《中华人民共和国预防未成年人犯罪法》等法律，还出台了一系列与儿童社会福利有关的法规和政策条例等，建立起相对完善的儿童社会福利法律框架，使得儿童社会福利政策有章可循。到目前为止，中国与儿童社会福利相关的法律法规一共有 20 多件，这些法律法规涉及儿童生活、教育、医疗、保护、收养、权益保障等各个方面，其中尤以孤儿、残疾儿童、流浪儿童等特殊儿童为主体。

（二）法律法规中逐渐以儿童社会福利为主题

20 世纪 90 年代以前的一些法律法规只是笼统地提到儿童的福利，如《中华人民共和国宪法》提到"婚姻、家庭、母亲和儿童受国家的保护""禁止破坏婚姻自由，禁止虐待老人、妇女和儿童"。《中华人民共和国婚姻法》提到"保护妇女、儿童和老人的合法权益""禁止暴力""禁止家庭成员间的虐待和遗弃"。《中华人民共和国义务教育法》提到"凡具有中华人民共和国国籍的适龄儿童……依法享有平等接受义务教育的权利……""禁止用人单位招用应当接受义务教育的适龄儿童、少年"。

20 世纪 90 年代以后，国家出台一系列儿童社会福利方面的专门法律和法规，这些法律和法规具体地涉及儿童的社会福利。如 1990 年的《中华人民共和国残疾人保障法》，1991 年的《中华人民共和国未成年人保护法》和《中华人民共和国收养法》，1994 年的《中华人民共和国母婴保健法》，1999 年的《中国公民收养子女登记办法》，2003 年的《家庭寄养管理暂行办法》，2010 年的《国务院办公厅关于加强孤儿保障工作的意见》等。这些法律或行政法规逐渐以儿童的福利为主题。如，《中华

---

[1] 教育部 2013 年中国学生资助发展报告。
[2] 张京萍.社会保障法教程[M].北京：首都经济贸易大学出版社，2004：68.

人民共和国收养法》《中国公民收养子女登记办法》《家庭寄养管理暂行办法》等就是以孤儿、弃婴等的福利为主题。《中华人民共和国收养法》规定收养的对象、收养的办法、收养关系的确立和解除，为孤儿和弃婴回归家庭创造重要条件，有利于孤儿的权益保障。《家庭寄养管理暂行办法》规定寄养对象、寄养家庭应当具备的条件、寄养办法、寄养协议、服务机构等条款，为孤儿回归家庭、融入社会提供重要保障。而2010年国务院下发的《国务院办公厅关于加强孤儿保障工作的意见》，则全面地规定了孤儿的生活、教育、医疗、就业、住房、司法保护等方面的福利和权益保障。

（三）出台多个儿童规划纲要

20世纪90年代以来，中国先后制定了三个与儿童社会福利相关的规划纲要，分别是《九十年代中国儿童发展规划纲要》《中国儿童发展纲要（2001-2010年）》和《中国儿童发展纲要（2011-2020年）》。这些规划纲要的一个共同特点是都是以儿童的生存、保护、发展与福利为主题，为儿童社会福利制度的建设提供指导性意见和政策方案。特别是《中国儿童发展纲要（2011-2020年）》，在《中国儿童发展纲要（2001-2010年）》四个领域的基础上，增加儿童与福利领域，专门探讨如何扩大儿童的福利范围，提出的一些主要目标和策略措施对于中国适度普惠型儿童社会制度建设具有重要的指导意义。

五、管理机构不断健全并逐步完善儿童社会福利管理机制

中国适度普惠型儿童社会福利制度管理运行机制不断改进，表现在组织机构的健全、管理机制的逐步改善和信息数据库的建设。

首先，中国儿童社会福利管理机构以政府为主体，建立起比较完善的组织体系。在国家层面，以民政部作为最高机构，统领全国的儿童社会福利事业。民政部下设社会福利和慈善事业促进司，在社会福利和慈善事业促进司中设儿童福利处。儿童福利处的建立，使得儿童社会福利制度有专门的管理机构。在地方层面，各省、自治区和直辖市建有各省（自治区和直辖市）民政厅，管理本省（自治区和直辖市）的民政事务。在各地级市、县级市、区，建立民政局，民政局下设社会福利处。在试点地区，专门建立县级（区）儿童福利服务指导中心，对各乡镇和街道的儿童社会福利事务进行管理和指导。街道和乡镇则建立儿童福利服务工作站，聘请专职和兼职儿童福利督导员。这样，完整的组织管理体系保证行政命令的传达和信息的贯通，有利于政策的落实。完善的组织机构是儿童社会福利事业发展的必要组织保障。

非政府组织在中国适度普惠型儿童社会福利制度建设中也发挥着重要作用。各类社会组织是中国儿童社会福利事业的补充机构，提供一些补充性的服务。例如，在试点地区的深圳市，吸收三家分别来自香港和澳门的社会组织为儿童社会福利提供社会服务业务；洛宁县接受公益组织的帮助，发展儿童社会福利事业。这些做法是

中国儿童社会福利事业发展进程中的有益尝试，有力地促进非政府组织工作的开展。

其次，中国适度普惠型儿童社会福利的管理机制逐步完善，建立起不同部门之间的联动机制。国家层面，民政部与财政部、发改委、公安部、妇联、教育部等联动，确保孤儿及其他困境儿童和困境家庭儿童的社会福利；地方层面，市级层面建立联动机制，同级部门为儿童社会福利事业的发展提供帮助。浙江海宁市形成的"海宁模式"是市级层面联动机制的典型代表。同级部门联动机制的建立，有利于提高组织管理的有效性，形成工作的长效机制。

再次，在中国适度普惠型儿童社会制度建设过程中，信息数据库的逐步建立与完善有力地推进了儿童社会福利管理工作。从2007年开始，民政部开发全国范围的孤残儿童信息管理系统，第一次在全国范围内整合儿童基础信息，对于加强孤儿的管理和信息统计发挥着重要作用。随着信息管理系统的启用，中国第一次比较准确地摸清了全国孤儿的数量及其基本信息，对于孤儿基本生活费的发放、管理和信息登记工作作出了重要贡献。信息管理系统的建设必将促进中国适度普惠型儿童社会福利的管理。

第二节 存在问题

尽管中国适度普惠型儿童社会福利制度建设取得较大成就，但由于中国正处于适度普惠型儿童社会福利制度建设的初创阶段，各项功能尚不完善，各项制度尚需建设。从历史变迁的视角，针对未来全面普惠型儿童社会福利制度发展的需要，中国适度普惠型儿童社会福利制度仍然存在许多不足，表现在：儿童社会福利尚未实现全面覆盖；福利内容中需增加津贴和福利服务项目；财政资金投入相对不足，津贴和补贴总体水平有待提高；综合性的《儿童福利法》亟需制定；儿童社会福利各项管理职能亟需整合；儿童社会福利绩效评价机制有待完善。

一、儿童社会福利尚未实现全面覆盖

根据罗尔斯的公平理论，在原初状态下，每一个社会成员都置于一张"无知的面纱"之下，每个人都无法预知自己的未来，都可能成为社会处境中最差的成员。因此，社会每一成员都应得到公正的对待。从应然状态出发，全体儿童都应被纳入福利的保障范围。但从实然状态来看，由于受到经济和社会发展环境的影响，往往最迫切需要福利的儿童优先得到保障，而其他儿童的福利会被搁置或推延。当前中国儿童社会福利覆盖面仍然不广。

（一）从覆盖类群看，仍有几类儿童未被制度覆盖

2010年和2012年中国先后为全体孤儿和艾滋病病毒感染儿童发放基本生活费，

实现这两类儿童群体的福利全覆盖。但中国仍然处在适度普惠型儿童社会福利制度建设的初创阶段，普惠型儿童社会福利制度安排仅仅覆盖最迫切需要福利的孤儿和艾滋病病毒感染儿童，其他儿童未享受到普惠性福利。中国还没有在全国范围内为困境儿童和困境家庭儿童发放基本生活费。困境儿童中的重大病儿童、流浪儿童、残疾儿童，困境家庭儿童中的父母重病或重残儿童、服刑人员未成年子女、事实无人抚养儿童、贫困家庭儿童等，仍然只能接受最低生活保障或"五保"供养。中国的大量普通儿童也没有享受到国家的生活保障。因此，从总体上讲，中国儿童社会福利的覆盖范围仍然不广。

"现在有很多省市都在试点，我们也在试点，就是如何扩大儿童福利的覆盖范围。最近我们将部分服刑人员未成年子女纳入福利保障范围，按照社会散居孤儿发放基本生活费。下一步将考虑事实无人抚养儿童、父母重残或重病儿童，争取在2020年前使困境儿童和困境家庭儿童都纳入福利保障范围。"

（访谈地点：上海市普陀区；访谈时间：2014年2月15日；访谈对象：上海市普陀区某街道干部。记录人：作者本人）

（二）从覆盖人数看，仍有大量儿童需要得到福利保障

尽管中国已经使50多万孤儿得到基本生活保障，也使数千名艾滋病病毒感染儿童获得医疗和生活保障，这是儿童社会福利事业的一个进步。但是我们必须看到，中国仍然有大量儿童需要得到国家福利保障。根据2014年国务院公布的《国家贫困地区儿童发展规划》，中国集中连片地区的困难儿童有4000多万，这些儿童生活在贫困线以下。中国目前约有100多万流浪儿童，他们的生活质量远远低于正常儿童所需要的营养标准和生活要求。中国目前0-14岁的残疾儿童约有817万。机构内养护的残疾儿童能够得到较好的康复和医疗保障，而机构外残疾儿童的生活质量完全取决于家庭的保障条件和生活水平。因此，尽快建立起满足一切残疾儿童的生活保障制度成为提高残疾儿童生活质量的迫切要求。据2014年统计，中国目前有单亲家庭2000多万户，单亲家庭子女人数已达数百万之多。这些儿童除了面对来自社会的压力外，家庭变故的困苦也时时困扰着他们，他们还有可能遭受生活上的困难，面临贫困。因此，改善这些儿童的福利也是国家和社会的责任。根据全国妇联2013年的统计报告，中国目前有6100多万农村留守儿童和3580多万城乡流动儿童，他们正生活在农村或城乡结合部的恶劣的生活环境中。这些儿童除了缺少亲人的关爱、教育外，也缺少物质的帮助，他们也需要得到儿童社会福利保障。

总之，中国适度普惠型儿童社会福利制度仍处于初创阶段，并不是每一个处境或境遇差的儿童都得到公正的对待。因此，中国应加快适度普惠型儿童社会福利制度建设，不仅将处境不利的儿童纳入社会福利的范围之内，也要将儿童社会福利的覆盖范围扩大到全体儿童。

二、福利内容中需增加津贴和服务项目

与国际上相比,当前中国适度普惠型儿童社会福利制度下,儿童享有的福利项目仍然相对较少。

(一)津贴、补贴项目少

从第三章第二节的调查结果可知:当前中国的津贴、补贴形式主要有:第一,基本生活津贴。主要是指为孤儿、艾滋病病毒感染儿童每月发放的基本生活费。第二,贫困家庭儿童大病补助。"重生行动计划"使贫困家庭的 0-18 岁儿童都纳入这一保障计划。第三,营养补助计划,2011 年开始,国家启动农村义务教育学生营养改善计划,每年拨款 160 亿元为集中连片的贫困地区农村儿童提供营养午餐补助。第四,部分地区为残疾儿童提供的康复补贴。

而国际上,法国公民享有 400 多种福利项目,涉及儿童的福利项目有几十种。法国儿童一出生就享有新生儿津贴,残疾儿童有残疾津贴,法国儿童还享有住房津贴,与儿童相关的津贴项目除家庭津贴外,还有单身父母津贴,甚至包括雇佣保姆津贴[1]。美国建立 17 种没有身份背景限制的福利项目[2]。美国的"抚养未成年子女家庭援助计划"(AFDC)为贫困家庭儿童提供各种津贴和补贴项目,其中包括现金补助、儿童免税补贴、食品券、教育券、3P 计划(全国学校早餐计划、午餐计划、暑期食品服务计划)、开端计划(针对贫困家庭儿童的早期教育补助)、医疗援助计划(为贫困家庭儿童免除部分或全部医疗费用)、多儿童家庭津贴、住房补贴等。瑞典被誉为"福利国家的橱窗",瑞典的儿童福利项目种类繁多,涉及儿童生活的各个方面。儿童除可以获得儿童津贴以外,困难家庭的儿童还可以获得额外的补贴,残疾儿童可以获得残疾津贴。瑞典儿童进入托儿所、幼儿园是免费的,贫困家庭儿童还可以享受到伙食或管理费补贴,儿童住校有住校补贴,瑞典学校里甚至儿童的文具也是免费的[3]。除发达国家外,发展中国家如巴西、印度、蒙古等国家也建立各种儿童津贴和补贴项目。如印度在 1975 年实施"整体性儿童发展服务"计划,在营养、医疗、教育等多个领域为贫困家庭儿童提供福利。其中比较有名的如"营养午餐"补助、6 岁以下儿童营养补贴计划、贫困家庭儿童医疗补助等[4]。蒙古国则建立了各种类型的儿童津贴,如新生儿津贴、双胞胎津贴、三个或以上孩子的父母津贴、四个或以上孩子的母亲津贴、父亲津贴、特殊儿童津贴;在医疗保健方面,儿

---

[1] 张晓霞.美法两国儿童福利制度的差异比较[J].社会,2003(6):46-49.
[2] 董小苹,王丛彦.中美儿童福利制度比较研究[J].当代青年研究,2011(7):24-29,53.
[3] 何玲.瑞典儿童福利模式及发展趋势研究[J].中国青年研究,2009(2):5-9,15.
[4] Department of women and Child Development. Ministry of Human Resource and Development. Convention on the Rights of the Child Country Report. India 1997.

童免交医疗保险费，免除住院费，新生儿医疗免费；儿童教育方面，农牧民家庭儿童享受政府提供的住宿，贫困家庭孩子可以免费获得学习用品和课本[1]。

（二）福利服务项目少

中国有关儿童社会福利的服务项目主要有两类：一是家庭寄养和收养服务；二是儿童福利院或其他社会福利机构提供的服务。而国际上，除这两类服务项目以外，还有很多涉及到教育服务、保健服务和心理健康服务的福利项目。如英国建有"儿童和青少年心理健康服务中心"，为儿童提供心理保健；有为单亲母亲提供的母子短期保护所；在教育方面，英国有"确保开端"儿童中心和延展学校，为贫困家庭儿童提供教育服务。英国、法国、日本、瑞典等国家都建有大量儿童照顾机构，如日间照顾和托幼服务。中国虽然也有公立和私立的幼儿园，但国外的公立日托机构基本上是免费的，全天开放[2]。日本建有"儿童之家"、"母婴院"；瑞典设有母亲保健中心等服务性照料机构。

在中国适度普惠型儿童社会福利制度建设的初创阶段，不仅福利服务项目少，服务性福利机构数量也相对不足（见表4.2）。2012年全国2853个县中，只有64个有儿童福利机构，比例只占到2%[3]。除此之外，福利机构的服务类专业人才缺乏。美国2007年从事儿童社会福利方面的专业人才突破28万人[4]，而中国目前从事儿童社会福利服务的专门人才大约只有5万[5]。而从实际需要来看，中国儿童福利工作者队伍应在大约10万名以上或更大规模[6]。

表4.2　2010-2014年儿童服务性机构数量　　单位：个

指　标	2010年	2011年	2012年	2013年	2014年
儿童收养救助服务机构	480	638	724	803	890
儿童福利机构	335	397	463	529	545
流浪儿童救助保护中心	145	241	261	274	345

资料来源：作者根据2010-2014年各年民政部社会服务发展统计公报整理。

---

[1] 阿特日其木格.蒙古国儿童福利制度研究[J].劳动保障世界（理论版），2013（2）：73-75.
[2] 张晓霞.美法两国儿童福利制度的差异比较[J].社会，2003（6）：46-49.
[3] 张琳.儿童福利建设存在的问题及对策选择[D].沈阳：沈阳师范大学，2013：17.
[4] 童小军.美国社会工作者的主要从业领域[J].中国社会报，2007（4）.
[5] 张琳.儿童福利建设存在的问题及对策选择[D].沈阳：沈阳师范大学，2013：19.
[6] 光明网.颜维琦.儿童福利应走向制度化[EB/OL].2010-06-01, http://www.gmw.cn/ content/2010-06/01/content_1138453.htm.

三、财政资金投入儿童社会福利相对不足

（一）儿童津贴和补贴总体水平相对不高

当前中国儿童津贴发放范围主要是孤儿和艾滋病病毒感染儿童，困境儿童中的残疾儿童、重病儿童、流浪儿童等均未获得生活津贴，困境家庭儿童也没有享受到生活津贴，因此，中国儿童津贴总体水平相对偏低。从今后的发展来看，中国应增加各类困境儿童和困境家庭儿童的津贴发放，同时提高儿童津贴标准，使儿童享有的津贴总体水平不断提高。另一方面，中国儿童补贴的总体水平也相对不高。如前所述，中国儿童享受到政府的补贴主要是医疗补贴和教育补贴，部分地区为儿童提供住房补贴和就业补贴。但是这些补贴享有的对象相对有限，而且补贴标准不是很高，比如残疾儿童康复补贴，北京在 2011 年以前固定每月 500 元，且主要针对 7 岁以下和家庭贫困的残疾儿童，并不是针对所有残疾儿童。因此，中国儿童补贴的总体水平也不是很高。可见，在中国适度普惠型儿童社会福利制度建设的初创阶段，儿童津贴和补贴总体水平相对不高。中国必须加快适度普惠型儿童社会福利制度建设，逐步提高儿童总体津贴和补贴水平。

（二）儿童社会福利财政支出规模总量偏低

国际上，有关社会保障水平适度性的常用测算指标是用社会保障总支出占 GDP 的比重来表示，即社会保障水平 = 社会保障支出额/GDP × 100%。中国学者穆怀忠根据人口理论和柯布道格拉斯函数构建起社会保障水平测定模型，即 $S=Sa/W*W/G=Q \cdot H$。其中，S 代表社会保障水平，S_a 代表社会保障支出总额，W 代表工资收入总额，G 代表国内生产总值 GDP，Q 代表社会保障支出总额占工资收入总额的比重，又称社会保障负担系数，H 代表工资收入总额占国内生产总值的比重，又称劳动生产要素投入分配比例系数。经测算，中国近期（2010 年）社会保障的适度性水平的上限为 13.73%，下限为 11.86%；中远期 2020 年社会保障适度性水平的上限为 15.03%，下限为 13.17%；2050 年的上限为 26.57%，下限为 24.70%[1]。

儿童社会福利作为社会保障的一个重要组成部分，儿童社会福利的适度性体现在儿童社会福利财政支出占 GDP 的比重或占财政总支出的比重。

从前文的调查可知，2012 年，中国用于儿童社会福利的财政支出不足 1000 亿元，儿童社会福利支出占 GDP 的比重不到 0.2%，占财政总支出的比重不到 1%。比较中国与 OECD 国家儿童社会福利的财政支出数据，可以看出中国在国际上的地位。除土耳其外，OECD33 国 2009 年用于儿童社会福利方面的支出占 GDP 的比重平均值为 2.61%，其中最高的是爱尔兰（4.24%），最低的韩国也达到 1.01%，而中

---

[1] 穆怀忠.社会保障适度水平研究[J].经济研究，1997（2）：56-63.

国儿童社会福利支出占 GDP 的比例不足 0.20%，还不到 OECD 国家平均值的 1/13，甚至还不到韩国的 1/5。中国儿童社会福利支出与国际的差距还非常大。可见，在为增长而投资与效率优先的制度偏好组合下，以及社会主义初级阶段的约束背景下，中国儿童社会福利支出项目不完整，总体水平不高[1]。

当前，中国仍处于适度普惠型儿童社会福利制度建设的初创阶段，各项福利制度不健全，儿童社会福利覆盖面仍狭窄，福利水平仍然不高。因此，中国适度普惠型儿童社会福利制度与经济社会发展仍不相适应。中国应加大儿童社会福利的财政支出，提高儿童社会福利制度与经济社会发展水平的适应性。

四、综合性的《儿童福利法》亟需制定

尽管中国制定了与儿童有关的上位法，也有与儿童社会福利相关的法律法规。但就儿童社会福利立法本身来说，第一，还缺乏一部与儿童社会福利有关的母法——《儿童福利法》。目前，世界上许多国家如德国、日本、美国都出台了《儿童福利法》，中国台湾地区也有儿童福利法。制定《儿童福利法》对于保护儿童权利，确保儿童享有的福利有重要意义。这种纲领性法令应尽快得以建立。第二，有关儿童社会福利的专项法律法规也不健全。尽管中国出台了一系列有关流浪儿童救助的法律和法规，但这些法律法规对儿童的针对性不强，关于流浪儿童的救助内容只是散布其中，缺乏流浪儿童救助的专门性法规。《中华人民共和国未成年人保护法》属于上位法，只是提到了流浪儿童救助，而国务院的《城市生活无着的流浪乞讨人员救助管理办法》，流浪未成年人只是隐含其中，对流浪儿童并不完全适用，2011年，国务院办公厅发布的《关于加强和改进流浪未成年人救助保护工作的意见》虽然专门针对流浪儿童，但只属于文件通知，又缺乏法律刚性。另外，有关儿童生活方面的福利性法律法规也十分缺乏。发达国家都建立有完善的家庭津贴方面的法律，建立有独立而完善的儿童生活保障措施。这些有关儿童幸福生活的专项法规需尽快建立起来。

五、儿童社会福利管理职能亟需整合

儿童社会福利的行政职能涉及诸多方面，既有儿童生活福利方面的管理，也有儿童医疗和服务福利方面的管理，还有儿童教育福利方面的管理（见表4.3）。这些管理职能应有机地统一于儿童社会福利管理之中，而不应有所割裂。

---

[1] 陈云凡.为增长而投资：中国儿童福利制度中的政府支出行为分析[J].第三届全国社会福利理论与政策研讨会论文集. http://www.dtiosw.com/news_show.asp?id=506.

表 4.3　儿童社会福利职能领域划分

儿童社会福利职能领域	福利项目
生活福利	儿童营养计划、孤儿津贴、艾滋病病毒感染儿童津贴、残疾儿童津贴、流浪儿童津贴、贫困家庭儿童津贴、服刑人员未成年子女津贴、家庭津贴、儿童津贴
医疗健康福利	优生优育、安全分娩、母婴保健、科学喂养、免疫接种、常规检查、疾病预防、大病救助、医疗康复
服务福利	福利机构照顾、家庭照顾、托幼服务、临时托管、儿童保护
教育福利	各种特殊儿童的学前教育、免费义务教育、职业教育、高中教育和家庭指导等

从调查结果可知，中国儿童社会福利的管理职能并不统一，而是分散在各个职能部门中。如儿童生活福利的管理主要隶属于民政部；负责儿童医疗卫生保健服务的部门是国家卫生和计划生育委员会；儿童教育福利的管理机构是教育部；有关儿童保护的部门是妇联和公安部（如表 4.4 所示）。从表面上看，儿童社会福利事业应该归口在各个职能部门，以便职能部门行使统一的职权。但这也造成另外一个负面效应，那就是可能出现条块分割、多头管理甚至无人管理的局面，这将对儿童权益的保障不利。因此，必须统一儿童社会福利管理的职能，以便使"儿童利益最大化"。

表 4.4　当前中国儿童社会福利的归口部门

儿童社会福利职能	归口部门
儿童生活福利	民政部
儿童医疗健康福利	国家卫生和计划生育委员会
儿童医疗保险福利	人力资源和社会保障部
儿童服务福利	民政部
儿童教育福利	教育部
儿童保护福利	妇联、公安部

作者的调查结果显示：儿童社会福利管理的落后还表现在有关儿童方面的信息比较缺乏。如对流浪儿童的管理，没有建立起全国性的信息库，残疾儿童的管理也是如此。关于儿童社会福利方面的数据有很大一部分包含在其他资料中，没有单独的儿童社会福利方面的数据。总之，建立起属于儿童社会福利的数据信息库是今后加强儿童管理的一个重要方面。

六、儿童社会福利绩效评价有待完善

从调查结果可知：中国儿童社会福利事业发展中，绩效评价是最薄弱的一块。已有的工作主要是：中央以及其他上级部门的审计制度和社会组织第三方评估机制。然而，建立社会组织第三方评估机制的地区还只是少数。本书作者调查获知：实施第三方评估制度的地区主要是深圳市、广州市和东莞市。但这些地区的评估总体上比较宏观，指标设置科学性有待加强，评估过程合理性须进一步探讨。因此，中国儿童社会福利制度社会组织第三方评估机制还有待进一步发展。

绩效评价方面，儿童社会福利事业评价指标体系的建立和完善非常重要，评价方法的确定非常关键。然而，中国尚无完善的评价指标体系。作者访谈中获知：只有海宁市等少数地区建立起初步的评价指标体系，聘请了专职和兼职的督导员队伍。海宁市的做法在国内处于首创，仍存在很多不完善的地方。其他地区还没建立绩效评价指标体系，有待于开创这一方面的工作。因此，中国儿童社会福利绩效评估工作仍处于萌芽状态，亟待发展壮大。

绩效评价和效果监测在适度普惠型儿童社会福利制度建设之初，处于萌芽和起步阶段，需要政府部门、第三方社会组织和被覆盖的儿童及其监护人共同努力，形成科学有效的指标体系，设置较为合理的权重，采用正确的评估办法分析和测算效果，以便对适度普惠型儿童社会福利制度形成有效的监督和测评，提高适度普惠型儿童社会福利制度的有效性。

第三节　存在问题的原因分析

适度普惠型儿童社会福利制度是一个新生事物。一方面，相比补缺型儿童社会福利制度，它有重大进步，取得许多成就。但是另一方面，从适应中国未来经济社会发展的需要来说，它还存在儿童社会福利尚未实现全面覆盖、福利内容中需增加津贴和福利服务项目、津补贴标准和财政支出相对偏低、综合性的《儿童福利法》亟需制定、儿童社会福利各项管理职能亟需整合以及儿童社会福利绩效评价有待完善等问题。从制度分析的视角探索中国适度普惠型儿童社会福利制度存在问题的原因，可以为未来中国儿童社会福利制度建设提供宝贵的经验，具有重要的理论价值和政策意义。

笔者认为，可以从四个方面分析中国适度普惠型儿童社会福利制度存在问题的原因，分别是经济发展水平、财政支出规模和结构、儿童社会福利政策、人们的思想认识。本书试图找出影响中国适度普惠型儿童社会福利制度发展的主要因素。

一、经济发展较长时间处于不发达水平

中国适度普惠型儿童社会福利制度创立时间及发展程度与经济发展水平有关。根据马斯格雷夫的"经济发展阶段增长理论",在经济发展不发达阶段,国家将以经济建设为中心,集中精力进行经济建设。政府必须加大对基础设施的投资力度,为经济发展创造良好的投资环境。在经济发展较发达阶段,当国家的经济实力足够强大时,国家才会把重心转向社会福利制度建设,为人民群众提供更好的社会保障,满足人民群众日益增长的物质文化需求。

(一)各国大力发展儿童社会福利制度时的经济水平

第二次世界大战以后,为应对战后重建,英国等较为发达的国家以保障人民基本生活为口号开展了较高水平的儿童社会福利制度建设。但普惠型儿童社会福利全面展开则是在20世纪60-70年代。因此,考察20世纪60年代一些主要国家初创普惠型儿童社会福利时的人均GDP有重要参考价值。表4.5显示了20世纪60年代世界各国人均GDP的状况。当时,广泛实施普惠型儿童社会福利的国家主要是欧洲地区国家和经济合作发展组织成员国(OECD),这些国家的人均GDP基本上在1000-2000美元之间。因此,可以把人均1000或2000美元作为补缺型和普惠型儿童社会福利分界点的参照值。

表4.5 20世纪60年代世界各国人均GDP　　单位:美元

年份 国家与地区	1960	1961	1962	1963	1964	1965	1966	1967	1968	1969
东亚和太平洋地区	147.8	145.3	146.0	159.7	179.9	196.9	214.5	227.0	244.4	274.2
南亚国家	84.0	87.6	91.4	100.0	111.6	116.1	95.4	102.5	105.0	112.6
欧洲地区国家	948.4	1035.4	1137.4	1263.5	1394.1	1508.1	1631.7	1761.6	1877.6	2060.1
北美国家	2828.0	2870.7	3030.3	3152.0	3341.3	3579.4	3882.8	4060.6	4389.8	4699.0
OECD成员国	1331.8	1380.5	1472.8	1566.0	1690.0	1811.7	1966.7	2087.2	2237.9	2424.5
拉美与哥伦比亚	372.1	384.2	429.9	419.5	454.2	472.7	505.5	504.6	530.5	578.3
中东和北非	-	-	-	-	-	-	-	-	278.3	301.3
撒哈拉以南非洲	130.6	132.2	139.4	156.1	148.7	161.6	170.1	163.7	170.8	190.7

（续表）

高收入国家	1378.8	1440.2	1537.1	1634.9	1764.5	1894.0	2055.8	2184.4	2344.6	2542.5
中等偏上收入国家	340.7	321.9	356.1	357.5	387.9	406.1	439.0	448.0	477.6	524.5
中等收入国家	158.9	149.9	153.1	159.3	175.9	187.9	189.5	190.1	196.7	214.6
中低收入国家	151.9	144.1	147.4	154.4	167.4	179.5	181.8	182.0	188.1	205.3
低收入国家	105.2	106.3	111.1	125.3	109.0	123.0	131.8	128.5	130.8	143.6
重债穷国	113.2	113.2	119.2	136.5	117.8	134.2	142.8	136.1	139.0	150.9
世界平均水平	446.1	457.0	482.4	508.4	545.8	581.9	618.3	644.4	680.8	733.5

资料来源：根据《世界银行》统计数据整理。

（二）中国建国以来的经济发展水平

表4.6是中国自1952年以来GDP和人均GDP的数据。可以看出，中国人均GDP水平长期偏低。2001年以前，中国人均GDP一直低于1000美元，经济发展长期处于不发达状态。2001年，中国人均GDP才突破1000美元。进入21世纪以后，中国经济处于起飞阶段，人均GDP高速增长。2006年，人均GDP达到2000美元，2008年突破3000美元，2010年达到4000美元，2014年更是突破7000美元。2010年，当中国人均GDP突破4000美元时，国家开始认识到建设适度普惠型儿童社会福利制度的重要性，提出建立适度普惠型儿童社会福利制度。由此可见，经济发展水平影响到适度普惠型儿童社会福利制度的建立和发展。

虽然中国人均GDP在2014年突破7000美元，但相对于当前发达国家人均GDP达到两三万甚至五六万美元的水平来看，仍然相对较低。中国经济发展不平衡，一些地区仍处于较为贫困的状态。因此，中国适度普惠型儿童社会福利制度仍未覆盖全体儿童，仅覆盖最迫切需要福利保障的儿童。儿童社会福利水平仍相对较低，还有较大的提升空间。儿童社会福利项目相对发达国家而言仍然较少，儿童社会福利方面的财政支出有待增加。

表4.6 1952-2014年中国GDP和人均GDP统计表

年份	GDP（亿元）	人均GDP（元）	GDP（亿美元）	人均GDP（美元）	年份	GDP（亿元）	人均GDP（元）	GDP（亿美元）	人均GDP（美元）
1952	679	119	354	62	1984	7208	695	2574	248

（续表）

1953	824	142	416	72	1985	9016	858	2818	268
1954	859	144	308	52	1986	10275	963	2762	259
1955	911	150	285	47	1987	12059	1112	3242	299
1956	1029	166	277	45	1988	15043	1366	4044	367
1957	1069	168	435	68	1989	16992	1519	3600	322
1958	1308	200	532	81	1990	18668	1644	3576	315
1959	1440	216	586	88	1991	21781	1893	4011	349
1960	1457	218	592	89	1992	26923	2311	4682	402
1961	1221	185	496	75	1993	35334	2998	6092	517
1962	1151	173	468	70	1994	48198	4044	5704	479
1963	1236	181	503	74	1995	60794	5046	7307	606
1964	1456	208	592	85	1996	71177	5846	8576	704
1965	1717	240	698	98	1997	78973	6420	9538	775
1966	1873	255	761	104	1998	84402	6796	10193	821
1967	1780	236	724	96	1999	89677	7159	10831	865
1968	1730	223	703	91	2000	99215	7858	11982	949
1969	1946	244	791	99	2001	109655	8622	13243	1041
1970	2261	276	919	112	2002	120333	9398	14533	1135
1971	2435	290	990	118	2003	135823	10542	16404	1273
1972	2530	294	1130	131	2004	159878	12336	19309	1490
1973	2733	310	1353	153	2005	184937	14185	22703	1741
1974	2804	311	1524	169	2006	216314	16500	27135	2070
1975	3013	329	1529	167	2007	265810	20169	35247	2675
1976	2961	318	1575	169	2008	314045	23708	45200	3452
1977	3221	341	1862	197	2009	340903	25608	49905	3749
1978	3645	381	2307	241	2010	401513	30015	59312	4434
1979	4063	419	2709	279	2011	472882	35181	73215	5447
1980	4546	463	2971	303	2012	519322	38354	82622	6100
1981	4892	492	2795	281	2013	568845	41908	91849	6767
1982	5323	528	2772	275	2014	636463	46531	102821	7485
1983	5963	583	3012	294					

数据来源：根据各年《财政统计年鉴》整理。

二、财政支出规模和结构相对不合理

（一）中国儿童社会福利财政支出比重相对较小

自从 1947 年英国宣布建成福利国家以来，西方发达国家纷纷加大社会福利的财政支出，第二次世界大战以后，西方主要发达国家纷纷进入福利国家的行列。这一时期，发达国家社会福利支出占公共财政支出的比例较高，2002 年，英国、瑞典、德国、日本、美国等 OECD 国家此项指标分别为 32.4%、35.4%、55.9%、44.0%、33.6%，均高于 30%[1]。当前，OECD 国家社会福利投入占 GDP 的比重平均在 20%以上（见表 4.7）。

表 4.7 2005-2012 年 OECD 成员国社会福利性开支占 GDP 的比重

年份 国家	2005	2006	2007	2008	2009	2010	2011	2012
澳大利亚	16.5	16.5	16.4	17.8	17.8	17.9	18.1	18.7
奥地利	27.1	26.8	26.3	26.8	29.1	28.8	27.9	28.3
比利时	26.5	26.0	26.0	27.3	29.7	29.5	29.6	30.0
加拿大	16.9	16.9	16.8	17.6	19.2	18.6	18.3	18.2
智利	10.1	9.3	9.4	9.6	11.3	9.8	9.5	-
捷克	18.7	18.3	18.1	18.1	20.7	20.8	20.9	20.6
丹麦	27.7	27.1	26.5	26.8	30.2	30.1	30.0	30.5
爱沙尼亚	13.1	12.7	12.7	15.8	20	20.1	18.8	18.4
芬兰	26.2	25.8	24.7	25.3	29.4	29.4	28.6	29
法国	30.1	29.8	29.7	29.8	32.1	32.2	32.1	32.1
德国	27.3	26.1	25.1	25.2	27.8	27.1	26.2	26.3
希腊	21.1	21.1	21.6	22.2	23.9	23.3	23.5	23.1
匈牙利	22.5	22.8	23.0	23.1	23.9	22.6	21.8	21.1
冰岛	16.3	15.9	15.3	15.8	18.5	18.0	17.8	16.4
爱尔兰	16	16.1	16.7	19.7	23.6	23.7	23.5	23.1
以色列	16.3	15.8	15.5	15.5	16.0	16.0	15.8	15.8

---

[1] 戴建兵.构建与我国中等收入水平相适应的适度普惠型社会福利制度[J].华东经济管理，2012（8）：48-51.

(续表)

意大利	24.9	25.0	24.7	25.8	27.8	27.8	27.6	28.1
日本	18.5	18.4	18.7	19.9	22.4	-	-	-
韩国	6.5	7.4	7.6	8.3	9.4	9.2	9.2	9.3
卢森堡	22.8	21.8	20.3	20.8	23.6	23.0	22.5	23.3
墨西哥	6.9	7.0	6.9	7.4	8.2	8.1	7.7	-
荷兰	20.7	21.7	21.1	20.9	23.2	23.5	23.7	24.3
新西兰	18.1	18.9	18.6	19.8	21.2	21.2	21.5	22.0
挪威	21.6	20.3	20.5	19.9	23.3	23.0	22.6	22.1
波兰	21.0	20.8	19.7	20.3	21.5	21.8	20.7	20.4
葡萄牙	23.0	23.0	22.7	23.1	25.6	25.6	25.2	25.0
斯洛伐克	16.3	16.0	15.7	15.7	18.7	19.0	18.0	17.6
斯洛文尼亚	21.1	20.8	19.5	19.7	22.6	23.5	24.0	23.7
西班牙	21.1	21.1	21.3	22.9	26	26.5	26.0	26.3
瑞典	29.1	28.4	27.3	27.5	29.8	28.3	27.6	28.2
瑞士	20.2	19.2	18.5	18.4	-	20.0	20.2	20.3
土耳其	9.9	10.0	10.5	10.7	12.8	-	-	-
英国	20.5	20.3	20.4	21.8	24.1	23.7	23.9	23.9
美国	16.0	16.1	16.3	17.0	19.2	19.9	19.7	19.4
OECD成员国平均值	19.7	19.5	19.2	19.9	22.1	22.0	21.7	21.7

数据来源：OECD Social Expenditure Database.www.oecd.org/els/social/expenditure.

在儿童社会福利财政支出方面，按照2009年的标准，OECD国家中儿童社会福利支出占国内生产总值（GDP）的比重平均约为2.6%，高于平均值的国家有爱尔兰（4.2%）、冰岛（4%）、卢森堡（4%）、丹麦（3.9%）、英国（4.2%）、瑞典（3.7%）、匈牙利（3.6%）、新西兰（3.5%）、芬兰（3.3%）、法国（4.0%）、挪威（3.3%）、奥地利（2.9%）、澳大利亚（2.8%）和比利时（3.4%）等国（见表4.8）。总的来看，OECD国家儿童社会福利财政支出占GDP的比例都比较高，特别是奉行社会民主主义的国家，如丹麦、挪威、瑞典、芬兰等。

表 4.8　2009 年 OECD 成员国儿童社会福利支出占 GDP 的比重

国家	现金补助	服务	税收优惠	合计
爱尔兰	3.26%	0.82%	0.15%	4.24%
英国	2.46%	1.38%	0.38%	4.22%
卢森堡	3.51%	0.53%	0.00%	4.04%
法国	1.44%	1.76%	0.78%	3.98%
冰岛	1.58%	2.38%	0.00%	3.96%
丹麦	1.63%	2.27%	0.00%	3.90%
瑞典	1.58%	2.17%	0.00%	3.75%
匈牙利	2.42%	1.16%	-	3.58%
新西兰	2.47%	1.08%	0.02%	3.56%
比利时	1.77%	1.04%	0.64%	3.45%
挪威	1.42%	1.79%	0.13%	3.34%
芬兰	1.67%	1.62%	0.00%	3.29%
德国	1.16%	0.89%	1.01%	3.07%
奥地利	2.34%	0.57%	0.04%	2.95%
澳大利亚	1.94%	0.84%	0.05%	2.83%
爱沙尼亚	2.18%	0.44%	0.18%	2.79%
捷克	1.24%	0.60%	0.76%	2.60%
荷兰	0.78%	0.93%	0.77%	2.48%
斯洛伐克	1.57%	0.44%	0.41%	2.43%
以色列	1.09%	1.11%	0.16%	2.37%
斯洛文尼亚	0.76%	0.53%	0.80%	2.10%
西班牙	0.67%	0.85%	0.25%	1.77%
葡萄牙	1.03%	0.47%	0.20%	1.71%
意大利	0.78%	0.80%	0.00%	1.58%
加拿大	1.12%	0.23%	0.21%	1.55%
波兰	0.75%	0.33%	0.45%	1.53%
日本	0.51%	0.45%	0.53%	1.48%
智利	0.74%	0.74%	0.00%	1.47%
希腊	1.02%	0.40%	-	1.43%
瑞士	0.94%	0.33%	0.14%	1.41%

（续表）

美国	0.11%	0.59%	0.52%	1.22%
墨西哥	0.40%	0.70%	0.00%	1.11%
韩国	0.04%	0.77%	0.20%	1.01%
OECD成员国平均值	1.41%	0.94%	0.28%	2.61%

注：数据缺失的国家为土耳其。对家庭减税的数据不包含希腊和匈牙利。

数据来源：Social Expenditure Database （www.oecd.org/els/social/expenditure），Novermber 2012.

表4.9显示中国改革开放以来社会保障支出占GDP和财政总支出的比重。按照狭义的社会保障（口径一），中国历年社会保障支出占财政总支出的比重小于12%（2012年为12%），与OECD国家相比，社会保障的财政支出比重小。从概念上讲，西方国家关于社会保障的支出中包括社会保险的费用，因此，运用口径二再次考察中国的社会保障支出，平均在17-22%之间，与OECD等国家相比仍然显得不足。而如果运用口径三，则包括教育和公共卫生在内，扩大社会保障的统计口径，不能进行比较。因此，可以看出，中国社会保障的财政支出比重相对较小。

表4.9 1978-2009年中国社会保障支出占GDP、财政总支出的比重   单位：亿元

年份	口径一	口径二	口径三	占财政总支出的比重			占GDP的比重		
				口径一	口径二	口径三	口径一	口径二	口径三
1978	18.91	-	129.40	1.65%	-	11.53%	0.52%	-	3.55%
1986	35.58	-	432.53	1.61%	-	19.62%	0.35%	-	4.21%
1992	66.45	-	916.77	1.78%	-	24.5%	0.25%	-	3.41%
1994	95.14	-	1456.20	1.64%	-	25.14%	0.20%	-	3.02%
1996	128.03	-	2005.35	1.61%	-	25.26%	0.18%	-	2.82%
1998	595.63	2210.98	4527.34	5.52%	17.81%	36.47%	0.71%	2.62%	5.36%
2000	1517.57	3604.52	6493.56	9.55%	20.05%	36.13%	1.53%	3.63%	6.54%
2002	2636.22	5590.43	9604.93	11.95%	22.36%	38.41%	2.19%	4.65%	7.98%
2004	3116.08	7223.71	12368.39	10.94%	22.16%	37.95%	1.95%	4.52%	7.74%
2008	6804.29	15098.51	26865.76	10.87%	21.30%	37.90%	2.26%	5.02%	8.94%
2009	7606.68	18132.95	32564.68	9.97%	20.88%	37.51%	2.23%	5.33%	9.56%

注：口径一：狭义的社会保障支出（抚恤和社会福利、救济支出、行政事业单位离退休费、社会保障补助支出）；口径二：狭义的社会保障支出+除去财政补助之外的社会保险基金支出；口径三：狭义的社会保障支出+除去财政补助之外的社会保险基金支出+教育支出+公共卫生支出。

资料来源：王延中，龙玉其. 改革开放以来中国政府社会保障支出分析[J].财贸经济，2011（1）：13-20.

结合第三章中本书作者调查中和民政部门工作人员共同测算的 2012 年中国儿童社会福利支出占 GDP 和财政总支出比重的数据，其中儿童社会福利支出占 GDP 的比重约为 0.18%；占财政总支出的比重为 0.73%。可见，儿童社会福利方面的财政支出占 GDP 的比例或者占财政总支出的比重均相对不足，影响到中国适度普惠型儿童社会福利制度的发展。

（二）财政支出结构不合理

OECD 国家用于儿童社会福利的支出主要包括生活方面的现金支出（如用于发放家庭津贴）、用于儿童保育方面的服务性支出、用于教育福利的支出。OECD 国家虽然在儿童不同阶段（儿童早期阶段、中期阶段和晚期阶段）的财政支出比例各不相同（见表 4.10），但一个总的规律却相同，即：儿童社会福利方面的财政支出占财政总支出的比例较大。

表 4.10　2007 年 OECD 国家不同年龄段儿童福利支出占财政总支出的比例

年龄段	儿童早期	儿童中期	儿童晚期
捷克	37.2%	25.9%	37.0%
冰岛	36.2%	33.9%	29.9%
匈牙利	32.1%	34.3%	33.6%
斯洛伐克	30.9%	35.0%	34.1%
澳大利亚	30.1%	33.1%	36.8%
芬兰	30.0%	29.7%	40.3%
法国	29.7%	31.0%	39.3%
英国	29.7%	34.5%	35.8%
瑞典	28.9%	34.7%	36.4%
挪威	28.7%	33.4%	37.8%
爱沙尼亚	27.9%	32.5%	39.6%
丹麦	27.9%	35.7%	36.4%
德国	27.2%	33.8%	38.9%
新西兰	27.0%	33.4%	39.6%
斯洛文尼亚	25.9%	37%	37%
卢森堡	25.3%	37.8%	36.9%

（续表）

意大利	24.4%	37.1%	38.5%
西班牙	24.3%	33.4%	42.3%
奥地利	24.2%	36.5%	39.3%
荷兰	23.8%	33.2%	43.0%
比利时	22.4%	32.2%	45.4%
希腊	20.4%	35.9%	43.7%
以色列	19.7%	40.4%	39.9%
墨西哥	18.9%	44.9%	36.2%
爱尔兰	18.5%	36.1%	45.4%
智利	18.2%	47.7%	34.1%
葡萄牙	17.8%	36.4%	45.8%
波兰	15.9%	42.1%	42.0%
韩国	15.8%	37.6%	46.7%
日本	14.1%	43.2%	42.7%
美国	12.7%	42.7%	44.5%
瑞士	11.6%	41.9%	46.5%

注：加拿大和土耳其的数据缺失。

数据来源：OECD Social Expenditure Database and OECD Education database．

根据马斯格雷夫的"经济发展阶段增长理论"，在经济发展较发达阶段，国家将更加重视福利支出，为人民群众提供良好的社会福利，提高人民群众的生活水平。因此，在中国进入中等经济发展水平国家后，国家建设的重心应从经济建设方面转向社会福利方面。财政支出结构中，社会福利所占比重应大大提高，高于财政用于其他支出的比重。

然而，从表 4.11 可以看出，中国社会保障中用于社会福利方面的支出比重很小，不足财政支出的 2%。从儿童社会福利的角度来看，主要是用于孤儿、流浪儿童和贫困家庭儿童的生活保障。由于标准低，财政支出非常有限。教育方面的支出相对较高，其原因是教育属于公共福利，针对全体儿童，因而福利的总量相对较大。医疗卫生等方面的支出比重相对不高，占财政支出的比重不足 6%。从儿童社会福利的角度看，中国儿童早期阶段的投入严重不足，如胎儿、新生儿、婴幼儿等的健康保障方面投入不足，致使许多儿童健康状况堪忧。

总的来看，财政用于中国适度普惠型儿童社会福利方面的支出还不够多，支出结构不合理，用于儿童生活方面和服务方面的福利性支出所占比例小。要使适度普惠型儿童社会福利制度获得长足发展，儿童社会福利水平获得极大提高，充分满足全体儿童的福利需求，中国财政用于儿童社会福利方面的支出比重还需大力提高，同时降低其他方面的财政支出比重，促使财政支出向社会福利倾斜。

表4.11 1978-2009年中国社会保障支出结构 单位：亿元

年份	教育支出		医疗卫生支出		抚恤社会福利救济支出		行政事业单位离退休费		社会保障补助支出	
	绝对值	比重	绝对值	比重	绝对值	比重	绝对值	比重	绝对值	比重
1978	75.05	6.69%	35.44	3.16%	18.91	1.69%	-	-	-	-
1982	137.61	11.19%	68.99	5.61%	21.43	1.74%	-	-	-	-
1986	274.72	12.46%	122.23	5.54%	35.58	1.61%	-	-	-	-
1990	462.45	15%	187.28	6.07%	55.04	1.78%	-	-	-	-
1994	1018.8	17.59%	342.28	5.91%	95.14	1.64%	-	-	-	-
1998	1726.3	15.99%	590.06	5.46%	171.26	1.59%	274.36	2.54%	150.01	1.39%
2000	2179.5	13.72%	709.52	4.47%	213.03	1.34%	478.57	3.01%	825.97	5.2%
2002	3106	14.08%	908.51	4.12%	372.97	1.69%	788.84	3.58%	1474.4	6.69%
2004	3851.1	13.52%	1293.6	4.54%	563.46	1.98%	1028.1	3.61%	1524.5	5.35%
2006	5169.1	12.79%	1778.9	4.4%	907.68	2.25%	1330.2	3.29%	2123.9	5.25%
2008	9010.2	14.39%	2757	4.4%	1041.9	1.66%	1812.5	2.9%	2484.7	3.97%
2009	10438	13.68%	3994.2	5.23%	976.83	1.28%	2093	2.74%	2757.5	3.61%

资料来源：王延中，龙玉其. 改革开放以来中国政府社会保障支出分析[J].财贸经济，2011（1）：13-20.

综上所述，中国适度普惠型儿童社会福利制度的发展受到财政支出规模和结构的影响。由于中国长期财政支出水平低，用于儿童社会福利的财政支出总规模小、投向结构不合理，致使中国适度普惠型儿童社会福利制度出现覆盖范围不广、资金投入相对不足的状况。

三、儿童社会福利政策相对滞后

儿童社会福利政策主要体现在国家制定的法律法规方面。回顾中国儿童社会福利制度发展历程，可以发现，中国制定了大量与儿童权利、儿童社会福利有关的法律法规。但这些法律法规呈现以下特点：第一，大量与儿童权利、儿童社会福利有关的法律规范都是综合性法规，儿童社会福利的专项法律法规较少；第二，涉及儿童社会福利的专项法律法规中，基本上以特殊儿童为对象，为全体儿童建立福利的法律法规缺少；第三，与中国儿童社会福利相关的法律规范，主要以救助为主，缺乏福利性法规。中国与儿童权利、福利有关的法律法规具体见表4.12。

总体上讲，中国儿童社会福利方面的专门法律缺乏，总领儿童社会福利的母法性质的法律缺失。因此，可以看出，在中国适度普惠型儿童社会福利制度建设的初级阶段，当前中国的法律法规仍不完善。儿童社会福利专项法律法规的缺失将阻碍中国适度普惠型儿童社会福利制度的发展与完善。

表4.12 与儿童权利、儿童福利有关的法律法规

法律法规、政策名称	类别	适用对象
中华人民共和国婚姻法	综合性法律	
中华人民共和国义务教育法	综合性法律	
中华人民共和国残疾人保障法	综合性法律	
中华人民共和国妇女权益保障法	综合性法律	
中华人民共和国母婴保健法	综合性法律	
中华人民共和国未成年人保护法	综合性法律	全体儿童
中华人民共和国预防未成年人犯罪法	综合性法律	全体儿童
中华人民共和国收养法	专项法律	特殊儿童
九十年代中国儿童发展规划纲要	综合性政策	
中国儿童发展纲要（2001—2010年）	综合性政策	
中国儿童发展纲要（2011—2020年）	综合性政策	
残疾人教育条例	综合性政策	特殊儿童
托儿所、幼儿园卫生保健管理办法	综合性政策	
公安机关办理未成年人违法犯罪案件的规定	综合性政策	
流动儿童少年就学暂行办法	专项政策	特殊儿童
中国公民收养子女登记办法	综合性政策	特殊儿童
社会福利机构管理暂行办法	综合性法规	特殊儿童
城市居民最低生活保障条例	综合性法规	
国务院关于在全国建立农村最低生活保障制度通知	综合性法规	
关于加强孤儿保障工作的意见	专项政策	特殊儿童
城市生活无着的流浪乞讨人员救助管理办法	综合性法规	特殊儿童

四、对儿童社会福利认识相对不足

中国实施的儿童社会福利制度还与人们的思想认识有关,特别是社会精英、决策者对儿童社会福利的认识。思想认识方面的原因包括两个方面:一是有关儿童社会福利的理论研究长期不足;二是仍需加强决策者,特别是党的历次重要会议对儿童社会福利的关注度。

(一)有关儿童社会福利的理论研究仍有待加强

通过查询知网(CNKI),选择以"儿童福利"为关键词进行搜索,共找到理论文章2821篇。从图4.2可以看出,从1956年到2005年,在长达50年的时间里,每年有关儿童社会福利的研究文章不到100篇。其中从1956年到1993年,基本上每年都是个位数,有关儿童社会福利的理论研究严重不足。2006年开始,中国有关儿童社会福利的研究才加速发展,文章总数从2006年的128篇增加到2014年的315篇。当选择以"适度普惠+儿童福利"为篇名的关键词进行搜索时,得到的结果是:2007年才开始第一篇相关文章,2007年到2015年一共41篇文章。而以"适度普惠+儿童福利"和"适度普惠+儿童社会福利"为篇名进行搜索,得到的结果是:2006年开始才有第一篇相关文章,2007年有3篇,2008年有4篇,2006年到2015年一共115篇论文。以"适度普惠+儿童福利"和"适度普惠+儿童社会福利"为篇名的硕博士论文搜索发现,硕士论文才3篇,博士论文0篇。因此,中国对"适度普惠型儿童社会福利"的理论研究还有待加强。

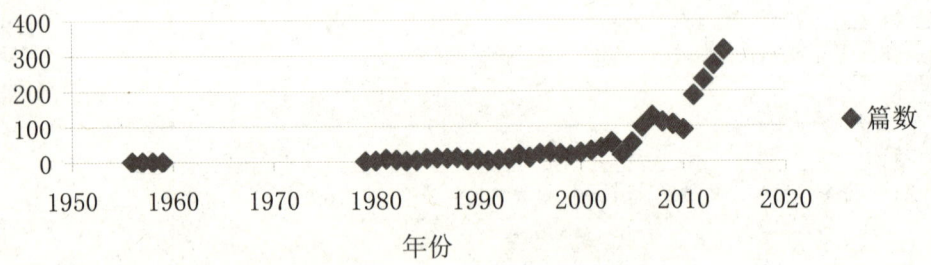

图4.2 1956-2014年有关"儿童福利"的理论研究文章数量

(二)党的历次重要会议对儿童社会福利的关注

纵观我党历次重大会议,在不同阶段,中国党和政府关注的重大社会问题各不相同。从表4.13可以看出,在2002年中共十六大以前,党和政府的工作重心主要以经济建设为中心。中共十六大以来,中国全面开启建设小康社会的宏伟工程,包括儿童社会福利在内的民生福利问题才被纳入党和政府的重大议题。因此,中国适度普惠型儿童社会福利制度建设与中国党和政府的国家战略决策紧密相关。然而,

2002年以来,虽然国家高度重视民生,儿童社会福利的发展仍未成为民生工作的重心,国家对养老、医疗等方面的关注明显大过对儿童社会福利的关注。党和国家虽然已经加大对儿童社会福利制度的关注,其关注力度仍有待加大。

表4.13 党的历次重大会议及其主要议题

会议名称	会议时间	主要议题
中共十一届三中全会以前党的历次会议	1949-1978	政治、经济
中共十一届三中全会	1978.12	经济建设
中共十二大	1982.09	经济建设
中共十三大	1987.10-11	经济建设
中共十四大	1992.10	经济建设
中共十五大	1997.09	政治、经济
中共十六大	2002.11	建设小康社会、民生
中共十七大	2007.10	建设小康社会、民生
中共十八大	2012.11	建设小康社会、民生

五、结论及其启示

综上所述,中国经济发展水平、财政支出规模和支出结构、思想认识水平、国家对儿童社会福利的重视程度等影响中国适度普惠型儿童社会福利制度的发展水平和完善程度。有必要从以下四个方面完善适度普惠型儿童社会福利制度。

第一,要增加适度普惠型儿童社会福利方面的财政支出。

从根本上说,中国适度普惠型儿童社会福利制度建设受到经济发展水平和财政支出的影响。因此,要加快适度普惠型儿童社会福利制度建设,必须大力增加中国适度普惠型儿童社会福利的财政支出。当前,中国各项儿童社会福利财政支出无法得到充分保障,支出水平还不够高,支出比例还有待增加。因此,中国急需建立独立的儿童社会福利体系,如家庭津贴制度,增加儿童社会福利项目,提高儿童社会福利水平,建立独立的儿童社会福利财政预算拨款体系。只有这样,才能促进适度普惠型儿童社会福利制度快速发展。

第二,要扩大儿童社会福利覆盖面,提高儿童社会福利给付水平。

要优先建立全体特殊儿童的津贴制度,当前重点建立困境儿童的生活津贴制度;逐步建立家庭津贴制度,使普通儿童得到福利。要将全体儿童纳入儿童社会福利体系中来,实现儿童社会福利制度全覆盖。随着中国经济的发展和儿童社会福利方面财政支出的增加,中国应提高适度普惠型儿童社会福利的给付标准,使儿童社会福利的给付水平达到或超过社会平均生活水平。

第三，完善适度普惠型儿童社会福利制度的法律体系和管理职能，建立多层次的儿童社会福利法律法规体系。

相对于西方发达国家完善的儿童社会福利法律体系，中国缺乏独立的儿童社会福利方面的立法。一方面，应建立与儿童社会福利有关的母法，使儿童社会福利有一个总的指导原则；另一方面，健全以家庭津贴为主体的各类儿童社会福利专门法规，逐步形成独立的相对完善的儿童社会福利法律法规体系。在法律制度健全的同时，中国应完善儿童社会福利管理职能，形成相对独立的儿童社会福利管理体系，使儿童成为国家政治生活中的重要议题。同时要完善儿童社会福利的行政管理职能，改进工作效率，使儿童社会福利机构成为实现儿童社会福利保障的重要载体。

最后，应加大对中国适度普惠型儿童社会福利制度的基础理论研究，提高人们对儿童在国家和社会生活中重要性的认识，使"儿童优先"的理念深入人心。

第五章　中国适度普惠型儿童社会福利制度建设机理分析

> 适度普惠型儿童社会福利制度建设是一项全新的社会变革，是一项具有开创意义的社会事件。民政部于2013年开启中国适度普惠型儿童社会福利制度建设试点工作，学术界也在探索适度普惠型儿童社会福利制度的建设方案。构建有中国特色的适度普惠型儿童社会福利制度，必须把握其内在机理，分析建设的必要性和可行性，明确建设的指导思想和基本原则，阐明建设的理念和思路，找出发展的路径。本章将论述中国适度普惠型儿童社会福利制度建设的必要性和可行性、厘清中国适度普惠型儿童社会福利制度建设的理念和思路、探索中国适度普惠型儿童社会福利制度建设的路径。

第一节　中国适度普惠型儿童社会福利制度建设必要性分析

一、有利于促进社会公平

根据第二章中社会福利函数论有关社会福利无差异曲线与社会福利可能性曲线关系的论述，当儿童社会福利制度从补缺型转向适度普惠型时，儿童社会福利的覆盖范围从部分特殊儿童扩大到全体特殊儿童，直至普通儿童，社会福利无差异曲线就会发生平移，这样，社会福利最大值的切点也会发生平移，从而使更多的儿童获得社会福利。因此，发展适度普惠型儿童社会福利制度有利于推进社会公平。

第二章中比较了许多经济学家关于"公平"的不同观点，其中有代表性的是杰瑞米·边沁提出的功利主义公平标准和罗尔斯的公平标准。边沁认为，富人最后一单位货币所带来的边际效用远远低于穷人最后一单位货币所带来的边际效用。从全社会的角度来看，边沁主张将富人的收入转移一部分到穷人手中，以促进社会公平。只有当全社会的收入分配达到平均时，社会才能达到极度公平。因此，儿童作为社会中相对行为能力较弱的群体，其收入非常有限，属于社会中较穷的一类人群。国家作为拥有强制权力的组织，可以运用儿童社会福利制度，通过转移支付方式，将从富人处通过税收等形式收缴的资金，转移到相对较穷的儿童手中。适度普惠型儿童福利制度建设有助于推进社会各群体收入差距缩小，促进社会公平。

经济学家罗尔斯指出，一个社会的公平状况，取决于这个社会中处境最差的那个人。罗尔斯提出最大最小标准，认为要使效用最小的社会成员的效用达到最大化。在经济社会发展过程中，儿童收入来源渠道有限，收入依赖性较强，属于处境较差的一类群体。要提高整个社会的公平性，必须改善儿童处境，适度普惠型儿童社会福利制度能增进更多儿童的福利。

此外，折中主义学派指出，可以将社会成员按照收入从低到高的顺序进行排列，在计算社会总福利时，较高收入的人权重较小，较低收入的人权重较大。因此，要更加重视穷人，尤其重视作为弱势群体的儿童，实现整个社会的公平。机会公平学说提出，要为社会各群体提供公平的机会，以改变弱势群体没有话语权、没有机遇的境况。这两种学说都证明适度普惠型儿童福利制度建设有助于提高儿童收入，为儿童提供机会，促进社会公平。

二、有利于增加社会福利

第二章对儿童社会福利的测量进行了理论分析，阐述了旧福利经济学和新福利经济学的经典理论和主张。旧福利经济学的代表庇古认为，社会总福利与社会所得总量呈正相关关系。社会所得总量越多，社会总福利越大。社会总福利与社会分配公平程度紧密相关，社会分配越公平，社会总福利越大。社会总福利是社会中各群体的福利的简单加总，计算中对每个人的福利给予相同的重视程度，每个人的福利所占权重相等。

新福利经济学中，卡尔多的补偿原则最为经典。卡尔多认为，当社会变动时，福利受益者获得的福利大于受损者损失的福利时，这种变动就是有效的。精英者学派提出，社会总福利取决于社会中最伟大的人物的福利。因此，要重视伟大人物的福利。然而，这种观点遭到广泛的批评。

经济学家纳什认为，社会总福利等于社会中每个人的福利水平的乘积。当一个社会中某个人的福利非常小，呈现为一个极小的纯小数时，社会总福利水平将非常低；当某个成员的福利为负数时，整个社会福利将为负数。

从以上经济学家的论述中，我们可以得到启示：适度普惠型儿童福利制度建设有利于增加社会总福利。根据庇古的旧福利经济学，儿童福利增加，则社会总福利随之增加；根据卡尔多的补偿原则，用从富人处取得的税收为儿童提供福利，富人损失的福利低于儿童获得的福利，社会总福利仍然会增加。根据纳什的观点，如果社会不重视儿童福利，当某个儿童处于长期极度饥饿状态，他的福利为负数的话，整个社会福利也将为负数。

因此，无论从何种经济学观点出发，中国都应该发展适度普惠型儿童福利制度，为儿童提供社会福利，提高儿童群体的福利总量，进而提高社会福利总量。

三、有利于社会力量参与

从第二章对儿童社会福利提供主体的相关理论分析可得知，在中国适度普惠型儿童社会福利制度建设过程中，我们要运用福利多元主义理论，充分借助社会力量。根据第二章阐述的福利多元主义理论，可以将适度普惠型儿童社会福利的提供主体分为"三元"或"四元"。其中，"三元"包括国家、市场和家庭。有的学者认为"三元"是指公共权威、市场和社会组织。"四元"包括国家、市场、社会组织和志愿者等。即使学者对"三元"或"四元"的划分有区别，他们共同的主张是适度普惠型儿童社会福利制度建设要借助多方力量。在中国的特殊国情下，本书作者认为，中国可以运用"四元"理论，将适度普惠型儿童社会福利的提供主体分为国家、市场、社会组织和志愿者。中国适度普惠型儿童社会福利制度可以由国家作为主导来提供，国家对其他社会力量进行指导，充分发挥其他社会力量的作用，共同提高儿童社会福利水平。

四、有利于满足儿童需要

根据第二章阐述的马斯洛需要层次理论，儿童需要分为生理需要、安全需要、社会交往需要、尊重需要和自我实现需要。为满足儿童需要提供保障的主体包括家庭、社区、志愿者、市场和国家。对于儿童，国家应采用再分配的形式和政府购买的形式，提供各种津贴或服务，满足儿童需要。在需要确定过程中，要利用适度普惠型儿童福利制度建设契机，调查儿童的实际需要，了解儿童的愿望，让儿童参与社会福利制度制定过程，以便提供切实有效的保障。

根据鲍莫尔的单位成本增长理论，服务行业的单位成本随劳动生产率提高而不断增长。儿童社会福利水平应根据经济社会发展程度而呈现出"电梯式"增长路径。"电梯理论"表明，在经济发展初期，富裕人群的生活水平比贫困人群稍高；随着经济发展，富裕人群生活需要进一步提高；贫困人群生活需要也不断提高。儿童作为弱势群体，其生活需要也将随着时代的发展而不断提高。因此，中国应加快适度普惠型儿童社会福利制度建设，满足各类儿童需要。

综上所述，中国非常有必要加强适度普惠型儿童社会福利制度建设。从宏观层面来说，可以发挥社会各界的力量，增加社会总福利，促进社会公平。从微观层面来说，可以逐步满足各类儿童的福利需求。中国适度普惠型儿童社会福利制度建设是时代发展的必然，是国家和社会发展的需要。

第二节　中国适度普惠型儿童社会福利制度建设可行性分析

一、具备的经济基础

经过改革开放30多年的发展，中国经济实力和综合国力大幅提升。2008年以来，中国GDP和人均GDP快速发展，取得巨大成就。

首先，从经济总量来看，中国GDP已经远远超过七大工业国中的加拿大、意大利、法国、英国、德国和日本。2010年，中国GDP达到40.12万亿元，超过日本，成为仅次于美国的世界第二大经济体。2011年，中国GDP继续增长，达到47.2万亿元，2012年增长到51.9万亿元，2013年增长到56.9万亿元，2014年增长到63.6万亿元。2008年以来，中国经济保持着每年大约8%以上的增长速度。

其次，从人均占有量来看，2008年中国人均GDP超过3000美元，达到绝大部分发达国家1970年的人均GDP水平。2010年，中国人均GDP达到4434美元。2011年，中国人均GDP为35083元，按照2011年的平均汇率进行折算，人均GDP达到5447美元。根据《2012年国民经济和社会发展统计公报》，中国2012年人均GDP达到38354元，按2012年的汇率折算，约合6100美元。2013年，中国经济实力进一步增强。按2013年人民币对美元年平均汇率6.1932进行计算，中国人均GDP约为6767美元。2014年中国人均GDP突破7000美元，达到7485美元，全国已有北京、上海、天津、江苏等7省市人均GDP超过10000美元。

再次，从人均GDP在世界各国中的相对排名来看，中国经济地位也逐年上升。2009年，中国人均GDP在世界各国中排名107位，2010年上升到第95位，2011年进一步提高到第87位。

宏观经济增长数据表明，中国已经具备构筑适度普惠型儿童社会福利制度所需的物质条件[1]。

二、具备的政治基础

党的十六大报告明确提出全面建设小康社会的宏伟目标："我们要在本世纪头二十年，集中力量，全面建设惠及十几亿人口的更高水平的小康社会，使经济更加发展、民主更加健全、科教更加进步、文化更加繁荣、社会更加和谐、人民生活更加殷实。"党的十七大报告指出："必须在经济发展的基础上，更加注重社会建设，着力保障和改善民生，努力使全体人民学有所教、劳有所得、病有所医、老有所养、住有所居，

---

[1] 戴建兵.构建与我国中等收入水平相适应的适度普惠型社会福利制度[J].华东经济管理，2012（8）：48-51.

推动建设和谐社会。""加快建立覆盖城乡居民的社会保障体系,保障人民基本生活。社会保障是社会安定的重要保证。要以社会保险、社会救助、社会福利为基础,以基本养老、基本医疗、最低生活保障制度为重点,以慈善事业、商业保险为补充,加快完善社会保障体系。"这是党从全面建设小康社会和构建社会主义和谐社会的高度,从解决人民最关心、最直接、最现实的利益问题出发,在社会建设方面提出的目标和作出的承诺。党的十七届五中全会更是着力强调注重保障和改善民生,促进社会公平正义。把保障和改善民生作为转变经济发展方式的根本出发点和落脚点。

党的十八大报告对民生问题进行重点阐述,描绘了民生的美好画卷。十八大报告指出:"提高人民物质文化生活水平,是改革开放和社会主义现代化建设的根本目的。"中国建设的重要目标是为人民群众提供教育、就业、收入、社保、医疗等五个方面的保障。十八大报告对民生问题的阐述,对社会保障的重视,也包含加快建设适度普惠型儿童社会福利的执政理念。

十八届三中全会指出,要利用社会福利制度形成合理有序的收入分配格局,加强对弱势群体,包括作为弱势群体的儿童的收入保障。完善以转移支付为主要手段的再分配调节机制,确保儿童的基本生活得到保障。为儿童提供较为完善的关爱制度和生活保障制度。

党的"以民为本,关注民生"方针和儿童社会福利政策,为适度普惠型儿童社会福利制度建设奠定了政治基础。

三、具备的思想基础

随着中国社会保障制度的发展,人们对福利的看法已经发生重大变化。理论研究方面,学者和政府部门管理者一致认为,应让老百姓共享经济社会发展成果。对于国民经济改革发展取得的"蛋糕",要以更符合社会总福利目标的方式进行分配,要缩小分配差距。儿童社会福利制度犹如一把大伞,要为几亿中国儿童遮风挡雨,提供基本生活保障和精神关爱,以体现国家和社会对儿童的责任与担当,体现党维护社会公平正义的决心。

在社会发展进程中,提高人民健康水平和生活质量成为共同认识。"使发展成果更多更公平惠及全体人民","让广大农民平等参与现代化进程、共同分享现代化成果"成为全国人民共同的心声。全体国民"以人为本"的理念进一步加强,"国家机械论"的观点深入人心,要"加紧建设对保障社会公平正义具有重大作用的制度,逐步建立以权利公平、机会公平、规则公平为主要内容的社会公平保障体系,努力营造公平的社会环境,保证人民平等参与、平等发展权利","要建立孤儿、困境儿童、困境家庭儿童以及普通儿童的分类保障制度"等目标成为人们的共识。

综上所述,中国国民观念已发生重大变化,适度普惠型儿童社会福利制度建设已经具备思想上的基础。

第三节 中国适度普惠型儿童社会福利制度建设的理念与思路分析

一、建设理念

中国适度普惠型儿童社会福利制度建设的基本理念是：以科学发展观为指引，以联合国《儿童权利公约》精神为宗旨，以中国现实国情为蓝本，以国际经验为参照，以满足儿童需求为导向，充分考察儿童权利优先序列，科学合理构建起与中国经济社会发展水平相适应的有中国特色的适度普惠型儿童社会福利制度。

（一）以科学发展观为指引

科学发展观是胡锦涛总书记在2003年提出来的，并于2007年被党的十七大写入党章，成为统领中国经济社会发展全局的指导思想，也是引领中国全面建设小康社会和建设社会主义现代化国家的指导思想。科学发展观的第一要务是发展，核心是以人为本，基本要求是全面协调可持续发展，根本方法是统筹兼顾。首先，发展是我党执政兴国的第一要义。只有解放和发展生产力，尽快把经济建设搞上去，才能不断满足人民日益增长的物质文化需要，才能促进各项事业的发展。其次，科学发展的核心是以人为本。以人为本包含两层含义：第一，尊重和发挥人民的首创精神，人是促进生产力发展的根本要素；第二，发展的核心是促进人的全面发展。发展的核心目标是为了促进人的各方面的发展，使人民共享经济社会发展成果。再次，科学发展必须是可持续的发展。科学发展必须协调各种关系，正确处理人与自然的关系，实现可持续发展。最后，科学发展必须坚持统筹兼顾。科学发展要正确和妥善处理有中国特色社会主义建设的方方面面，正确处理个人利益与集体利益的关系，当前利益和长远利益的关系，局部利益与整体利益的关系，从全局的高度处理好各项社会事务。

中国适度普惠型儿童社会福利制度建设作为中国社会建设的重要组成部分，必须坚持以科学发展观为指引。首先，必须坚持发展生产力，只有在经济发展和人民生活水平提高的基础上，才能提高儿童的社会福利水平，必须做到儿童社会福利的发展与经济发展的适度适应性。其次，必须把发展好、维护好儿童的社会福利作为促进儿童发展的重要目标。发展儿童社会福利，从根本上讲是促进儿童的全面发展，提高未来劳动者的生产潜能。因此，必须逐步增加儿童的社会福利投入，使全体儿童共享经济社会发展成果。再次，中国适度普惠型儿童社会福利制度建设必须统筹兼顾，既要做到满足特殊儿童的福利需求，又要做到兼顾普通儿童的福利需求。在经济发展的基础上，最终满足全体儿童的福利需求。最后，正确处理好儿童社会福利发展与经济、社会、政治、人口发展等的关系，使适度普惠型儿童社会福利制度建设可持续发展。

（二）以联合国《儿童权利公约》精神为基本宗旨

联合国《儿童权利公约》是一部有关儿童权利保障的国际性公约。它以公约的形式保障儿童应享有的数十项权利，这些权利包括基本的生存权、受保护权、发展权和全面参与权等权利。《儿童权利公约》的签署，宣示了儿童享有的各项权利，坚定了对儿童基本人权和人格尊严与价值信念的确认。把儿童视作独立的人权主体，使儿童具有与成年人同等的价值，这是世界人权事业的重要进步[1]。中国政府于1991年批准《儿童权利公约》，并有条件地承诺履行公约第六条之规定（每个儿童有固有的生命权，各国应最大限度地确保儿童的生存与发展）。

联合国《儿童权利公约》为中国开展适度普惠型儿童社会福利制度建设提供了法理上的依据和现实的指导。联合国《儿童权利公约》承认父母对儿童成长负有首要责任，但也明确各国政府在儿童权利保护方面承担的义务。这样，就为中国适度普惠型儿童社会福利制度建设强调国家责任准备了法理和现实依据。中国适度普惠型儿童社会福利制度建设应以联合国《儿童权利公约》精神为宗旨，强调政府在儿童社会福利制度建设中的重大作用，通过大力发展儿童社会福利，逐步实现儿童生存与发展的权利。

（三）以中国现实国情为基点

中国适度普惠型儿童社会福利制度建设的现实国情主要有两个。一是中国当前乃至今后很长一段时间仍将处于社会主义初级阶段。也就是说，尽管中国社会生产力获得巨大发展，但是中国人均资产占有量仍将相对不足，社会资产并不十分丰富，这就决定中国必须建立适度普惠型儿童社会福利制度，使中国儿童社会福利在经济发展和社会生活水平提高的基础上逐步增长。二是中国儿童数量庞大，儿童情况千差万别。中国当前0-14岁儿童有2.2亿，如果计算到0-17岁，则有将近3亿。不仅如此，中国还存在儿童类型多样的特点，中国不仅有孤儿、残疾儿童、重病儿童、流浪儿童等困境儿童，还有父母重病重残儿童、事实无人抚养儿童、服刑人员未成年子女、贫困家庭儿童等困境家庭儿童。根据中国社科院、全国妇联统计，中国不满18周岁生活在低保线以下的贫困家庭儿童有700多万人[2]，北京师范大学曾推算中国农村贫困家庭儿童有900万人左右[3]。2006年，中国0-17岁各类残疾儿童共计

---

[1] 周尚君.儿童人权：中国与世界——中国实施《儿童权利公约》20周年——儿童人权的中国语境[J].青少年犯罪问题，2012，（5）：4-8.
[2] 中国经济导报. 我国儿童福利水平落后于经济发展[EB/OL].2012-06-05,http://www.ceh.com.cn/jryw/116385.shtml.
[3] 小青.2012中国儿童福利政策报告6月1日发布[EB/OL].2012-06-05,http://epaper.jzrb.com/html/2012-06/05/content_118552.htm.

504.3万[1]。中国还有约100万的流浪儿童[2]。如此复杂多样的儿童状况,决定中国适度普惠型儿童社会福利制度必须采取"分层次、分类型、分标准"的方式建设。

按照民政部的通知,在适度普惠型儿童社会福利制度建设过程中,将儿童群体分为孤儿、困境儿童、困境家庭儿童和普通儿童四个层次。在这四个层次中,每个层次又分为不同的类型,例如,孤儿分为集中供养孤儿和社会散居孤儿两种类型,集中供养孤儿是指在孤儿院、福利院等机构内集中养育的孤儿类型;社会散居孤儿是指生活在亲属家庭内,由亲戚或其他人员担任监护人的孤儿类型。困境儿童分为残疾儿童、重病儿童和流浪儿童三种类型,残疾儿童依据残疾类型,可以细分为听力残疾、语言残疾、肢体残疾、智力残疾、精神残疾和多重残疾等类型;重病儿童是指患有各种大重病、急需治疗的儿童;流浪儿童是指居无定所,无法定监护人或法定监护人监护不到位的儿童。困境家庭儿童分父母重度残疾或重病的儿童、父母长期服刑在押或强制戒毒的儿童、父母一方死亡另一方因其他情况无法履行抚养义务和监护职责的儿童、贫困家庭的儿童等四种类型。标准分类是指对不同类型的儿童,根据他们的实际情况和需要,给予不同标准的福利保障。对于同一类型的儿童,则给予相同标准的福利保障。

(四)以国际经验为参照

国际上,现代福利制度起源于英国的《贝弗里奇报告》。《贝弗里奇报告》描绘了英国战后重建的美好生活,包括给予儿童津贴。《贝弗里奇报告》对20世纪下半叶西欧和北欧福利国家的形成有重要影响。20世纪50、60年代,福利国家成为西欧社会的时代精神和社会制度,福利国家制度被推广到北欧国家。这些国家建立普遍的高福利待遇,为儿童发放津贴,提供免费的医疗和教育,还为残疾儿童、贫困家庭儿童提供各种补贴,大力发展儿童福利服务,极大地提高了儿童的生活水平。然而,高福利政策也带来"福利病",一些家庭依赖国家福利,阻碍生产发展,造成对经济的危害,也给国家带来财政上的困难。20世纪70年代后,许多西方国家开始大幅削减福利开支,包括在儿童福利方面的投入。而自20世纪90年代以后,北欧国家却"逆向而行",采取扩大福利制度的改革,重新回到高福利的轨道。

中国适度普惠型儿童社会福利制度的建设应借鉴西方国家的经验和教训,既不能盲目地扩大儿童社会福利的投入,以免影响经济的发展,最终损害儿童社会福利的获得;也不能无视儿童共享经济社会发展成果的愿望,无视儿童福利的生产性效应。总之,中国适度普惠型儿童社会福利制度建设,既要基于基本国情,又要借鉴国际经验教训。

---

[1] 中国残疾人联合会.2010年中国残疾人事业发展统计公报[EB/OL]. 2011-03-05,http://www.cdpf.org.cn/2008old/wxzx/content/2011-03/15/content_30326506.htm.

[2] 鞠青,张小亮,陈晨编.中国流浪儿童研究报告[M].北京:人民出版社,2008:1.

（五）以满足儿童需求为导向

中国适度普惠型儿童社会福利制度建设应从儿童社会福利需求的自然属性出发，以满足儿童需求为导向。根据马斯洛的需要层次理论，首先：人有满足基本生理的需要，有对食品、水、衣服、住房和医疗等最基本的需求。因此，应为儿童提供生存性福利；其次，人有对安全的需要，应为儿童提供保护性福利；再次，人有社会交往、获得尊重和自我实现的需要。因此，就儿童而言，也应该为其提供发展性福利。

当然，这些福利并不是同等重要的和同时实现的。但就儿童自身发展的需要来说，满足儿童的各方面需求就是促进其发展。因此，可以通过有先有后的方式逐步实现儿童的福利，以满足儿童不同层次福利的需要。

同时，由于不同儿童的福利需要各不相同，例如，孤儿、流浪儿童、贫困家庭儿童等对生活福利的要求会很高；而残疾儿童、艾滋病病毒感染儿童、重大病儿童等对医疗福利的要求会很高；普通儿童对教育福利的需求会很高。因此，适度普惠型儿童社会福利制度建设中，要基于不同儿童的不同福利需求设计有针对性的福利内容，促进儿童分类保障。

（六）充分考察儿童权利优先序

重新审视1989年联合国大会通过的《儿童权利公约》，在儿童所享有的数十项权利中，存在着权利优先序列。儿童的生命权和生存权是不可剥夺的权利，是儿童的第一权利，它是所有权利的基础。在儿童生命权和生存权得到维护的基础上，延伸出儿童的受保护权、发展权以及全面参与的权利。因此，从联合国《儿童权利公约》中可以看出，儿童权利存在一个阶梯状和"金字塔"形格局（见图5.1），它表明儿童权利的自然分配和基本属性。

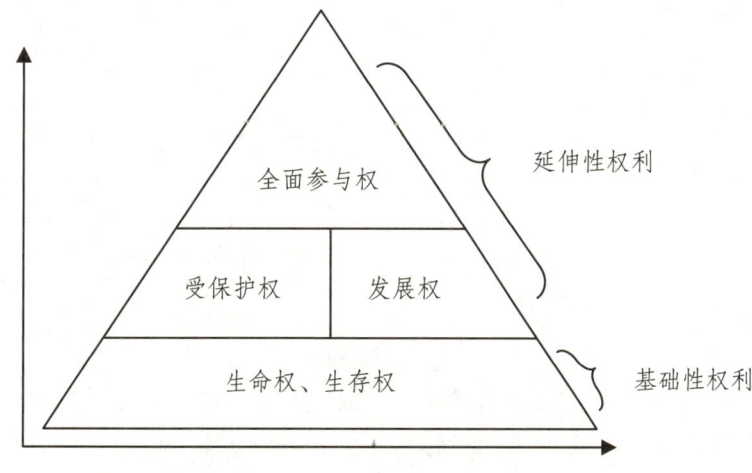

图5.1 儿童权利阶梯状和"金字塔"形格局

在中国适度普惠型儿童社会福利制度建设过程中,应充分考察儿童权利的这种传导机制。首先,应发展维持儿童生命所需和维护其存活所需的生存性福利,如生活福利、医疗福利、住房福利、保护性福利等。按照国家责任学说,国家有为国民提供"生存照顾"的责任。因此,国家应保障全体儿童的生存性福利。在经济和财力不能实现的情况下,优先确保特殊儿童的生存性福利。其次,按照福利经济学原理,国民财富总量的增大必将增加经济福利。因而,随着国家经济实力的增强,在中国较强的财政支持下,应扩大儿童的发展性福利,使发展性福利与生存性福利并重。再次,根据福利经济学理论和公平理论,国家应使一切群体共享经济社会发展成果。因此,应扩大儿童社会福利对象,使适度普惠型儿童社会福利覆盖范围逐步扩大到全体儿童,同时儿童所享有的福利项目逐渐增多,形成多样化的儿童社会福利内容体系。

(七)与中国经济社会发展水平相适应

中国适度普惠型儿童社会福利制度建设应与中国经济发展水平相适应,在经济发展的不同阶段实现不同群体、不同内容体系的儿童社会福利,儿童社会福利的水平也各不相同。首先,在中国经济发展水平不发达阶段,应优先保障特殊儿童的福利,以实现儿童最基本的生存性福利为主,儿童社会福利的水平可以适当低一些;其次,在中国经济发展水平中等发达阶段,应逐步覆盖更多儿童群体,提供更多的儿童社会福利项目,实现更高水平的儿童社会福利供给。

中国适度普惠型儿童社会福利制度的建设还应随着民主进程和政治制度的发展而逐步发展。在民主化进程和政治环境比较成熟的阶段,应加快儿童社会福利制度的建设,使中国适度普惠型儿童社会福利制度获得一个快速发展的环境,从而缩短适度普惠的总进程。

二、建设思路

中国适度普惠型儿童社会福利制度建设的基本思路是:应在中国补缺型儿童社会福利制度的基础上,按照适度普惠的基本理念,从普惠和适度两个视角,以及儿童社会福利覆盖范围、福利内容和福利水平三个维度出发,使儿童社会福利的覆盖范围从机构内特殊儿童扩大到机构外特殊儿童,从特殊儿童扩大到普通儿童,最终覆盖到全体儿童;儿童社会福利的内容从重视生存性福利扩展到以生存性福利为基础,生存性福利与发展性并重,实现儿童多样性福利需求;儿童社会福利的水平从低水平发展到高水平。逐步构建起与中国经济社会发展水平相适应的充分考察儿童权利优先顺序的有中国特色的适度普惠型儿童社会福利制度(如图5.2所示)。

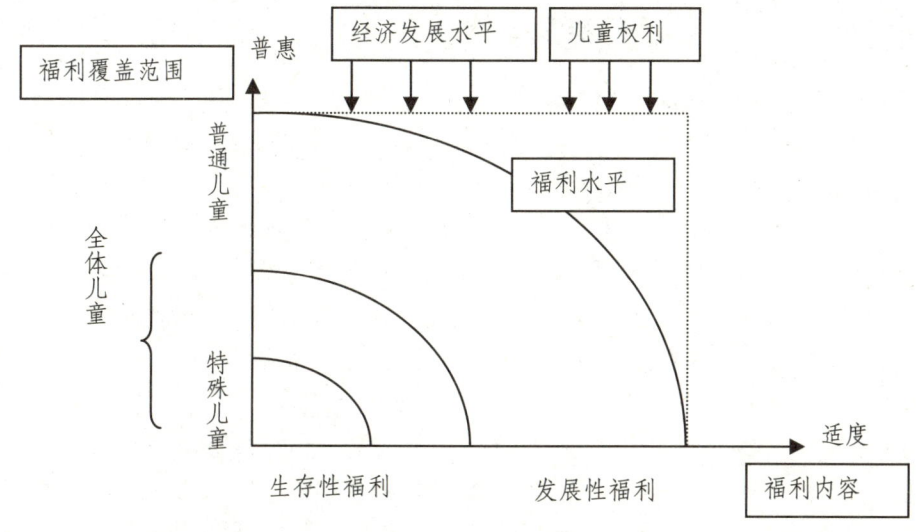

图 5.2 有中国特色的适度普惠型儿童社会福利制度

（一）基于儿童社会福利覆盖范围、内容和水平三个维度

中国儿童社会福利制度建设的主要目标是在补缺型儿童社会福利制度的基础上，探索构建起与中国经济社会发展水平相适应的、充分考察儿童权利优先序的适度普惠型儿童社会福利制度。使儿童社会福利覆盖范围从机构内特殊儿童扩大到机构外特殊儿童，从特殊儿童扩大到普通儿童；儿童社会福利内容从重视生存性福利扩展到形成以生存性福利为基础，生存性福利与发展性福利并重，关注儿童多样性福利需求的格局；儿童社会福利水平逐步提高。

（二）基于普惠与适度两个视角

中国适度普惠型儿童社会福利制度建设可以从普惠和适度两个视角进行探索。普惠是指儿童社会福利覆盖范围的普遍性，包括特殊儿童的普惠和全体儿童的普惠两个层面。适度是指渐进性，包括三层含义：一是儿童社会福利覆盖范围的渐进性，由特殊儿童中的部分群体逐步扩大到所有特殊儿童；再由所有特殊儿童逐步扩大到全体儿童。二是儿童社会福利项目和福利层次的逐步提高性，从生存性福利逐步过渡到以生存性福利为基础，生存性福利与发展性福利并重，逐步建立起多样化的儿童社会福利体系。三是儿童社会福利化水平的渐进性，随着经济的发展，儿童社会福利的给付水平逐步提高。

第四节 中国适度普惠型儿童社会福利制度建设的基本原则

中国适度普惠型儿童社会福利制度建设，必须坚持"政府主导，社会参与、逐步、适度、统一"的原则，在经济发展和人民生活水平提高的基础上逐步实现儿童的社会福利。

一、政府主导，社会参与原则

按照国家责任学说，国家是实现儿童权利和承载儿童社会福利的主要依托主体。首先，儿童由于其脆弱性和自身发展的不完善性，往往得不到公正的对待。一旦失去家庭的保护和照顾，儿童就会陷入生存和生活困境。因此，政府是仅次于家庭的第二责任主体。由于中国经济发展不平衡，地区差异大，城乡差别大，儿童所处的家庭环境各不相同。有些家庭在提供儿童福利方面显得力不从心，政府必须发挥儿童社会福利的主导作用。只有以政府为主导，中国的儿童社会福利才能统筹规划，才能从顶层设计；其次，在政府主导下的中国儿童社会福利才能有充足的财政保障和支持，才能实现儿童的福利；再次，政府主导，显示中国社会制度的优越性，是美好社会制度的体现。

当然，在政府主导的前提下，应发挥市场和其他社会组织的力量，特别是非营利性组织（如中国少年儿童发展基金会、中国福利会等）的作用，建立起儿童社会福利的多元供给格局。

二、逐步扩大，循序渐进原则

中国适度普惠型儿童社会福利制度建设必须坚持"逐步原则"，这是由中国的现实国情所决定的。中国当前乃至今后很长一段时间仍将处于社会主义初级阶段，这也意味着中国的生产力发展水平仍不高，中国没有足够的国家财力在短时间内实现全体儿童的社会福利。中国儿童社会福利制度建设必须基于这样的国情。因此，在建设适度普惠型儿童社会福利制度的过程中，应坚持优先发展特殊儿童的福利，首先使儿童所能享有的福利从部分特殊儿童，如机构内孤儿、残疾儿童、艾滋病病毒感染儿童逐步过渡到机构外的特殊儿童，使全体特殊儿童优先享有国家福利。在特殊儿童获得国家福利的基础上，逐步发展普通儿童的福利，最终实现全体儿童享有国家福利的社会制度。

当然，逐步原则并不是指中国儿童社会福利制度只能从部分特殊儿童到全体特殊儿童，从特殊儿童到普通儿童，而是指儿童社会福利制度发展的一个自然状态，是按照儿童权利优先序的一个逐步过渡的过程。

其次，逐步原则还指中国儿童社会福利制度实现进程的逐步性。根据对中国人口、经济和社会发展预测，从21世纪初叶到21世纪中叶，中国经济发展逐步经历从不太发达到较为发达的阶段，儿童社会福利逐步从生存性福利发展到以生存性福利为基础，生存性福利与发展性福利并重，从少数几项福利扩大到几十项，从而形成多样化福利的格局，儿童社会福利化水平逐步提高。

三、适应经济，适度普惠原则

适度原则是中国儿童社会福利制度建设中应把握的一个重要原则。由于中国儿童社会福利制度的发展受到诸多因素的影响，特别是经济因素的影响。因此，在中国适度普惠型儿童社会福利制度建设的过程中，应详细考察各种因素对中国儿童社会福利发展的制约作用。当中国经济发展较快，财政收入较多的时候，中国应加大儿童社会福利的财政支出，使儿童社会福利有一个较快的发展；随着中国民主进程的发展，应使儿童所能享有的福利逐步得到提高。

当然，在经济发展相对稳定的一个阶段，也可以适度超前发展儿童社会福利，这是因为儿童社会福利的潜在生产性效应，即儿童社会福利可以被视为"生产性福利"。增加儿童社会福利投入，特别是增加儿童的医疗福利、营养福利和教育福利等的投入，必将增加未来劳动者的劳动效率，增加社会总财富。

总之，建立适度普惠型儿童社会福利制度要精算出儿童社会福利投入与经济发展水平的适应性，把握其中的"度"，既不能使儿童社会福利的投入大大超前经济和财政发展的预付能力，也不能盲目减少儿童社会福利的财政支出，忽视儿童社会福利的生产性效应。

四、统筹兼顾，逐步统一原则

在适度普惠型儿童社会福利制度建设过程中，要做到三个统一：普通儿童社会福利和特殊儿童社会福利统一、城乡统一、地区统一。

建设中国适度普惠型儿童社会福利制度，必须把普通儿童和特殊儿童放在同一个体系框架下考察。适度普惠型儿童社会福利制度建设的初级阶段，主要考虑特殊儿童的福利需求；在适度普惠型儿童社会福利制度发展过程中，应逐步将普通儿童和特殊儿童同等对待，共同纳入考察对象。

建设适度普惠型儿童社会福利时，应把儿童作为一个整体进行考虑，从儿童的生命起点，经过胎儿期、乳儿期、婴儿期、少儿期、童年期、青春期直至成年，儿童社会福利重在考察不同阶段儿童的福利需求。这样一种考察方式旨在确保儿童在出生阶段就得到足够的福利，从而减少残疾、艾滋病等各类疾病发生率，也确保各个阶段儿童应有的社会福利。当然，在儿童发展的各个阶段，仍需要特别关注特殊儿童的福利。

考察儿童社会福利的发展还需要考虑城乡统一。中国在很长时间里城乡二元分割。城乡之间实行差别化的政策，城乡福利水平差距大。由于城乡之间的二元分割，儿童享有的福利不平等。城市儿童仅占全国儿童总数的30%，却拥有95%以上的儿童福利资源，而占全国儿童总数70%的农村儿童却只享有儿童社会福利资源的不到5%，广大农村儿童被排除在儿童社会福利体系之外[1]。这种状况阻碍了中国儿童社会福利制度的发展。按照罗尔斯的公平理论，每个社会成员都处于"无知的天幕"之下，每个人都可能陷入极度贫困。因此，政策的制定要最大程度地使处于最不利地位的成员得到实惠。国家应加强顶层设计，决策者在制度设计过程中应把全体儿童作为一个整体，从统筹城乡发展的角度，消除城乡二元壁垒，构建起城乡统一的儿童社会福利新体系。

统一原则也包括地区统一。当前，中国东、中、西部地区存在事实上的不统一。东部地区经济发展较快，儿童社会福利化水平较高；中西部地区经济发展较慢，儿童社会福利化水平相对较低。在儿童社会福利制度建设过程中，既要尊重这种事实，又要打破这种现状。按照福利经济学的观点，穷人每一额外单位效用的增加要大于富人每一单位效用的增加。分配愈是均等化，经济福利就愈大。因此，他们主张国家增加转移支付，实现社会公平。在中国适度普惠型儿童社会福利制度建设过程中，要加快政府转移支付的力度，使中西部地区儿童所能享有的福利随着经济的发展而逐步增多，最终实现儿童社会福利水平的地区统一。

第五节 中国适度普惠型儿童社会福利制度建设路径分析

一、中国儿童社会福利制度建设进程与经济社会发展的关系

从图5.3可以看出，一个现实可行的儿童社会福利制度受到经济发展水平、民主化进程和社会政策等多因素的制约。在经济不发达、社会民主化程度不高的情况下，优先实现的是补缺型儿童社会福利制度；随着社会经济的发展，一个更高水平的中等发达的经济体，将要求提高儿童社会福利化水平，适度普惠型儿童社会福利制度将是一个更好的选择；高度发达的经济水平和社会民主程度将要求建立全面普惠型儿童社会福利制度。当前，中国已进入中等收入国家行列，建立适度普惠型儿童社会福利制度的经济社会条件已经成熟。

---

[1] 成海军.中国儿童福利制度转型与体系嬗变[J].社会福利，2012（9）：24-30.

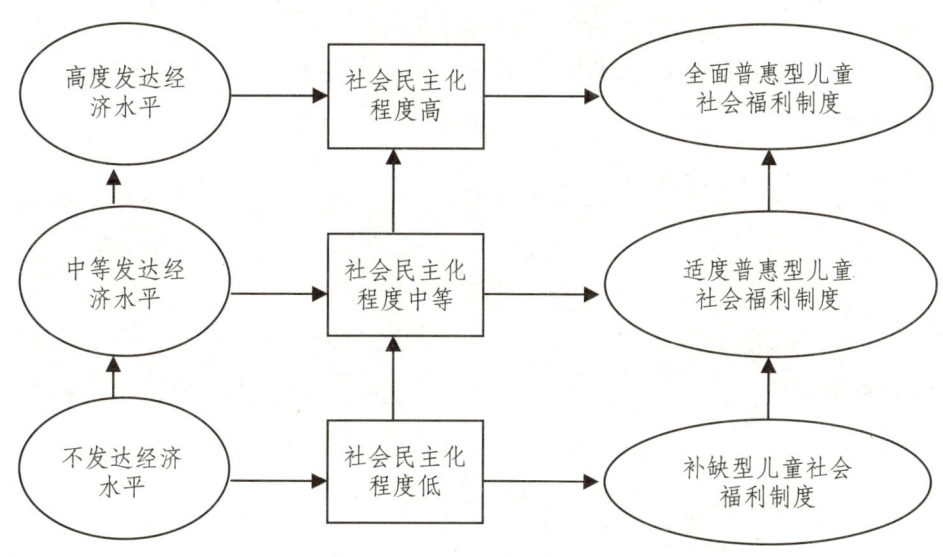

图 5.3 经济社会发展水平与儿童社会福利制度选择

二、中国人口经济社会发展进程预测

建设有中国特色的儿童社会福利，构建起有着四十年跨度的适度普惠型儿童社会福利制度，必须对相关参数进行预测。主要牵涉到三大参数：第一，人口数量增长及人口结构变化；第二，经济发展及其增长趋势；第三，政治环境。

（一）中国人口数量与结构发展预测

2010 年，第六次人口普查结果显示，中国 60 岁及以上老年人口达 17765 万人，占总人口的 13.26%，其中 65 岁及以上人口 11883 万人，占总人口的 8.9%。根据中国人口学领域学者陈卫测算，到 2020 年，中国 65 岁以上人口将达到 17139 万人，2030 年时将达到 23921 万人。2030 年，中国 65 岁及以上老年人口将首次超过 0-14 岁少儿人口[1]。根据预测，中国 0~14 岁少儿人口数预计到 2018 年达到峰值，约为 26415 万人，2050 年，0~14 岁人口数约为 21068 万人。中国 0~14 岁少儿人口占总人口的比重呈不断下降趋势，将从 2005 年的 20.6%下降到 2030 年的 15.8%，此后 20 年将维持在 15%左右。

无论是总人口数量、65 岁以上人口数量还是 0~14 岁人口数量，在 2020 年和 2030 年都将出现转折点。首先，人口总数在 2030 年出现峰值，达到 144155 万人，伴随着中国人口总量减少，将出现利用社会福利制度大力提高生活质量的变化。人口老龄化程度在 2020 年加速，达到将近 2.5 亿老人；2030 年，老年人口数量将突破 3.6 亿，老

---

[1] 陈卫.中国未来人口发展趋势：2005～2050 年[J].人口研究，2006，30（4）：93-95.

龄化程度的加速发展呼唤更完善的保障体系，要求建立更全面的福利制度。从儿童数量来看，2030 年出现拐点，0~14 岁儿童减少，儿童数量的减少有利于用既有的财富提高儿童社会福利水平。2010~2050 年人口数量和增长比例变化如图 5.4 所示。

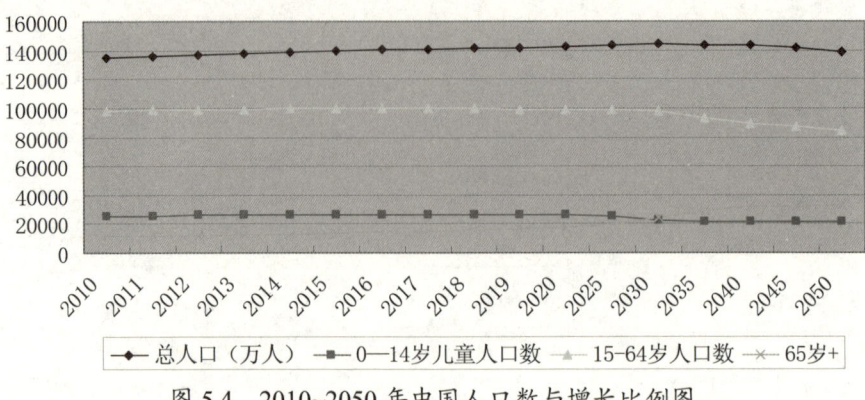

图 5.4　2010~2050 年中国人口数与增长比例图

因此，我们可以把 2020 年和 2030 年作为中国人口发展的一个重要衔接点和转折点。

（二）中国经济发展预测

改革开放以后，中国宏观经济经历高速增长。国内生产总值（GDP）从 1978 年的 3645 亿元增长到 2014 年的 636463 亿元；人均国内生产总值（GDP）从 1978 年的 381 元增长到 2014 年的 46531 元（见图 5.5 和图 5.6）。

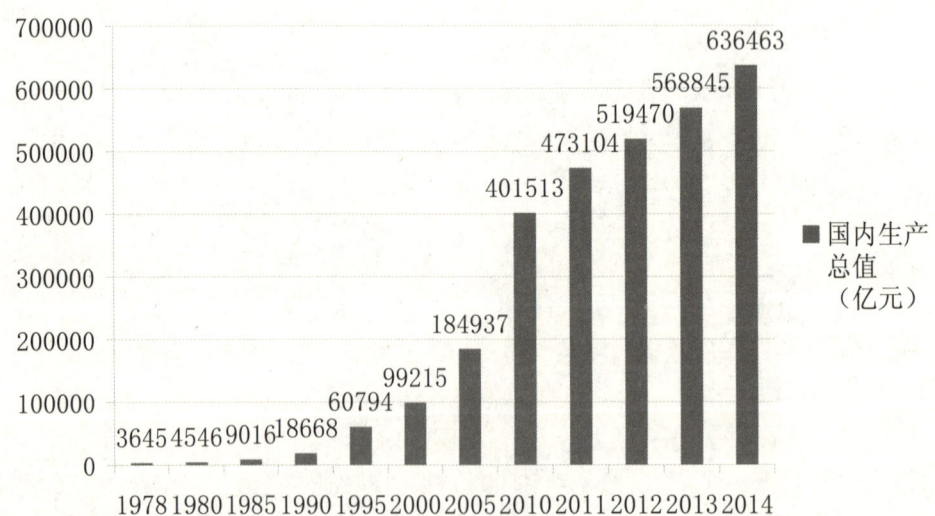

数据来源：根据《中华人民共和国 2014 年国民经济和社会发展统计公报》整理。

图 5.5　1978~2014 年中国国内生产总值增长趋势图

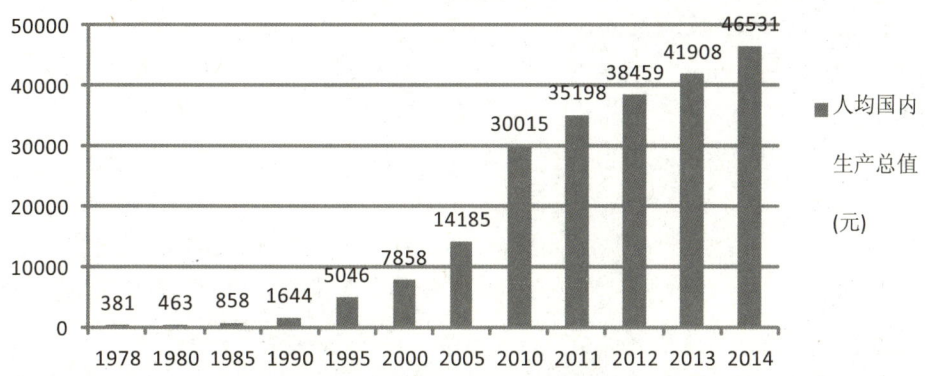

数据来源：根据《中华人民共和国 2014 年国民经济和社会发展统计公报》整理。

图 5.6　1978~2014 年中国人均国内生产总值增长趋势图

中国国内生产总值（GDP）每年平均增长率为 9.8%。结合中国的经济发展态势和发达国家的经济发展周期性与阶段性规律，可以假定中国国内生产总值（GDP）增长率缓慢下降，根据高盛全球首席经济学家吉姆·奥尼尔的预测，2011~2020 年间，中国国内生产总值（GDP）平均每年增长率为 7.7% 左右，2021~2030 年期间约为 5.5%，2031~2040 年期间约为 4.3%，2041~2050 年期间为 3.5% 左右。借鉴吉姆·奥尼尔预测的经济增长率，笔者对中国 2015 年到 2050 年的国内生产总值（GDP）进行了测算。2050 年时中国国内生产总值（GDP）将达到 358 万亿元（见表 5.1）。中国人均国内生产总值（GDP）2020 年将突破 1 万美元，2030 年将达到 2 万美元，2050 年末达到 4 万美元。2050 年时的人均 GDP 接近当前美国等发达国家的人均 GDP 水平。因此，可以将 2020 年、2030 年和 2050 年作为中国经济发展的重要时间节点。

表 5.1　中国国内生产总值（GDP）预测

年份	GDP（亿元）	年份	GDP（亿元）	年份	GDP（亿元）	年份	GDP（亿元）
2015	651473	2024	1192610	2033	1947366	2042	2832078
2016	700659	2025	1266552	2034	2041813	2043	2931201
2017	752508	2026	1343178	2035	2137778	2044	3029396
2018	807065	2027	1422426	2036	2235047	2045	3126337
2019	864367	2028	1504215	2037	2333389	2046	3221690
2020	924441	2029	1588451	2038	2432558	2047	3315119
2021	987303	2030	1675022	2039	2532293	2048	3406285
2022	1052959	2031	1763798	2040	2632319	2049	3494848
2023	1121401	2032	1854634	2041	2732347	2050	3580472

（三）中国社会政治发展战略

1987年10月，党的十三大提出中国经济建设总体战略部署：第一步，1981年到1990年，实现国民生产总值比1980年翻一番，解决人民的温饱问题；第二步，到20世纪末，国民生产总值再增长一倍，人民生活达到小康水平；第三步，到21世纪中叶，人民生活比较富裕，基本实现现代化，人均国民生产总值达到中等发达国家水平。1987年党的十五大后，提出"两个一百年"的战略目标：到建党一百周年时（2021年），使国民经济更加发展，各项制度更加完善；建国一百周年时（2049年），基本实现现代化，建成富裕、民主、文明的社会主义国家。2002年，党的十六大报告提出："我们要在本世纪头二十年，集中力量全面建设惠及十几亿人口的更高水平的小康社会，使经济更加发展、民主更加健全、科教更加进步、文化更加繁荣、社会更加和谐、人民生活更加殷实。"2007年党的十七大报告指出，确保到2020年实现全面建成小康社会的奋斗目标。2012年党的十八大报告指出，只要我们不懈努力，就一定能在中国共产党成立一百周年时全面建成小康社会，在建国一百周年时建成富强、民主、文明的现代化国家。

2020年和2050年是我党和中国的重要战略部署，即建党100年，全面建成小康社会；建国100年，基本实现现代化。因此，中国有必要将2020年和2050年作为中国社会发展的战略阶段划分点。

综上所述，2020年、2030年和2050年可以被看作是中国人口、经济、社会发展的重要战略转折点。

三、中国适度普惠型儿童社会福利制度"三阶段"路径选择

根据儿童社会福利制度与经济社会发展关系的论述，一个国家儿童社会福利制度的选择受到这个国家经济社会人口发展的制约。2020年、2030年和2050年是中国人口、经济、社会发展的重要战略转折点。因此，中等发达经济水平下，中国适度普惠型儿童社会福利制度建设也需要经过三个阶段。一是适度普惠型儿童社会福利制度的初级阶段（2010-2020年），主要是孤儿、困境儿童和困境家庭儿童等特殊儿童社会福利全覆盖，福利项目逐步增多，福利水平逐步提高；二是适度普惠型儿童社会福利制度的中级阶段（2021-2030年），儿童社会福利覆盖全体特殊儿童和部分普通儿童，城乡福利项目和内容多样化，实现较高的福利给付标准；三是适度普惠型儿童社会福利制度的高级阶段（2031-2050年），儿童社会福利逐步覆盖全体特殊儿童和全体普通儿童，提供多层次、多样化的社会福利项目，实现高水平的福利供给。到2050年时实现全体儿童全覆盖，中国儿童社会福利制度过渡到全面普惠型儿童社会福利制度建设阶段（见图5.7）。

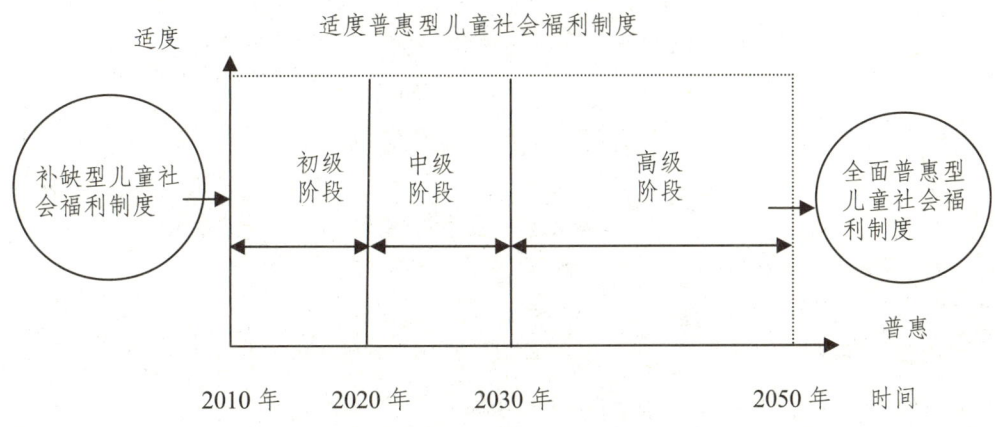

图 5.7 适度普惠型儿童社会福利制度建设进程选择

根据马斯洛关于人的需要层次理论学说，在中国适度普惠型儿童社会福利制度建设过程中，需要依次实现二个层次的儿童社会福利需要，分别是第一层次生存性福利，第二层次发展性福利。这二个层次既是按照人的需要发展的一般顺序，也是基于儿童权利优先序列，基于中国经济社会发展水平做出的划分，比较符合中国的现实要求。

通过对构建适度普惠型儿童社会福利制度时间节点和需要层次的分析，我们可以探索出具有中国特色的适度普惠型儿童社会福利制度建设"三阶段"模式，具体见图 5.8。

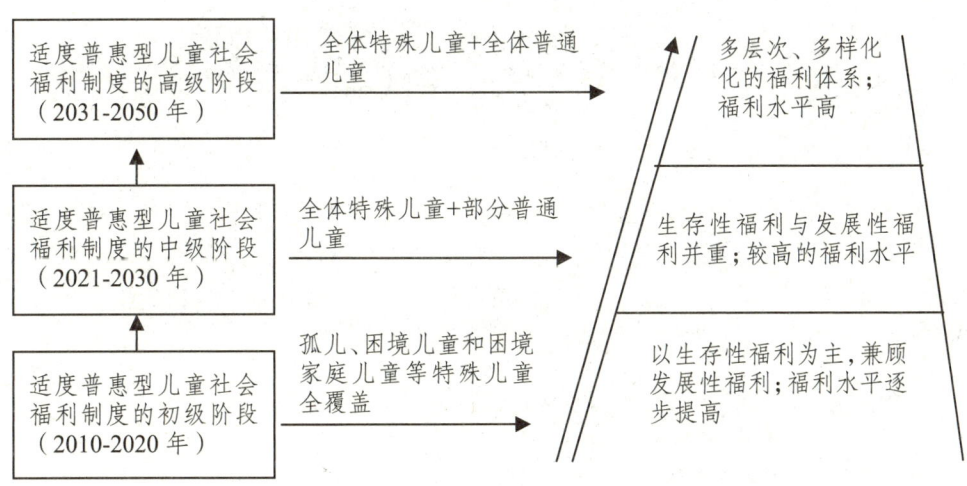

图 5.8 中国适度普惠型儿童社会福利制度建设进程"三阶段"模式

第六章　中国适度普惠型儿童社会福利制度建设探索

> 补缺型儿童社会福利制度曾经在中国经济较不发达的状况下满足了部分最迫切需要福利的儿童的需求，但是随着中国经济进入中等发达水平，中国有必要也有财力为儿童建立适度普惠型社会福利制度。
>
> 第五章阐述了中国适度普惠型儿童社会福利制度建设的必要性和可行性，厘清了中国适度普惠型儿童社会福利制度建设的理念、思路、原则和发展的路径。本章将在第五章的基础上，结合相关理论、国际经验和本国的现实国情，进一步探索以下问题：第一，适度普惠型儿童社会福利制度的覆盖范围如何扩大？第二，适度普惠型儿童社会福利制度的内容体系如何构建？第三，适度普惠型儿童社会福利制度的财政资金如何保障？第四，适度普惠型儿童社会福利制度的法律法规如何健全？第五，适度普惠型儿童社会福利制度的行政管理如何完善？第六，适度普惠型儿童社会福利制度效果如何监测？本书试图通过这两章的论述，形成相对完整的适度普惠型儿童社会福利制度建设方案。

第一节　儿童社会福利覆盖范围扩大探索

一、儿童分类划分及其理论依据

民政部在《关于开展适度普惠型儿童福利制度建设试点工作的通知》中，根据发展儿童社会福利的需要，将儿童划分为四个层次，分别是：孤儿、困境儿童、困境家庭儿童、普通儿童，依次逐步实现四个层次儿童的社会福利。民政部关于儿童分类划分，其依据是儿童权利优先序和儿童需要理论。

（一）基于儿童权利优先序的划分依据

从儿童权利优先序来考察，根据《儿童权利公约》的规定，儿童最不可剥夺的第一权利是生命权和生存权。任何儿童都不能被人为地剥夺生命，在其成长过程中，要优先保障儿童的生存权。没有生存权，就无法实现其他的权利。只有在满足生存权保障的基础上，才能考虑发展权和提高权。

四个层次的儿童中，孤儿是最缺乏保障的群体，也是生命权和生存权受威胁程度最严重的群体。孤儿缺乏父母等法定监护人的保护和关爱，没有起码的经济保障，甚至有些孤儿连基本的生理层次需要都无法满足，家庭支持缺乏程度最严重。政府有责任利用颁布的儿童社会福利制度，为孤儿提供生存权保护。在适度普惠型儿童社会福利发展初级阶段，第一要考虑的群体是孤儿。

从供养类型来看，孤儿分为社会散居孤儿和福利机构养育孤儿两种类型。在中国适度普惠型儿童社会福利制度建设的初级阶段，这两种类型的孤儿都应得到最优先的保障。一般来说，社会散居孤儿身体健康状况优于集中供养孤儿。因此，首先他们最需要得到的保障是津贴，其次为辅助教育和其他服务。根据作者调查结果，绝大部分的集中供养孤儿身体健康状况堪忧，具有不同程度的残疾。他们最需要的保障除津贴外，还需要各种生活照料服务以及心理服务。

生存权和生命权受到威胁程度较为严重的是困境儿童，包括残疾儿童、重病儿童和流浪儿童三种类型。普通残疾儿童身体具有不同程度的残疾，在父母提供力所能及的保护之后，仍处于生活困境中，亟需政府部门提供制度化的康复津贴和护理津贴，以及各种康复训练和护理服务。重病儿童包括各种大病、重病患者，尤为严重的是艾滋病感染者和患儿。艾滋病病毒感染儿童和患儿家庭变故大，自身面临生命危险，难以确保生存权和生命权。大、重病儿童的生命权和生存权也时刻受到威胁。家庭为治疗儿童的疾病，往往入不敷出，难以为继。因此，重病儿童是继孤儿享受适度普惠型儿童社会福利之后需受到国家重视和保护的一类儿童。流浪儿童的生命权和生存权受威胁程度非常高。他们往往缺衣少食，缺少父母等监护人关照，流浪街头，过着衣不蔽体、食不果腹的日子。因此，在中国适度普惠型儿童社会福利制度建设的初级阶段，这三类困境儿童应得到国家提供孤儿福利后的第二项全面性的儿童社会福利制度保障。

孤儿和困境儿童的生命权和生存权得到保障后，国家和政府需要大力关注的是困境家庭儿童。这些儿童自身身体较为健康，智力正常，但因为家庭发生各种变故，生存权和生命权遭到一定的威胁。困境家庭儿童包括父母重度残疾或重病的儿童、父母长期服刑在押或强制戒毒的儿童、父母一方死亡另一方因其他情况无法履行抚养义务和监护职责的儿童、贫困家庭儿童四种类型。父母因各种原因陷入困境，例如，因为犯罪被关押，因为重病无法获得收入，因为死亡或其他情况无法为儿童提供保护，都将导致儿童权利受到威胁。国家为这些儿童建立儿童社会福利制度，提供合适的保护和服务，将为儿童健康成长提供保障。

在适度普惠型儿童社会福利制度建设过程中，国家可以为普通儿童建立社会福利制度。普通儿童需要国家和政府给予社会福利制度的帮助，但其父母有能力保护基本生命权和生存权。国家和政府给予普通儿童的主要是发展性福利。因此，在考虑儿童社会福利优先序后，将普通儿童列为最后给予儿童社会福利的群体。

（二）基于马斯洛需要层次理论的划分依据

马斯洛需要层次理论认为，人的需要从低到高分为五个层次，最底层、最先需要满足的是生理需要，其次是安全需要、社会交往需要、尊重需要和自我实现需要。从需要层次来看，只有满足最低层次的需要之后，人们才会追求第二层次的需要。如果不能满足最低层次的生理需要，就谈不上任何高层次的需要。因此，我们要优先考虑最需要生理需要保障的群体。在儿童群体中，生理需要最缺乏保障的是孤儿。孤儿因为父母去世等原因，缺少家庭支持，最基本的生理需要难以得到满足。只有国家和政府为其提供津贴，才能确保他们的生理需要得到保障。生理需要同样得不到保障的是困境儿童，包括残疾儿童、重病儿童和流浪儿童等。因此，在适度普惠型儿童福利制度初级阶段，政府首先要考虑的是为孤儿和困境儿童的生理需要提供保障。

生理需要不一定得到保障的还包括困境家庭儿童，由于父母陷入困境、犯罪、离婚等多种原因，困境家庭儿童过着时好时坏的生活，生理需要有时能得到保障，有时得不到保障。国家在满足孤儿和困境儿童的生理需要后，就应考虑困境家庭儿童的保障。在适度普惠型儿童社会福利制度从初级向中级过渡阶段，应将困境家庭儿童纳入儿童社会福利制度保障当中。

在满足生理需要后，政府要着力为孤儿、困境儿童和困境家庭儿童等特殊儿童提供安全保障，包括医疗福利和住房福利等。安全需要得到保障的前提下，政府可以考虑为特殊儿童和普通儿童共同提供发展性福利。例如，为儿童提供健身、娱乐等福利，促进儿童身心健康发展。最后，在满足儿童的生理需要、安全需要和身心发展等需要的条件下，国家和政府可以为儿童提供满足尊重需要和自我实现需要的保障，为儿童在社会生活中积极参与民主政治、实现自我价值创造条件。

综上所述，在适度普惠型儿童社会福利制度建设过程中，依据儿童权利优先序和马斯洛需要层次理论，可以将儿童划分为四个层次，随着国家经济社会发展，依次实现四个层次儿童的社会福利，覆盖范围逐步扩大，逐步覆盖孤儿、困境儿童、困境家庭儿童和普通儿童。

二、覆盖范围扩大的三阶段探索

（一）覆盖范围扩大的依据

从第二章福利经济学理论和公平理论可以看出，国民所得越大，国民分配越均等，越有利于儿童社会福利的获得，儿童社会福利的覆盖面就会越大、越广。因此，随着中国经济的发展，国民财富的增长，儿童社会福利覆盖的范围将逐步扩大。从第六章的论述可知：儿童社会福利制度的发展与社会经济发展程度紧密相关。当经济处于不发达阶段、社会民主化程度低时，国家没有足够的人力物力财力来建设儿童社会福利制度；意识形态也无法达到建设适度普惠型儿童社会福利制度的统一高度。根据马斯格雷夫和罗斯托夫的社会发展阶段论,当经济处于初级阶段时,往往以经济建设为中心,忽视社会福利制度的发展;当经济处于中级阶段时,社会投资继续增加,但转移性支付比重增大。公共部门开始重视社会福利制度建设,适度普惠型儿童福利制度开始萌芽并快速成长。当经济社会处于高度发达、社会民主化程度高的状况时,适度普惠型儿童社会福利制度逐步完善,向全面普惠型儿童社会福利制度过渡。

由此可见,中国适度普惠型儿童社会福利制度的覆盖范围与经济社会发展程度呈正相关关系。随着经济社会和民主进程的发展,中国适度普惠型儿童社会福利制度的覆盖范围也将逐步扩大。如表6.1所示:

表6.1 适度普惠型儿童社会福利制度覆盖范围与经济社会的关系

经济发展阶段	社会文明状况	覆盖范围
中等发达经济水平初级阶段	民主化程度低	孤儿+困境儿童+困境家庭儿童
中等发达经济水平中级阶段	民主化程度中等	孤儿+困境儿童+困境家庭儿童+部分普通儿童
中等发达经济水平高级阶段	民主化程度高	孤儿+困境儿童+困境家庭儿童+普通儿童

(二)覆盖范围扩大的三阶段进程

参照国际经验,根据中国国情,结合中国人口、经济和社会发展战略,可以确定扩大适度普惠型儿童社会福利覆盖范围的三阶段时间节点。

首先,从中国经济发展预测来看,2010年,中国人均GDP达到4200多美元,相当于20世纪70年代发达国家的平均水平。发达国家在20世纪70年代纷纷建设适度普惠型儿童社会福利制度,为各类儿童设立福利保障项目。到2020年,中国人均GDP将突破1万美元,超过发达国家20世纪80年代的水平;到2030年,中国人均GDP达到2万美元,超过1990年发达国家平均水平(1990年发达的市场经济国家人均国内生产总值约为19620美元)。到2050年,中国人均GDP突破4万美元,达到发达国家21世纪初期的经济水平(其中,美国2004年人均GDP为39271美元,加拿大2006年为39004美元,日本2007年人均GDP为34296美元)。因此,以发达国家作为参照,我们可以选取2020年、2030年和2050年作为扩大适度普惠型儿童社会制度覆盖面的三阶段时间节点。

其次,从中国人口总量和人口结构来看,中国2018年0-14岁少儿人口将达到峰值,数量巨大的特殊儿童亟需儿童社会福利制度提供最基本的生活保障,以满足生理需要,保护生命权和生存权。到2030年时,中国少儿数量出现拐点,儿童数量占人口总量的比率开始下降。当社会财富较为丰富且儿童占人口总量比重下降时,有利于利用社会积聚的大量财富在保障生存性福利的基础上,扩大儿童社会福利覆盖面,实施发展性福利。2050年时,中国少儿数量占人口总量的比率将维持在较低水平,大致为15%左右,可以利用发达的经济,为全体儿童提供儿童社会福利。因此,从人口发展趋势来看,也可以将2020年、2030年和2050年作为扩大适度普惠型儿童社会制度覆盖面的三阶段时间节点。

再次，从中国社会政治发展战略来看，中国提出两个"一百年"的战略目标。到"建党一百年"时，要使国民经济更加发展，各项社会制度更加完善；到"建国一百年"时，要基本实现富强、民主、文明的社会主义国家。建党一百年时为2021年，建国一百年时为2049年。

综上所述，可以将2010-2020年、2021-2030年和2031-2050年作为适度普惠型儿童社会福利制度覆盖范围扩大的三个阶段。

适度普惠型儿童社会福利制度的初级阶段（2010-2020年）：2010年，儿童社会福利制度覆盖全体孤儿，2012年，逐步覆盖到艾滋病毒感染儿童等部分困境儿童。2013年开始到2015年，也即"十二五计划"时期，加快适度普惠型儿童社会福利制度建设步伐，覆盖面可以扩大到重病儿童、重度残疾儿童和流浪儿童等困境儿童。2016年到2020年这一阶段，也即"十三五计划"时期，逐步将覆盖面扩大到困境家庭儿童，包括父母重度残疾或重病的儿童、父母长期服刑在押或强制戒毒的儿童、父母一方死亡另一方因其他情况无法履行抚养义务和监护职责的儿童以及贫困家庭的儿童。在2020年建成覆盖孤儿和困境儿童以及困境家庭儿童，即全体特殊儿童的适度普惠型儿童社会福利制度。

适度普惠型儿童社会福利制度的中级阶段（2021-2030年）：从2021年到2030年，利用经济继续快速发展的十年，将覆盖范围扩大到部分普通儿童，包括新生儿、多子女家庭儿童等。

适度普惠型儿童社会福利制度的高级阶段（2031-2050年）：2031年到2050年的二十年中，逐步扩大到更多普通儿童，2050年时实现全体儿童全覆盖，包括普通儿童和特殊儿童在内的全体儿童被纳入国家福利的范围内。届时，全体儿童共享经济社会发展成果，形成多层次、多样化的儿童社会福利内容体系，福利水平高，中国过渡到全面普惠型儿童社会福利制度建设阶段。

适度普惠型儿童社会福利制度覆盖范围扩大的三阶段进程如表6.2所示。

表6.2 适度普惠型儿童社会福利制度覆盖范围扩大的三阶段进程

三阶段进程	时间节点	覆盖范围
适度普惠型儿童社会福利制度初级阶段	2010—2020年	全体孤儿+困境儿童（艾滋病毒感染儿童+残疾儿童、重大病儿童和流浪儿童）+困境家庭儿童（父母重度残疾或重病的儿童、父母长期服刑在押或强制戒毒的儿童、父母一方死亡另一方因其他情况无法履行抚养义务和监护职责的儿童、贫困家庭儿童）
适度普惠型儿童社会福利制度中级阶段	2021—2030年	全体孤儿+困境儿童+困境家庭儿童+部分普通儿童（新生儿、多子女家庭儿童等）
适度普惠型儿童社会福利制度高级阶段	2031—2050年	全体孤儿+困境儿童+困境家庭儿童+全体普通儿童

第二节 基于 SSM 的儿童社会福利内容体系构建探索

一、SSM 及其在儿童社会福利中运用的可行性

（一）SSM 概况

1. SSM 的由来

SSM 是 Soft Systems Methodology 首字母的缩写，翻译成汉语，即软系统方法论，它的创立者是英国学者切克兰德（Peter Checkland）教授。

1981 年，切克兰德出版第一本与 SSM 有关的书（Systems Thinking ,Systems Practice,《系统思考，系统实践》）。在这本书中，他提出"七-阶段模型"[1]。在这个七-阶段模型中，前两个阶段需要确定问题情境，找出问题并表述问题的属性。为了使一些最初的选择能够形成相关活动系统，这些表述必须是足够的。在第三阶段，将相关活动系统进行根定义，并在第四阶段将其模型化。接下来几个阶段用模型去使深层的问题情境结构化（第五阶段"比较"）并且寻求定义能够改进情境的变革，这些变革必须满足两个准则：道义上需要的和实施上可行的（第六阶段）。第七阶段，采取行动，改进问题情境。当遭遇新的问题情境，七阶段模型重新开始，并进入新的循环。七-阶段模型如图 6.1 所示：

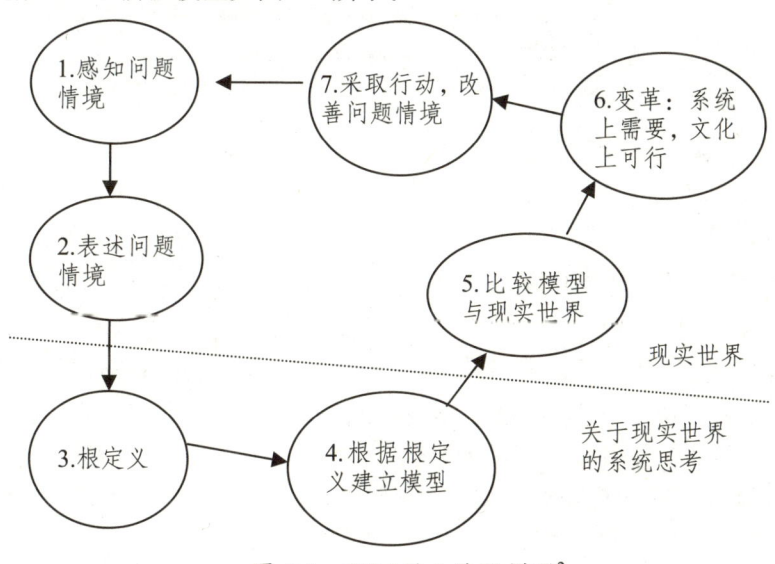

图 6.1　SSM 的七阶段模型[2]

---

[1] Checkland. Systems Thinking ,Systems Practice.Chichester:Wiley,1981:163.
[2] Peter B. Checkland，Jim Scholes. Soft systems methodology in action[M]. John Wiley & Sons Australia, Limited,1990:27.

2. SSM 的核心内容

SSM 的核心内容主要由 3 个环节构成。

（1）感知和表述问题情境

由于人类活动的复杂性，很多现实世界情境都是无结构的"软问题"，这些问题缺乏组织结构、边界模糊，更主要的是，它们难以"定义"。问题本身就是一个难以求解的"问题"。为此，切克兰德认为，为更好地表述问题，必须构建"丰富图（Rich Pictures）"[1]。切克兰德认为，图比线更好。因为，人类活动是一个多样化交互的复杂关系，而图在表达复杂关系时是一个比线条更好的媒介，图能够完整而清晰地阐述一个功能整体，也能够帮助人们更好地理解探索问题情境的思想。相反，线条在表达人们的求索过程中则显得苍白。构建图形对有些人来说比较容易，但对有些人来说则很难，使用者需要发展一种对其个人来说是既舒服而又自然的构建"丰富图"的技巧。

除构建"丰富图"以外，另外一种帮助抓住问题情境的框架就是"分析一二三"。"分析一"是一种干预测试，目前已经成为思考的一个重要的嵌入部分。丰富图有助于把人们的注意力集中于人类活动中利益相关者的一群人或一个群体，而"分析一"中被"问题解决者"选中的可行的、合理的"问题所有者"的列表，总是"相关系统"可能被模型化的主要思想来源。干预测试必须在一个非常自由宽松的环境中进行。构成社会和政治分析框架的"分析二"和"分析三"现在也完全嵌入实践中。"分析二"主要是一种社会分析法，运用文化的视角展示问题情境的社会背景和社会功能。"分析三"是一种政治分析框架，通过政策环境和对政治问题的分析，从而聚焦现实世界情境的政治背景。

（2）构建目标活动模型

①目标活动模型在 SSM 中的作用

SSM 中的目标活动模型是一些装置———一些智能装置，他们的作用在于帮助对于要解决的问题情境构建探索路径。

②根定义，CATWOE

为了构建一个复杂的目标活动概念模型，人们需要对目标活动模型做出清晰的定义。这些定义的表述，SSM 中称之为"根定义"，其实质就是目标活动的一种转换过程（T）。任何一种目标活动都可以表述为这样一种形式：一个实体，从转换过程的输入（input），经过转换，变成一个不同的状态或形式，从而变成过程的输出（output）（见图 6.2）。一个关于 T 的大胆而宽泛的陈述可以作为"根定义"，但这必定会产生一个非常一般的模型。更大的特异性，导致在大多数情况下更多的有用的模型。因此，T 通过定义其他要素记忆符号 CATWOE 而得以阐述。

---

[1] Peter B. Checkland，Jim Scholes. Soft systems methodology in action[M]. John Wiley & Sons Australia, Limited,1990:A16.

构成根定义的其他要素符号 CATWOE 可以表述如下[1]：

C（Customers，顾客）：任何在系统转换（T）过程中受益或利益受损者

A（Actors，执行者）：那些负责系统输入和输出的执行者

T（Transformation process，转换过程）：从输入转换为输出

W（Weltanschauung，世界观）：德语"世界观"的意思，指转换要具有综合意义

O（Owners，所有者）：那些能够终止"T"的人

E（Environment constraints，环境约束机制）：系统外的一些影响因素，如法律、政策、文化、经济等

资料来源：Peter B. Checkland，Jim Scholes. Soft systems methodology in action[M]. John Wiley & Sons Australia, Limited,1990:34.

图 6.2　SSM 的转换过程

③模型构建

一旦完成根定义，对其他要素 CATWOE 进行表述，就可以根据根定义中的转换功能构建模型。构建目标活动系统模型的逻辑程序如下[2]：

给定：定义 T，$E_{1,2,3}$，CATWOE，根定义

第一步，在祈使句中使用动词写下需要执行 T 的活动。目标为 7±2 项活动，这些活动应属于同一个层次。

第二步，选取可以立刻去做的活动（各类活动之间不相互依赖）。

第三步，把这些立刻去做的活动依次排列出来，然后那些依赖这些第一类活动的活动再依次排列，以此类推，直到所有活动都被排列出来。

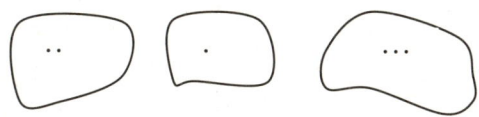

第四步，表明他们的依赖关系。

---

[1] Peter B. Checkland，Jim Scholes. Soft systems methodology in action[M]. John Wiley & Sons Australia, Limited,1990:35.

[2] Peter B. Checkland，Jim Scholes. Soft systems methodology in action[M]. John Wiley & Sons Australia, Limited,1990:A26.

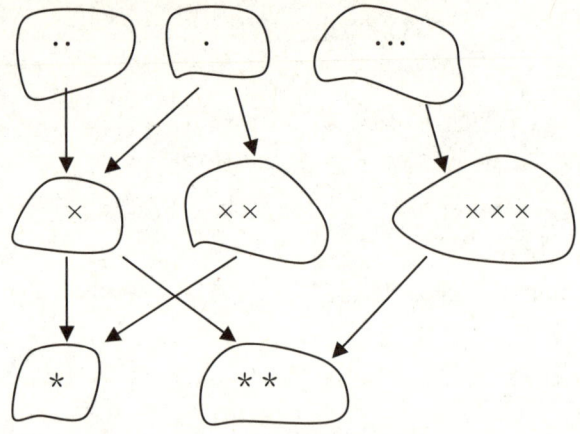

第五步,在那些箭头可能重叠的地方重新绘制一下,然后添加监测和控制图标。以上构建模型的路径也可以通过图 6.3 来表述:

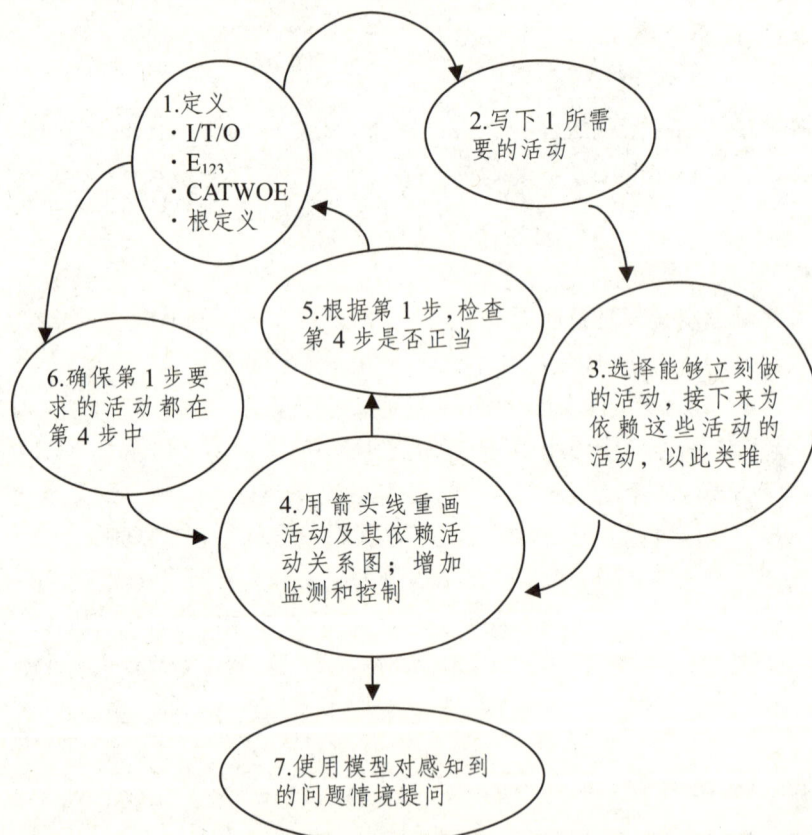

资料来源:Peter B. Checkland, Jim Scholes. Soft systems methodology in action[M]. John Wiley & Sons Australia, Limited,1990:A27.

图 6.3 SSM 中模型构建过程

（3）探索情境并采取行动

最初使用模型的方式，正如在《系统思考，系统实践》中描述的那样，以及在《软系统方法论——行动篇》中所使用的，仍然是最为普通的一种方式——SSM"七阶段模型"中的比较阶段（第五阶段），即通过目标活动模型与现实世界情境进行比较，在讨论中导出问题情境的变革。

但随后十来年的发展，SSM又发展出两种模式用以探索问题情境。第一种方式是比较原始的一种，即SSM作为一种行为导向的方法（action-orieted approach），力图探寻能够促使"从行动——改善"得以实现的利益冲突双方和解的办法。在这种模式中（行为导向方法），常加以考虑用以表达变革的术语是结构变革、过程变革和态度变革这三类词。一般地讲，考虑可取和可行的变革可以如图6.4那样进行初步的勾勒。

资料来源：Peter B. Checkland，Jim Scholes. Soft systems methodology in action[M]. John Wiley & Sons Australia, Limited,1990:A30.

图6.4 考虑可取和可行的变革

第二种广泛使用的方式叫意义建构法（sense-making approach）。在SSM的活动目标模型中可以用意义建构法来解决复杂的问题情境。目前比较流行的概念有"组织""功能""职业""职业生涯"等。意义建构法最近在国民保健服务体系中得到很好的展示。

3. SSM 的特点

软系统方法论（SSM）主要应用于那些包含有大量复杂的、组织化的情境和问题，并包含有大量的社会、政治以及人为活动因素的人类活动。与硬系统方法论（HSM）相比，它有几个显著的特点。

首先，SSM 面对的是复杂的人类活动问题。在复杂的现实世界中，只有问题情境，没有确定的问题。问题本身的不明确性、无结构化、难以定义以及边界不清等，使得对于问题的解决，不能像面对"硬问题"那样，使用硬系统方法论就可以解决。对于这些"软问题"，必须构建"丰富图"才能在纷繁复杂的问题情境中探寻和表述问题。

其次，由于人们世界观不同，对无结构问题的解决表现出不同的思想与意见，存在不同的解析路径，往往难以找寻出最优方案，必须通过多次讨论、咨询，在目标活动模型与现实世界的多次比较中才能导出变革的方案。

再次，SSM 作为一种方法论，它是人们认识人类活动的工具，它本身不能提供"答案"，而只能为人们找寻答案提供认识的方法和路径，它更多地关注解决问题的方法。

最后，HSM 的核心是优化过程，而 SSM 的核心是学习过程，是一个不断认识的过程。

（二）SSM 在儿童社会福利中运用的可行性分析

儿童社会福利问题本身就是一个复杂的利益相关系统。在这里，既有各类儿童——特殊儿童和普通儿童，也有儿童社会福利的各类相关机构，民政部门、医疗保健部门、教育部门、卫生部门、安全部门等，还牵涉到家庭、社会、政府等各类儿童利益相关方。在外部环境方面，还受到来自于经济的、政治的、传统习俗以及社会资源等各种因素的影响。因此，建立什么样的儿童社会福利制度是一种复杂的博弈过程。必须通过构建"丰富图"，包括从文化上和政治上分清各利益攸关方的关系及其现状背景，才能在纷繁复杂的儿童问题情境中表述清楚儿童社会福利政策问题。

SSM 恰好满足儿童社会福利制度分析所必须的条件。由本节所介绍的 SSM 可知，SSM 考虑整个系统中各相关主体之间的博弈。在构建的理想世界（模型）之前，SSM 要求先深入地了解现实世界，符合马克思主义主张的唯物主义世界观。在对现实世界作深入了解后，SSM 要求对现实世界和理想世界进行对比，找出现实世界和理想世界的不同，探讨实现理想世界的路径。因此，这一方法在适度普惠型儿童社会福利制度构建时能结合中国实际情况，考虑儿童的实际需求，考虑各相关机构的利益博弈，最终构建理想的制度。

综上所述，SSM 能为适度普惠型儿童社会福利制度内容体系构建提供方法论上的指导。虽然 SSM 不能提供现成的答案，但它却是认识儿童社会福利政策问题的工具。

二、感知和表述儿童社会福利问题情境

（一）感知问题情境——中国儿童社会福利制度现实概况分析

在第三章和第四章中，笔者对中国儿童社会福利制度进行了调查和分析。首先，从特殊儿童方面分析，孤儿由于失去父母和家庭的照料，最先被纳入国家保障体系。从新中国成立到进入 21 世纪，孤儿一直是国家照料的对象，改革开放前和改革开放后，在经济相对不发达的条件下，机构内孤儿享受"五保"待遇和获得定额补贴，但待遇水平很低，散居孤儿没有生活保障。进入 21 世纪，孤儿的照料水平和福利待遇逐步提高。2010 年，国家为所有孤儿发放基本生活津贴，从而使孤儿得到普享待遇。2012 年，国家为所有感染艾滋病的儿童发放基本生活津贴，从而建立起第二项普惠型福利。机构内残疾儿童享受到医疗康复照料，并获得一定的医疗补贴；机构外残疾儿童可以获得大病救助。但整体上看，残疾儿童的生活状况并没有得到根本改变，国家尚未为所有残疾儿童提供津贴。国家为流浪儿童提供短暂的庇护所，为有需要的流浪儿童提供衣服、食品和简单的职业技能培训，并给予必要的照料。但流浪儿童需要国家给予家庭支持，以便解决家庭贫困和家庭暴力等家庭问题带来的反复流浪问题。贫困家庭儿童虽然可以享受到低水平的生活救助，但这远远不能满足其对于营养的需求，贫困家庭儿童的医疗救助也急需得到保障。尽快建立家庭津贴制度是满足贫困家庭儿童成长需要的物质基础。服刑人员未成年子女是一个不被社会所悦纳的群体，他们生活在阴影中，生活在恐惧和被排斥的社会压力下，他们除面对来自外界的冷漠外，还有自身内心的自卑。服刑人员未成年子女可能还面临生活上的窘困和教育上的被忽视。单亲家庭子女是一个被忽视而又实际存在的庞大群体。随着中国离婚率的持续上升，单亲家庭数量急剧增加。单亲家庭中的儿童承受着隐藏在内心深处的伤痛，他们除需要学会自立自强以外，还需要面对来自家庭经济的压力和生活上的困难。

其次，从普通儿童所享有的福利来看，在儿童医疗保健和服务方面，全体儿童享受部分免费接种疫苗。在受教育方面，国家实施九年免费义务教育。在优惠福利方面，符合身高条件时，享有半价或免费出行。但是，民政部门开展的面向普通儿童的儿童福利政策非常少。近几十年来中国总和生育率持续下降，出生人口总量的下降必然要求提高人口质量。儿童所享有的福利必须扩大，至少应在以下几方面扩展普通儿童的福利：实现儿童重大病和特殊病种免费治疗；提高儿童营养；建立儿童营养补助计划，包括胎儿、婴幼儿、学龄前儿童、义务教育阶段儿童等的营养补助和食物补贴；建立家庭津贴制度，为多儿童家庭提供津贴；发展儿童教育，提供儿童早期教育家庭指导，建立免费学前教育，逐步实现中等职业教育免费。

从第三章笔者的调查可知，中国已经建立了全国性的孤儿生活津贴制度和艾滋

病感染儿童生活津贴制度，在各试点地区或儿童社会福利比较发达的地区，还建立了面向困境儿童、困境家庭儿童以及普通儿童的单项福利制度。但全国性的系统地面向困境儿童、困境家庭儿童以及普通儿童的社会福利制度还有待建立或完善。中国适度普惠型儿童社会福利制度初创阶段的儿童社会福利体系内容现实情况如表6.3 所示：

表6.3 中国适度普惠型儿童社会福利制度初创阶段的福利内容现实情况总结

儿童类型	已有福利	已有福利的实施地区	尚缺少的福利
孤儿	孤儿生活津贴、孤儿医疗福利、孤儿教育福利、孤儿就业福利、孤儿住房福利、孤儿服务性福利	孤儿生活津贴制度已在全国普遍实行，但是孤儿服务性福利、医疗福利和教育福利主要是全面覆盖机构内孤儿，散居孤儿还有待普及全面覆盖；孤儿就业福利和住房福利主要在上海市、湖南省等试点地区实行	集中供养孤儿需要心理健康服务和教育服务等，社会散居孤儿还需要就业福利和住房福利等
困境儿童	艾滋病儿童生活津贴、残疾儿童康复补贴、困境儿童教育福利、残疾儿童就业福利、残疾儿童福利服务、流浪儿童救助站（中心）	艾滋病儿童生活津贴已在全国实行，残疾儿童康复补贴和困境儿童教育福利在全国部分地区执行 流浪儿童救助站全国设立	残疾儿童生活津贴、流浪儿童医疗福利、困境儿童住房福利等仍缺少
困境家庭儿童	贫困家庭儿童教育券、爱心营养餐券、教育资助 贫困家庭儿童全额医疗资助、贫困家庭儿童营养午餐、贫困家庭教育减免和住校补贴等 单亲困境家庭儿童生活津贴、重残（病）家庭儿童津贴、暂时性失依儿童津贴 服刑人员子女生活津贴	贫困家庭教育券、爱心营养餐券在浙江海宁等实行；贫困家庭儿童全额医疗资助、营养餐、教育减免和住校补贴等在国家实施扶贫工作的贫困地区实行 广东省深圳市等试点地区执行了面向单亲、父母重病等困境家庭儿童的福利 上海市等实行服刑人员子女生活津贴，尚未普及	贫困家庭、重残（病）家庭儿童生活津贴 困境家庭儿童营养补贴 困境家庭儿童教育服务 困境家庭儿童心理健康服务
普通儿童	接种疫苗、儿童参观、儿童乘坐公共交通工具免费 日常保健和定期免费体检 初中后免费职业教育和学龄前一年免费教育 农民工子女免费午餐	接种疫苗全国执行，儿童参观、乘坐公共交通免费部分地区实施，日常保健和定期免费体检在上海、长沙、浙江海宁等地实施，广东省深圳市等实施职业教育和学前教育免费，上海奉贤区等实施农民工子女免费午餐	生活津贴 各类补贴 优惠福利标准有待改善，由按照身高改为按照年龄，放宽条件

（二）表述问题情境——中国儿童社会福利制度"丰富图"绘制

根据切克兰德的 SSM，一张"丰富图"必须尽可能多地捕捉到跟问题相关的信息。"丰富图"应尽可能揭示问题的边界、结构、信息流以及沟通渠道。通常，"丰富图"应包含以下信息：结构、过程、趋势、人、人表达的问题和冲突。

下面是根据 SSM 绘制的一张中国儿童社会福利制度"丰富图"[1]（见图 6.5）。

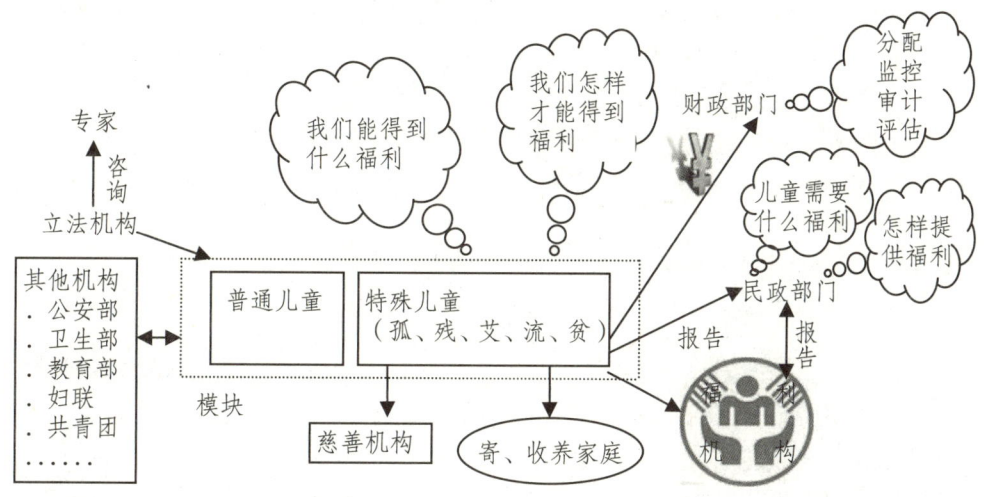

图 6.5　中国儿童社会福利制度"丰富图"

从图 6.5 可以看出，在中国适度普惠型儿童社会福利制度下，特殊儿童是儿童社会福利问题的主要关注对象。另外，在这张图中，还揭示了其他各类信息，如普通儿童、财政部、民政部、其他各类组织，以及福利机构、慈善组织、寄（收）养家庭、立法机构、专家等。

在图 6.5 中，特殊儿童与立法机构、民政部、财政部以及替代性养护机构之间构成复杂的结构关系。首先，立法机构通过的法律法规制约着儿童社会福利的享有。由于中国没有通过《儿童福利法》，特殊儿童所能享有的各类福利隐含在各种上位法中，相对来讲，儿童所能享有的福利不完整，不充分。其次，特殊儿童与民政部门之间构成一对主要的结构关系。

民政部门是儿童社会福利的主要主管单位，负责着特殊儿童福利政策的制定、儿童福利需求的调查、儿童福利的发放。在图 6.5 中，特殊儿童说："我们可以获得什么福利？"民政部门的回答是："我们可以为儿童提供什么福利？"

再次，特殊儿童与替代性养护机构之间构成一对冲突关系。特殊儿童社会福利

---

[1] 曹艳春，戴建兵. 基于 SSM 的我国适度普惠型儿童福利体系构建[J]. 大连理工大学学报，2014（4）：101-107.

的享有往往受到儿童福利院和家庭寄养收养机构的影响。当替代性养护机构数量少、服务质量差时，特殊儿童所能享有的福利就会受限。

当前，中国总体上儿童社会福利性机构少，集"养、教、康、治"于一体的大型综合性儿童福利机构更是缺乏，这些严重影响了特殊儿童享有的服务。另外，财政部门作为最后的支持体系，对儿童社会福利负有提供财政保障和监控的功能。一方面，财政的分配功能，使得特殊儿童所能获得的资金保障取决于财政的支出取向，另一方面，财政部门还发挥着对儿童社会福利资金流向的监控、审计和评估的功能。

图6.5清晰地表明在中国适度普惠型儿童社会福利制度下，主要的对象关系是特殊儿童与各类相关机构之间的关系。因此，当前，中国适度普惠型儿童社会福利制度应优先探讨特殊儿童的社会福利，逐步过渡到对普通儿童社会福利的探讨。

三、儿童社会福利制度目标活动模型构建

（一）相关系统根定义，CATWOE

按照切克兰德的传统"七-阶段模型"，在感知问题情境和表述问题情境以后，接下来的步骤就是把目光从现实世界中移开，进入对现实世界的系统思考阶段，切克兰德将其称之为"根定义阶段"。

切克兰德认为，根定义的过程其实质就是目标活动的一种转换过程，而转换过程可以通过其他要素记忆符号CATWOE而得以阐述。因此，对中国适度普惠型儿童社会福利制度进行根定义的过程可以分成两步：第一步，完成从input到output的转换（T）；第二步，对CATWOE进行定义。

1. T转换

T转换的过程是一个从input到output的过程。中国适度普惠型儿童社会福利制度建设的起始点（input）是补缺型儿童社会福利制度，需要经过一个转换过程，实现适度普惠型儿童社会福利制度的改进，从而达到终点（output）建立完善的普惠型儿童社会福利制度。这一转换过程如图6.6所示。

图6.6 中国儿童社会福利制度的转换

而要完成T转换，首要的一步就是要理解那些可能画出"丰富图"的不同观点的概念，切克兰德将其称之为"穴"（holons）——那些可以描述现实世界活动的合

理的、相关的、有目的的观点。尽管这些观点可能未加讨论，或者未被组织中的高级管理人员承认，它们仍然是一些有价值的观点，而且将影响到任何干预的相关性和成功程度。

在笔者进行的访谈过程中，管理者和儿童以及儿童的家长提出了一些有价值的观点：完善儿童社会福利的法律法规，尽快出台《儿童福利法》；改变儿童管理机构的职能，建立儿童福利局统一管理儿童的各项事务，实现以政府为中心的福利行政向以儿童为中心的福利服务转变；把保障儿童的资金列入财政预算，增加儿童社会福利的财政支出。扩大儿童社会福利项目，从少数几项扩大到几十项；提高儿童社会福利覆盖范围，优先实现孤儿、困境儿童和困境家庭儿童全覆盖，逐步扩大到普通儿童；通过多项儿童福利政策或议题，把儿童问题变成社会中心议题之一；加快儿童社会福利机构建设，县（区）一级至少建立一处集"养、治、教、康、特"为一体的大型综合性儿童福利院；建立政府支持家庭系统，为贫困家庭儿童、流浪儿童等提供家庭教育指导，为婴幼儿提供营养补贴；完善儿童档案和监测数据等基本信息数据库，改进儿童福利管理效率。

2. 定义 CATWOE

首先，定义 T，即系统的转换过程。如前所述，中国适度普惠型儿童社会福利制度的转换过程，即：从补缺型儿童社会福利制度转向全面普惠型儿童社会福利制度。

其次，定义 W，即世界观，能够赋予系统转换以综合意义的观念。中国建设适度普惠型儿童社会福利制度，其根本目的在于兑现全体儿童所应享有的福利。因此，可以这样定义 W：为实现包括特殊儿童和普通儿童在内的全体儿童享有基本的生命权、生存权、发展权以及社会参与权等权利，应使儿童社会福利制度从补缺型逐步过渡到普惠型。在中国经济发展的特定阶段，即从 21 世纪初叶中国步入小康社会到 21 世纪中叶中国达到中等发达国家水平这一阶段，优先实现适度普惠型儿童社会福利制度。

再次，定义 C，即受益者或受损者。建设适度普惠型儿童社会福利制度过程中，特殊儿童是既得利益者，在转变前和转变后，他们都将获益，但转换后受益更多；反之，对于普通儿童，在系统转换前，他们获得较少的福利，系统转换后，他们会随着法律制度和国家政策的转变而受益。因此，经过系统的转换，特殊儿童和普通儿童的社会福利均增加，他们都被纳入到受益的系统中来。所以，C 既包括特殊儿童，也包括普通儿童。可以得到结论：

C——指特殊儿童和普通儿童。

第四，定义 A，即执行者。要完成中国儿童社会福利制度从补缺到适度普惠的转变，在这一过程中，有许多部门参与其中。最直接的应是各级民政部门，他们直接实现儿童社会福利制度的转变；其次，包括各级财政部门，他们完成儿童社会福利的财政预算与拨付；再次，包括各类社会福利机构，他们为儿童提供各种服务。最后，包括其他相关部门，参与儿童社会福利制度转变的执行。因此，

A——指民政部门、财政部门和其他儿童社会福利机构等。

第五，定义O，即可以终止系统的人或组织。谁能够阻止中国儿童社会福利制度从补缺到适度普惠的转变？最有可能的一种情况应该是法令的制定者，或者政策的制定者。在中国，法令的制定者是中央和地方各级人大，政策的制定者是国务院和地方各级政府。因此，

O——指中央和地方各级人大，国务院和地方各级政府。

最后，定义E，即外部环境因素。在中国儿童社会福利制度从补缺到适度普惠的转变过程中，哪些是影响其转变的外部因素？综合考虑经济发展水平、财政支出、人口结构变动、政治因素、中国传统文化和人们的观念，发现均能构成其影响因素，如果要进一步确认，还需要进行回归分析。因此，暂时将这些因素界定为系统的外部影响因素。可以将其定义为：

E——指经济发展水平、财政支出、人口结构变动、政治因素、中国传统文化、人们的观念和国外儿童福利制度等的影响。

3. 根定义

切克兰德认为，在完成了系统转换，并对其他关键要素CATWOE进行定义以后，就可以对系统进行根定义。切克兰德建议，可以通过以下公式对根定义进行表述：

一个系统为了做 Z，经由 Y，通过做 X 从而实现。即 $Z=X+Y$

其中，Y 包括五个"W"：，即：Who（谁）、What（做什么）、When（何时）、Where（在哪里）和Why（为什么）。

这样，按照切克兰德的根定义公式，根据在系统转换和世界观中得到的结论，可以对适度普惠型儿童社会福利制度建设系统进行根定义：

为了实现包括普通儿童和特殊儿童在内的全体儿童享有生命权、生存权、发展权和社会参与权等权利，在中国经济发展的特定阶段（从21世纪初叶，中国步入小康社会到21世纪中叶中国达到中等发达国家水平为止），中国的法令制定者和政策制定者应采取一切措施，使儿童社会福利覆盖范围从特殊儿童扩展到普通儿童，福利项目从少数项目扩展到多样化的项目，从而使中国儿童社会福利制度从补缺型转变为适度普惠型。

（二）根据根定义构建目标活动模型

切克兰德认为，在构造出根定义以后，就可以根据根定义构建目标活动模型。关于目标活动模型构建的步骤已在本章中详细阐述，这里不再赘述。但是，切克兰德也指出，已经构建的目标模型要进行检验，看它是否能够证实系统的特性。这些特性包括：是否是一个可持续的目标；是否是绩效评估的手段；是否是决策过程；是否组件也是系统；是否是交互的组件；是否存在外部环境；系统和环境之间是否

存在边界；是否是一种资源；是否具有连续性。

1. 写下必要的活动名称

在祈使句中使用动词写下实现系统转换（T）所必要的一些活动。目标为 7 ± 2 项活动，这些活动应在同一个层次上。

为实现适度普惠型儿童社会福利制度，必要的一些活动包括：首先，增加儿童社会福利覆盖范围，从孤儿→困境儿童→困境家庭儿童→普通儿童。其次，扩大儿童社会福利项目，从少数几项增加到几十项，从生存性福利→发展性福利。第三，增加儿童社会福利财政支出，扩大其占财政支出的比例。第四，尽快出台《儿童福利法》，使中国儿童福利有法可依。第五，成立行政级别更高的儿童管理机构——儿童福利局，取代儿童福利处。

2. 选择那些能够立刻着手去做的活动

在以上五项活动中，哪些活动能够立刻着手去做呢？

首先，分析第一项，扩大儿童社会福利覆盖范围，使儿童社会福利从困境儿童扩展到困境家庭儿童，再逐步扩大到普通儿童。这项活动具有现实可行性。当前，中国儿童社会福利服务对象已经从孤儿逐步覆盖到艾滋病病毒感染儿童，接下来可能覆盖到事实无人抚养儿童、重病儿童、重度残疾儿童、服刑人员未成年子女、流浪儿童等，再往后可能逐步覆盖到贫困家庭儿童、普通儿童。民政部在 2013 年下发的《民政部关于开展适度普惠型儿童福利制度建设试点工作的通知》中也提到："所谓适度普惠型，是指逐步建立覆盖全体儿童的普惠福利制度。"因此，扩大儿童社会福利的覆盖范围具有政策依据和现实可行性。

其次，分析第二项，扩大儿童社会福利项目。中国目前已经有两项普惠性儿童社会福利。这两项主要是生活福利，满足儿童生存性需要。如果要继续增加儿童社会福利项目，需要考虑增加哪些方面的福利？可以增加多少项？就目前国家经济发展水平和财政投向以及民政部的政策取舍，结合《中国儿童发展纲要（2011-2020 年）》，我们可以推断：中国适度普惠型儿童社会福利制度仍然会优先保障儿童生存性需要，也就是会优先考虑孤儿、艾滋病病毒感染儿童、事实无人抚养儿童、重病儿童、重度残疾儿童、服刑人员未成年子女、流浪儿童等的生活福利和医疗福利。由于教育在人力资本中的重要地位，以及中国经济和社会发展中长期规划等对公平教育机会的重视，儿童的发展性福利——教育福利会得到重视。因此，再增加几项儿童社会福利项目，在理论上具有可行性。但这还需要分析中国经济是否具有承担能力。笔者在第六章的预测表明：中国具备强大的经济实力保障儿童社会福利项目的扩大。所以，扩大儿童社会福利项目也是可以立即着手去做的一项活动。

再次，分析第三项，增加儿童社会福利财政支出，扩大其占财政支出的比例。

当前，有关儿童社会福利的支出费用并未列入国家财政预算科目。因而，用于儿童社会福利的各项支出具有临时性，有时甚至缺乏保证。从国家财政支出的增长情况来看（见图6.7），随着国家经济的持续健康发展，财政支出的增长也会持续。但若要扩大儿童社会福利支出占财政支出的比例，则需要国家把儿童放在一个更加重要的地位。从中国签署《儿童权利公约》以来发布的各项政策和通过的各类儿童纲要来看，中国政府正在把儿童置于更重要的位置。所以，这项活动也可以立刻着手去做。

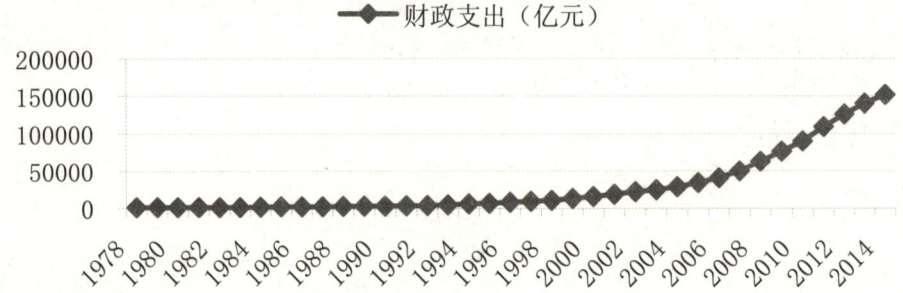

数据来源：根据2014年《中国统计年鉴》及2014年《国民经济和社会发展统计公报》整理。

图6.7　1978-2014年中国财政支出增长情况

再来分析第四项，尽快出台《儿童福利法》。为儿童福利立法，来源于对儿童权利的保障。世界上，德国和日本均制定了《儿童福利法》，中国台湾地区也有《儿童福利法》。澳大利亚从20世纪70年代开始颁布《1975年家庭法法案》与《儿童和青少年法案》，为保障儿童幸福提供法律依据。美国虽然至今都没有加入《儿童权利公约》，但却有一套较为完善的儿童福利保障法律体系。

中国是否会立刻出台《儿童福利法》？从理性的角度分析，一部法律的出台，需要经过长时间的酝酿，经过多次调研、讨论，要有广泛的民意基础。当前，适度普惠型儿童社会福利还刚刚进入人们的视野，有关儿童的各项管理和制度规定散落在各类法律法规中，为儿童社会福利立法缺乏广泛的民意基础。但有关中国儿童的发展已被写入各类中长期发展规划中，也在中国儿童发展纲要中得到体现，儿童在国家社会生活中的重要性得到进一步体现。因此，从综合的角度分析，在短期内出台《儿童福利法》会面临一定阻力，但随着中国经济、社会和民主进程的发展，在不久的将来必定会出台《儿童福利法》。因此，在适当的时候出台《儿童福利法》或相对较高规格的《儿童福利条例》是可以着手去做的。

最后，分析第五项，设立儿童福利局。行政机构的调整，涉及到政府机构改革。当前，民政部下设的儿童福利处是2008年顺应儿童社会福利事业发展需要而新设立的机构。它的主要职责是负责孤儿、残疾儿童、流浪儿童、艾滋病病毒感染儿童等部分特殊儿童的生活福利和康复服务。从全体儿童的发展来看，它只负责了一部分特殊儿童的事务，不能很好地履行儿童服务职责。有关其他普通儿童的福利以及其他方面的福利，如医疗保健服务、教育福利、就业和住房福利等散落在其他机构中。整合全体儿童的福利职责，建立更高级别的儿童福利局符合儿童事业发展需要，具有重要的政策意义。因此，有必要立即着手完成这一使命。

综上所述，建设适度普惠型儿童社会福利制度，需要立即扩大儿童社会福利覆盖范围；扩大儿童社会福利项目；增加儿童社会福利财政支出；出台《儿童福利法》，提升儿童社会福利行政管理级别。

3. 构建儿童社会福利制度目标活动模型

把这些需要立刻去做的活动依次排列，然后将依赖这些第一类活动的活动再依次排列，依此类推，直到所有活动都被排列出来，用箭头表示它们的依赖关系（见图6.8）。

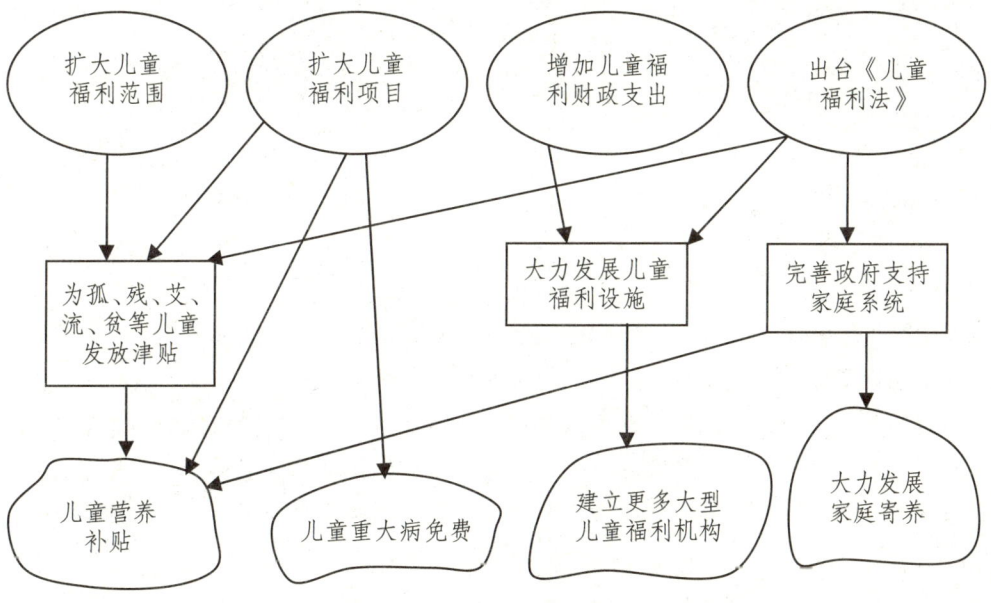

图 6.8 中国儿童社会福利制度目标活动模型

4. 目标活动模型的重排

为避免箭头重叠，对目标活动模型进行重排，并增加绩效评估和在 CATWOE 中定义的环境因素。

最后确定的目标活动模型如图 6.9 所示。

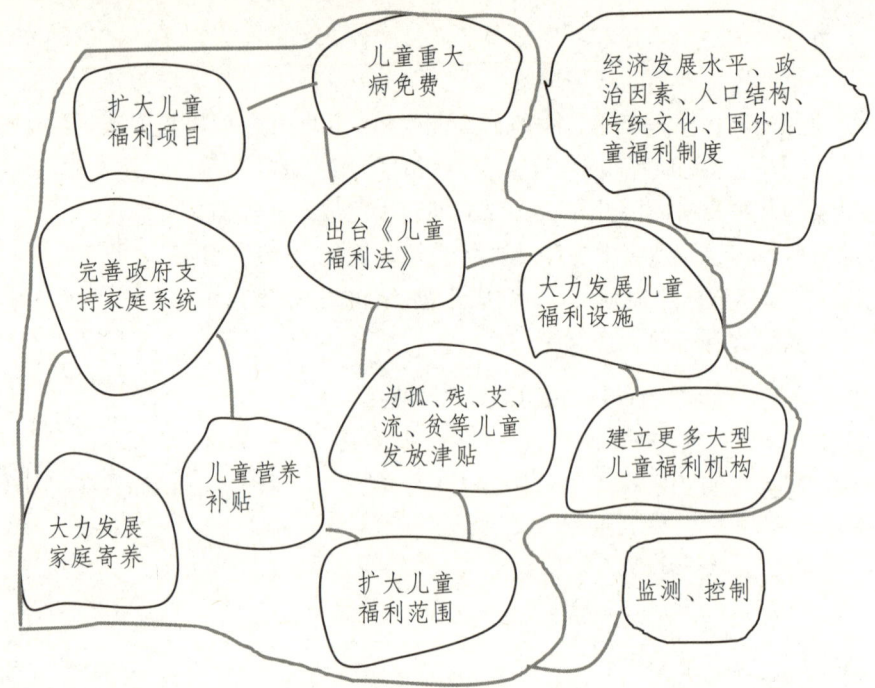

图 6.9 重排后的中国儿童社会福利制度目标活动模型

四、目标活动模型与现实世界比较

切克兰德指出，当我们构建好模型以后，我们的思想又要重新回到现实世界，将模型与现实世界进行比较，从中发掘出我们的洞察力。

切克兰德认为，将模型与现实世界进行比较，有四种方法是行之有效的。这四种方法是：讨论、提问、情境或动态建模与试图模拟现实世界。

其中，第二种方法是最普通的一种方法，通常的办法是运用矩阵回顾模型中的每一个组件，并对之进行提问：它在现实世界中存在吗？如何表现？它的效果如何定义和测量？这样处理好吗？

把第二种方法运用到中国儿童社会福利目标活动模型中，可以得到下面的提问矩阵，见表 6.4。

表 6.4 中国儿童社会福利目标活动模型提问矩阵

提问	在现实中是否存在	如何表现	效果如何测量	可以这样处理吗
扩大儿童社会福利覆盖范围				
扩大儿童社会福利项目				
增加儿童社会福利财政支出				

（续表）

出台《儿童福利法》或《儿童福利条例》					
……					

我们认为，建设适度普惠型儿童社会福利制度是一个全新的理念，必须经过多次讨论、咨询、提问，在目标活动模型与现实世界的多次比较中才能确定儿童社会福利制度建设方案。因此，本书主要采取提问和讨论的方式来实现这一过程。

步骤是：第一步，了解现实世界中中国儿童社会福利制度实施情况及其与目标活动模型的差异。第二步，将目标活动模型问题化。第三步，针对不同群体开展问卷调查。第四步，咨询民政部门与有关专家。第五步，开展对比讨论。第六步，发掘出洞察力。

（一）现实世界与目标活动模型的差异

根据第三章笔者的调查，可以得知：中国适度普惠型儿童社会福利制度初创阶段中，儿童社会福利制度取得了一定的成就，但相对于目标活动模型仍存在一定的问题。因此，可以针对目标活动模型对现实世界进行变革。

（二）将目标活动模型问题化

为使模型与现实世界进行比较，必须将目标活动模型问题化或问卷化，然后再按照"提问矩阵"的方式进行提问。

中国适度普惠型儿童社会福利制度目标活动模型牵涉到五类主要的活动，每一类活动又都包含着一些具体的目标，必须先行分解，然后再提问。如在第一类活动中有如下活动目标：扩大儿童社会福利覆盖范围；扩大儿童社会福利项目；增加儿童社会福利财政支出；出台《儿童福利法》或《儿童福利条例》。

那么，就应先将每一目标分解为一些具体的目标。如，"扩大儿童社会福利覆盖范围"就可以分解为把儿童社会福利对象从孤儿、艾滋病病毒感染儿童扩大到残疾儿童、重病儿童、流浪儿童、服刑人员未成年子女、贫困家庭儿童以致全体儿童。然后再按照提问矩阵的方式逐项提问。如，"中国已经为孤儿、艾滋病病毒感染儿童发放了津贴，是否应该为残疾儿童发放津贴？""是否应该为流浪儿童发放津贴？""是否应该为服刑人员未成年子女发放津贴？""是否应该为贫困家庭儿童发放津贴？""是否应该为全体儿童发放津贴？""什么时候可以为全体儿童提供津贴，2020年前？2030年前？还是2050年前？""您是否赞成？""您怎么看待？"等。每一目标都逐项分解，然后依次提问，直到将所有的目标活动分解完成。

在目标活动分解的过程中，可以按照一定的方式排列，如按照"儿童医疗福利""儿童生活福利""儿童教育福利""儿童文化娱乐福利""儿童福利设施""综合等程序罗列排列，并逐项提问（见表6.5），这样就形成了问卷，可以用于对相关人员提问。

表6.5 中国适度普惠型儿童社会福利体系目标活动模型问题化

儿童医疗福利
- 在胎儿阶段，政府应提供哪些医疗福利
- 新生儿阶段需要政府提供哪些医疗福利
- 儿童出生时就有先天性心脏病、唇腭裂、白血病等重大疾病，谁应该对此承担医疗费用

儿童生活福利
- 是否应该为残疾儿童或重病儿童发放津贴
- 是否应该为事实无人抚养儿童发放津贴
- 是否应该给流浪儿童发放津贴
- 是否应该给服刑人员未成年子女发放津贴
- 孤儿成年后，是否应该为其提供住房保障
- 当前城乡低保标准能否满足贫困家庭儿童生活需求
- 是否应该为贫困家庭的儿童发放生活补贴
- 是否赞成给0-5岁贫困家庭儿童发放营养补助费
- 什么时候为0-5岁儿童发放营养补助费比较合适，2020年前？2030年前？2050年前？
- 是否需要把营养午餐计划扩展到营养早餐计划
- 是否应该将营养午餐补贴扩展到给予所有儿童
- 是否赞同学校里每天为每个孩子发放一杯免费的牛奶
- 是否赞同给新生儿发放津贴
- 是否可以给有2个及以上孩子的家庭发放津贴
- 什么时候可以为所有儿童发放津贴，2020年前？2030年前？2050年前？

儿童教育福利
- 贫困家庭儿童就读政府兴办的公立幼儿园是否应该给予补贴
- 是否应该为义务教育阶段的贫困家庭儿童提供教育补贴
- 中等职业学校的贫困学生是否也可以享受住校补贴
- 是否应该为中职或高中阶段贫困学生提供交通和通讯补贴

儿童文化娱乐福利
- 在文化娱乐方面，儿童最需要哪些福利
- 是否赞成给所有儿童每人发放一张图书证
- 是否赞成全国所有就学阶段儿童每年免费观看一场意义重大的电影或文艺表演
- 是否赞成给所有儿童发放一张健身卡（如游泳卡），在健身时享受优惠
- 是否赞成给儿童参加艺术活动提供补贴
- 是否赞成给儿童参加娱乐项目提供补贴
- 科技馆、博物馆、儿童主题公园、红色革命根据地等公共参观场所是否应向儿童免费开放
- 儿童探亲或旅游乘坐公共交通（如火车，汽车，轮船等）时是否可以半价或免票

儿童福利设施
- 是否应在30万人以上的城市建立1所特殊教育学校
- 是否应在30万人以上的城市建立1所综合性的大型儿童福利院

综合
- 国家是否应出台《儿童福利法》或《儿童福利条例》
- 国家是否应增加儿童社会福利方面的财政投入

（三）针对不同群体提问

1. 被调查者的基本情况

当我们把目标活动模型编制成问卷，就可以对相关目标群体进行提问。为使被提问的对象具有广泛性和代表性，我们选取各种不同的群体，这些群体中既有中小学生，也有家长。其中家长来自各行各业，如公务员、教师、银行职员、IT员工、医务工作者等。

本次问卷调查区域为上海、浙江、湖南、贵州和甘肃，分别在中国的东、中、西部地区各选取1-2个省份。其中，上海市选择奉贤区和普陀区，甘肃省选择兰州市城关区，浙江省选择临安市和海宁市，湖南省选择长沙市、湘潭市、湘乡市和邵东县，贵州省选择榕江县。共发放纸质和电子问卷2120份，回收有效问卷2018份。问卷有效回收率达95.2%。

（1）被调查者性别分布

样本总数N=2018，其中男性为965人，占样本总数的47.8%，女性为1053人，占样本总数的52.2%。

（2）被调查者的年龄分布

被调查对象是儿童和家长。考虑到太小的儿童无法完成问卷，此次调查中的儿童主要是小学五年级到初中三年级的中小学生；家长则包括中小学生的父母、爷爷奶奶、外公外婆以及其他亲人或监护人。被调查者的年龄分布见表6.6。

表6.6 被调查者的年龄分布

年龄分布	人数	占样本总数的百分比
0-10岁	0	0%
11-20岁	897	44.45%
21-30岁	152	7.53%
31-40岁	326	16.15%
41-50岁	242	11.99%
51-60岁	213	10.56%
60岁以上	188	9.32%

（3）被调查者的文化程度

被调查对象主要是小学文化程度和初中文化程度，其原因是选取了大量的中小学生进行调查。其次是高中文化程度和大学文化程度，包括一些高中生及其家长。

属于研究生层次的较少。具体分布见图 6.10。

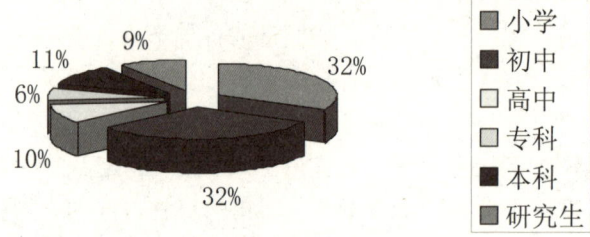

图 6.10　被调查者的文化程度

（4）被调查者的城乡分布

被调查者属于城市户口的 862 人，占被调查者总数的 43%，农村户口的 1156 人，占被调查者总数的 57%，具体见图 6.11。

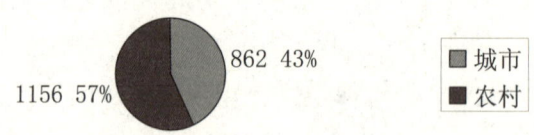

图 6.11　被调查者的城乡分布

2. 提问获得的结果

此次编制的儿童福利调查问卷主体提问部分分成六个单元，分别是：儿童医疗福利、儿童生活福利、儿童教育福利、儿童文化娱乐福利、福利设施和综合。

（2）　儿童医疗福利

当被问到"新生儿阶段需要政府提供哪些福利（多选）"时，选择"顺产免费接生""免费新生儿体检""难产补贴""剖腹产补贴"和"其他"的人数占总人数的比例分别为 57%、95%、63%、49% 和 31%，见图 6.12。

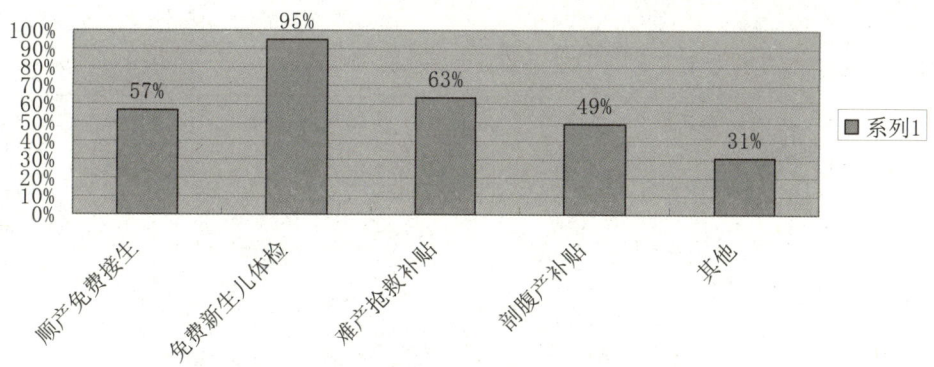

图 6.12 新生儿阶段政府应提供的福利

当被问到新生儿患有先天性心脏病、白血病等重大疾病,谁应该对此承担医药费用时,大部分被调查者选择"政府多负担一些,家长负担一小部分",少部分被调查者选择"政府",少量的被调查者选择"家长多负担一些,政府负担一小部分",没有被调查者选择"家长"这个选项。具体结果见表 6.7。

表 6.7 谁应该对新生儿重大疾病承担医药费用

新生儿患有先天性心脏病、白血病等重大疾病,谁应该对此承担医药费用	家长		政府		家长多负担一些,政府负担一小部分		政府多负担一些,家长负担一小部分	
被调查者	人数	比率	人数	比率	人数	比率	人数	比率
中学生	0	0.00%	219	25.03%	10	1.14%	646	73.83%
家长	0	0.00%	168	19.56%	3	0.35%	688	80.09%
小学生	0	0.00%	71	25.09%	8	2.83%	204	72.08%

(2)儿童生活福利

在被问及"国家已经为孤儿、艾滋病病毒感染儿童发放津贴,您认为是否应该给残疾儿童发放津贴"时,所有被调查者普遍认为"非常有必要"。在被问到是否应该给重病儿童、事实无人抚养儿童、流浪儿童、服刑人员未成年子女发放津贴时,也普遍认为"非常有必要"。见表 6.8。

表 6.8 对给特殊儿童发放津贴的看法

是否应该给重病儿童发放津贴	非常有必要	93.6%
是否应该给事实无人抚养儿童发放津贴	非常有必要	90.2%
是否应该给残疾儿童发放津贴	非常有必要	92.1%

(续表)

是否应该给流浪儿童发放津贴	非常有必要	88.5%
是否应该给服刑人员未成年子女发放津贴	非常有必要	87.4%

在被问及"孤儿成年以后,是否应为其提供住房保障?"时,认为"非常有必要"的占68.5%,认为"有一定必要性"的占20.5%,认为"没有必要"的约占9%,认为"不好说"的约占2%。

在问到是否应该为贫困家庭儿童发放生活补贴时,89.6%的被调查者认为"非常有必要"。一项相关提问显示了当前城乡低保标准"基本不能满足"贫困家庭儿童生活需求。见表6.9。

表6.9 对为贫困家庭儿童发放津贴与城乡低保标准看法的关联分析

是否应该单独为贫困家庭的儿童发放生活补贴				当前城乡低保标准能否满足贫困家庭儿童生活需求			
非常有必要	有一定的必要性	没有必要	要看财政承受能力	完全能够满足	基本能够满足	基本不能满足	完全不能满足
1808(89.6%)	125(6.2%)	0(0%)	85(4.2%)	0(0%)	151(7.5%)	1867(92.5%)	0(0%)

在被问到是否应给0-5岁贫困家庭儿童发放营养补助费时,58%的被调查者认为"非常有必要",35%的被调查者认为"要看财政的承受能力",7%的被调查者认为"有一定的必要性"。被调查者的看法如图6.13所示。

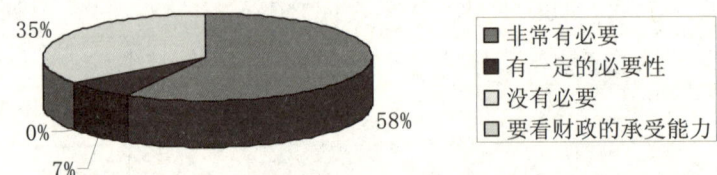

图6.13 被调查者对是否应给所有0-5岁儿童发放营养补助费的看法

在问到什么时候给0-5岁儿童发放营养补助费比较合适时,被调查者的选择出现分歧。64%的人选择"现在就开始",36%的人选择"2020年前"。没有人选择"2030年前"或"2050年前"。具体数据见表6.10。

表6.10 对"什么时候给全体儿童发放营养补助费比较合适"的看法

什么时候给全体儿童发放营养补助费比较合适	现在就开始	2020年前	2030年前	2050年前
人数(比率)	1292(64%)	726(36%)	0(0%)	0(0%)

当前，贫困地区儿童在义务教育阶段可以享受到政府的营养午餐补贴，问"其他儿童是否也应同等得到享受"？约51%的被调查者认为"应该一视同仁"，但也有将近一半的被调查者选择"要看政府财政能否支持这么一大笔开支"，部分被调查者选择"需要征询普通家庭的意见"，还有个别被调查者认为"完全没有必要"。具体结果见表6.11。

表6.11 对其他儿童是否也应享受营养午餐补贴的看法

是否其他儿童也应享受到政府的营养午餐补贴	应该一视同仁	要看政府财政能否支持这么一大笔开支	需要征询普通家庭的意见	完全没有必要
比率	50.78%	48.32%	0.71%	0.19%

进一步提问，是否需要将营养午餐计划扩展到营养早餐计划？约有47.5%的被调查者认为"非常有必要"，38.7%的被调查者认为"有一定的必要性"，另有12.3%的被调查者认为"要看财政的承受能力"，还有约1.5%的被调查者认为"没有必要"。

当被问到"是否赞成学校里每天为每个孩子发放一杯免费的牛奶？"持"完全赞同"和"比较赞同"的比率达到100%，没有人不赞同。

在被问到"是否可以给有2个及以上孩子的家庭发放津贴"时，被调查者来自农村的回答"非常有必要"或"有一定的必要性"的比率非常高，达到92.3%，而来自城市的被调查者选择"没有必要"或者"完全没有必要"的比率达到31.2%。身份不同，站的角度不同，对同一个问题的回答也不同。具体结果见表6.12。

表6.12 对是否可以给有2个及以上孩子的家庭发放津贴的看法

户口性质	非常有必要	有一定必要性	没有必要	完全没有必要
农村户口	80.60%	11.70%	6.20%	1.50%
城市户口	53.50%	15.30%	20%	11.20%

当被问到"什么时候可以为全体儿童发放津贴"，主要有两种意见，一种认为"现在就开始"，占56%；另一种意见是"2020年前"，占43%。具体结果见图6.14。

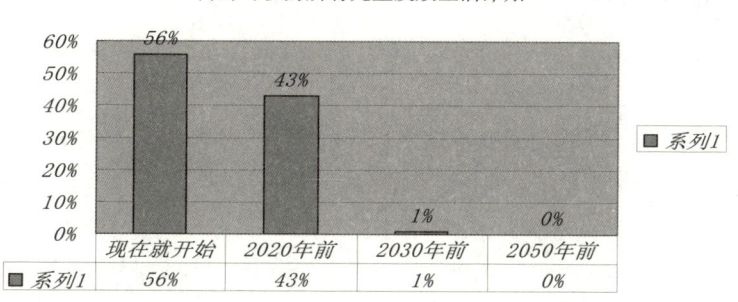

图6.14 何时可以为全体儿童发放津贴

（3）儿童教育福利

当被问及贫困家庭儿童就读政府兴办的公立幼儿园是否应该给予补贴时，约有半数以上的人认为"非常有必要"，还有将近一半的人认为"有一定的必要性"，只有少数的人选择"要看财政的承受能力"。具体结果见表 6.13。

表 6.13 对是否应该给贫困家庭就读公立幼儿园提供补贴的看法

是否应该给贫困家庭提供就读公立幼儿园提供补贴	非常有必要	有一定的必要性	没有必要	要看财政的承受能力
人数（比率）	1037（51.4%）	971（48.1%）	21（0.1%）	81（0.4%）

来源：作者自制。

在问及是否应该给义务教育阶段的贫困家庭儿童购买课外资料提供补贴时，约有62%的被调查者认为"应该"，但也有38%的被调查者认为"没有必要"。在认为"应该"的群体中，其中来自农村的比率最高。具体结果见表 6.14。

表 6.14 对是否应该给义务教育阶段儿童购买课外资料提供补贴的看法

是否应该给义务教育阶段的儿童购买课外资料提供补贴	应该	没有必要	合计
城市户口	25%	27%	52%
农村户口	37%	11%	48%
合计	62%	38%	100%
是否应该给义务教育阶段的儿童购买课外资料提供补贴	应该	没有必要	合计
其中：			
小学生	25%	10%	35%
家长	30%	9%	39%
中学生	14%	12%	26%
合计	69%	31%	100%

提问：当前义务教育阶段的学生住校可以享受补贴，中等职业学校的贫困生是否也可以享受？约 96%的被调查者选择"完全赞同"或"比较赞同"，只有约 4%的被调查者认为"要看财政承受能力"或者"不赞同"。

当被问到是否应该给中职或高中阶段学生提供交通补贴，约 60%的被调查者认为"应该"，但也有40%左右的被调查者认为"没有必要"。

（4）儿童文化娱乐福利

当被问及是否应该给全体儿童发放一张图书证，可以借阅所有图书馆的书，被调查者一致选择"完全赞同"或"比较赞同"。在询问是否应该给全体儿童发放健身卡或游泳卡、每年免费观看一场意义重大的电影或文艺演出,都得到比较类似的答案。具体数据见表6.15。

表6.15 对免费发放图书证、游泳卡优惠、免费观影、娱乐活动等的看法

是否应该给全体儿童发放一张免费借阅的图书证	完全赞同、比较赞同	97.3%
是否应该给全体儿童发放一张优惠的游泳卡	完全赞同、比较赞同	92.6%
是否全体儿童免费观看一场电影或文艺表演	完全赞同、比较赞同	99.8%
是否给儿童参加艺术活动提供补贴	完全赞同、比较赞同	80.8%

当问到科技馆、博物馆、儿童主题公园等公共参观场所面向学生开放时应:"免费开放""半价""票价适当优惠"还是"不优惠"时,84.52%的被调查者认为应"免费开放",另有14.86%的被调查者认为应实行"半价",另有少量的被调查者选择"票价适当优惠",没有被调查者选择"不优惠"。

当问及儿童探亲或旅游乘坐交通工具是否应优惠时,58.42%的被调查者认为应"免费",24.79%的被调查者认为应"半价",16.14%的被调查者认为应"适当优惠",还有少数被调查者认为应"全价"。他们的看法见图6.15。

儿童探亲或乘坐交通工具时应实行的票价

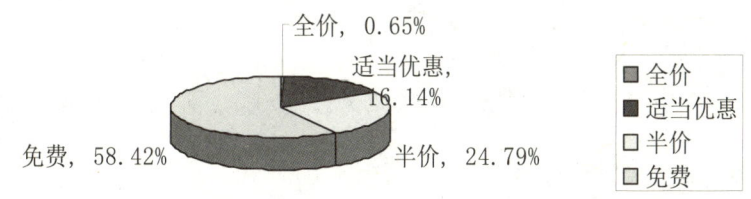

图6.15 对儿童探亲或旅游乘坐交通工具时应实行的票价的看法

(5)儿童福利设施

在问及30万人以上的城市是否应该建立1所特殊教育学校或1所综合性的大型儿童福利院,被调查者普遍认为"非常有必要"。见表6.16。

表6.16 对在30万人以上的城市是否应该建特殊教育学校或儿童福利院的看法

是否应该在30万人以上的城市建立1所特殊教育学校	非常有必要	92.4%
是否应该在30万人以上的城市建立1所综合性的儿童福利院	非常有必要	89.2%

(6)综合

当问到是否应该出台《儿童福利法》或《儿童福利条例》时,被调查者一致认

为"非常有必要"（99.8%）；同样，在对是否应该增加儿童福利方面的财政支出方面的回答结果也基本相同（99.9%）。

提问：以下哪些福利可以在2020年前给予儿童？哪些福利可以在2030年前给予儿童？哪些福利可以在2050年前给予儿童？尽管写出的答案千差万别，但通过统计分析，有几个特点：一是认为大部分的福利可以在2020年或2030年前实现，2050年前能实现全部的福利；二是被调查者写出的答案可以按照计数多少进行排序。最终的汇总结果见表6.17。

表6.17 认为2020年、2030年、2050年前应给予儿童的福利

2020年前应该给予儿童的福利	按计数排序	2030年前应该给予儿童的福利
为残疾儿童发放津贴	1232	新生儿津贴
贫困家庭儿童重大病治疗免费	1210	为0-5岁儿童发放营养补贴
为重病儿童发放津贴	1183	为有2个以上孩子家庭发放津贴
为服刑人员未成年子女发放津贴	1147	
为贫困家庭儿童发放生活补贴	1075	
为事实无人抚养儿童发放津贴	1056	
贫困家庭儿童就读公立幼儿园给予补贴	1033	**2050年前应该给予儿童的福利**
30万人以上城市建1所特殊教育学校	1024	为所有儿童发放津贴
为贫困家庭0-5岁儿童发放营养补贴	986	
科技馆等针对儿童免费	985	
为所有儿童提供一杯免费的牛奶	896	
30万人以上城市建1所大型儿童福利院	877	
为流浪儿童发放津贴	851	
儿童探亲、旅游半价	762	
为贫困家庭儿童提供住校补贴	739	
为贫困家庭儿童提供营养早、午餐	672	
为服刑人员未成年子女发放津贴	664	
为儿童提供免费或优惠的游泳卡	650	
给所有学生配备免费的图书证	648	
儿童每年免费观看一场电影	645	

（四）咨询民政部门和有关专家

1. 专家对儿童社会福利需求的看法

如第一章所述，儿童发展是一个多重体验，既有生理上的需要、也有心理和情

感的需要，还有来自对安全和健康的需要。为更好地了解儿童自身的福利需求，作者特意咨询了有关营养专家、医疗保健专家、心理专家以及教育方面的专家一共30人。咨询采取登门拜访、电话沟通和邮件往来等方式，共咨询了7名营养方面的专家，9名医疗保健方面的专家，9名教育方面的专家，还咨询了5名心理问题专家。咨询的问题涉及食品营养、医疗保健、儿童照料以及教育等儿童福利需求，经过汇总与统计，专家们对儿童福利需求的看法具体见表6.18。

表6.18 专家对儿童社会福利需求的看法

分阶段的需求	需求内容	需求程度及专家的选择人数		
		高	中	低
儿童早期（0-5岁）的需求	对食物和营养的需求	30	0	0
	对奶的需求	30	0	0
	对衣服的需求	1	26	3
	对住房的需求	2	21	7
	对医疗保健的需求	29	1	0
	对安全的需求	30	0	0
	对关爱的需求	30	0	0
	对照料的需求	30	0	0
	对早期教育的需求	28	2	0
儿童中期（6-11岁）的需求	对食物和营养的需求	27	3	0
	对奶的需求	25	5	0
	对衣服的需求	2	23	5
	对住房的需求	4	26	0
	对医疗保健的需求	2	27	1
	对安全的需求	5	24	1
	对关爱的需求	3	24	3
	对照料的需求	2	22	6
	对义务教育的需求	30	0	0
儿童晚期（12-17岁）的需求	对食物和营养的需求	1	28	1
	对奶的需求	1	3	26
	对衣服的需求	0	2	28
	对住房的需求	3	25	2
	对医疗保健的需求	1	27	2

(续表)

	对安全的需求	1	28	1
	对关爱的需求	0	27	3
	对照料的需求	0	0	30
	对中学教育的需求	0	0	30

注：根据本书的界定，儿童是指不满18周岁的人。故表中儿童的划分为0-17岁。

根据专家的看法，儿童早期（0-5岁）阶段是人一生中最为重要的成长阶段，这一阶段对食品和营养的要求非常高，家庭和国家应优先保障儿童生命和生存所需的各种营养物质。这一阶段可以提供直接的食品补贴或者给予现金补助，从而使所有家庭确保儿童的生存与发展。在这一阶段，儿童对医疗保健、生活照料和早期教育的要求也非常高。著名早期教育专家冯德全教授编著的《0岁方案》[1]对于促进儿童早期发展非常有帮助，可以为每个家庭所用。总的来讲，国家应把目光放在儿童生命周期的早期，国家应将更多的资源投入"从胚胎阶段一直到义务教育阶段"，因为这可以提高社会效益和社会质量[2]。

儿童中期（6-11岁）阶段对食品和营养的要求依然很高，因为儿童仍然处于不断生长的过程中。同时，这个阶段的儿童对接受教育的要求提高。因此，除了给予儿童生活福利以外，还需要给予儿童教育福利。国家应创造公平教育机会和提供基本公共教育服务，以满足儿童不断增长的对知识和学校教育的渴求。

儿童晚期（12-17岁）阶段对食品和营养的要求略有下降，对教育等发展性福利的要求显著提高。每个家庭为学校教育和课外辅导支出的费用显著增加。国家应优先支持贫困家庭儿童完成中学教育，提高儿童的受教育程度。在财政许可的范围内，应使全体儿童接受免费的中等教育，提高全民族的教育和文化水平。

2. 民政部门对儿童社会福利的看法

为了解民政部门对儿童社会福利的看法，作者编制了访谈提纲。访谈的内容主要有三大块，第一块涉及民政部门儿童社会福利工作职能；第二块涉及对当前儿童社会福利制度的看法；第三块是关于建设适度普惠型儿童社会福利制度的看法。

2013年和2014年，作者先后走访了上海市奉贤区、湖南省邵东县、湘乡市、贵州省榕江县、浙江省临安市、甘肃省兰州市等有关县市的民政部门。选择这些省、市是因为这几个省份分属东、中、西部地区，具有地域选择的典型特征。在邵东县，获得救灾救济科科长的接待，在临安市获得了社会福利与社会事务科的接待，在湘乡市获得社会福利和社会事务股的接待，在榕江县获得救灾救济科和社会救助站人

---

[1] 冯德全.0岁方案[M].北京：北京科技出版社，2000.
[2] OECD. Doing better for children[R]. Paris:2009:179.

员的接待，在兰州市获得社会福利处的接待。通过与民政部门工作人员访谈、接触，获得大量一手资料。

第0， 当地民政部门儿童社会福利事务的主要工作

走访的几个县市，其儿童社会福利事务工作大致相同。因为在中国，儿童社会福利事务实行在中央统一领导下，中央和地方分级管理的体系。走访的几个省份民政部门儿童社会福利行政管理职责见表6.19。

表6.19 民政部门儿童社会福利事务行政管理职责

省份	市县	儿童社会福利工作内容	所属行政部门
浙江省	临安市	儿童大病救助、农村五保儿童供养、城乡低保家庭儿童救助、孤儿、艾滋病病毒感染儿童、流浪儿童救助、儿童收养等	救灾救济科、社会福利与社会事务科、救助管理站
湖南省	邵东县		
湖南省	湘乡市		
贵州省	榕江县		
甘肃省	兰州市		
上海市	奉贤区		

（2）对当前儿童社会福利制度的看法

①对孤儿福利的看法

走访的几个县市，对孤儿福利政策普遍持赞赏态度。孤儿由于失去父母，缺乏亲人的照料和关爱，遭受精神上的痛苦。不仅如此，农村散居孤儿还经常游离在乡村和亲友之间，遭受社会排斥，生活上困苦。特别像湖南省邵东县，孤儿数量在整个湖南省中是最多的。在邵东县的一些贫困乡，如双凤乡，有很多失依儿童（孤儿）。这些儿童往往缺衣少食，缺少亲人照顾。

2010年起，国家为每个孤儿每月发放600-1000元的生活费，其中，邵东县2012年每个乡镇的孤儿发600元，解决他们生活上的困难，受到各个地方民政部门的欢迎。走访中，有些民政人员认为，对孤儿的认定可以再宽松一些，以便更多受苦受难的孩子能够享受到国家政策。同时，他们也担心农村散居孤儿的钱能否真正到孤儿的手中，能否改善他们的生活。他们认为，改为发放食品也许会更有实际意义。

②对流浪儿童福利的看法

走访的几个县市，基本上只有救助站，没有少年儿童救助保护中心。贵州省榕江县民政人员说，他们正在新建一个流浪儿童救助保护中心，将为更多的流浪儿童提供更好的庇护。访谈中，民政人员谈到他们的难处。由于人手少，及时发现流浪儿童和为他们提供必要的帮助还很难，他们主要是为流浪儿童提供回家的路费，至于与当地的对接也因人手问题而无暇顾及。救助站的条件比较简陋，无法给儿童提

供好的照顾。湘乡市社会救助站主要救助老人、儿童和残疾人。他们迫切希望建立专门的流浪儿童救助保护中心。

③对贫困家庭儿童福利的看法

一是对儿童大病医疗福利的看法。目前，各个县市对儿童大病医疗福利主要是通过福利彩票基金获得的资金为儿童提供补助。如浙江省临安市在 2013 年 2 月份就为下属的锦城、于潜、昌化等镇（街道）的 7 名患心脏病、白血病儿童送上 13.5 万元的"福彩儿童慈爱救助金"，使这些儿童得到临时的帮助。但他们也认为这些资金远远不够，需要得到帮助的儿童还有很多。他们希望政府设立专门的儿童大病救助基金，为更多贫困家庭儿童提供更大的帮助。

二是对贫困家庭儿童生活福利的看法。认为应该给贫困家庭儿童提供生活上的帮助，建立贫困家庭儿童生活津贴制度。可以采用现金或实物的形式，为保障贫困家庭儿童的生活质量提供制度性保障。

第0．　对建设适度普惠型儿童社会福利制度的看法

对于今后儿童社会福利制度如何发展，他们普遍认为应跟着国家政策走。

在问到是否应扩大儿童福利的对象时，他们觉得非常有必要。他们认为应该给事实无人抚养的儿童、服刑人员未成年子女、重病重残儿童发放津贴，在财力充足的情况下，可以考虑给流浪儿童发放津贴。为贫困家庭儿童提供食品、医疗、教育等方面的补贴。至于给普通儿童发放津贴，他们觉得目前还比较遥远，因为县级财政无法承受更多的儿童福利支出。

在问到是否应提高儿童社会福利水平时，他们觉得非常有必要。国家已经为孤儿发放津贴，而且标准比较高，非常不错，从理论上讲能够满足儿童的基本生活需求。许多农村的贫困家庭儿童获得的政府资助还比较低，可以适当考虑提高贫困家庭儿童的生活补贴，可以在"低保"的基础上，给贫困家庭儿童再增加一份生活补贴，或者专门的食品补贴。至于流浪儿童，除建设专门的流浪儿童救助保护中心以外，也可以考虑给生活困难的流浪儿童家庭提供政府补贴。

关于儿童社会福利制度发展的远景规划。部分民政人员认为，可以考虑在特殊儿童获得保障的基础上，给普通儿童发放营养补贴。在问到是否可以在 2020 年或 2030 年前给 0-5 岁儿童发放营养补贴，他们认为那个时候的财政应该有可能。在问到 2050 年前给每个家庭中的孩子发放生活费，他们认为完全有可能。

（五）开展对比讨论

在第二阶段中，将目标活动模型问题化以后向不同群体提问，由于人们的世界观不同，站的角度不同，各自的利益不同，对同一个问题的看法也会不同，这就需要把他们聚集到一起展开讨论，从而获得更切合实际的方案。

调查统计显示，在以下问题上（见表 6.20），人们对儿童社会福利的看法还有

一些出入，需要进一步展开对比讨论。另外，经统计排序后形成的 2020 年、2030 年、2050 年前给予儿童的福利也需提交讨论，以便形成最终的讨论结果。

表 6.20　因看法不同需要纳入讨论的问题

现实世界	理想世界	看法不同仍需讨论的问题
当前主要是机构内孤儿享有医疗福利	孤儿、困境儿童和困境家庭儿童均要覆盖	新生儿重大病治疗费用谁来负担
目前只覆盖"低保"家庭的儿童	覆盖到更多的低收入家庭	是否应该给义务教育阶段贫困家庭儿童课外资料费补贴
没有交通福利	给予交通福利	中职、高中阶段是否应给予交通补贴
身高 1.2 米以下免费，1.2-1.5 米半价	市内交通和火车 14 岁以下免费，15-17 岁半价	儿童探亲或旅游的票价问题
营养午餐计划	营养午餐和营养早餐	是否应扩展到营养早餐计划
面向"低保"家庭的营养午餐计划	面向全体儿童的营养午餐计划	是否其他儿童也应享受政府的营养午餐补贴
当前只有覆盖孤儿和艾滋病儿童的基本生活津贴制度	面向更多种类的儿童，甚至全体儿童	什么时候给全体儿童发放津贴比较合适
没有家庭津贴制度	建立家庭津贴制度	是否给有 2 个及以上孩子家庭发放津贴
当前没有 0-5 岁儿童营养补助制度	建立 0-5 岁儿童发放营养补助费	是否应该给 0-5 岁儿童发放营养补助费

为使讨论能够达成适宜的结果，在组织讨论的时候重点考虑以下两个因素：

第一，每一个群体中抽取相同数量的人员来参与讨论；第二，讨论时运用头脑风暴法，为每一项需要讨论的问题提供尽可能广泛的背景。比如，在讨论"何时给 0-5 岁儿童发放营养补助费"，就不断地提问："目前全国 0-5 岁的儿童有多少？""2020 年会有多少？2030 年有多少？2050 年有多少？""每个儿童发放多少营养费？""如果现在给每个 0~5 岁的儿童发放营养补助费，每年财政仅此一项费用要多少？""您认为什么时候比较合适，财政上能承受，人们愿意接受？"……最后，经过多次讨论，形成如下结果，见表 6.21 和 6.22。

表 6.21　经讨论后形成的讨论结果

讨论的问题	讨论结果
·新生儿重大病治疗费用谁来负担	政府多负担一些，家庭负担一小部分
·是否应该给 0-5 岁儿童发放营养补助费	有一定的必要性
·何时给 0-5 岁儿童发放营养补助费	2030 年前比较合适
·是否给有 2 个及以上孩子的家庭发放津贴	有一定的必要性
·什么时候给所有儿童发放津贴比较合适	2050 年前实现
·是否其他儿童也应享受政府的营养午餐补贴	要政府财政能否支持这么一大笔开支
·营养午餐计划是否应扩展到营养早餐计划	有一定的必要性
·义务教育阶段学生课外资料费是否应该给予补贴	应该
·中职、高中阶段是否应给予交通补贴	为贫困家庭儿童提供
·儿童探亲或旅游的票价问题	超过免费的儿童可实行半价

表 6.22　修正后的对 2020 年、2030 年、2050 年前应给予儿童的福利的看法

2020 年前应该给予儿童的福利
贫困家庭儿童重大病治疗免费
为残疾儿童发放津贴
为重病儿童发放津贴
为贫困家庭儿童发放生活补贴
为流浪儿童发放津贴
为服刑人员未成年子女发放津贴
孤儿住房保障
残疾儿童康复补贴
孤儿、残疾儿童就业优待
为所有儿童提供免费的牛奶
为贫困家庭儿童提供营养早、午餐
为贫困家庭 0-5 岁儿童提供营养补贴
贫困家庭儿童就读公立幼儿园给予补贴
为义务教育阶段贫困家庭儿童提供课外资料补贴
为贫困学生提供住校补贴
为中职、高中阶段贫困学生提供交通补贴
给所有学生配备免费的图书证
儿童每年免费观看一场电影
儿童探亲、旅游半价
30 万人以上城市建 1 所特殊教育学校
30 万人以上城市建 1 所大型儿童福利院

2030 年前应该给予儿童的福利
新生儿津贴
5 岁以下儿童营养补贴
为有 2 个以上孩子家庭发放津贴
免费图书资源、购书补贴
儿童交通优待
为儿童提供免费的游泳卡

2050 年前应该给予儿童的福利
为所有儿童发放津贴
0-5 岁儿童营养补贴
儿童艺术活动补贴
儿童娱乐活动补贴

（六）发掘出洞察力

通过模型与现实世界的比较，可以获得如下认识：

第一，适度普惠型儿童社会福利制度建设必须考虑财政的可承受能力，否则将无法实现。中国人口基数大，任何一项儿童福利项目乘以庞大的人口数字时，其财政支出都将十分巨大。因此，当把儿童社会福利从特殊儿童扩大到普通儿童时必须考虑财政的承受能力。

第二，能够实现的、有条件的福利项目可先行给予儿童，不能立即实现的，应待条件成熟后再行实施。如困境儿童的生活福利可以优先实行。中国已经为孤儿和艾滋病病毒感染儿童提供津贴，残疾儿童津贴、流浪儿童津贴等的实施就有现实可依，条件比较成熟。而为全体儿童提供津贴则不是在短期内能实现的，应考虑在中国经济和社会发展比较成熟的时候再给予。

第三，适度普惠型儿童社会福利体系必须逐步推进，不能急于求成。儿童社会福利的对象必须由孤儿到困境儿童，再到困境家庭儿童，最后扩大到全体儿童。在中国经济并不发达的阶段，儿童社会福利项目可能比较少，随着中国经济的发展，财政的强大，儿童社会福利项目可以逐渐增加。因此，中国儿童社会福利体系的建设必须经过若干阶段，最后走向成熟。

五、SSM 方法下儿童社会福利内容体系三阶段构建

（一）儿童社会福利内容体系总体框架

根据 SSM 形成的对中国适度普惠型儿童社会福利制度建设的认识，结合国际经验和中国现实国情，中国适度普惠型儿童社会福利的内容体系框架可以由两大板块四大模块构成。两大板块是指第一板块儿童收入性福利，第二板块儿童服务性福利。其中，收入性福利包括各类津贴和各种形式的补贴，既有现金形式的福利，也有实物形式的福利，还有各类代金券。服务性福利是指为儿童提供服务的福利。每一板块之下各含有四大模块。

1. 第一板块：收入性福利

收入性福利包括四大模块：

第一模块以满足儿童生理需要为目标，以津贴和补贴为主，包括：（1）津贴：孤儿津贴、艾滋病病毒感染儿童津贴、残疾儿童津贴、流浪儿童津贴、事实无人抚养儿童津贴、重大病儿童津贴、服刑人员未成年子女津贴、贫困家庭儿童补贴、新生儿津贴、家庭津贴、儿童津贴等；（2）营养补贴：根据实施范围，可分为贫困家庭儿童营养补贴和普通家庭儿童营养补贴。根据儿童年龄大小和补贴内容，可分为 0-5 岁儿童营养补助计划（包括胎儿营养补助计划、婴幼儿营养补助计划、学龄前

儿童营养补助计划）、义务教育阶段儿童牛奶补助计划、义务教育阶段儿童营养午餐补助计划、义务教育阶段儿童营养早餐补助计划等；（3）住房福利：孤残儿童住房保障计划、流浪儿童住房保障计划等。

第二模块以满足儿童安全需要为目标，以补贴为主，包括：（1）健康安全福利：贫困家庭儿童重大病基本医疗全额补贴；（2）康复安全福利：对需要护理的残疾儿童提供康复护理补贴。

第三模块以满足儿童交往需要为目标，以补贴为主，包括交往福利：儿童出行交通补贴、通讯费补贴等。

第四模块以满足儿童尊重和自我实现为目标，以补贴为主，包括：（1）教育福利：贫困家庭儿童就读公立幼儿园、接受义务教育、中等职业教育和高中教育给予教育补贴；（2）体能福利：儿童健身活动补贴（如游泳训练补贴）；（3）文化福利：免费图书资源、购书补贴；（4）艺术福利：儿童参加音乐、美术等艺术活动补贴；（5）娱乐福利：儿童免费观影计划、儿童旅游和参观优待、儿童游乐项目补助；（6）就业创业福利：孤儿、残疾儿童就业技能培训补贴。

在这四大模块中，其中第一和第二模块属于生存性福利，第三和第四模块属于发展性福利。

2. 第二板块：服务性福利

服务性福利也分为四大模块：

第一模块：满足生理需要，主要指儿童福利院福利机构养育服务福利、流浪儿童救助保护中心生活福利服务等。

第二模块：满足安全需要，主要指医疗福利和康复福利，医疗福利包括儿童定期免费体检制度、医疗档案制度、残障儿童家庭病床制度；康复福利主要指为残疾儿童和重大病儿童提供康复性训练项目等。

第三模块：满足尊重需要，主要指司法福利服务等，司法福利服务指为受虐待和被遗弃儿童、残障儿童、贫困家庭儿童等提供法律援助服务等。

第四模块：满足自我价值实现需要，主要包括教育福利服务、文化娱乐福利服务和就业福利服务等。其中，教育福利服务指提供托幼服务、儿童早期教育辅导等福利；文化娱乐福利服务包括政府为儿童发展提供阅读、健身、娱乐等福利设施。就业福利服务指为儿童晚期的孤儿、残疾儿童提供就业能力训练和就业职位介绍服务等。

中国适度普惠型儿童社会福利内容体系可以用图6.16表示。从图6.16可以看出，儿童社会福利内容体系涵盖生活、教育、医疗、就业、社会交往、自我实现等各个领域，满足了儿童对生存性福利和发展性福利等不同层次福利的需求。

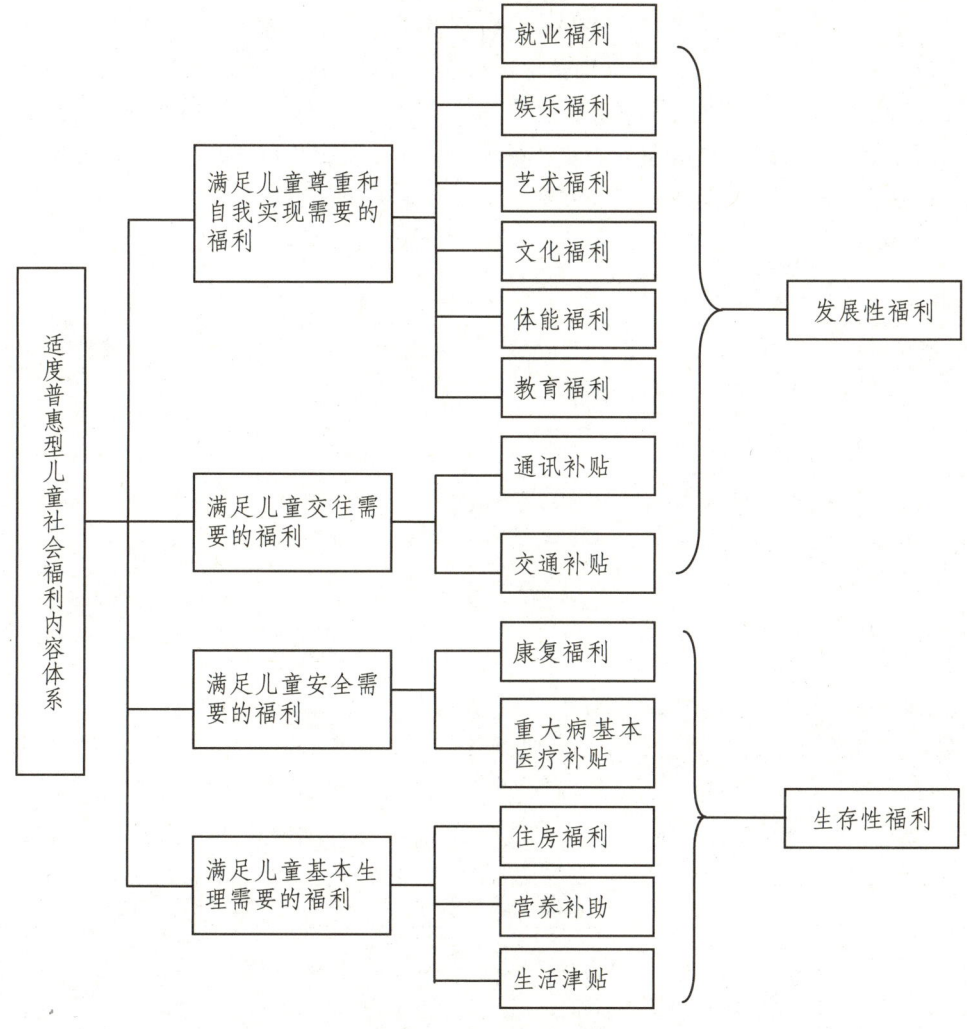

图 6.16 适度普惠型儿童社会福利内容体系

（二）儿童社会福利内容体系三阶段模式框架

1. 初级阶段（2010-2020 年）内容体系框架

2010-2020 年可以给予儿童哪些社会福利？尽管这是一个很难给予精确论证的结论，但我们依据第六章中构建的理念、思路、原则和实现路径，结合专家、民政部门的意见，结合从模型与现实比较中发展出来的洞察力，再结合《中国儿童发展纲要（2011-2020 年）》以及国际经验，可以对 2010-2020 年应给予儿童的福利进行初步勾勒。

2010-2020 年是中国夺取全面建成小康社会的十年，中国经济社会发展将实现重大突破，一是中国国民财富不断增多，人均 GDP 将突破 1 万美元大关；二是中国民主进程和社会建设进一步加快，人民共享经济社会发展成果更加明显。届时弱势群体享有更多的经济福利，全体特殊儿童的生存性福利得到切实保障。因此，2010-2020 年这一阶段应大力发展全体特殊儿童的生活福利和健康福利，特别是为贫困家庭儿童提供必要的食品、营养和医疗，消除疾病和贫困，切实提高儿童的幸福指数。同时应加强儿童福利设施建设，提高儿童福利服务水平。构建的初级阶段（2010-2020 年）儿童收入性福利和服务性福利详见表 6.23 和 6.24。

表 6.23　初级阶段（2010-2020 年）儿童收入性福利框架

序号	福利项目	享受对象	给付方式
1	孤儿津贴	孤儿、事实无人抚养儿童	现金
2	艾滋病病毒感染儿童津贴	艾滋病病毒感染儿童	现金
3	残疾儿童津贴	0-17 岁残疾儿童，全日制学生可以延长领取到 22 岁	现金
4	残疾儿童康复补贴	残疾儿童	现金
5	残疾儿童辅助器具补助	残疾儿童	现金
6	住房补贴	成年孤儿、残疾儿童，用于补贴租住廉租房	现金
7	残疾儿童就业补助	残疾儿童，用于补助其就业技能培训	现金
8	流浪儿童津贴	流浪儿童	现金
9	家庭寄养津贴	被寄养儿童	现金
10	事实无人抚养儿童津贴	事实无人抚养儿童	现金
11	重大病儿童津贴	重大病儿童、罕见病儿童	现金
12	贫困家庭儿童生活补贴	贫困家庭儿童	现金
13	婴幼儿营养补助计划	0-5 岁贫困家庭儿童	实物或现金
14	营养早午餐计划	义务教育阶段贫困家庭儿童	代金券
15	母婴特别补充食品计划	0 岁儿童	实物或现金
16	医疗援助计划	贫困家庭重大病儿童	现金
17	公立幼儿园补助计划	贫困家庭儿童	现金
18	教育券计划	贫困家庭儿童	代金券
19	贫困家庭儿童住校补贴	贫困家庭儿童	现金
20	贫困家庭儿童交通补贴	贫困家庭儿童	现金
21	贫困家庭儿童通讯补贴	贫困家庭儿童	现金或代金券
22	服刑人员未成年子女津贴	服刑人员未成年子女	现金

表 6.24 初级阶段（2010-2020 年）儿童服务性福利框架

序号	服务项目	享受对象	内容
1	寄养与收养服务	孤儿、残疾儿童、遭受虐待的儿童等	为孤儿、受虐儿童等提供家庭寄养和机构收养服务
2	流浪儿童保护	流浪儿童	为流浪儿童提供生活、医疗和教育服务
3	残疾孤儿康复工程	残疾儿童	为残疾儿童提供康复性服务
4	残障儿童家庭病床服务	残疾儿童	为残疾儿童提供家庭病床
5	艾滋病防治计划	艾滋病病毒感染儿童	艾滋病病毒感染儿童防治
6	明天计划	孤儿、残疾儿童等	残疾孤儿康复计划
7	重生行动	贫困家庭儿童等	贫困家庭儿童手术和康复治疗
8	蓝天计划	孤儿、残疾儿童等	集养、治、教、康、特于一体的儿童福利机构
9	霞光计划	农村五保儿童等	为农村五保儿童提供安全住房
10	特殊儿童教育计划	盲聋哑儿童等	为盲聋哑儿童提供特殊教育
11	贫困家庭儿童"开端计划"	贫困家庭儿童等	为贫困家庭儿童提供早期教育，可以享受免费早餐和照料服务
12	残疾儿童就业服务	残疾儿童等	为残疾儿童提供就业培训
13	儿童司法援助服务	受虐待、被遗弃等特殊儿童	为受虐待、被遗弃儿童提供司法保护

构建的初级阶段（2010-2020 年）中国儿童社会福利内容体系框架有以下几个特点：

首先，这一框架包含了全体特殊儿童的福利，按照分阶段发展儿童社会福利的设想。2010-2020 年，应将全体特殊儿童纳入福利的覆盖范围，这一框架将孤儿、艾滋病病毒感染儿童、残疾儿童、重大病儿童、流浪儿童、贫困家庭儿童、服刑人员未成年子女等的福利纳入考察范畴。

其次，特别重视贫困家庭儿童的福利，为贫困家庭儿童设计了包括生活、医疗、教育、交通等在内的福利和服务，充分体现消除贫困和切断贫困代际传递的设想。

再次，充分体现出在适度普惠型儿童社会福利制度建设的初级阶段以发展儿童生存性福利为主的思想，重点发展与儿童生活、医疗、住房等有关的生存性福利和服务。

最后，这一体系框架符合中国现实国情和儿童权利发展优先序列，以儿童需求为导向，符合国际经验，也与中国经济社会发展水平相适应，是有中国特色的儿童社会福利体系框架。

2. 中级阶段（2021-2030 年）内容体系框架

2021-2030 年，是中国适度普惠型儿童社会福利制度的中级阶段，中国经济仍将以较快速度发展，经济总量持续增加，人均 GDP 达到 2 万美元。这一阶段中国人口结构将发生一些重要变化，人口老龄化加速发展，老年人口将首次超过少儿人口，与此同时，新增劳动人口有限，老年抚养比和少儿抚养比双双上升。必须通过增加儿童社会福利释放新的人口红利。因此，这一阶段除继续发展特殊儿童的社会福利以外，还需发展普通儿童的社会福利，以进一步激发福利的潜在生产性效应，即通过改善儿童生活、健康和智力状况，提高未来劳动者的生产效率和生产效能。

首先，为新生儿提供新生儿津贴。为提高人口出生质量，胎儿的各项检查必须免费，为孕妇和哺乳期妇女提供特别食品计划。在新生儿出生后，每个家庭都可以领取新生儿津贴，不用考虑家庭孩子的数量。如果是贫困家庭，可以延长领取新生儿津贴的时间，直到孩子满三周岁。

其次，为 5 岁以下儿童发放营养补贴。5 岁以下儿童对营养的要求很高，改善婴幼儿的营养状况对于增进儿童健康和体能以及促进智力的发展都有很大作用。因此，应把给予贫困家庭儿童的营养补贴扩大到所有 5 岁以下儿童。

再次，为有 2 个及以上孩子的家庭发放家庭津贴。考虑到家庭在抚养孩子方面的经济负担能力，国家有必要为多孩子家庭分担必要的经济责任。国家主要承担第 2 个及以上孩子的津贴。

第四，免费牛奶计划。义务教育阶段的儿童在校期间，每天可以获得一杯鲜牛奶。

第五，图书卡计划。为全体儿童提供开放的免费图书资源，包括开放的图书馆资源、电子图书资料等。为贫困家庭儿童发放购书卡（购书补贴）。

第六，免费观影计划。就学阶段儿童每年可以免费观看一部或若干部有教育意义的电影或戏剧节目，发放电影卡（补贴）。

第七，免费游泳卡。为增强儿童的体能和提高防护自救能力，国家为每个儿童发放免费游泳卡，提供一定次数的免费游泳。

中级阶段（2021-2030 年）给予儿童的收入性福利框架可以按照表 6.25 来构建。

表 6.25 中级阶段（2021-2030 年）儿童收入性福利框架

序号	福利项目	享受对象	给付方式
1	孤儿津贴	孤儿、事实无人抚养儿童	现金
2	艾滋病病毒感染儿童津贴	艾滋病病毒感染儿童	现金
3	残疾儿童津贴	0-17岁残疾儿童，全日制学生可以延长领取到22岁	现金
4	残疾儿童康复补贴	残疾儿童	现金
5	残疾儿童辅助器具补助	残疾儿童	现金
6	住房补贴	成年孤儿、残疾儿童	现金
7	残疾儿童就业补助	残疾儿童	现金
8	流浪儿童津贴	流浪儿童	现金
9	家庭寄养津贴	被寄养儿童	现金
10	事实无人抚养儿童津贴	事实无人抚养儿童	现金
11	重大病儿童津贴	重大病儿童、罕见病儿童	现金
12	贫困家庭儿童生活补贴	贫困家庭儿童	现金
13	营养早午餐计划	义务教育阶段贫困家庭儿童	代金券
14	食品券计划	贫困家庭儿童	代金券或实物
15	医疗援助计划	贫困家庭重大病儿童	现金
16	公立幼儿园补助计划	贫困家庭儿童	现金
17	教育券计划	贫困家庭儿童	代金券
18	贫困家庭儿童住校补贴	贫困家庭儿童	现金
19	贫困家庭儿童交通补贴	贫困家庭儿童	现金
20	贫困家庭儿童通讯补贴	贫困家庭儿童	现金或代金券
21	服刑人员未成年子女津贴	服刑人员未成年子女	现金
22	新生儿津贴	0岁儿童，贫困家庭儿童延长领取到3岁	现金
23	婴幼儿营养补助计划	0-5岁儿童	实物或现金
24	母婴特别补充食品计划	0岁儿童、孕妇和哺乳期妇女	实物或现金
25	家庭津贴	2个及以上孩子的家庭	现金
26	免费牛奶计划	义务教育阶段儿童	实物
27	图书卡计划	所有就学阶段儿童	代金券
28	购书卡	贫困家庭儿童	代金券
29	免费观影计划（电影卡）	义务教育阶段儿童	代金券
30	免费游泳卡	义务教育阶段儿童	代金券

在服务性福利方面，2021-2030 年这一阶段，除为特殊儿童提供必要的福利服务以外，可以增加一些为普通儿童设计的服务项目，如胎儿与婴幼儿免费医学检查服务、儿童照料服务、儿童心理健康服务等，为普通儿童的健康成长提供良好的社会化服务保障。中级阶段（2021-2030 年）儿童服务性福利框架见表 6.26。

表 6.26 中级阶段（2021-2030 年）儿童服务性福利框架

序号	服务项目	享受对象	内容
1	寄养与收养服务	孤儿、残疾儿童、遭受虐待的儿童等	为孤儿、受虐儿童等提供家庭寄养和机构收养服务
2	流浪儿童保护	流浪儿童	为流浪儿童提供生活、医疗和教育服务
3	残疾孤儿康复工程	残疾儿童	为残疾儿童提供康复性服务
4	残障儿童家庭病床服务	残疾儿童	为残疾儿童提供家庭病床
5	艾滋病防治计划	艾滋病病毒感染儿童	艾滋病病毒感染儿童防治
6	明天计划	孤儿、残疾儿童等	残疾孤儿康复计划
7	重生行动	贫困家庭儿童等	贫困家庭儿童手术和康复治疗
8	蓝天计划	孤儿、残疾儿童等	集养、治、教、康、特于一体的儿童福利机构
9	霞光计划	农村五保儿童等	为农村五保儿童提供安全住房
10	特殊儿童教育计划	盲聋哑儿童等	为盲聋哑儿童提供特殊教育
11	贫困家庭儿童"开端计划"	贫困家庭儿童等	为贫困家庭儿童提供早期教育，可以享受免费早餐和照料服务
12	残疾儿童就业服务	残疾儿童等	为残疾儿童提供就业培训
13	儿童司法援助服务	受虐待、被遗弃等特殊儿童	为受虐待、被遗弃儿童提供司法保护
14	胎儿、婴幼儿医学检查服务	0-5 岁儿童	儿童医学检查
15	儿童照料服务	学龄前儿童	托儿所、家庭托育中心或幼儿园提供的照料服务
16	儿童心理健康服务	全体儿童	为青少年儿童提供心理咨询和各种帮助

中级阶段（2021-2030 年）儿童社会福利内容体系框架也有一些显著特点：

第一，将普通儿童同等地纳入儿童社会福利的考察范围。在中国经济发展的较高级阶段，适时地发展普通儿童的福利，将普通儿童与特殊儿童同等地纳入儿童社会福利考察范围，既符合联合国《儿童权利公约》精神，也符合公平原则。

第二，在发展儿童生存性福利的基础上，重视发展儿童的发展性福利，逐步形成生存性福利与发展性福利并重的儿童社会福利格局。这一阶段重视儿童的教育福利、文化福利、艺术福利以及全体儿童身心健康方面的服务性福利,对于促进儿童全面发展有重要价值。

第三,发展家庭津贴,重视对家庭的支持。这一阶段,由于经济的发展和国家财力的增强,国家对家庭的支持明显增强,从对特殊家庭的支持提升到对普通家庭的支持,包括经济支持和服务支持,体现出国家责任担当。

3. 高级阶段(2031-2050 年)内容体系框架

2031-2050 年,是中国适度普惠型儿童社会福利制度的高级阶段,这一阶段中国经济总量继续增长,经济发展速度缓慢下降,但人均 GDP 不断增长,到 2050 年时预计达到 4 万美元,接近当前美国等发达国家人均 GDP 水平。这时中国有足够的财力支持发展儿童社会福利。因此,这一阶段应将儿童社会福利逐步覆盖到更多普通儿童,到 2050 年时覆盖全体儿童。

首先,2050 年前继续实施家庭津贴制度,到 2050 年时为全体儿童建立津贴。将家庭津贴扩大到每一个儿童,为全体儿童发放津贴。

其次,儿童重大病基本医疗援助扩展计划。将为贫困家庭儿童重大病基本医疗全额补贴计划扩大到给予全体儿童。

第三,图书卡计划(购书卡)。将为贫困家庭儿童的购书卡补贴扩大到每个家庭的儿童。

第四,为儿童提供艺术和娱乐活动福利。国家为儿童发展高雅艺术提供补贴,为儿童娱乐和健身项目提供必要的补助。国家积极设立儿童游乐设施,如儿童乐园等,发展儿童多层次的兴趣。

高级阶段(2031-2050 年)儿童收入性福利框架可以按照表 6.27 来构建。

表 6.27 高级阶段(2031-2050 年)儿童收入性福利框架

序号	福利项目	享受对象	给付方式
1	儿童津贴	0-17 岁儿童,全日制孤儿、残疾儿童等可领取到 22 岁	现金
2	母婴特别补充食品计划	0 岁儿童	实物或现金
3	婴幼儿营养补助计划	0-5 岁儿童	实物或现金
4	医疗援助计划	所有家庭儿童	现金
5	免费牛奶计划	义务教育阶段儿童	实物
6	住房补贴	成年孤儿、残疾儿童	现金
7	残疾儿童康复补贴	残疾儿童	现金

（续表）

序号	服务项目	享受对象	内容
8	残疾儿童辅助器具补助	残疾儿童	现金
9	残疾儿童就业补助	残疾儿童	现金
10	食品券计划	贫困家庭儿童	代金券或实物
11	营养早午餐计划	贫困家庭儿童	代金券
12	公立幼儿园补助计划	贫困家庭儿童，补助伙食和管理费	现金
13	教育券计划	贫困家庭儿童	代金券
14	贫困家庭儿童住校补贴	贫困家庭儿童	现金
15	贫困家庭儿童交通补贴	贫困家庭儿童	现金或代金券
16	贫困家庭儿童通讯补贴	贫困家庭儿童	现金或代金券
17	图书卡计划	义务教育阶段儿童	代金券
18	购书卡	义务教育阶段儿童	代金券
19	免费观影计划（电影卡）	义务教育阶段儿童	代金券
20	免费游泳卡	义务教育阶段儿童	代金券
21	艺术活动补贴计划	义务教育阶段儿童	代金券
22	娱乐活动补贴计划	义务教育阶段儿童	代金券

这一阶段仍需发展儿童的福利服务，特别是儿童健康服务和家庭服务支持系统的构建，一是构建家庭协作服务，二是为家庭育儿提供指导和庇护，三是建设各类儿童服务机构，为儿童健康成长提供服务。

高级阶段（2031-2050年）儿童服务性福利框架可以按照表6.28方式构建。

表6.28 高级阶段（2031-2050年）儿童服务性福利框架

序号	服务项目	享受对象	内容
1	寄养与收养服务	孤儿、残疾儿童、遭受虐待的儿童等	为孤儿、受虐儿童等提供家庭寄养和机构收养服务
2	流浪儿童保护	流浪儿童	为流浪儿童提供生活、医疗和教育服务
3	残疾孤儿康复工程	残疾儿童	为残疾儿童提供康复性服务
4	残障儿童家庭病床服务	残疾儿童	为残疾儿童提供家庭病床
5	艾滋病防治计划	艾滋病病毒感染儿童	艾滋病病毒感染儿童防治
6	明天计划	孤儿、残疾儿童等	残疾孤儿康复计划
7	重生行动	贫困家庭儿童等	贫困家庭儿童手术和康复治疗

(续表)

8	蓝天计划	孤儿、残疾儿童等	集养、治、教、康、特于一体的儿童福利机构
9	霞光计划	农村五保儿童等	为农村五保儿童提供安全住房
10	特殊儿童教育计划	盲聋哑儿童等	为盲聋哑儿童提供特殊教育
11	贫困家庭儿童"开端计划"	贫困家庭儿童等	为贫困家庭儿童提供早期教育，可以享受免费早餐和照料服务
12	残疾儿童就业服务	残疾儿童等	为残疾儿童提供就业培训
13	儿童司法援助服务	受虐待、被遗弃等特殊儿童	为受虐待、被遗弃儿童提供司法保护
14	胎儿、婴幼儿医学检查服务	0-5岁儿童	儿童医学检查
15	儿童照料服务	学龄前儿童	托儿所、家庭托育中心或幼儿园提供的照料服务
16	儿童心理健康服务	全体儿童	为青少年儿童提供心理咨询和各种帮助
17	儿童馆服务	低年级儿童	低年级儿童放学后的健康活动
18	家庭协助服务	全体儿童	儿童轻微生病，无法上幼儿园时，保育人员帮助看护
19	儿童指导中心	全体儿童	为养育儿童的家庭提供咨询和庇护服务

高级阶段（2031-2050年）儿童社会福利内容体系框架的特点是：

第一，第一次将津贴扩展到全体儿童，显示全面普惠的特点。到2050年时，随着中国经济的发展，中国具备为全体儿童建立社会福利制度的能力。届时，中国的人均 GDP 相当于现在发达国家的水平。而现在发达国家中许多国家已经建立起儿童津贴制度，因此，在这一阶段建立儿童津贴的构想具有国际先例。

第二，构建起全面的儿童社会福利体系框架。这一阶段的儿童社会福利覆盖全体儿童，包含生活、教育、医疗、住房、就业、娱乐、儿童开发等各个领域，以生存性福利为基础，生存性福利与发展性福利并重，形成多层次、多样化的儿童社会福利体系格局。

第三，在为全体儿童提供福利的同时，仍然重视对特殊儿童的关注。特殊儿童始终是儿童社会福利的焦点，对特殊儿童的关注反映了儿童社会福利的本质，表明国家对儿童价值和尊严的重视。

第三节 儿童社会福利财政资金保障探索

一、适度普惠型儿童社会福利制度下满足需要的支出分析

（一）满足儿童基本生理需要的支出

1. 食品支出

（1）食品支出项目制定的理论依据

要满足儿童基本生理需要，必须按照科学的标准摄入营养，保证健康成长。关于营养摄入的数量，比较权威的标准是 2007 年中国营养学会受卫生部的委托修订的《中国居民膳食指南（2007）》[1]。

《中国居民膳食指南（2007）》对各种人群的膳食营养制定了标准，包括一般人群膳食指南、特定人群膳食指南和平衡膳食宝塔三部分。其中，一般人群膳食指南共有 10 条，适用于 6 岁以上的普通人群。因此，6 岁以上的儿童可以适用于普通人群的膳食指南。特定人群主要包括孕妇、乳母、婴幼儿、学龄前儿童、儿童青少年和老年人群。本书所研究的儿童中，婴幼儿、学龄前儿童等属于特定人群。

①普通人群膳食需求——中国居民平衡膳食宝塔的内容

对于普通人群，《中国居民膳食指南（2007）》绘制了膳食宝塔。在五层宝塔中，最底层为谷类薯类及杂豆，作为主食，谷类薯类和杂豆共需要 250~400 克；同时，需要补充水 1200 毫升。第二层宝塔中，列明了必须补充的蔬菜和水果，其中，蔬菜每天吃 300~500 克，水果类每天 200~400 克，才能满足基本的营养需要。膳食宝塔第三层为畜禽肉类和鱼虾类。其中，畜禽肉类需要摄入 50~75 克，鱼虾类需要摄入 50~100 克；蛋类需要摄入 25~50 克。宝塔第四层为奶类和奶制品以及大豆类和坚果。其中，奶类和奶制品大约需要摄入 300 克；大豆类及坚果需要摄入 30~50 克。宝塔第五层为基本的油和盐的摄入量，其中，油需要摄入 25~30 克，盐需要摄入 6 克。

②特定人群特殊膳食需求

《中国居民膳食指南（2007）》对特定人群作了清晰的界定。认为特定人群包括"孕妇、乳母、婴幼儿、学龄前儿童、儿童青少年和老年人群[2]"。除老年人群外，其他人群都需要比普通人群添加必要的营养和特定食物。

《中国居民膳食指南（2007）》规定："孕妇要适当增加鱼、禽、蛋、瘦肉、海

---

[1] 中国营养学会.中国居民膳食指南（2007）[M].拉萨：西藏人民出版社，2009.
[2] 《中国居民膳食指南（2007）》，第 172-183 页.

产品的摄入量；适当增加奶类的摄入；常吃含铁丰富的食物。"对于哺乳期妇女，由于要为哺育的婴幼儿提供足够均衡的营养，要"增加鱼、禽、蛋、瘦肉及海产品摄入；适当增饮奶类，多喝汤水。"对于婴幼儿及学龄前儿童，《中国居民膳食指南（2007）》规定了一些额外需要添加的食物，包括："给新生儿和1-6月龄婴儿及时补充适量维生素K；适当补充维生素D；不能用纯母乳喂养时，宜首选婴儿配方食品喂养。对于6-12月龄婴儿，奶类优先，继续母乳喂养；及时合理添加辅食。"1-3岁幼儿要"继续给予母乳喂养或其他乳制品，逐步过渡到食物多样；选择营养丰富、易消化的食物。"学龄前儿童主要"多吃新鲜蔬菜和水果；经常吃适量的鱼、禽、蛋、瘦肉；每天饮奶，常吃大豆及其制品"。对儿童青少年的膳食规定是："三餐定时定量，保证吃好早餐；吃富含铁和维生素C的食物。"此外，如果某些儿童是特殊的病人，需要特定食品或补充营养，以满足儿童生存需要。

（2）儿童食品支出所需费用统计测算

根据《中国居民膳食指南（2007）》的规定，可以先确定儿童所需要摄入的营养；再根据各年《中国统计年鉴》的价格统计数据，计算各类食品所需支出。

① 通儿童各项食物支出测算

根据《中国居民膳食指南（2007）》的建议，计算时采用每项支出的最高值，以确保儿童获得足够的营养。儿童每日所需摄入的各类食品数量、价格、每日食品支出金额和每月食品支出金额如表6.29所示：

表 6.29 儿童食品支出数量[1]

食品项目名称	各项食品数量	价格	每日食品支出金额	每月食品支出金额
谷类薯类及杂豆	Q_1=400 克	P_1	$\pi_1 = Q_1 \times P_1$	$\omega_1 = Q_1 \times P_1 \times 30$
水	Q_2=1200 毫升	P_2	$\pi_2 = Q_2 \times P_2$	$\omega_2 = Q_2 \times P_2 \times 30$
蔬菜	Q_3=500 克	P_3	$\pi_3 = Q_3 \times P_3$	$\omega_3 = Q_3 \times P_3 \times 30$
水果类	Q_4=400 克	P_4	$\pi_4 = Q_4 \times P_4$	$\omega_4 = Q_4 \times P_4 \times 30$
畜禽肉类	Q_5=75 克	P_5	$\pi_5 - Q_5 \times P_5$	$\omega_5 = Q_5 \times P_5 \times 30$
鱼虾类	Q_6=100 克	P_6	$\pi_6 = Q_6 \times P_6$	$\omega_6 = Q_6 \times P_6 \times 30$
蛋类	Q_7=50 克	P_7	$\pi_7 = Q_7 \times P_7$	$\omega_7 = Q \times P_7 \times 30$
奶类及奶制品	Q_8=300 克	P_8	$\pi_8 = Q_8 \times P_8$	$\omega_8 = Q_8 \times P_8 \times 30$
大豆类及坚果	Q_9=50 克	P_9	$\pi_9 = Q_9 \times P_9$	$\omega_9 = Q_9 \times P_9 \times 30$
油	Q_{10}=25-30 克	P_{10}	$\pi_{10} = Q_{10} \times P_{10}$	$\omega_{10} = Q_{10} \times P_{10} \times 30$
盐	Q_{11}=6 克	P_{11}	$\pi_{11} = Q_{11} \times P_{11}$	$\omega_{11} = Q_{11} \times P_{11} \times 30$
合计	--	--	$\sum_{i=1}^{11} \pi_i$	$\sum_{i=1}^{11} \omega_i$

---

[1] 中国营养学会.中国居民膳食指南（2007）[M].拉萨：西藏人民出版社，2009.

② 定人群食品支出项目计算

对于孕妇、乳母、婴幼儿、学龄前儿童、儿童青少年等特定人群，在普通人群的基础上，可以根据实际需要，适当增加食品支出金额。按照《中国居民膳食指南（2007）》，特定人群所需增加的食品支出项目如表 6.30 所示：

表 6.30　特定人群食品支出项目[1]

特定人群分类	特定食品需求	特殊食品支出计算方法 1	特殊食品支出计算方法 2
孕期妇女	适当增加鱼、禽、蛋、瘦肉、海产品的摄入量；适当增加奶类的摄入；常吃含铁丰富的食物	计算比普通人群增加的食物的数量及金额	在普通人群食物支出的基础上上浮一定百分比
哺乳期妇女	增加鱼、禽、蛋、瘦肉及海产品摄入；适当增饮奶类	计算比普通人群增加的食物的数量及金额	在普通人群食物支出的基础上上浮一定百分比
0-12 月龄婴儿	及时补充适量维生素 K；适当补充维生素 D。必要时使用婴儿配方奶粉，及时合理添加辅食	增加奶粉、液体钙、维生素 D 制剂、辅食支出	
1-3 岁幼儿	必要时使用婴儿配方奶粉，及时合理添加辅食	增加奶粉、液体钙、维生素 D 制剂、辅食支出	
学龄前儿童	经常吃适量的鱼、禽、蛋、瘦肉；每天饮奶，常吃大豆及其制品	增加奶粉或牛奶支出	
义务教育阶段儿童少年	经常吃适量的鱼、禽、蛋、瘦肉；每天饮奶，常吃大豆及其制品	增加牛奶等支出	

（3）食品支出项目内容及计算总结

根据《中国居民膳食指南（2007）》所规定的中国各类人群的摄入营养标准，可以为儿童计算每天所需的食品支出。首先计算普通人群的食品支出，在普通人群的食品支出基础上，根据各类特定人群的特定需求，计算特定人群的食品支出。具体见表 6.31。

表 6.31　所有人群的每日食品支出总结[2]

普通人群的食品支出	特定人群	特定人群所需增加的食品支出
谷类薯类及杂豆 Q_1=400 克	孕期妇女	增加牛奶、钙、营养品
水 Q_2=1200 毫升	哺乳期妇女	增加牛奶、钙、营养品

---

[1] 中国营养学会.中国居民膳食指南（2007）[M].拉萨：西藏人民出版社，2009.
[2] 中国营养学会.中国居民膳食指南（2007）[M].拉萨：西藏人民出版社，2009.

（续表）

蔬菜 Q_3=500 克	0-12 月龄婴儿	增加奶粉、液体钙、维生素 D 制剂、辅食支出
水果类 Q_4=400 克	1-3 岁幼儿	增加奶粉、液体钙、维生素 D 制剂、辅食支出
畜禽肉类 Q_5=75 克、鱼虾类 Q_6=100 克	学龄前儿童	增加奶粉或牛奶支出
普通人群的食品支出	特定人群	特定人群所需增加的食品支出
蛋类 Q_7=50 克、奶类及奶制品 Q_8=300 克、大豆类及坚果 Q_9=50 克、油 Q_{10}=25-30 克、盐 Q_{11}=6 克	义务教育阶段儿童少年	增加牛奶或奶粉支出

2. 被服支出

被服支出是满足儿童基本生理需要必不可少的项目。当儿童能购买足够的食品后，要维持生存，必须拥有足够的被服。其中，"被"包括被子、床单、被套、枕头、枕套、床等必要的床上用品；"服"包括衣服、鞋子、帽子等。对于鞋子、帽子和衣服，要根据春、夏、秋、冬四个季度而准备不同的服装和鞋帽。

当然，对于儿童来说，一套床上用品可以使用很多年，服装和鞋帽也具有可以重复使用的效果。因此，被服支出的计算比较复杂，可以采用问卷调查法调查实际所需支出。如表 6.32 所示。

表 6.32 儿童所需的被服支出项目

被服内容	适用季节	被服内容	适用季节
内衣、内裤	四季通用	帽子	冬季、夏季
秋衣、秋裤	春秋	手套	冬季
毛衣、毛裤	春秋	围巾	冬季
春秋季外套和裤子	春秋	床单	四季通用
夏季短衣、短裤	夏季	被套	四季通用
夏天裙子	夏季	被子	冬季、夏季、春秋各不同
冬季大衣	冬季	冬天裙子	冬季
羽绒服	冬季	春秋袜	春秋
丝袜	夏	蚊帐	夏天使用
凉鞋	夏季	枕头	四季通用
球鞋	春秋冬季	枕套	四季通用

（续表）

布鞋	春秋冬季	厚袜	冬
单皮鞋	春秋	凉拖鞋	夏
毛皮鞋	冬季	布拖鞋	春秋冬

3. 日常用品支出

一般来说，满足儿童基本生理需要的日常用品不多，主要是脸盆、毛巾、肥皂盒、牙膏、牙刷等。对于婴幼儿，可能需要特定产品，如奶瓶等。如表6.33所示：

表6.33 满足基本生理需要的日常用品

一般儿童所需日常用品			特殊儿童所需日常用品	
洗漱用品	个人卫生用品	吃饭用品	婴幼儿	尿布
牙刷	洗发水	水杯		奶瓶
漱口杯	沐浴露	碗		儿童学步车
牙膏	洗衣粉、肥皂	筷子	女性少年儿童	卫生巾
脸盆	卫生纸		近视儿童	眼镜
洗澡毛巾	梳子		运动用品	跳绳
洗脸毛巾	护肤用品（润肤霜、护手霜等）		轮椅	有此需要的残疾儿童

（二）满足儿童健康安全需要的支出

满足儿童健康安全需要，主要是建立免费体检制度、医疗补贴制度以及资助儿童参加医疗保险等社会保障制度所需费用，具体见表6.34。

表6.34 儿童健康安全支出

支出项目	内容摘要
体检费	
基本医疗费（挂号费）	
家庭常备药品支出	
"计免"以外预防接种	包括：流感疫苗、水痘疫苗、乙肝疫苗、甲肝疫苗和其他疫苗
医保外医疗费	氧气费、换药费、静脉点滴、肌肉注射、膀胱冲洗、皮下注射、静脉采血、观察费、护理费、紫外线消毒、终末消毒、导尿、灌肠、电动吸痰、冰袋降温、心电图、脐带处理等
医保外注射费用	各种注射液
资助儿童参加医疗保险制度	根据当地标准计算

功能康复训练	包括语言康复训练、视力康复训练、肌力增强等
康复治疗	包括中药熏蒸治疗、经络导平治疗、按摩治疗等

（三）满足儿童社会交往需要的支出

儿童的社会交往需要，主要包括通讯支出和交通支出等。对于进入学龄阶段的儿童，需要有一定的满足基本需要的通讯费用。通讯支出包括通话支出、邮寄支出和上网支出。通讯工具包括固定电话或移动电话，邮寄支出主要是邮寄信件；对于达到一定年龄的少年儿童，如果有上网的需要，还需要支付上网费用。具体支出数额可以进行实地调查，了解儿童每月所需通讯费用。进入学龄阶段的儿童，还可能产生交通费用。可能是购买自行车，也可能是乘坐公交车和地铁，还可能是乘坐需要付费的校车。具体支出类型见表6.35。

表6.35 满足儿童社会交往需要的支出

支出类型	支出类型
固定电话支出	邮寄费用支出
移动电话支出	乘车支出
网络支出	购买、维修自行车支出

（四）满足儿童尊重和自我价值实现的支出

满足儿童尊重和自我价值实现的支出主要是指教育支出、文化支出、艺术支出和娱乐支出等。

教育支出方面，按照学习阶段，儿童教育可以分为学龄前、小学阶段、初中阶段、高中（中职、中专）阶段等。在每个不同的阶段，儿童均需要一定的支出，包括书本费、校服费、课外活动费、学习用具费、课外读物费等。有些儿童可能还需要支出考试（竞赛）报名费、班费和住校住宿费等。

文化支出方面，主要是满足儿童对阅读的需要，包括图书借阅、上网、购买图书资料等方面的开支。

艺术支出方面，主要是用于满足儿童对精神生活的追求，特别是对高雅艺术的追求，包括参加音乐、美术、绘画等艺术活动的开支。

娱乐支出方面，主要用于满足儿童对娱乐和身心发展的需求，包括观影、旅游、游乐等方面的开支。

二、微观视角下满足儿童个体需要福利标准的确定

微观视角下，满足儿童不同层次需要的主要表现形式是各类津贴、补贴和福利

服务。中国适度普惠型儿童社会福利主要是收入性福利+服务性福利。其中，收入性福利包括满足儿童生活需要的各种津贴，其次，是各种补贴。服务性福利是福利机构为儿童提供的各种服务。确定各类津贴、补贴和服务的标准是进行儿童社会福利资金支出规模测算的前提。

（一）津贴标准的确定

1. 确定原则

儿童的津贴标准必须考虑三个因素：第一，满足儿童的基本生活需要，包括食品类和非食品类需求，即食品、衣着、居住、家庭设备及用品、交通通讯、文教娱乐、医疗保健及其他等八大类需求。第二，与当地平均生活水平相适应，不低于当地平均生活水平。第三，考虑地方财政状况。一般情况下，地方财政支出应满足儿童基本生活需求；在地方财政不能满足儿童基本生活需求时，应通过转移支付满足儿童基本生活需求；在转移支付不能实现的情况下，可考虑适当降低儿童津贴标准。

儿童津贴标准应就高不就低，当用于养育儿童的基本生活开支大于当地平均生活水平时，儿童津贴标准应根据满足儿童基本生活需求确定；相反，则根据当地平均生活水平确定。

2. 确定方法

根据儿童津贴标准的确定原则，主要有两种方法计算儿童津贴标准。一种是通过计算食品类和非食品类支出确定津贴标准；另一种是通过比较城乡居民人均消费支出确定津贴标准。

方法一：根据食品类和非食品类支出确定津贴标准

食品类支出可以根据《中国居民膳食指南（2007）》，并结合价格变动指数确定，非食品类支出根据食品类支出并结合恩格尔系数确定。公式为：

儿童津贴标准 = 食品支出 + 非食品支出

其中：非食品支出 = 食品支出 × （1 − 恩格尔系数）/恩格尔系数

方法二：根据当地平均生活水平确定津贴标准

根据当地平均生活水平确定津贴标准是指根据上一年度当地居民人均消费支出确定儿童津贴标准。首先，需要将年人均消费支出换算成月人均生活消费支出。其次，需要在津贴标准和月人均消费支出之间确定一个系数。因为，儿童作为特殊人群，需要添加特殊食品，这就使得儿童的生活消费支出与平均的消费支出之间形成一个比例。这个比例（系数）用 α 表示。公式为：

儿童津贴标准 = 上一年度当地月人均生活消费支出 × α

其中：α 是儿童生活消费支出与人均消费支出之间的系数，$\alpha \geq 1$。

3. 儿童津贴标准概算

方案一 根据中国营养学会《中国居民膳食指南（2007）》及恩格尔系数计算

根据《中国居民膳食指南（2007）》，儿童所需要的食品支出包含的食物数量如表6.36所示。

表6.36 中国营养学会制定的膳食指南建议每日食品摄入量[1]

食品项目名称	各项食品数量	食品项目名称	各项食品数量	食品项目名称	各项食品数量
谷类薯类及杂豆	Q_1=400 克	畜禽肉类	Q_5=75 克	大豆类及坚果	Q_9=50 克
水	Q_2=1200 毫升	鱼虾类	Q_6=100 克	油	Q_{10}=25-30 克
蔬菜	Q_3=500 克	蛋类	Q_7=50 克	盐	Q_{11}=6 克
水果类	Q_4=400 克	奶类及奶制品	Q_8=300 克		

以2013年11月1-10日国家统计局关于50个城市主要食品平均价格变动情况表为例（见表6.37），我们可以对中国50个大中城市平均所需食品支出金额进行估算。

表6.37 50个城市主要食品平均价格变动情况[2]（2013年11月1-10日）

商品名称	规格等级	单位	本期价格（元）	比上期价格涨跌（元）	涨跌幅
大米	粳米	千克	5.77	0.01	0.2%
面粉	富强粉	千克	5.35	0.00	0.0%
面粉	标准粉	千克	4.47	0.00	0.0%
豆制品	豆腐	千克	4.34	0.00	0.0%
花生油	压榨一级	升	27.95	-0.09	-0.3%
大豆油	5L 桶装	升	11.28	0.02	0.2%
菜籽油	一级散装	升	13.62	0.02	0.2%
猪肉	猪肉后臀尖（后腿肉）	千克	26.51	-0.05	-0.2%
猪肉	五花肉	千克	26.32	-0.03	-0.1%
牛肉	腿肉	千克	65.01	0.16	0.3%
羊肉	腿肉	千克	64.31	0.40	0.6%
鸡	白条鸡	千克	18.68	0.05	0.3%
鸡	鸡胸肉	千克	20.53	0.03	0.2%

---

[1]中国营养学会.中国居民膳食指南（2007）[M].拉萨：西藏人民出版社，2009.
[2]国家统计局.http://www.stats.gov.cn/tjsj/qtsj/dzcszyspjg/t20131114_402931172.htm.

（续表）

鸭	白条鸭	千克	16.44	0.06	0.4%
鸡蛋	散装鲜鸡蛋	千克	9.92	-0.07	-0.7%
活鲤鱼		千克	13.79	-0.04	-0.3%
活草鱼		千克	16.49	-0.18	-1.1%
带鱼		千克	30.65	-0.07	-0.2%
大白菜		千克	2.60	-0.10	-3.7%
油菜		千克	4.57	-0.17	-3.6%
芹菜		千克	6.51	-0.24	-3.6%
黄瓜		千克	6.12	0.02	0.3%
西红柿		千克	8.45	0.41	5.1%
豆角		千克	9.01	0.20	2.3%
土豆		千克	4.04	0.13	3.3%
苹果	富士苹果	千克	10.59	-0.15	-1.4%
香蕉	国产	千克	5.39	-0.11	-2.0%

注：上期为2013年10月21-30日。

根据中国营养学会制定的膳食指南，及其建议的每日食品摄入量，根据食品换算表，可以估算出每个儿童每日所需食品消费金额。由于1年为365天，合计12个月，每个月大约可算为30天。因此，每月食品消费支出等于每日食品消费支出的三十倍。所得结果如表6.38所示：

表6.38　　每月食品支出估算　　单位：元

食品项目名称	各项食品数量	每日食品支出金额	每月食品支出金额
谷类薯类	Q_1=400 克	2.08	62.40
水	Q_2=1200 毫升	0.003	0.09
蔬菜	Q_3=500 克	2.69	80.70
水果类	Q_4=400 克	3.20	96.00
畜禽肉类	Q_5=75 克	2.55	76.50
鱼虾类	Q_6=100 克	2.03	60.90
蛋类	Q_7=50 克	0.50	15.00
奶类及奶制品	Q_8=300 克	2.46	73.80
大豆类及坚果	Q_9=50 克	0.45	13.50

（续表）

油	Q_{10}=25-30 克	0.58	17.40
盐	Q_{11}=6 克	0.024	0.72
合计	--	16.57	497.01

注：**1** 升油大约为 **900** 克。取花生油、大豆油和菜籽油的平均价格。水的价格按照每立方米 **1.63** 元的进水价格和 **1.30** 元的排水价格。蔬菜价格取大白菜、油菜、芹菜、黄瓜、西红柿和土豆的平均价格。水果取苹果和香蕉的平均价格。牛奶按一箱 **24** 盒装的纯牛奶 **59** 元一箱的价格计算，估算一天一盒纯牛奶。

根据以上中国营养学会制定的膳食指南建议每日食品摄入量，以及国家统计局公布的 2013 年中国 50 个城市主要食品平均价格变动情况表，本书计算出城市中每个儿童一般生活状况下平均每月所需食品支出，为 497.01 元。在计算出食品所需支出金额后，我们可以运用恩格尔系数，计算每个儿童每日或每月所需的非食品支出。恩格尔系数选取各地对应的城乡居民生活的恩格尔系数。根据国家统计局公布的《2013 年国民经济和社会发展统计公报》，2013 年中国城镇居民恩格尔系数为35.0%。

最后，根据公式我们可以求出 2013 年城市儿童津贴标准。其中：

食品支出=497.01 元；非食品支出=497.01×（1-0.35）/0.35=923.02 元

这样，

城市儿童津贴标准 = 食品支出 + 非食品支出=497.01+923.02≈1420（元）。

由于农村生活水平相对较低，农村中用于满足儿童基本生活的支出应小于城市。根据民政部孤儿基本生活标准方案，农村孤儿基本生活费是大约是城市的 0.6。按照这一方案：

农村儿童津贴标准=城市儿童津贴标准×0.6=1420×0.6=852（元）。

方案二　根据城乡居民人均消费水平计算

每个地区儿童的支出水平，从理论上来说，与所在地区的居民平均生活支出水平存在正比例关系。可以根据各地区城镇或农村居民家庭平均每人生活消费支出的数额再乘以一个系数来确定儿童津贴标准。根据公式，儿童津贴标准 = 上一年度当地月人均生活消费支出×α，其中α≥1。

在这里，最重要的是确定α系数。α=儿童每月生活支出/人均每月生活支出。求α的一个最好办法是通过调查儿童每月生活支出来确定。一般来讲，α具有相对的稳定性，在某种情况下，α可视作常数，如 1.1 或 1.2。

通过查《2013 年中国统计年鉴》，2012 年中国城镇居民年人均消费支出 16674.32 元，换算成月人均消费支出为 1389.53 元。现假定α=1.1，则：

2013 年城市儿童津贴标准=1389.53×1.1=1528.48（元）。

2013年农村儿童津贴标准=1528.48×0.6=917.09（元）。

根据儿童津贴标准就高不就低的原则，比较方案一和方案二，儿童津贴标准应以不低于城乡居民人均消费支出为标准。

（二）各类补贴标准的确定

儿童是一类特殊的人群，儿童支出在很多方面具有特殊性。例如，对于胎儿，需要加强营养，可以建立胎儿营养补助计划。对于刚出生到三岁的婴幼儿，其主食是牛奶或母乳，当母乳不足时，应补充奶粉。但奶粉的价格相对于一般家庭的收入而言，比较昂贵。因此，需要政府制定婴幼儿食品补助计划。对于学龄前儿童以及义务教育阶段儿童，要补充牛奶和钙，也需要政府提供免费的牛奶。义务教育阶段的儿童，政府也可以提供免费午餐，减轻家庭的抚养负担。对于残疾儿童或重大病儿童或罕见病儿童，需要制定医疗和康复补贴计划。

对于不同种补助项目，应建立分类补贴标准。

1. 儿童营养补贴标准

儿童营养补助计划的对象是胎儿、婴幼儿、学龄前儿童、义务教育阶段的儿童。设立有效的营养补助计划是世界各国对儿童保护的有效手段，中国儿童对营养补助有实际需求。

胎儿虽然还处于母亲腹中，但已经需要吸收必要的营养，以保证胎儿的正常发育。中国营养学会制定的《中国居民膳食指南》规定："孕妇要注意的事项有：适当增加鱼、禽、蛋、瘦肉、海产品的摄入量；适当增加奶类的摄入；常吃含铁丰富的食物。哺乳期妇女要注意：增加鱼、禽、蛋、瘦肉及海产品摄入；适当增饮奶类，多喝汤水。"母亲摄入的营养是否合理，是否足够，决定着出生的婴儿的质量。因此，母婴特别补充食品计划标准应根据孕妇或哺乳期妇女每月所需增加的食物量来制定。

在胎儿出生后，可以补充适量的钙和维生素。主要食品是牛奶和婴儿配方食品。中国营养学会制定的《中国居民膳食指南》指出："婴幼儿注意：给新生儿和1-6月龄婴儿及时补充适量维生素K；适当补充维生素D；不能用纯母乳喂养时，宜首选婴儿配方食品喂养。6-12月龄婴儿，奶类优先，继续母乳喂养；及时合理添加辅食。1-3岁幼儿喂养：继续给予母乳喂养或其他乳制品，逐步过渡到食物多样；选择营养丰富、易消化的食物。"因此，婴幼儿营养补助计划的标准要以补充钙和维生素的量来制定。

《中国居民膳食指南》对学龄前儿童营养摄入也有相关规定："学龄前儿童膳食注意：多吃新鲜蔬菜和水果；经常吃适量的鱼、禽、蛋、瘦肉；每天饮奶，常吃大豆及其制品。"《中国居民膳食指南》对义务教育阶段儿童膳食营养的规定是：

"中国儿童青少年膳食：三餐定时定量，保证吃好早餐；吃富含铁和维生素 C 的食物。"因此，学龄前儿童以及义务教育阶段儿童的营养早、午餐计划应以补充相应膳食为标准。

胎儿、婴幼儿和学龄前儿童营养补助计划的实施范围，在中等发达经济水平的初、中级阶段，优先覆盖贫困妇女及其胎儿、贫困地区的婴幼儿、学龄前儿童以及义务教育阶段的儿童。中国许多贫困家庭的妇女，由于孕期生活贫困，无法摄入足够的营养，导致出生的婴儿不够健康。因此，要提高国民素质，有必要从胎儿开始孕育时就建立有效的保障制度。有些贫困地区的儿童，存在营养不良的现象，需要国家给予一定的补助。随着经济的发展，可以进一步扩大覆盖范围。儿童营养补助计划，可以采用现金补贴或实物补贴、食品券等方式。

2. 其他补贴标准

（1）满足医疗与健康需要的补贴标准

首先，针对满足儿童医疗需要，设立儿童医疗保险补助计划。目前，中国儿童加入居民医疗保险，每年每人上缴保险费 80 元。对于贫困家庭儿童或特殊儿童，可以由国家为其代缴医疗保险费用。经济高度发展时，国家为全体儿童代缴医疗保险费用。

其次，针对满足儿童保健需要，还需设计儿童计划外免疫接种、残疾儿童或重大病儿童康复补贴计划。当前，中国基本实现计划内免疫接种免费，但还有少数项目需要儿童及其家庭提供免疫接种费用。建议扩大儿童免疫接种免费范围，最终实现全部免疫接种免费。为提高保健水平，可以设立孕产妇产前、产后检查补贴计划。孕期检查是提高儿童素质的重要手段。对于残疾儿童和重大病儿童，可以建立康复补贴制度。康复补贴标准的制定应根据残疾的等级或重大病的病种，对儿童残疾程度和重病程度所需费用进行评估。对于康复阶段的儿童，如果经评估确实需要残疾人辅助器具，则国家可以为这些残疾儿童提供轮椅、助听器或其他辅助器具等设施。

再次，对于残疾儿童，如果确实有护理需要，可以建立儿童护理津贴制度。这项制度是指由政府提供经费，对处于半自理和完全无法自理状态的残疾儿童、重大病儿童，提供支付护工的费用。如果残疾儿童由家人提供护理，可以将护理津贴支付给提供护理服务的亲人，以减轻护理负担。护工费用或家庭护理费用可折合成小时，按照市场家政服务费用标准予以计算。

（2）住房补贴标准

对孤儿或残疾儿童，当他们成年时，可以享受廉租住房制度的保护，政府对确实没有支付能力的儿童提供廉租住房租金补贴。住房补贴标准根据各地廉租住房补贴办法执行，以切实保障儿童的居住权利，满足儿童对住房的需求。

(3) 教育补贴标准

教育补贴包括贫困家庭儿童就读公立幼儿园补助计划、教育券计划和儿童住校补助计划等。贫困家庭的儿童就读公立幼儿园时可以享受学杂费和生活费等的补贴，具体补差标准根据收费标准和儿童家庭的承担能力合理确定，也可采取定额补贴的办法。教育券主要用于补助儿童在校期间购买教育文化用品和课外资料等。在学龄前、小学和初中等不同的教育阶段，可以根据儿童在该阶段的平均支出进行补贴，如发放一定金额的购书券。儿童住校补贴标准可根据住宿费和儿童家庭的经济承担能力合理确定，也可采取定额补贴的办法。

(4) 交通和通讯补贴标准

满足儿童社会交往需要的支出主要是交通费用和通讯费用。如前所述，可以为义务教育阶段及以上儿童的交通费用和通讯费用支出提供补贴。补贴方式可以采取发放交通卡或电话充值卡，也可以发放现金。交通补贴标准可按照每学期上学周次和每次所需交通费确定，或一次性定额补助。通讯费也可以采取一次性定额补贴。

满足社会交往需要的福利还包括儿童出行和探亲等的交通补贴。当前，中国只对身高不超过一定高度的儿童乘坐公共汽车以及火车提供半价优惠。有的地方规定不超过1.2米，有的规定不超过1.5米。儿童是没有收入的群体，身高超标的儿童其实际年龄可能并不大。因此，以身高来确定是否享有优惠福利的标准不符合实际情况。建议以年龄为标准，如6周岁以内的儿童全部免费，18周岁以下的学生都实行半价优惠，以便与高等教育的学生乘车优惠待遇衔接。

(5) 文化艺术和娱乐补贴标准

文化艺术和娱乐需要属于满足人的高层次需要。随着中国经济发展和人民生活水平的提高，应逐步建立满足儿童高层次需要的福利。文化方面，特别应满足儿童对阅读和图书资源的享受，建立图书补贴计划。图书补贴可以采取定额补贴的办法，通过发放购书卡为儿童提供补贴。其次，满足儿童对影视文化的需求，设计免费观影计划，定期为儿童提供免费集体观影作品。同时为儿童提供折扣电影卡，儿童观看电影可以享受2折或更低折扣优惠。艺术方面，应满足儿童对高雅艺术的追求，特别为儿童参加音乐、绘画、美术等艺术活动提供补贴。有条件的地区儿童参加特定艺术活动可全额补贴。娱乐方面，国家应积极设立游乐设施，建立儿童乐园，为儿童参加娱乐、健身活动提供补贴。如国家为就学阶段儿童提供一定次数（15次）免费的游泳卡；儿童游乐项目实行半价优惠等。

三、宏观视角下儿童社会福利财政支出规模三阶段测算

(一) 测算公式

根据国际经验，公共财政用于儿童社会福利的支出主要计算用于支持家庭的费

用，具体包括现金补助、税收优惠和育儿服务三项支出，不考虑教育、医疗、住房方面的支出[1]。为与国际测算口径一致，纳入中国儿童社会福利支出规模测度的主要指标应为儿童津贴、补贴和服务性福利支出。宏观视角下，中国适度普惠型儿童社会福利制度初级阶段（2010-2020年）、中级阶段（2021-2030年）、高级阶段（2031-2050年）儿童社会福利财政支出规模可用公式表示，即：

儿童社会福利总支出=津贴+补贴+服务性支出

用数学式表达为：$S=S_1+S_2+S_3$

其中，

S 表示儿童社会福利总支出。

S_1 表示各类儿童的津贴支出，即 $S_1=A\alpha\sum(X_1+X_2+\cdots+X_n)$，在初级阶段（2010-2020年）和中级阶段（2021-2030年），其中 X_1，$X_2\cdots X_n$ 指孤儿、艾滋病病毒感染儿童、残疾儿童等各类特殊儿童的数量。A 指津贴标准。α 为物价调节系数，表明津贴标准随物价变动动态调整。在高级阶段（2031-2050年），津贴涵盖全体儿童，则 S_1 指全体 0-17 岁儿童的津贴支出。

S_2 表示给予儿童的各类补贴支出，即 $S_2=\sum\alpha(Y_1a_1+Y_2a_2+\cdots+Y_na_n)$，其中 Y_1，$Y_2\cdots\cdots Y_n$ 分别指接受补贴的各类儿童数量，a_1，a_2，a_n 指对应的各类补贴金额。同样，α 为物价调节系数，表示补贴金额随物价变动动态调整。

S_3 表示各类服务性福利支出，即 $S_3=\sum(Z_1,Z_2,Z_3,\cdots)$。由于服务性福利支出无法预测具体人数，因此支出金额只能进行估算。

在适度普惠型儿童社会福利财政支出规模测算中，有几个主要参数需事先预测或假定，分别是人口变量（儿童总数、各类特殊儿童数量）和物价变量（物价调节系数）。

（二）几个主要参数的预测

1. 儿童总数预测

用于人口预测的方法主要有数学方法、统计学方法和人口学方法。数学方法和统计学方法包括各种回归分析法和灰色系统分析法等，人口学方法则包括单因素和多因素的队列要素法。其中,队列要素法通过基年人口数据以及设定的人口变量(如出生率、死亡率、人口迁移率)来预测目标年的人口变动状况，是目前比较流行的人口预测模型。

（1）队列要素法模型及其修正

队列要素法是根据死亡、生育和迁移三大人口要素来预测未来人口变化趋势的

---

[1] OECD 国家的教育、医疗、住房方面的支出作为公共财政支出也支持家庭系统，但往往记录在其他社会政策领域。因此，通常意义上的儿童福利支出主要计算现金补助、税收优惠和服务三项内容。

一种人口预测方法。该方法将总人口分解为不同年龄性别的队列,然后预测各个队列的死亡、生育和迁移状况[1]。

应用队列要素法进行人口预测,一般需要以下基础数据:基年分年龄性别人口数、预测期历年分性别生存概率(包括死亡率和存活率)、预测期历年分年龄生育率、预测期分年龄性别净迁移率和预测期历年出生性别比。

队列要素法预测的基本步骤:

第一步:将基年各年龄性别人口按其存活率移算至下一年 1 岁及以上(1 岁年龄组人口预测)或 5 岁及以上(5 岁年龄组人口预测)的各年龄性别人口;

第二步:将这一年内的分年龄性别净迁移人口按其存活率加入到下一年的 1 岁及以上或 5 岁及以上的各年龄性别人口中;

第三步:利用分年龄育龄妇女人数和生育率计算出这一年内的出生人数,将出生人数推算至下一年的 0 岁或 0-4 岁组人口。

第四步:重复以上步骤。

它的基本模型如下[2]:

设 $M_{x,t}$ 为 t 年 $x \sim x+4$ 岁年龄组的男性人口;

$F_{x,t}$ 为 t 年 $x \sim x+4$ 岁年龄组的女性人口;

其中,$x=0, 5, 10, \cdots 80$。$M_{85,t}$ 以及 $F_{85,t}$ 分别表示 85 岁以上的男女高龄人口。

B_t 为 $t \sim t+5$ 年间出生的婴儿数;

r 为出生性别比;

$B_{t,m}$ 为 $t \sim t+5$ 年间出生的男性婴儿数;

$B_{t,f}$ 为 $t \sim t+5$ 年间出生的女性婴儿数;

$P^m_{x,t}$ 为 t 年 $x-5 \sim x-1$ 岁年龄组的男性人口到 $t+5$ 年 $x \sim x+4$ 岁年龄组人口的生存概率;

$P^f_{x,t}$ 为 t 年 $x-5 \sim x-1$ 岁年龄组的女性人口到 $t+5$ 年 $x \sim x+4$ 岁年龄组人口的生存概率;

其中,$P^m_{0,t}$ 和 $P^f_{0,t}$ 分别表示在 $t \sim t+5$ 年间出生的婴儿到 $t+5$ 年成为 0-4 岁年龄组人口的生存概率;$P^m_{85,t}$ 和 $P^f_{85,t}$ 分别表示在 t 年 80 岁以上人口到 $t+5$ 年成为 85 岁以上年龄组人口的生存概率;

$b_{x,t}$ 为 $t \sim t+5$ 年间 $x \sim x+4$ 岁年龄组女性人口的生育率;

---

[1] 范跃东.人口普查分析技巧[EB/OL].2012-04-18,http://www.chinavalue.net/Blog/ TagEntry.aspx? TagID=118740.

[2] 转引自杨朝勇.队列要素法与浙江省人口预测[D].杭州:浙江大学,2003:7.

$m^m_{x,t}$ 为 t 年 $x\text{-}5 \sim x\text{-}1$ 岁年龄组的男性人口到 $t+5$ 年 $x \sim x+4$ 岁年龄组的人口在预测期间的净迁移率；

$m^f_{x,t}$ 为 t 年 $x\text{-}5 \sim x\text{-}1$ 岁年龄组的女性人口到 $t+5$ 年 $x \sim x+4$ 岁年龄组的人口在预测期间的净迁移率；

其中，$m^m_{0,t}$ 和 $m^f_{0,t}$ 分别表示在 $t \sim t+5$ 年间出生的婴儿到 $t+5$ 年成为 0-4 岁年龄组的人口在预测期间的净迁移率；$m^m_{85,t}$ 和 $m^f_{85,t}$ 分别表示在 t 年 80 岁以上人口到 $t+5$ 年成为 85 岁以上年龄组的人口在预测期间的净迁移率；

在以上定义下，到 $t+5$ 年的年龄性别人口，可根据 t 年的人口，用下列方程组预测计算：

$$M_{x,t+5} = (p^m_{x,t} + m^m_{x,t}) \cdot M_{x-5,t}, \quad 5 \leq x \leq 80 \quad (6.1)$$

$$F_{x,t+5} = (p^f_{x,t} + m^f_{x,t}) \cdot F_{x-5,t}, \quad 5 \leq x \leq 80 \quad (6.2)$$

$$B_t = \sum_{15}^{49} (F_{x,t} + F_{x,t+5}) \cdot b_{x,t} \times 5/2 \quad (6.3)$$

$$B_{t,m} = B_t \times (r/100+r), \quad B_{t,f} = B_t - B_{t,m} \quad (6.4)$$

$$M_{0,t+5} = (P^m_{0,t} + m^m_{0,t}) \cdot B_{t,m} \quad (6.5)$$

$$F_{0,t+5} = (P^f_{0,t} + m^f_{0,t}) \cdot B_{t,f} \quad (6.6)$$

$$M_{85,t+5} = (P^m_{85,t} + m^m_{85,t}) \cdot (M_{80,t} + M_{85,t}) \quad (6.7)$$

$$F_{85,t+5} = (P^f_{85,t} + m^f_{85,t}) \cdot (F_{80,t} + F_{85,t}) \quad (6.8)$$

本书的主要目的在于预测儿童的数量，因此，队列要素法模型需要做一定程度的修正。

第一，只保留用于预测 0-17 岁儿童数量的一些模型和方程。比如，用于预测 80 岁及 85 岁以上人口的方程可以略去。

第二，对预测期历年分性别生存概率模型做必要的修正。本书引入生存概率加速函数 a_x。由于生存概率是在封闭人口环境下测算人口的存活率，与人口的平均预期寿命有关。随着经济社会的发展和医疗卫生条件的改善，中国平均预期寿命越来越高，逐步接近发达国家水平。因此，预测期人口平均预期寿命的增长会逐渐稳定。这样，预测期历年分性别生存概率的增长也会以一个相对恒定的加速度 a_x 增长。预测期历年生存概率的公式可以表述为：

$$P_{x,t+5} = P_{x,t} \cdot (1 + a_x) \quad (6.9)$$

其中，当 t 为基年时，$P_{x,t} = P_x$。

第三，对预测期历年分年龄生育率模型做必要的修正。由于预测期跨度长，历年不同年龄女性的生育率难以预测，而总和生育率（TFR）反映不同年龄段生育率的总体水平，不管不同年龄段生育率如何变化，总和生育率都能较好地反映生育的总体规模。而且总和生育率在数据的获得方面更为便利。因此，本书提出用总和生育率来推算出生人数。总和生育率的计算公式为：$TFR=\sum_{15}^{49}b_x$。其中 b_x 为分年龄生育率。

这样，修正后的儿童总数预测方程可以表述为：

$$M_{x,t+5}=[p^m_{x,t}\cdot(1+a_x)+m^m_{x,t}]\cdot M_{x-5,t}, 5\leq x\leq 49 \quad (6.10)$$

$$F_{x,t+5}=[p^f_{x,t}\cdot(1+a_x)+m^f_{x,t}]\cdot F_{x-5,t}, 5\leq x\leq 49 \quad (6.11)$$

$$B_t=\sum_{15}^{49}b_x\cdot\sum_{15}^{49}F_{x,t}\times 5/35 \quad (6.12)$$

$$B_{t,m}=B_t\times(r/100+r), \quad B_{t,f}=B_t-B_{t,m} \quad (6.13)$$

$$M_{0,t+5}=[p^m_{0,t}\cdot(1+a_x)+m^m_{0,t}]\cdot B_{t,m} \quad (6.14)$$

$$F_{0,t+5}=[p^f_{0,t}\cdot(1+a_x)+m^f_{0,t}]\cdot B_{t,f} \quad (6.15)$$

（2）几个基本假定

首先，基年定为 2010 年。2010 年中国进行了第六次全国人口普查，有准确的分年龄性别人口数及其出生率、死亡率等基础数据。

其次，预测期历年分性别生存概率的设定。生存概率是与死亡概率相对的一个概念，它表示一个人活过某时段的可能性大小，与人口的平均预期寿命有着直接的联系。如果平均预期寿命越高，则相应的人口生存概率越高；反之，则生存概率越低。根据第六次全国人口普查详细汇总资料计算，2010 年中国人口平均预期寿命达到 74.83 岁，其中男性 72.38 岁，女性 77.37 岁[1]，达到发达国家平均预期寿命水平。因此，中国未来平均预期寿命的增加速度将平稳下来。根据联合国运用世界各地大量生命表做的平均预期寿命发展趋势模型（见表 6.39），可以推测出未来四十年中国人口的平均预期寿命（见表 6.40）。

基年分性别生存概率的设定可以根据普查年份男女的生存概率，通过简略生命表进行定义。其公式如下：

$$P_x=\begin{cases} 5L_0/5l_0 & x=0 \\ 5L_{x+5}/5L_x & x=5,10,\ldots,80 \\ T_{85}/T_{80} & x=85 \end{cases} \quad (6.16)$$

---

[1] 中华人民共和国统计局资料

表 6.39　联合国平均预期寿命发展趋势模型　　单位：岁

平均预期寿命（岁）	平均预期寿命增加数			
	男		女	
	每年	每五年	每年	每五年
52.5-55.0*	0.46	2.30	0.50	2.50
55.0-57.5	0.44	2.20	0.48	2.40
57.5-60.0	0.41	2.05	0.46	2.30
60.0-62.5	0.38	1.90	0.44	2.20
62.5-65.0	0.35	1.75	0.42	2.10
65.0-67.5	0.24	1.20	0.40	2.00
67.5-70.0	0.15	0.75	0.36	1.80
70.0-72.5	0.09	0.45	0.28	1.40
72.5-75.0	0.04	0.20	0.20	1.00
75.0-77.5	/	/	0.14	0.70
77.5-80.0	/	/	0.04	0.20

*平均预期寿命到 55 岁以前，每年增长 0.5 岁。

表 6.40　2010-2050 年中国男女人口平均预期寿命预测值　　单位：岁

年 性别	2010	2015	2020	2025	2030	2035	2040	2045	2050
男性	72.38	72.83	73.03	73.23	73.43	73.63	73.83	74.03	74.23
女性	77.37	78.07	78.27	78.47	78.67	78.87	79.07	79.27	79.47

预测期历年分性别生存概率可以在基年的基础上进行预测。由于中国男女人口的平均预期寿命接近发达国家水平，因此，预测期每年平均预期寿命增加数恒定为 0.2 岁。但是由于受年龄等自然特征的影响，分年龄的生存概率并不相同，其中儿童和老年阶段变化大，中青年阶段变化小[1]。现假定分阶段的年龄生存概率在预测期恒定，男性人口的生存概率加速函数等于女性人口的生存概率加速函数。即：

$$a_{x,m}=a_{x,f}=a_x=\begin{cases} 0.0001 & x=5 \\ 0.00005 & x=10,15,\ldots,55 \\ 0.0005 & x=60,65,\ldots,85 \end{cases} \quad (6.17)$$

---

[1] 杨朝勇.队列要素法与浙江省人口预测[D].杭州：浙江大学，2003：14.

其中：a_x 为生存概率加速函数。

再次，预测期历年分年龄生育率的设定。生育率是指不同时期、不同地区妇女或育龄妇女的实际生育水平或生育子女的数量。可以分为一般生育率、分年龄生育率、总和生育率和累计生育率等多种类型。

分年龄生育率受到育龄期妇女年龄结构的影响，且由于计划生育政策的影响，育龄妇女的平均生育年龄在提高，这使得预测期分年龄生育率的预测难度增大。由于总和生育率测量的是一个人口中育龄妇女按年度分年龄生育率的加总，它撇去了育龄妇女年龄构成的影响，成为一个标准化的测量指标，因此，一般采用总和生育率代替分年龄生育率用于人口预测。

一些研究表明，2000 年中国的总和生育率在 1.6-1.8 之间[1]。根据第六次人口普查计算，2010 年中国的总和生育率为 1.18，2011 年则降为 1.04[2]。但是 2013 年召开的党的十八届三中全会提出调整生育政策。从 2014 年开始，在原来"双独"生育政策下全国进一步放开"单独"两孩生育政策，即夫妻双方一方为独生子女的可生育第二个孩子。目前国家正在酝酿全面放开生育政策。因此，随着中国 20 世纪 80 年代的独生子女进入生育高峰以及两孩政策的放开，中国的总和生育率从 2014 年起将进入反弹阶段。假定到 2050 年中国总和生育率有高、低两种方案。高方案以 2010 年的总和生育率 1.18 为起点，随着时间推移，独生子女婚配比重增加，总和生育率逐步提高，一直到逐步接近"更替水平"，达到 1.80。低方案以 2011 年的 1.04 为起点，由于生育意愿和生育政策的相互影响效应，总和生育率缓慢增加，最后达到 1.50 的"临界水平"（见表 6.41）。

表 6.41　总和生育率高、低方案

年份	高方案	低方案	年份	高方案	低方案
2015	1.28	1.13	2035	1.68	1.41
2020	1.38	1.20	2040	1.80	1.48
2025	1.48	1.27	2045	1.80	1.50
2030	1.58	1.34	2050	1.80	1.50

---

[1] 于学军. 对第五次全国人口普查数据中总量和结构的估计[J]. 人口研究，2002（3）：9-15；
Robert D. Retherford, Minjia Kim Choe, Chen Jiajian, 李希如，崔红艳. 中国的生育率：到底下降了多少? [J]. 人口研究，2004（4）：3-15；
夏乐平. 1979-2000 年中国人口生育趋势：出生数据和教育数据的比较分析[J]. 人口研究，2005（4）：2-15；
张青.总和生育率的测算及分析[J]. 中国人口科学，2006（4）：35-42.
[2] 2012 年中国统计年鉴

第四,预测期人口净迁移率。人口净迁移数是指某个地区一定时期内每一千个居民中移民入境的人数和移民出境人数的差值。正值表示迁入的人多于迁出的人,负值则表明迁出的人多于迁入的人。

人口净迁移率的公式为:

净迁移率 =一定时期迁入迁出人口之差/该时期的平均人口×100%　　(6.18)

根据中央情报局(Central Intelligence Agency)《世界概况》的估计,中国2013年的人口净迁移数为-0.33[1]。随着中国经济的快速发展和中国国内环境的改善,未来迁出人口和迁入人口将逐渐持平。因此,可以假定预测期人口的净迁移率为0[2]。

第五,预测期历年出生性别比。根据第六次全国人口普查数据,中国 2010 年出生性别比为 1.18:1(女为 1)。1980 年以来,中国出生性别比见图 6.17。从图 6.17 可以看出,1980 年到 2000 年,中国的出生性别比持续上升,从 1.03 一直增长到 1.23。但是 2001 年到 2010 年的十年间基本维持在 1.18 的水平。结合中国重男轻女的传统,以及中国生育政策的发展,预测期间中国的出生性别比将稳定在 1.18 的水平。因此,本书假定预测期出生性别比恒定为 1.18。

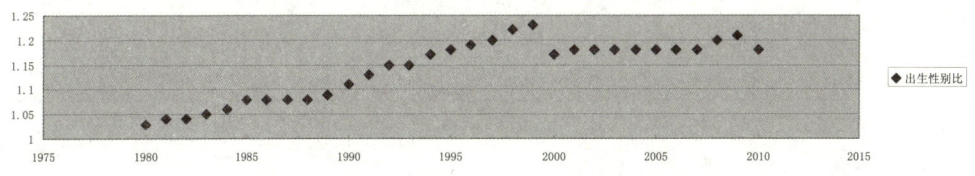

图 6.17　1980-2010 年中国出生性别比

资料来源:根据 1981-2011 年各年《中国统计年鉴》整理。

(3)预测到 2050 年的儿童数量

依据队列预测法的步骤,按照队列预测模型和修正的预测方程,结合中国人口预测的五个基本假设,可以获得到 2050 年高、低两种方案的中国儿童预测数据,具体见表 6.42 和表 6.43。

表 6.42　中国儿童数量预测(高方案)　　　　单位:万人

年龄(岁)＼年份	2015 年	2020 年	2025 年	2030 年	2035 年	2040 年	2045 年	2050 年
0	1584	1668	1689	1709	1688	1665	1633	1612
1	1567	1656	1688	1702	1688	1665	1652	1605

---

[1] Central Intelligence Agency /The World Factbook/ COUNTRY COMPARISON :NET MIGRATION RATE .https://www.cia.gov/library/publications/the-world-factbook/rankorder/2112rank.html.
[2] 陈卫.中国未来人口发展趋势:2005~2050 年[J].人口研究,2006,30(4):93-95.

（续表）

2	1568	1651	1678	1700	1688	1665	1656	1638
3	1560	1655	1688	1700	1690	1668	1658	1643
4	1483	1602	1673	1691	1694	1668	1663	1663
5	1357	1560	1664	1664	1683	1663	1640	1609
6	1559	1561	1652	1682	1696	1682	1659	1647
7	1555	1562	1647	1672	1694	1683	1659	1651
8	1519	1554	1651	1682	1694	1684	1663	1653
9	1516	1478	1598	1667	1685	1688	1663	1658
10	1469	1354	1557	1660	1660	1679	1659	1636
11	1476	1555	1558	1648	1678	1692	1678	1656
12	1339	1551	1560	1643	1668	1690	1679	1656
13	1363	1515	1551	1647	1678	1690	1680	1659
14	1421	1512	1476	1594	1663	1681	1685	1659
15	1443	1467	1351	1555	1658	1658	1677	1657
16	1391	1474	1552	1556	1646	1675	1689	1676
17	1537	1337	1548	1558	1641	1666	1688	1677

表 6.43　中国儿童数量预测（低方案）　　　　单位：万人

年份 年龄 （岁）	2015年	2020年	2025年	2030年	2035年	2040年	2045年	2050年
0	1398	1450	1461	1557	1483	1421	1400	1443
1	1383	1440	1460	1551	1483	1422	1416	1447
2	1384	1436	1451	1549	1484	1422	1419	1465
3	1377	1439	1459	1549	1485	1424	1421	1469
4	1310	1393	1447	1541	1489	1425	1425	1486
5	1357	1377	1429	1439	1534	1461	1401	1379
6	1559	1378	1435	1454	1545	1478	1417	1412
7	1555	1379	1430	1446	1544	1479	1417	1415
8	1519	1372	1433	1454	1544	1480	1420	1417
9	1516	1305	1387	1442	1536	1484	1420	1421
10	1469	1354	1373	1425	1436	1530	1458	1397
11	1476	1555	1374	1431	1451	1542	1475	1414

(续表)

12	1339	1551	1376	1427	1442	1540	1475	1414
13	1363	1515	1368	1430	1451	1540	1477	1416
14	1421	1512	1301	1384	1438	1532	1480	1417
15	1443	1467	1347	1371	1423	1434	1528	1456
16	1391	1474	1546	1372	1429	1449	1540	1473
17	1537	1337	1521	1374	1425	1440	1538	1473

注：由于以 2010 年为基年，高、低方案中 2015 年和 2020 年的部分推算数据会重叠。

2. 各类特殊儿童数量推测

孤儿、残疾儿童、艾滋病病毒感染儿童、流浪儿童、服刑人员未成年子女、贫困家庭儿童等的数量无法进行准确的预测，但在一定情况下可以假定和推断。

（1）孤儿数量推测

孤儿的产生受到多种因素的影响，由于地震、自然灾害、交通事故等突发事件，一些儿童不幸沦为孤儿。未来孤儿的数量存在不确定性。因此，对于未来孤儿数量的推测只能根据历史数据进行假定和推断。

2005-2014 年近 10 年间中国孤儿数量总体上稳定在 50 万-70 万之间（见表 6.44）。假定未来的偶发事件，如地震、自然灾害、交通事故的发生率与历史水平接近，则未来孤儿的数量在总体上与现在接近。因此，可以通过求历史均值的方法推断未来孤儿的数量。通过对 2005-2014 年的数据加总求和取均值，推断出未来孤儿的总数为 59.5 万。

表 6.44 2005-2014 年中国孤儿数量

年份	2005	2006	2007	2008	2009	2010	2011	2012	2013	2014
孤儿数量（万人）	57.3	55.4	56.7	66.2	71.2	65.5	50.9	57.0	54.9	52.5

资料来源：根据 2005-2014 年各年民政事业发展统计公报整理。

在一些试点地区，事实无人抚养儿童被纳入孤儿保障范畴。因此，本书将事实无人抚养儿童作为孤儿的一部分进行统计。

（2）艾滋病病毒感染儿童数量推测

截至 2011 年 9 月底，中国累计报告艾滋病病毒感染者和病人 42.9 万例，其中病人 16.4 万例，死亡 8.6 万例[1]。

---

[1] 中国新闻网.卫生部部长：中国艾滋病患者人数已达 42.9 万[EB/OL]. 2011-11-01, http://discovery.163.com/11/1101/09/7HP0TPS1000125LI.html.

联合国艾滋病规划署（UNAIDS）报告称，全球艾滋病死亡率已从 2005 年的 230 万人降低到 2012 年的 160 万人，新艾滋病毒感染数量从 2001 年至 2012 年已下降了三分之一，降低到 230 万。儿童感染的数字降低更加明显，在 2001 年有超过 50 万新感染者，到 2012 年这个数字已经降低至 25 万[1]。根据中国疾控中心初步估计，2012 年中国各地艾滋病感染者中 14 岁以下儿童约为八千人左右[2]。

由于医疗技术的进步，治愈艾滋病的几率大大提高。因此，未来感染艾滋病病毒的儿童数量会随着经济社会的发展和医疗卫生技术的进步而逐步减少。假定中国艾滋病病毒感染儿童每 10 年减少 1000 人，则到 2020 年时艾滋病病毒感染儿童数量为 7000 人，2030 年时为 6000 人，2050 年时为 4000 人。

（3）残疾儿童数量推测

1987 年，中国进行第一次全国残疾人抽样调查。抽样调查结果显示，中国 0-14 岁残疾儿童总数为 817.35 万人，占残疾人总数比率的 15.8%，占全国 3 亿儿童比例的 2.7%。2006 年，中国进行第二次全国残疾人抽样调查。抽样调查结果显示，中国 0-14 岁的残疾儿童为 387 万人，比第一次抽样调查时减少了 430.35 万人，仅占残疾人总数的 4.66%。根据《中国儿童福利政策报告 2011》，截止 2010 年，中国 0-17 岁各类残疾儿童共 504.3 万人[3]。

从两次抽样调查结果可以看出，中国残疾儿童数量在逐步减少。今后，随着中国经济的发展和医疗技术的进步，出生缺陷将逐步降低，残疾儿童数量也将逐步减少。假定残疾儿童数量随着经济的发展和医疗卫生技术的进步每 10 年减少 50 万，则 2020 年中国 0-17 岁残疾儿童约为 450 万人，2030 年为 400 万人，2040 年为 350 万人，2050 年为 300 万人。

（4）流浪儿童数量推测

全国到底有多少流浪儿童，目前官方没有明确的统计数据。《民政部 2000 年流浪儿童救助教育工作进展》中提到"到 2000 年，全国的流浪儿童已达 15 万人次"。2003 年，在河北省石家庄市举行的"救助流浪儿童国际学术研讨会"上，有研究报告指出"中国约有 15 万至 30 万流浪儿童"。2003 年，国务院妇女儿童工作委员会委托石家庄市保护流浪儿童研究中心做的课题调查报告推测"全国每年存在的流浪

---

[1] 腾讯科学. 艾滋病感染及其死亡人数已经出现明显下降[EB/OL]. 2013-9-25,http://www.bioon.com/trends/news/582795.shtml.
[2] 国际在线.中国艾滋病病毒感染儿童超过 8000 人 上学难问题亟待解决[EB/OL]. 2012-12-01, http://gb.cri.cn/27824/2012/12/01/2625s3944782.htm.
[3] 北京师范大学壹基金公益研究院儿童福利研究中心.中国儿童福利政策报告（2011）[R].北京：北京师范大学，2011：13.

儿童人数应该在 100 万至 150 万之间"[1]。2006 年，尚晓援等按照国际惯例推算中国至少有 30 万以上的街头儿童[2]。鞠青等的《中国流浪儿童研究报告》提到："我们在前期调查中，访谈了民政部社会福利司的有关官员，他们根据目前全国流动人口的规模以及几个典型城市流浪儿童的流动人口的比例规律，推算出全国流浪儿童大约有 100 万。"[3]

根据民政部发布的《2013 年社会服务发展统计公报》，2013 年，中国有未成年人救助保护中心 274 个，床位 1.1 万张，全年收留生活无着流浪乞讨未成年人 18.4 万人次。而事实上，中国有许多流浪儿童没有得到机构救助。因此，可以推测中国至少有几十万流浪儿童。

假定中国目前有流浪儿童 100 万人，而随着中国城市化进程的发展，以及社会经济条件的变化，流浪儿童数量逐年减少。可以假定到 2020 年时，中国流浪儿童数量减少到 95 万人，2030 年时减少到 80 万人，2050 年时减少到 60 万人。

（5）服刑人员未成年子女数量推测

监狱服刑人员未成年子女是一个特殊的群体。2005 年，司法部抽样调查显示，全国约有 156 万服刑人员在押，其中有未成年子女的服刑人员 46 万人，占在押犯人总数的 30%左右，服刑人员未成年子女总数逾 60 万，生活状况堪忧[4]。2010 年 7 月，中国有现行服刑人员 147 万。截至 2013 年 11 月，全国各地累计接收社区服刑人员 170.7 万人，现有社区服刑人员 66.7 万人[5]。

假定监狱服刑人员数量呈现先较快减少，后缓慢减少的趋势。如 2020 年较 2010 年减少 20 万人，即 127 万人，若按照有未成年子女的服刑人员占总服刑人员的 30%，而平均每个服刑人员有未成年子女 1.3 人，则 2020 年中国服刑人员未成年子女数量约为 50 万人。依次类推，假定 2030 年服刑人员总数为 110 万人，则服刑人员未成年子女数为 43 万人。2050 年服刑人员总数为 90 万人，则服刑人员未成年子女总数约为 35 万人。

（6）贫困家庭儿童数量推测

从理论上分析，贫困家庭大多人口众多，一般贫困家庭规模为 4-6 人。从现实来看，贫困多发生在农村地区，家庭生育规模大，平均一个家庭生育 2 个子女。从全社会看，贫困人口总数中，每 5 个人中就有 2 个是儿童。因此，贫困家庭儿童数

---

[1] 国务院妇女儿童工作委员会办公室、石家庄市保护流浪儿童研究中心课题组.流浪儿童保护机制和对策研究[J].中国妇运，2005（6）：11-14.

[2] 尚晓援，吴文贤.对我国流浪儿童教育问题的探讨[J]. 青少年犯罪问题，2006（1）：34-37.

[3] 鞠青，张小亮，陈晨.中国流浪儿童研究报告[M].北京：人民出版社，2008：1.

[4] 中国新闻网.中国监狱服刑人员未成年子女总数逾 60 万，现状堪忧 [EB/OL]. http://news.sina.com.cn/o/2006-07-04/09449367336s.shtml.

[5] 西安晚报.各地累计接收社区服刑人员 170 万[EB/OL]. http://epaper.xiancn.com/xawb/html/2014-01/06/content_267993.htm.

量大约是贫困人口总数的 2/5。根据经验值，贫困家庭儿童数量大约占贫困人口总数的 2/5。因此，对贫困家庭儿童数量的估算可以转换到对贫困人口总数的测算。

贫困人口总数是衡量一个国家贫困程度的最基本指标[1]。国际和国内通行的衡量贫困程度的标准是贫困线[2]，生活水平低于贫困线的人口称之为贫困人口。中国贫困人口规模大，按照2011年中国制定的新的农村贫困标准（农村居民年人均纯收入2300元），扶贫对象尚有1.22亿[3]。而根据中科院的推算，中国目前约有贫困人口1.28亿[4]。

衡量贫困程度的另一指标是贫困发生率。贫困发生率反映一国或地区贫困发生的密度和变动趋势，它与贫困人口总数和总人口之间存在一个变动关系，用公式表示为：

$$H = \frac{q}{n} \tag{6.18}$$

其中，H 表示贫困发生率，q 表示贫困人口总数，n 表示总人口数。它表示贫困发生率与贫困人口总数成正比例关系。贫困人口总数越多，贫困发生率越高；反之，贫困发生率越低。

2000-2010年，按照中国政府当时的扶贫标准，贫困人口由9422万人下降到2688万人，贫困发生率由10.2%下降到2.8%[5]。按照当前新的标准，中国贫困发生率应为9.1%。

从一个更长的时间序列看，中国在治理贫困方面取得卓越成效。改革开放30年，中国绝对贫困人口减少2.35亿[6]，贫困发生率从31%下降到2.5%[7]。世界银行公布的最新数字显示，中国极度贫困人口占世界极度贫困人口总数的比率从1981年

---

[1] 曹艳春.我国城乡社会救助系统建设研究[M].上海：上海人民出版社，2009：36.
[2] 阿玛蒂亚·森.衡量贫困的社会学[M].北京：改革出版社，1993:35.
John scott.Poverty and Wealth[M].Longman, 1994:17.
赵东缓,兰徐民.我国测贫指标体系及其量化研究[J].中国农村经济，1994（3）：45-49, 59.
刘纯彬.唐钧.中国贫困与反贫困报告[M].北京：华夏出版社，2003：47.
关信平.中国城市贫困问题研究[M].长沙：湖南人民出版社，1999::88.
关信平.我国贫困人口标准再探讨[J].人口研究，2006, 30（6）：15-22.
[3] 中华人民共和国可持续发展国家报告，2012.6.1.
[4] 中国科学院《2012中国可持续发展战略报告》.中国新闻网.中科院报告：中国还有1.28亿贫困人口[EB/OL].2012-03-12, http://www.chinanews.com/gn/2012/03-12/3737442.shtml.
[5] 中华人民共和国可持续发展国家报告，2012.6.1.
[6] 人民网.中国改革开放30年绝对贫困人口减少2.35亿[EB/OL].2008-11-04,http://politics.people.com.cn/GB/1026/8282588.html.
[7] 新华网．过去近30年中国农村贫困发生率从31%降至2.5%[EB/OL].2007,http://business.sohu.com/20070926/n252365403.shtml.

的43%下降至2010年的13%，30年间下降了三十个百分点[1]。

贫困人口总数和贫困发生率的下降是经济发展的必然结果。因此，随着中国经济的进一步发展，中国贫困人口总数将进一步下降，贫困发生率将维持在一个较低的水平。可以假定中国贫困发生率逐步下降，2020年时降为6%，2030年时降为3%，2050年时下降到1%。按照这一规模，2020年、2030年和2050年中国贫困人口的总数可以通过贫困发生率的公式，按照贫困家庭儿童数量占贫困人口总数2/5的假定，最后求得2020年、2030年和2050年贫困家庭儿童数量，见表6.45。

表6.45　2020年、2030年和2050年贫困家庭儿童推测数量　　单位：万人

	2020年	2030年	2050年
高方案	3418	1783	5668
低方案	3407	1779	5656

3. 物价变量（物价调节系数）预测

在时间序列预测中，用于消费者物价指数预测的方法主要有指数平滑法[2]、移动平均（MA）模型和自回归（AR）模型[3]，以及自回归移动平均（ARIMA）模型。

ARIMA由AR与MA为基础"混合"构成。孙宏义等运用自回归移动平均模型（ARIMA）对中国的物价指数进行分析，并与自回归条件异方差模型（ARCH）进行比较，认为ARIMA模型的效果要好于ARCH模型[4]。李胜男用ARIMA对2010年度的消费者物价指数（CPI）值进行了预测[5]。

本书重点介绍指数平滑法，并用其对中国消费物价调节系数进行预测。

（1）指数平滑法

指数平滑法（Exponential Smoothing, ES）由罗伯特·G·布朗（Robert G. Brown）于1959年提出，是一种最为常用的预测方法。

指数平滑法的基本思想是通过对整个时间序列分别给予不同的权数，从而进行加权平均。其加权的特点是对离预测期近的历史数据给予较大的权数，对离预测期远的历史数据给予较小的权数，权数由近到远按指数规律递减。所以，这种方法被称为指数平滑法。

---

[1] 中国经济周刊.世界贫困人口"版图"：中国占比30年下降30%[EB/OL].2013,http://news.xinhuanet.com/fortune/2013-05/21/c_124740255.htm.

[2] 王延红，董大钧.Excel中的指数平滑法及其应用[J].中国公共卫生管理，1999，15（2）：131.

[3] 吴先华.对我国物价指数的预测与分析[J].统计与决策，1998（10）：18-19.

[4] 孙宏义，陈建丽，朱梅.我国物价指数的时间序列分析[J].安徽工程科技学院学报：自然科学版，2004，19（4）：30-33.

[5] 李胜男.我国居民消费物价指数（CPI）的计量经济预测研究[J].哲理：论坛版，2010（3）：142-144.

常见的指数平滑法以趋势平滑为手段,包括一阶指数平滑法、二阶指数平滑法和三阶指数平滑法[1]。

一阶指数平滑法是根据前期的实测数和预测数,以加权因子为权数,进行加权平均,来预测未来时间趋势的方法。

假定:已知时间序列为:$x_1,x_2 \cdots x_n$,n 为时间序列总期数,一阶指数平滑的基本公式为:

$$S_t^{(1)} = ax_t + (1-a) S_{t-1}^{(1)} \quad (t=1,2,3 \cdots n) \quad (6.19)$$

$$\hat{Y}_{t+1} = S_t^{(1)} \quad (6.20)$$

其中:$S_t^{(1)}$ 为第 t 期的平滑值,上标(1)表示一阶指数平滑;

x_t 表示 t 时期的实测值;

a 为平滑系数,取值在 0-1 之间;

$S_{t-1}^{(1)}$ 为 $t-1$ 期的平滑值;

$\hat{Y}_{t+1}$ 为 $t+1$ 期的预测值。

一阶指数平滑法中,平滑系数 a 的取值最为关键,它直接影响着预测模型的准确与否。

当时间序列呈稳定的水平趋势时,a 应取较小值,如 0.1-0.3;当时间序列波动较大,长期趋势变化的幅度较大时,a 应取中间值,如 0.3-0.5;当时间序列具有明显的上升或下降趋势时,a 应取较大值,如 0.6-0.8;在实际运用中,可取若干个 a 值进行试算比较,选择预测误差最小的 a 值。

初始值的确定有两种情况:若时间序列的观察期 n 大于 15 时,初始值对预测结果的影响很小,可以方便地以第一期观测值作为初始值;若观察期 n 小于 15,初始值对预测结果影响较大,可以取最初几期的观测值的平均数作为初始值,通常取前 3 个观测值的平均值作为初始值。

当平滑系数和初始值都确定之后,则可根据方程组对下一期或 $t+1$ 期的值进行预测。

将 $t=1,2 \cdots n$ 的所有一阶指数平滑值 $S_t^{(1)}$ 作为新的时间序列,再次进行指数平滑,我们就得到原时间序列的二阶指数平滑值。二阶指数平滑法是两次一阶指数平滑法的数学累加。其公式为:

$$S_t^{(2)} = aS_t^{(1)} + (1-a) S_{t-1}^{(2)} \quad (t=1,2,3 \cdots n) \quad (6.21)$$

$$\hat{Y}_{t+1} = S_t^{(2)} \quad (6.22)$$

---

[1] 刘能铸,陈景江,刘开善.重庆天然气需求的指数平滑法预测研究[J].湘潭师范学院学报(自然科学版),2009,31(1):24-26.

同理，如以 $S_t^{(1)}$ ($t=1,2\cdots n$) 作为新的时间序列进行指数平滑，又可得到三阶指数平滑值。三阶指数平滑法是两次一阶指数平滑法的三次数学累加。其公式为：

$$S_t^{(3)} = aS_t^{(2)} + (1-a)S_{t-1}^{(3)} \quad (t=1,2,3\cdots n) \quad (6.23)$$

$$\hat{Y}_{t+1} = S_t^{(3)} \quad (6.24)$$

依次类推。

与移动平均法一样，一阶指数平滑法只适用于具有水平趋势的时间序列。且当时间序列不断增大时，用一阶指数平滑法预测的结果往往出现明显的滞后现象，误差大。在这种情况下，就需要采用二阶或三阶等高阶指数平滑法。

总的来看，指数平滑法适用于时间序列变化平缓的预测，一般使用在短期及中期预测中。在一个长期变化趋势中，由于事物受到多种因素的干扰和影响，决非过去的简单重复。因此，世界上并不能找到一种很好地适用于长期预测的方法。

（2）运用指数平滑法预测居民消费物价指数（CPI）趋势

图 6.18 显示了 1991-2011 年中国 CPI 的变化趋势。从图 6.18 可以看出，20 年间，中国居民消费物价指数近似地呈现水平趋势，时间序列变化平缓。由于一阶指数平滑法会因时间序列增大而出现预测结果滞后和产生较大误差等问题，因此可以采用二阶指数平滑法对未来物价变动趋势进行预测。

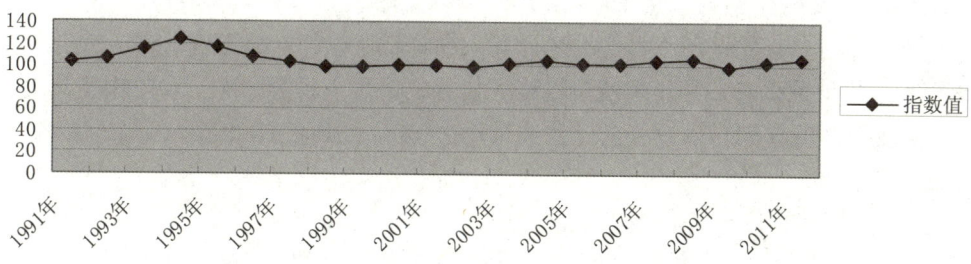

数据来源：根据 1992-2012 年各年《中国统计年鉴》整理。

图 6.18　1991-2011 年中国居民消费物价指数趋势图

经过本书作者多次试测，平滑系数 a（或阻尼系数）的取值为 0.6 时预测效果最理想。通过将数据输入到 excel 中并进行相关处理（工具—数据分析—指数平滑—输入区域—阻尼系数—标志—输出区域—图表输出—标准误差），经过二次平滑以后，最终得到 2012 年的居民消费物价指数为 102.6。这一预测结果与国家统计局公布的 2012 年居民消费物价指数结果一致，说明指数平滑法在中短期预测中有良好效果。

采用同一方法重复以上操作，最后获得到 2015 年的预测结果（见表 6.46）。

表 6.46　中国历年消费物价指数及其预测值　　上年=100

年份	1991	1992	1993	1994	1995	1996	1997	1998	1999	2000	2001
居民消费物价指数	103.4	106.4	114.7	124.1	117.1	108.3	102.8	99.2	98.6	100.4	100.7
年份	2002	2003	2004	2005	2006	2007	2008	2009	2010	2011	2012
居民消费物价指数	99.2	101.2	103.9	101.8	101.5	104.8	105.9	99.3	103.3	105.4	102.6
年份	2013	2014	2015								
预测值	103.2	102.8	103.2								

但当继续运用相同参数重复以上操作进行更长时段预测时，获得的 $\hat{Y}_{t+1}$ 预测值完全相同，没有趋势变化，预测效果不理想。

运用其他方法，如灰色—马尔可夫模型、RBF 神经网络模型、GMDH 物价指数预测模型、小波分析和支持向量回归（SVR）模型等进行更长时段预测，其效果也不显著。

（3）运用算术平均法计算累计物价调节系数

在不能预测出各年度 CPI 的情况下，如果从一个比较宽松的要求出发，预测到 2050 年的 CPI 变化趋势，运用算术平均法可以求出 2010-2050 年的累计物价调节系数。其方法是：首先运用算术平均法计算一个较长时段的 CPI 历史数据，然后再以该算术平均值乘以总预测年数就可以得到累计物价调节系数。这一方法的难点在于 CPI 历史数据的选取。第一，选择多长时段，40 年、30 年或 20 年？第二，以哪一年为基年，哪一年为结束年。

考虑到 1978-1990 年间物价波动比较大，且历史数据离预测期远，预测效果不理想。1991 年开始，中国的 CPI 呈现比较稳定的增长趋势，波动性小。因此，本书首先将测算的基年定为 1990 年。其次，从时长的选择来看，纳入算术平均值计算的历史数据越多越能预测未来的发展趋势。因此，本书选择从 1991-2015 年 25 年间的样本数据作为实测值，从而求出 CPI 的算术平均值和 2010-2050 年累计物价调节系数。

第一步，运用算术平均法计算 1991-2015 年居民消费物价指数增长的均值，其结果为 4.55%。

第二步，计算 2020 年、2030 年、2050 年的累计物价调节系数。

2020 年的累计物价调节系数=4.55%×10=45.5%；

2030 年的累计物价调节系数=4.55%×20=91%；

2050 年的累计物价调节系数=4.55%×40=182%。

计算结果表明，2050年相对于2010年，中国的物价将增长至2010年的182%倍。但这一结果有可能被低估，因为这是历史上物价波动最小的一个阶段。因此，实际的物价涨幅可能要高于这一增幅。

（三）儿童社会福利支出规模三阶段测算结果

根据儿童社会福利支出规模测算公式，结合有关假定条件，依据构建的初级阶段（2010-2020年）、中级阶段（2021-2030年）和高级阶段（2031-2050年）中国适度普惠型儿童社会福利内容体系，我们可以对2020年、2030年和2050年儿童社会福利财政支出规模进行初步概算。

1. 2020年儿童社会福利财政支出规模

（1）儿童津贴支出

到2020年，用于儿童津贴的支出主要是孤儿、残疾儿童、艾滋病病毒感染儿童、流浪儿童、事实无人抚养儿童、服刑人员未成年子女等困境儿童或困境家庭儿童的生活保障支出。以2010年城乡居民人均消费支出743.9元/月为标准，同时考虑物价变动的调整机制（物价调节系数），结合前文推测的特殊儿童数量，可以计算出2020年儿童津贴数额，约为851亿元。

（2）儿童各类补贴支出

2020年，中国形成广泛的补贴机制，主要涉及生活、医疗、教育、住房、交通、通讯等各个方面。补贴支出可以参照三个标准：①参照医疗专项补贴，主要用于补贴贫困家庭重大病儿童的医疗费用，参考2010年的专项医疗支出，同时考虑物价变动和支出规模的扩张，2020年时支出约为37亿元；②参照食品补贴标准，计算范围包括贫困家庭儿童的生活补贴、重大病儿童生活补贴、残疾儿童康复补贴、婴幼儿营养补贴、母婴特别补充食品计划等。根据2010年城乡居民人均每月食品支出300元的标准，结合物价变动，合计支出2020亿元；③参照住校补助标准计算范围包括贫困家庭儿童住校补贴、交通补贴、通讯补贴、教育补贴、残疾儿童住房补贴等。按照2012年定额补助160亿元的标准，再结合物价变动，合计支出1164亿元。儿童各类补贴合计支出3221亿元。

（3）儿童福利服务性支出

儿童各类服务性支出主要包括寄养收养服务、儿童福利院、流浪儿童救助保护中心、残疾儿童康复工程、重大病儿童康复服务、贫困家庭儿童教育服务、特殊教育服务、残疾儿童就业技能培训等的支出。服务性支出无法进行测算，只能根据往年的投入进行估计。根据2013年儿童服务性支出费用，估计2020年儿童福利服务性支出最多为500亿元。

（4）2020年儿童社会福利支出总规模

根据加总，最终测算出2020年中国用于儿童社会福利的支出规模约为4572亿元，约占GDP的0.50%。具体计算见表6.47。

表6.47　2020年儿童社会福利支出规模测算表

测算项目	S_1	S_2	S_3	S	S/GDP
含义	儿童津贴支出	儿童各类补贴支出	服务性支出	儿童社会福利总支出	占GDP的比重
计算公式	$A\alpha\sum(X_1+X_2+\cdots+X_n)$	$\sum\alpha(Y_1a_1+Y_2a_2+\cdots+Y_na_n)$	$\sum(Z_1,Z_2,Z_3,\cdots)$	$S=S_1+S_2+S_3$	S/GDP
计算结果	（59.5+0.7+450+95+50）×743.9×12×（1+45.5%）≈851亿元	①医疗补贴：37亿元 ②营养补贴：(450+3406)×300×12×（1+45.5%）≈2020亿元 ③住校类补贴：160×5×（1+45.5%）=1164亿元 合计3221亿元	500亿元	4572亿元	4572/924441=0.50%

注：儿童数量来自于预测数据，以万人为单位。GDP值为前文世界经济信息网的预测数据。

2. 2030年儿童社会福利财政支出规模

2030年，儿童社会福利支出在计算方法上与2020年相同。但2030年的儿童社会福利项目具有三个重要的测算点。一是新生儿津贴，专门发给所有0岁的儿童；二是将0-5岁婴幼儿营养补助计划从贫困家庭儿童扩展到全体0-5岁儿童；三是为有2个及以上儿童的家庭发放家庭津贴。

由于前文对儿童总数的预测采取高低两个方案，因此，2030年的儿童社会福利支出规模有两个方案。2030年的儿童社会福利支出规模见表6.48。

从表7.48可以看出，按照低方案，2030年儿童社会福利支出总费用为15915亿元，约占GDP总量的0.95%；按照高方案，儿童社会福利支出总费用为17296亿元，约占GDP总量的1.03%。

表 6.48 2030 年儿童社会福利支出规模测算表

测算项目	S_1	S_2	S_3	S	S/GDP
含义	儿童津贴支出	儿童各类补贴支出	服务性支出	儿童社会福利总支出	占 GDP 的比重
计算公式	$A\alpha\sum(X_1+X_2+\cdots+X_n)$	$\sum\alpha(Y_1a_1+Y_2a_2+\cdots+Y_na_n)$	$\sum(Z_1,Z_2,Z_3,\cdots)$	$S=S_1+S_2+S_3$	S/GDP
低方案	①特殊儿童津贴（59.5+0.6+400+80+43）×743.9×12×（1+91%）≈994 亿元 ②新生儿津贴 1557×743.9×12×（1+91%）≈2655 亿元 ③多子女家庭津贴 1070×743.9×12×（1+91%）≈1824 亿元 合计 5473 亿元	①医疗补贴：100 亿元 ②生活补贴：（400+1779）×300×12×（1+91%）≈1498 亿元 ③住校类补贴：160×5×（1+91%）=1528 亿元 ④0-5 岁婴幼儿营养补贴：9186×300×12×（1+91%）≈6316 亿元 合计 9442 亿元	1000 亿元	15915 亿元	15915/1675022=0.95%
高方案	①特殊儿童津贴（59.5+0.6+400+80+43）×743.9×12×（1+91%）≈994 亿元 ②新生儿津贴 1709×743.9×12×（1+91%）≈2914 亿元 ③多子女家庭津贴 1215×743.9×12×（1+91%）≈2072 亿元 合计 5980 亿元	①医疗补贴：100 亿元 ②生活补贴：（400+1779）×300×12×（1+91%）≈1498 亿元 ③住校类补贴：160×5×（1+91%）=1528 亿元 ④0-5 岁婴幼儿营养补贴：10166×300×12×（1+91%）≈6990 亿元 合计 10116 亿元	1200 亿元	17296 亿元	17296/1675022=1.03%

注：儿童数量来自于预测数据，以万人为单位。GDP 值为前文世界经济信息网的预测数据。

3. 2050 年儿童社会福利财政支出规模

2050 年将为全体 0-17 岁儿童发放津贴，同时为儿童提供各类补贴，2050 年的儿童社会福利财政支出规模具体见表 6.49。从表 6.49 可以看出，按照低方案，2050 年儿童社会福利支出总费用为 85133 亿元，约占 GDP 总量的 2.38%；按照高方案，儿童社会福利支出总费用为 95248 亿元，约占 GDP 总量的 2.66%。

表 6.49　2050 年中国儿童社会福利支出总规模测算

测算项目	S_1	S_2	S_3	S	S/GDP
含义	儿童津贴支出	儿童各类补贴支出	服务性支出	儿童社会福利总支出	占 GDP 的比重
计算公式	$A\alpha\sum(X_1+X_2+\cdots+X_n)$	$\sum\alpha(Y_1a_1+Y_2a_2+\cdots+Y_na_n)$	$\sum(Z_1,Z_2,Z_3,\cdots)$	$S=S_1+S_2+S_3$	S/GDP
低方案	$27637\times743.9\times12\times(1+182\%)$ ≈69572 亿元	$(7354\times300\times12+1442\times2.5\times365+160\times6.5\times565.6/1200)\times(1+182\%)$ ≈12561 亿元	3000 亿元	85133 亿元	85133/3580472= 2.38%
高方案	$31189\times743.9\times12\times(1+182\%)$ ≈78514 亿元	$(7525\times300\times12+1455\times2.5\times365+160\times6.5\times566.8/1200)\times(1+182\%)$ ≈12734 亿元	4000 亿元	95248 亿元	95248/3580472= 2.66%

注：儿童数量来自预测数据，以万人为单位。GDP 值为前文世界经济信息网的预测数据。

四、适度普惠型儿童社会福利制度财政支出可能性分析

（一）部分发达国家社会福利的财政支持状况对中国的启示

表 6.50 显示了 2002 年部分发达国家社会福利支出状况及其占财政支出的比重。从表中可以看出，美国、英国等 8 个发达国家社会福利占 GDP 的比重在 12%~27%之间；社会福利占财政支出的比重都很高，其比重在 31%~56%之间，OECD 国家平均水平在 30%左右。

例如，法国社会福利支出占财政支出的比率达 44.4%。法国人享受到 400 多种社会福利，从胎儿时期就可以享受到补贴，所有母亲从怀孕第五个月起至孩子 3 岁止可以享受幼儿补助。

在美国，两个孩子的母亲每年可以领到 36000 美元。可见，发达国家财政用于社会福利的支出都很高，这也从一定程度上解释了福利国家的特征。

中国社会福利支出占财政支出的比重小，2011 年，中国社会保障支出仅占 GDP 总量的 2.4%，社会保障支出仅占财政支出的 12%，远低于发达国家 30%至 50%的比率。因此，随着中国经济的发展，中国应加大社会福利的财政支出，使人民共享经济社会发展成果。

表 6.50　2002 年部分国家社会福利支出水平及其比率

国别	社会福利支出占GDP的比重	社会福利支出占财政支出比重	财政支出总额（美元）	社会福利支出总额（美元）
美国	12%	33.6%	3727942	1252265
英国	13.5%	32.4%	435707	141079
德国	27.1%	55.9%	1023870	572850
法国	23.8%	44.4%	816788	362700
瑞典	20.7%	35.4%	1368849	484940
日本	16.8%	44%	190089	83581
捷克	19.6%	35.4%	1257431	445122
匈牙利	16.4%	31.2%	8814085	2747080

注：由于国外社会福利口径较大，因此，选取的国家的社会福利支出包括养老、遗属、残障待遇、工伤保险、医疗保险、生育保险、失业保险待遇、教育津贴、住房津贴、社会救助等。货币单位中，美国为百万美元。英国为百万英镑，德国为百万欧元，法国为百万欧元，瑞典为百万瑞典克朗，日本为 10 亿日元，捷克为百万捷克克朗，匈牙利为百万福林。

资料来源：OECD 网站：http://www.oecd.org. 转引自《构建全民发展型社会福利体系》。

（二）中国适度普惠型儿童社会福利财政支出可能性动态分析

随着中国经济的发展和人民生活水平的提高，以及人口结构的调整、社会宏观政策的变动，儿童在国家整体战略和社会发展中的地位将更加突出，儿童社会福利的财政支出将进一步加大。因此，必须动态考察到 2050 年的儿童社会福利财政支出长期趋势。

1. 未来 40 年中国财政收入预测

表 6.51 显示的是 1978 年以来中国财政收支及其增速情况。从表 6.62 可以看出，30 余年来，中国财政收入逐年增长，呈现抛物线趋势（见图 6.22），而且随着时间的推移，增速逐渐增大，这为中国各项社会福利事业的发展打下了坚实的财政基础。

表 6.51　国家财政收支总额及增长速度[1]

年份	财政收入（亿元）	财政支出（亿元）	增长速度	
			财政收入	财政支出
1978	1132	1122	29.5%	33.0%

---

[1] 中华人民共和国统计局.2012 中国统计年鉴[M].北京：统计出版社，2012.

（续表）

1979	1146	1282	1.2%	14.2%
1980	1160	1229	1.2%	-4.1%
1981	1176	1138	1.4%	-7.5%
1982	1212	1230	3.1%	8.0%
1983	1367	1410	12.8%	14.6%
1984	1643	1701	20.2%	20.7%
1985	2005	2004	22.0%	17.8%
1986	2122	2205	5.8%	10.0%
1987	2199	2262	3.6%	2.6%
1988	2357	2491	7.2%	10.1%
1989	2665	2824	13.1%	13.3%
1990	2937	3084	10.2%	9.2%
1991	3149	3387	7.2%	9.8%
1992	3483	3742	10.6%	10.5%
1993	4349	4642	24.8%	24.1%
1994	5218	5793	20.0%	24.8%
1995	6242	6824	19.6%	17.8%
1996	7408	7938	18.7%	16.3%
1997	8651	9234	16.8%	16.3%
1998	9876	10798	14.2%	16.9%
1999	11444	13188	15.9%	22.1%
2000	13395	15887	17.0%	20.5%
2001	16386	18903	22.3%	19.0%
2002	18904	22053	15.4%	16.7%
2003	21715	24650	14.9%	11.8%
2004	26396	28487	21.6%	15.6%
2005	31649	33930	19.9%	19.1%
2006	38760	40423	22.5%	19.1%
2007	51322	49781	32.4%	23.2%
2008	61330	62593	19.5%	25.7%
2009	68518	76300	11.7%	21.9%
2010	83102	89874	21.3%	17.8%
2011	103874	109248	25.0%	21.6%

注：**1.**在国家财政收支中，价格补贴 1985 年以前冲减财政收入，1986 年以后列为财政支出。**2.**财政收入中不包括国内外债务收入。**3.**从 2000 年起，财政支出中包括国内外债务付息支出。

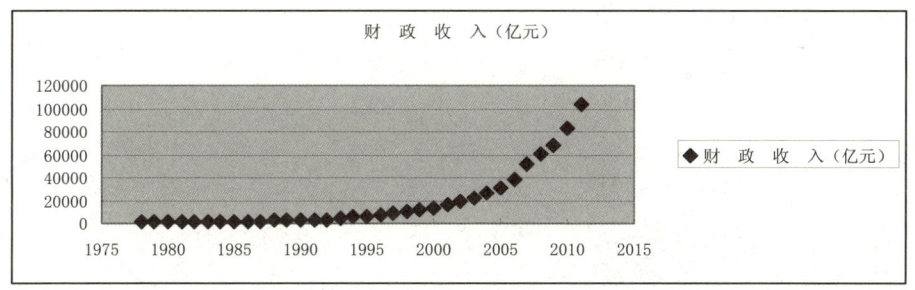

图 6.19　1978-2011 年中国财政收入增长趋势[1]

已有研究表明，财政收入水平取决于经济发展水平。当经济快速发展时，财政收入随之增长。根据 1978-2011 年财政收入与 GDP 数据绘制的散点图显示，两者之间存在着较为明显的线性关系（见图 6.20）。但从 1991 年开始，散点之间的间距逐步拉大，表明财政收入增速明显加快。这主要是因为中国在 20 世纪 90 年代中期实施金税工程，加强税收管理，从而使财政收入快速增加。因此，本书选取 1991 年以来的财政收入数据和 GDP 数据，预测未来 40 年间，中国财政的长期收入趋势。

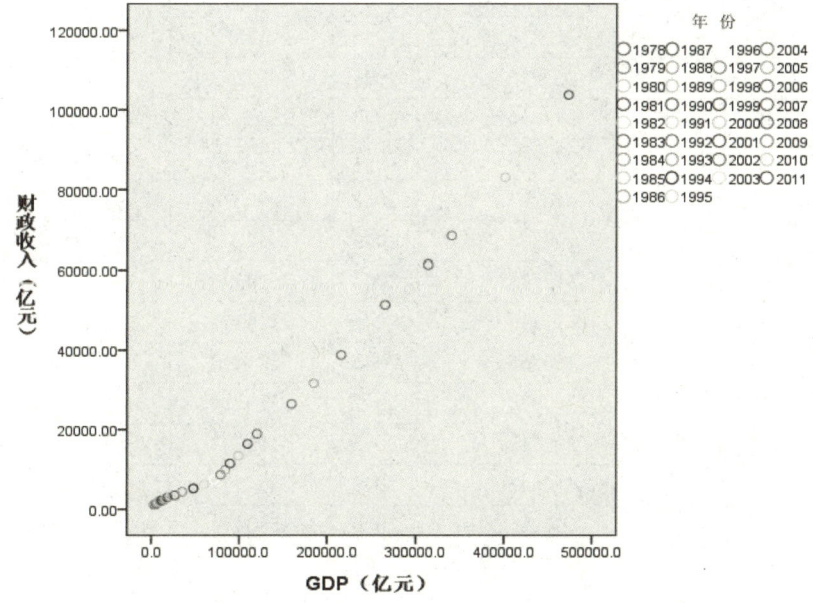

图 6.20　1978-2011 年中国财政收入与 GDP 散点图[1]

---

[1] 中华人民共和国统计局.2012 中国统计年鉴[M].北京：统计出版社，2012.

由于财政收入与GDP之间存在较明显的线性关系，因此可以运用SPSS17.0对其做一元线性回归分析。其中财政收入（Revenue）为因变量，GDP为自变量。经处理后的结果摘要如下[2]：

Revenue=-7138.306+0.238GDP+ε （6.25）

S.E.=（929.107） （0.005） （6.26）

t=（-7.683） （48.795） （6.27）

R^2=0.992　　　　　　F=2380.980 （6.28）

从回归结果来看，R^2=0.992，表明财政收入与GDP之间的线性拟合效果良好，可以运用回归模型对财政收入与GDP关系的长期趋势进行预测。

根据本书作者在第五章对中国2015年到2050年GDP的预测数据，可以获得2015-2050年财政收入的预测结果，具体见表6.52。

表6.52　2015-2050年中国财政收入预测

年份	GDP（亿元）	财政收入预测（亿元）	年份	GDP（亿元）	财政收入预测（亿元）
2015	651473	147912	2033	1947366	456335
2016	700659	159619	2034	2041813	478813
2017	752508	171959	2035	2137778	501653
2018	807065	184943	2036	2235047	524803
2019	864367	198581	2037	2333389	548208
2020	924441	212879	2038	2432558	571811
2021	987303	227840	2039	2532293	595547
2022	1052959	243466	2040	2632319	619354
2023	1121401	259755	2041	2732347	643160
2024	1192610	276703	2042	2832078	666896
2025	1266552	294301	2043	2931201	690488
2026	1343178	312538	2044	3029396	713858
2027	1422426	331399	2045	3126337	736930
2028	1504215	350865	2046	3221690	759624
2029	1588451	370913	2047	3315119	781860
2030	1675022	391517	2048	3406285	803558
2031	1763798	412646	2049	3494848	824636
2032	1854634	434265	2050	3580472	845014

[1] 中华人民共和国统计局.2012中国统计年鉴[M].北京：统计出版社，2012.

[2] 注：由于不同年份财政收入增长与GDP增速之间并不完全处于均衡增长状态，经与当前数据拟合，财政收入和GDP之间的关系系数进行了修正。

2. 适度普惠型儿童社会福利财政支出预测分析

当一个国家财政收入较少，用于适度普惠型儿童社会福利制度建设的财政支出就比较少。而当一个国家财政收入超过一定程度时，财政支出就不会受特定因素的影响，从而使用于适度普惠型儿童社会福利制度建设的财政支出会大幅增加。

根据预测数据，2050 年，中国财政收入将达到 845000 亿元，届时财政总量将是 2010 年的 10 倍。根据马斯格雷夫发展型增长论，经济发展水平较高时，国家会将较大比例的财政支出用于社会福利方面的建设。因此，中国用于适度普惠型儿童社会福利制度建设的财政支出比例和数额都将增加。

根据本书作者的测算，2050 年，中国财政收入占 GDP 的比重将维持在 23.6%，这一比率接近发达国家 2002 年财政收入占 GDP 的比重，在中国历史上也是一个比较高的水平。到 2050 年，用于儿童社会福利的财政支出总规模将达到 85133 亿~95248 亿元，儿童社会福利支出将占中国财政收入的 10%~11%。

五、适度普惠型儿童社会福利制度财政支出保障机制

根据公平理论和福利经济学理论，在适度普惠型儿童社会福利制度下，儿童社会福利的对象将进一步扩大，财政不仅用于支持特殊儿童的福利需求，也将要求满足普通儿童的福利需求。儿童福利的项目将进一步增加，生存性福利将由少数几项扩大到多项，特别是用于支持家庭的福利如儿童津贴、营养补助计划、婴幼儿照料、替代性养护等；发展性福利项目也将进一步增加。儿童社会福利支出将占财政收入的 10%，在这种情况下，庞大的财政支出如何得以保证？

（一）儿童社会福利财政支出应由法律加以规定，并明确增长机制

正如前文所提到的，国际上儿童社会福利的财政支出都有儿童福利法律法规明确加以规定，所以西方主要国家的儿童社会福利财政支出是有保障的。中国应尽快出台儿童社会福利方面的法律法规，如出台《儿童福利法》，在法律中规定儿童社会福利的经费来源和保障机制。只有用明确的法律规范，中国适度普惠型儿童社会福利财政支出才有"法"可依。同时，随着中国儿童社会福利制度的发展，儿童福利项目不断增加，福利水平不断提高。因此，对儿童社会福利的财政支出应在经济发展和财政许可的情况下保持逐步增长。

（二）将儿童社会福利项目列入财政预算科目，变成经常性项目

儿童社会福利的财政支出不仅需要有明确的法律保障，而且同时必须列入财政预算科目，使之成为一项经常性项目。只有如此，才能使儿童社会福利的资金保障落到实处。儿童社会福利的财政预算应通过严格的调研，要充分考虑政策变动和经济发展对儿童福利项目发展的影响，预算应体现出发展性和前瞻性，确保与儿童社

会福利发展相适应。

除此之外,省级行政部门应将儿童社会福利经费列入中长期发展规划和年度发展计划中,明确儿童社会福利项目和经费来源以及保障机制。

(三)调整财政支出结构,加大儿童社会福利的保障力度

儿童社会福利与其他社会福利的一个特别之处在于：儿童社会福利不是纯粹的非生产性支出,它具有潜在的生产性效应。加大对儿童社会福利的财政支出,会增加未来劳动者的生存性技能和体力智力资本,会带来劳动的经济附加值。

因此,从一个高瞻远瞩的角度出发,应调整财政支出结构,增加对儿童社会福利的财政支出。但近几年儿童社会福利的财政支出并未出现线性增长趋势（见图6.21）。因此,必须调整财政支出结构,扩大对儿童社会福利的财政支出。

数据来源：2009-2014年全国财政决算表。

图6.21 儿童社会福利支出散点图（单位：亿元）

(四)借助社会力量拓宽儿童社会福利的经费来源

除了中央本级财政和地方财政明确预算以外,还需要通过各种其他渠道拓宽儿童社会福利的资金来源。比如,通过发行福利彩票基金和慈善公益基金等方式为儿童获得更多的社会资金。

在中国适度普惠型儿童社会福利制度建设过程中,要利用福利多元主义为指导,充分发挥国家、市场、社会组织和志愿者等多种主体的力量,通过福利彩票的方式集中一部分财力;通过大力宣传,吸引私人或企业捐赠;通过建立儿童福利基金,为儿童社会福利资金提供稳定增长的渠道。当然,儿童社会福利资金的最重要渠道是财政资金,最主要承担主体是国家和政府。国家要切实负担起筹集儿童社会福利资金的责任,同时充分利用社会各方力量,为建设适度普惠型儿童社会福利制度共同努力。

第四节 儿童社会福利法律法规体系建设探索

构建起政治上需要、文化上可行的适度普惠型儿童社会福利制度,需要多方努力,这其中最重要的是儿童福利法律法规体系的完善。

一、尽快出台《儿童福利法》或《儿童福利条例》

《儿童福利法》是承兑儿童权利和实现儿童社会福利的根本性法律,是其他儿童福利性法律法规的母法。目前,世界上已经有许多国家颁布了《儿童福利法》。英国早在1918年就颁布了《妇女及儿童福利法案》,并先后于1948年、1975年和1989年出台专门的《儿童法案》。德国在1922年即颁布《儿童福利法》,日本也于1947年颁布《儿童福利法》,并在实施50年后的1997年进行大幅度修改。中国台湾地区在1973年出台《儿童福利法》,并于1993年进行修订。2003年,台湾地区整合《儿童福利法》与《少年福利法》,合并修改为《儿童及少年福利法》。挪威于1992年颁布《儿童福利法》。澳大利亚、法国、瑞士等许多国家也颁布了类似于《儿童福利法》的法律用以保护儿童权利。

中国至今没有建立起儿童社会福利的母法,有关儿童社会福利的相关内容散落在其他各项法律法规中。随着中国经济的快速发展,中国将有更加强大的财力保障儿童社会福利的实现。在适度普惠型儿童社会福利制度的发展过程中,中国将推动儿童社会福利从特殊儿童逐步扩大到普通儿童,儿童享有的各项福利也将大大扩展。今后,在生活福利方面,儿童的津贴将会逐步扩大到残疾儿童、贫困家庭儿童、单亲家庭儿童、流浪儿童、服刑人员未成年子女等,甚至会为普通儿童发放津贴;在医疗福利、教育福利方面,以及儿童福利设施方面都将加强投入。而这一切,都需要强有力的法律作为基础,如果《儿童福利法》长期缺位,将使中国儿童社会福利的发展长期缺乏法律的依据,这对实现儿童权利,发展儿童社会福利极为不利,也使儿童社会福利的国家财政支出缺乏保障。《儿童福利法》的长期缺位,已经带来了一系列的负面影响,校车安全事故问题、留守儿童死于垃圾筒中事件、兰考孤儿事件等一系列事件考量着我们对儿童生命和存在价值的认知。为儿童社会福利立法刻不容缓。因此,我们呼吁,尽快出台《儿童福利法》或《儿童福利条例》,使儿童福利有法可依。

一部完整的《儿童福利法》,至少应包括以下内容:

第一部分:总则。在这一部分中,应阐明制定《儿童福利法》的宗旨和目的,制定本法的依据,以及法律适用范围;阐明儿童的定义;阐明家庭、政府、社会组织及其个人在儿童保护中的责任;阐明儿童福利主管机构的职责,以及其他部门在实现儿童福利方面应负的协助职责;阐明儿童福利的经费来源及实现途径。

第二部分：福利措施。在这一部分中，应详细阐明儿童在医疗、教育、生活、紧急保护等领域所应享有的各项福利。如，医疗福利：妇幼保健、接生、注射疫苗；发育迟缓、出生缺陷等特殊儿童的早期治疗；家庭医疗服务；残疾儿童康复；儿童重大疾病保险；儿童的各种医疗补助等。

紧急保护：受到不正当养育；有立即接受治疗的需要却未就医；遭受遗弃、虐待、拐卖等；遭受迫害；遭受侵害等。

生活福利：儿童营养补助；弃婴、孤儿、艾滋病病毒感染儿童、残疾儿童等的津贴；贫困家庭儿童津贴；流浪儿童津贴；服刑人员未成年子女津贴等。

教育福利：学前阶段教育福利规定，如接受免费幼儿园教育，或提供幼儿园教育补贴、幼儿津贴等；义务教育阶段福利规定，如免费校车计划、免除学杂费、营养餐计划、课外学习资料补贴等；中等职业教育阶段福利规定，如中等职业教育学费免除计划、交通费补贴、职业培训计划等；高中教育阶段福利规定，如免费接受高中教育，交通费补贴等。

第三部分：福利机构。在这一部分中，应阐明国家根据相关法律法规为儿童兴建福利机构。如：儿童福利院、残疾儿童康复中心、流浪儿童救助保护中心、特殊教育学校、儿童之家、儿童心理及家庭咨询中心、儿童教养所、儿童福利服务中心和其他儿童福利设施。

第四部分：保障措施。在这一部分中，应阐明政府、家庭和其他机构在实现儿童福利中应采取的措施。包括：家庭应采取哪些措施保障儿童福利；各级政府应采取哪些措施保障儿童福利；福利机构应采取哪些措施保障儿童福利。

第五部分：相关法律责任。在这一部分，阐明政府、家庭、各类机构和公民不得有哪些行为，违反《儿童福利法》将承担哪些法律责任。如：不得遗弃、虐待儿童，不得利用儿童进行欺骗活动，不得利用儿童乞讨，不得为儿童提供淫秽色情读物或宣传资料，不得剥夺儿童受教育的权利，等等。同时规定，在哪些情况下法院可以对违法人员或单位施以处罚。

第六部分：附则。规定法律的实施时间等。

二、尽早构建完善的儿童社会福利法律法规体系

中国现行与儿童社会福利紧密相关的法律法规主要是 1991 年颁布的《中华人民共和国未成年人保护法》和《中华人民共和国收养法》以及 1994 年颁布的《中华人民共和国母婴保健法》，且主要发布在 20 世纪 90 年代。因此，总的来说，中国儿童社会福利方面的法律体系并未健全。

随着中国经济的发展，以及适度普惠型儿童社会福利制度的建设，建立更加完善的儿童社会福利法律体系将更加迫切。在适度普惠型儿童社会福利制度的建设过程中，首先应该有一部儿童福利方面的母法——《中华人民共和国儿童福利法》，

这是建立儿童社会福利法律体系的根本性法律,也是推行儿童社会福利的基本法。根据宪法制定的《中华人民共和国儿童福利法》规定儿童福利的各个方面,是建立各类儿童福利法律法规的依据。

在《中华人民共和国儿童福利法》指导下,可以制定具体的法律法规体系。首先,有关儿童医疗保健方面的法律法规,如已经公布的《中华人民共和国母婴保健法》(1994)、《托儿所、幼儿园卫生保健管理办法》(1994),还应制定《出生缺陷儿童早期干预管理办法》《残疾儿童康复工作管理条例》等。其次,儿童保护方面的法律法规,如《中华人民共和国收养法》(1991)、《家庭寄养管理暂行办法》(2003)、《中华人民共和国预防未成年人犯罪法》(2012)、《校车安全管理条例》(2012)、《儿童虐待预防管理办法》《孤残儿童保护条例》《流浪儿童救助管理规定》等。再次,儿童生活方面的法律法规,如《儿童津贴条例》《家庭补助办法》《儿童营养保障条例》,甚至可能出台有关儿童生活照料方面的法律《儿童生活照料法》。第四,儿童教育方面的法律法规,如《中华人民共和国义务教育法》(2006)、《中华人民共和国学前教育法》《中华人民共和国中等职业教育法》等。最后,还可能包括儿童司法方面的法律法规,如《拐卖妇女儿童犯罪法》《猥亵儿童罪处罚条例》等。

在儿童社会福利法律法规体系的周围还应该有一系列与儿童福利相关的法律法规,如《中华人民共和国婚姻法》(1980)、《中华人民共和国残疾人保障法》(1990)、《中华人民共和国未成年人保护法》(1991)、《中华人民共和国妇女权益保障法》(1992)等,共同构成有中国特色的儿童社会福利法律法规体系(见图 6.22)。这样,到 2050 年,在中国建国 100 周年的时候,我们将建立起相对完善的儿童社会福利法律体系。

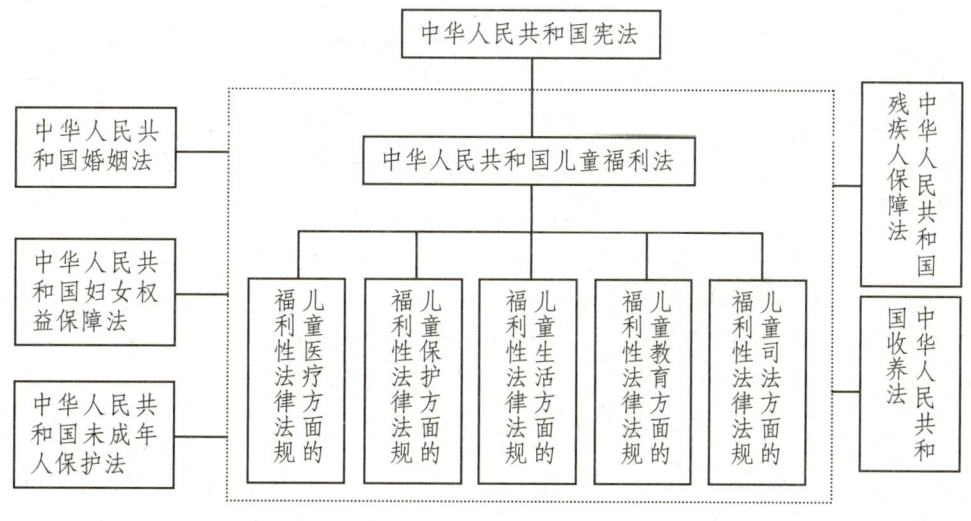

图 6.22 中国儿童社会福利法律法规体系

三、尽力保障儿童社会福利法律法规的贯彻实施

世界上许多国家都是立法先行，儿童福利服务严格按照法律规定提供。中国往往则是先实践，在实践成熟的基础上再推行法律。尽管这有中国的现实国情和历史的社会传统的原因。但是，建立一套完整的法律体系则是保障儿童权利和实现儿童福利的最好保证。因此，我们应尽快加强儿童社会福利方面的法律法规建设，使中国儿童社会福利的一切运行有法可依，以建设法治国家。

在法律出台以后最重要的事情就是贯彻法律，做到有法必依。如何才能保证儿童社会福利方面的法律得到良好的贯彻，可以从以下几方面做起：

第一，建立儿童社会福利法律的监察和评估机制。成立儿童社会福利法规监察办公室，全面负责儿童社会福利法律法规实施的检查和评估，及时向法律制定机构反馈儿童社会福利的落实情况，迫使管理部门按照法律实现儿童社会福利。

第二，成立家庭——法律代表联动机制。家庭是儿童社会福利的基本单位，儿童社会福利的实现与否在家庭层面能够得到及时的反馈。建立起家庭与法律机构的代表联动机制，能够及时反映家庭和民众的意愿，为及时修订法律和建立更加完善的儿童社会福利法律法规体系提供现实经验。

第三，发挥第三方评估机制的作用。可以依托社会组织，建立儿童社会福利评估机构，定期向社会公布儿童社会福利的效果和水平，从而使儿童社会福利法律法规效果评估走向社会化。

第五节　儿童社会福利管理运行建设探索

随着中国适度普惠型儿童社会福利制度建设的发展，儿童社会福利的职能将不断拓展，儿童社会福利管理的模式、手段、方法和机制都将发生许多变化。本节将从儿童社会福利行政职能整合、行政管理机构健全、管理规章完善、管理方式创新以及管理的社会化等方面来探索如何完善中国适度普惠型儿童社会福利制度的管理运行。

一、整合行政管理职能

正如第四章"中国适度普惠型儿童社会福利制度综合评估"中提到的那样，儿童社会福利职能涉及儿童生活、教育、医疗、福利服务等各个方面。而当前中国儿童社会福利职能过于分散，儿童社会福利服务职能不统一，无法实现"儿童利益最大化"。因此，中国亟需整合和发展儿童社会福利管理职能。

（一）整合民政部内儿童社会福利职能

当前，民政部内与儿童社会福利有关的职能部门主要有三个，一是社会救助司，一是社会事务司，另一个是社会福利和慈善事业促进司。社会救助司主要管理城乡低保、农村五保，以及城乡医疗救助等职能。与儿童有关的福利事业隐藏在这些职能中，如城乡低保和农村五保中包含有对困境家庭儿童的最低生活保障；城乡医疗救助中也包含有对困境儿童和困境家庭儿童的医疗救助。社会事务司负责殡葬、生活无着人员救助、以及儿童收养等职能。流浪儿童的救助以及儿童收养等职能隐藏其中。社会福利和慈善事业促进司管理老年人福利、残障人福利和儿童福利，以及慈善和社会捐助等职能。社会福利和慈善事业促进司下设儿童福利处，专门负责孤儿、弃婴等的福利事业，儿童社会福利事业显现在管理职能中。

从中国适度普惠型儿童社会福利制度建设的长远考虑出发，民政部内许多属于补缺型儿童社会福利的职能（如救助、收养等）可以并入到适度普惠型儿童社会福利制度建设的职能中，把社会救助和社会事务中有关儿童福利的隐性职能显性化，使儿童问题从婚姻、家庭中走出，成为社会普遍关注的社会问题。

（二）整合民政部与其他部门的儿童社会福利职能

涉及儿童社会福利的有关职能，除民政部外，还分散在国务院其他部委中。如医疗保健福利归口国家卫生和计划生育委员会，儿童医疗保险归口人力资源和社会保障部，儿童保护由妇联、公安部等部门管理。儿童社会福利职能"碎片化"，不利于儿童权利的落实。

不同部门由于职能的不同，管理重心的不同，有些职能可能会逐步边缘化。儿童是最脆弱的群体，而同时又是最容易被忽视的群体。从传统上讲，中国儿童一直由家庭抚养，只有在家庭无力承担抚养责任的情况下，国家才担负起最后补缺的功能。因此，把儿童分散在不同部门管理，容易导致儿童福利职能的边缘化。集中和统一儿童的社会福利职能，符合"儿童利益最大化"原则。

因此，随着中国经济社会的发展，在中国适度普惠型儿童社会福利制度建设过程中，应逐步地使分散在其他部门的儿童社会福利职能集中到民政部儿童社会福利职能中，从而使中国的儿童社会福利有一个完整的管理职能。

（三）发展新的儿童社会福利职能

随着中国适度普惠型儿童社会福利制度的快速发展，儿童社会福利覆盖范围不断扩大，儿童社会福利项目不断增多，中国迫切地需要发展一些新的儿童社会福利职能。

第一，发展家庭福利服务职能。以儿童为主体的家庭福利服务包括优生优育、科学喂养、家庭教育指导、托幼服务等。在政府支持家庭方面，OECD 国家有两大计划，分别是"让家庭更美好"（Doing Better for Families）和"让儿童更美好"（Doing Better for Children）[1]。政府为家庭提供全方位的经济支持和社会服务。随着中国家庭结构的变化，随着小型化家庭、核心家庭的增多，大量普通家庭缺乏必要的养育指导，缺乏家庭育儿协助，发展家庭服务职能，能更好地帮助家庭从缺乏科学性抚育儿童中走出，更好地保障儿童享有的福利。适度普惠型儿童社会福利制度下，应逐步完善政府支持家庭的职能。首先，完善对贫困家庭的支持。其次，完善对流浪儿童等其他特殊儿童家庭的支持。再次，加大对农村家庭的生育保障。

第二，发展社区福利服务职能。社区将是未来儿童活动的主要载体，也是发展儿童社会福利服务职能的主要方向。社区为儿童提供集体生活的场所，为儿童提供愉快与健康发展的设施。当前急需建立一批集儿童生活、娱乐、教育于一体的大型儿童中心。也应该发展一些针对贫困家庭的如"开端计划"之类的儿童早期教育服务项目。未来的福利性服务框架更多地通过社区实现。因此，必须大力发展乡镇（街道）的行政服务职能，为儿童提供更多的社区服务。

第三，发展公共福利服务职能。公共福利服务职能包括公共设施、基本医疗、公共教育等。随着中国经济的发展和人民生活水平的提高，人们对公共福利的追求更加迫切。就儿童而言，对公共图书馆、公园、公共文化设施的享有和占用的欲望更加浓厚。儿童对基本医疗的需求也更多，特别是对常规体检、视力、口腔等医学检查的需求增多，基本医疗保障的范围将扩大。儿童对公共教育的需求也将增长。

因此，随着中国适度普惠型儿童社会福利制度建设的发展，中国儿童社会福利职能将不断拓展。

二、健全行政管理机构

行政管理机构是根据宪法和国家法律建立起来的行使国家行政权力，履行各种行政职能的国家行政机关的总称，它既包括各级领导机构、执行机构、监督机构，也包括各类辅助机构、派出机构等。当前，中国儿童社会福利制度管理坚持在中央统一领导下，实行中央和地方分级管理的体制。在中央，由民政部社会福利和慈善事业促进司下设的儿童福利处负责儿童社会福利事务，地方则由民政厅或民政局负责儿童社会福利事务，形成相对完善的儿童社会福利管理机构。但是，随着中国适度普惠型儿童社会福利制度管理职能的不断完善和充实，现有儿童社会福利管理机构将不能适应未来发展需要。因此，中国儿童社会福利管理机构应不断变革，可以在现有儿童社会福利管理机构的基础上向两端延伸。

---

[1] OECD（2009）.Doing Better for Children[R].www.sourceoecd.org/education/9789264059337.
OECD（2011）. Doing Better for Families[R]. http://dx.doi.org/10.78719789264098732-en.

（一）中央层面，在民政部下设儿童福利局

目前，民政部儿童福利处的主要职能仍然是孤儿、困境儿童等部分特殊儿童的福利和服务。这一职能范围无法满足日益发展的儿童社会福利要求，随着中国适度普惠型儿童社会福利制度的发展，困境家庭儿童、普通儿童的福利也将纳入儿童社会福利管理范畴。届时，儿童社会福利的职能范围不断扩大，不仅是特殊儿童，普通儿童也被纳入到福利管理。中国2亿甚至是3亿儿童的福利管理将需要一个更大的管理机构。因此，迫切需要建立更高级别的儿童福利管理机构，以便整合多元、分散和重叠的行政管理机构，建立统一、集中、高效和一体化的儿童福利行政管理体制[1]。可以将原来分散在各个行政管理部门的有关儿童社会福利的行政职能进行整合，提升儿童社会福利管理规格，在民政部下设儿童福利局，总揽全国儿童社会福利事务，包括特殊儿童的社会福利事务和普通儿童的社会福利事务。

在民政部设立儿童福利局有几个优点：第一，将儿童社会福利管理从处级单位提升到司（局）级单位，扩大了儿童社会福利的管理职能，有利于将更多儿童甚至是全体儿童纳入福利管理，是贯彻联合国《儿童权利公约》和中国儿童发展规划纲要的重要体现。第二，儿童福利局与民政部下设的司是平级单位，是一个相对独立的管理体系，有利于较为独立地行使儿童社会福利管理政策，发布相关的行政管理规章。第三，儿童福利局可以成为民政部内特设局。由于儿童福利局为全国近3亿儿童提供福利，随着儿童社会福利范围的扩大，儿童社会福利财政支出逐年增加，占GDP的比重不断加大，儿童福利局在民政部的重要性不言而喻。因此，儿童福利局成为发展儿童社会福利的重要部门，有利于推进儿童社会福利事业的发展。

随着今后家庭福利的发展，特别是妇女儿童福利和老年人福利的发展，可以将儿童社会福利的职能和家庭福利职能结合，建立"国家儿童福利与家庭福利局"，成为中央政府中与部委平行的"副部级和专门化"的儿童福利行政管理机构[2]。

（二）地方层面，儿童社会福利管理机构向乡镇、村延伸

由于当前儿童社会福利管理职能单一，管理内容简单，儿童福利院等社会福利机构一般设在县及以上地域，因此，儿童社会福利管理机构也一般设在县民政局及以上部门。适度普惠型儿童社会福利制度建设试点过程中，部分试点地区将儿童社会福利管理下移，逐步延伸到乡镇、街道和村一级单位。试点地区在县（区）一级设立儿童福利服务指导中心，在乡镇（街道）设立儿童福利服务工作站，在村（居委会）一级设立专职儿童福利督导员。

儿童社会福利管理机构下移，建立起儿童社会福利管理基层单位，有利于落实

---

[1] 刘继同.中国儿童福利时代的战略构想[J].学海,2012（2）：50-58.
[2] 刘继同.中国儿童福利时代的战略构想[J].学海,2012（2）：50-58.

儿童社会福利政策，发展儿童社会福利事务，真正体现"儿童第一""儿童优先"的原则，对于加快儿童社会福利事业发展有重要政治意义。当前的最要紧事情是将试点过程中的重要经验转化为发展儿童社会福利事业的行动，将儿童社会福利管理机构下移的成果固化下来。

一是在全国范围内建立乡镇（街道）和村（居委会）一级儿童社会福利行政管理机构，使儿童社会福利的垂直管理落到实处。二是大力发展乡镇（街道）儿童福利服务工作站等基层服务部门。随着中国儿童社会福利事业的发展，特殊儿童和普通儿童的福利服务将更加需要，特别是普通儿童的福利服务（如儿童照料服务、儿童心理健康指导、家庭服务、母婴保健等）将更加发达。三是村级设立专职儿童福利督导员，而不是兼职儿童福利督导员。专职儿童福利督导员在专业水平、管理幅度、时间保障等方面都要比兼职儿童福利督导员更有优势。

三、完善行政管理规章

从法的角度出发，中国适度普惠型儿童社会福利制度建设的实现要经过三个阶段，即法律→法规→规章。

首先，应出台具有高度严肃性和规范性的法律。正如前文探讨的那样，保障中国适度普惠型儿童社会福利制度顺利实现的具有母法意义的法律是《中华人民共和国儿童福利法》。《中华人民共和国儿童福利法》对中国儿童所享有的各项福利做出全面规定，为中国儿童权利的实现提供了法律依据。除此之外，中国还应出台各项儿童社会福利的专项法律，具体规定儿童生活、教育、医疗、服务、司法保障等各项福利。

其次，应健全各项行政法规和地方性法规。行政法规和地方性法规是依据宪法和法律，按照法定程序制定的具有法律约束力的规范性文件。随着中国与儿童社会福利有关的法律的颁布，与儿童社会福利管理有关的行政法规和地方性法规也应逐步健全与完善。特别是国务院出台的行政法规具有全国性效应，对各地儿童社会福利制度的执行有重要的决定性作用。比如，2010年国务院办公厅印发的《国务院办公厅关于加强孤儿保障工作的意见》(简称《意见》)，具有重大的社会意义。《意见》出台后，全国各地纷纷出台各项实施意见或措施，从生活、教育、医疗、住房、就业、司法保护等各个方面保障孤儿的权益。地方性法规对促进地方社会事务具有重要意义。在中国地区发展不平衡的状态下，不同地区的地方性法规对于促进当地儿童社会福利的发展具有重要现实意义，对于其他地区也具有示范或辐射效应。

再次，应完善各类部门规章和地方规章。部门规章是国务院各部委以及具有行政管理职能的直属机构根据国务院的条例、意见、通知、规定等，在部门管辖权限内制定的具有部门约束力的规范性文件。地方规章是省（自治区、直辖市）以及较大的市的政府根据法律、法规和地方性法律制定的普遍适用于本地区行政管理工作的规范性文件。部门规章和地方规章对行政工作具有直接的作用力。在中国适度普惠型儿童社会福利制度建设过程中，民政部和地方各级人民政府应高度重视儿童的权利与福利，根据法律法规制定有利于儿童发展的具体的行政规章，以使儿童享有的福利落到实处，并不断推动儿童社会福利事业的发展。

在中国适度普惠型儿童社会福利制度建设过程中，要紧紧地把这三者有机地结合在一起，通过法律法规和规章制度的建设不断健全和发展中国的儿童社会福利事业，为儿童谋求幸福。

四、创新行政管理方式

传统的行政管理有很大的弊端，耗费大量的人力、物力，行政效率低下。随着信息化的发展，电子政务逐渐成为政府管理和服务的重要媒介，也是传统政府职能向现代政府职能转变的重要体现。加强信息化建设，以信息化带动管理现代化，是创新儿童社会福利管理的重要手段。

（一）大力发展电子政务，提高管理效能

电子政务是一种运用计算机、网络和通讯等现代信息媒体提供的政府公共管理方式。自从 20 世纪 90 年代电子政务产生以来，电子政务在政府公共管理中发挥了重要作用，对于推动政府公开，改进政府工作效率做出了重要贡献。

中国儿童社会福利管理逐步建立起电子政务管理方式，民政部建立了基于网络的儿童福利信息网站，发布相关儿童福利信息，有利于民众更多地了解儿童社会福利。但地方民政系统的电子政务建设相对落后。打开县一级的民政网站，在上面能够了解到的儿童社会福利信息相对不足。一些地方民政的网站只有一些基本的条目，没有具体的内容。有些地方民政的儿童社会福利信息严重不足，而且信息陈旧。

大力发展电子政务对于推动中国适度普惠型儿童社会福利制度建设有重要意义。第一，建立电子政务有利于快速沟通信息。当前，民政部网站上有关儿童社会福利的信息相对缺乏，特别是一些基本信息和统计数据缺乏，人们对儿童社会福利状况的了解非常困难。随着中国适度普惠型儿童社会福利制度的发展，大量儿童社会福利的信息应该通过网络快速地传递给普通民众。第二，建立电子政务有利于改进工作作风。长期以来，民众对政府的工作不了解，通过政务公开，有利于改进政府的儿童社会福利工作。第三，有利于提高儿童社会福利工作效率。随着中国适度普惠型儿童社会福利制度建设的发展，儿童社会福利事务将不断增加，而民政部门管理人员有限，通过办公自动化，有利于提高行政管理效率。

（二）大力加强信息化建设，完善儿童信息库

中国儿童社会福利管理的信息化建设相对落后。长期以来，人们对中国有多少孤儿、多少艾滋病病毒感染儿童、多少流浪儿童、多少残疾儿童、多少贫困家庭儿童知之甚少。一方面是调查和统计存在困难，另一方面是中国儿童社会福利信息建设长期落后，没有建立起全国范围的儿童信息库。2011年，《全国儿童福利信息管理系统》正式启用，这为中国的儿童社会福利管理创造了重要条件。中国适度普惠型儿童社会福利制度的发展，离不开完善的儿童信息库。首先，应为各类特殊儿童建立档案，包括家庭信息、身体状况信息、教育信息、住房信息等各种相关材料，使政府部门切实掌握中国儿童的相关情况和享受福利的状况，有针对性地为各类儿童提供福利保障。其次，在完善特殊儿童信息的基础上，逐步建立起面向全体儿童的信息库，信息库中儿童编号与身份证号挂钩，形成"一人一档案"的信息系统。

五、推进社会化管理

当前，中国的儿童社会福利服务还相对不完善，全国只有500多家儿童福利机构。独立的儿童福利机构省级只有9家，地市一级333家，县一级只有64家，全国绝大多数的县（市）没有专门的儿童福利机构。虽然全国有2000多个流浪儿童救助站，但流浪儿童救助保护中心只有200多家，很多县（市）没有专门的儿童保护中心。儿童福利服务机构数量与儿童的福利服务需求相比，可谓"杯水车薪"。而未来随着中国适度普惠型儿童社会福利制度的发展，对儿童福利服务如儿童养育服务、儿童心理辅导、儿童监护能力评估等的需求将更大，这些福利服务完全由政府提供是不现实的，必须充分调动社会资源，推进儿童社会福利的社会化管理。一方面使符合条件的社会组织参与儿童福利机构建设，另一方面可以通过政府购买的方式促进专业的社会组织发展。

本书第二章所阐述的福利多元主义理论认为，社会福利可以由"三元"或"四元"来提供。结合中国的实际情况，本书作者主张中国儿童社会福利由"四元"来提供，包括国家、市场、社区（社会组织）和志愿者等。其中，国家是儿童社会福利提供的最重要的主体，处于主导地位，提供绝大部分的儿童社会福利，对其他主体进行指导和监督。市场可以提供一些特殊儿童的福利服务，由国家采用政府购买的方式提供给儿童。社区或社会组织在适度普惠型儿童社会福利提供中发挥着重要的作用，志愿者可以为儿童提供各方面的志愿服务。

（一）鼓励社会力量参与儿童社会福利提供

随着社会福利社会化管理的发展，中国需要鼓励社会力量参与儿童社会福利提供。国家应通过各种途径，包括财政支持、税收优惠、土地出让、价格优惠等方式激发热心儿童福利事业、热心公益事业的社会各界人士，包括港澳台同胞，以及爱

心企业主等广泛建立非盈利性的社会组织。大力发展社会组织,一是有利于激发广大爱心人士关爱儿童社会福利事业的热情;二是有利于吸引民间资金参与儿童社会福利事业管理,促进儿童社会福利事业的发展;三是有利于吸收社会组织的优秀资源和技术,为孤残儿童、重症儿童等提供更多更好的服务。此外,要建立志愿者激励机制,对提供儿童社会福利志愿性服务的志愿者给予奖励或表彰。要鼓励社区提供儿童社会服务,大力发展社区儿童照料中心。

(二)推动儿童社会福利服务政府购买

随着中国适度普惠型儿童社会福利制度的建设与发展,以提供儿童社会福利服务为主要职责的社会组织将广泛建立起来。有许多福利服务如儿童照料服务、儿童心理健康服务、家庭协助服务等,可以通过政府购买的方式由社会组织来提供。这种借助社会化运作的儿童社会福利服务将推动更多的社会组织参与,提供更加丰富的儿童服务内容,不仅为特殊儿童,而且为更多的普通儿童提供更加多样化的福利服务。

第六节 基于 AHP 方法的儿童社会福利绩效评价建设探索

一、AHP 方法及其在儿童社会福利领域运用的可行性

(一) AHP 方法介绍

1. AHP 方法概要

AHP 方法 (Analytic Hierarchy Process),也即层次分析法,是由美国运筹学家、匹兹堡大学的 T.L.Saaty (沙旦) 在 20 世纪 70 年代提出的一种将定性与定量分析相结合的决策分析方法。AHP 方法是一种数学计算法。这一方法的优越性在于假定影响一个事物的因素构成一个有层次的网络结构,进而将复杂问题的各种影响因素划分为互相联系的有序层次。AHP 方法的分析步骤是:对影响因素进行分类,每一类构成第一层次;在第一层次下面,每一类又分解出具体的影响因素,形成清晰的影响因素网络结构。

在对复杂事物进行影响因素分解的基础上,要通过一些方法确定影响因素的权重。AHP 方法主张使用德尔菲法确定各因素的权重。德尔菲法又称专家打分法,各位专家在互相不沟通的情况下,独立地对同一层次单元的影响因素进行两两对比,用数字表明这些因素对该复杂事物的重要性。在两两对比后,通过一定的数学计算公式,计算出所有影响因素对复杂事物的重要性,确定各个因素的权重。

AHP 方法在 1982 年被首次引入中国,在中国许多领域,尤其是经济和社会领域运用广泛,主要用于城市规划、科学研究、经济管理和环境系统分析与评估等各

个领域。由于其结合定性和定量的方法，采纳专家意见的同时，运用数学方法进行客观计算，在绩效评价领域具有较大的优越性，得到各个领域专家的重视。

2. AHP 方法使用步骤

AHP 方法使用过程中，要确定基本步骤。首先，要深刻认识该复杂事物及其在经济、社会系统中的定位，确定事物的总目标、涉及范围以及约束条件，收集与事物相关的信息。

其次，在对事物进行深入了解和分析后，对影响指标进行层次划分，对应每个层次设置一定数量的影响指标。第一层次与第二层次间是递阶结构，第三层次与第二层次间同样呈现递阶结构。

影响指标的层次及权重的计算用数学公式来表示如下：用 A 表示目标层，用 B 表示目标层 A 分解后的子层，C 表示 B 分解后的子层。也就是说，B 是子层 C 的父层，A 是子层 B 的父层，目标层 A 与子层 C 通过中间层 B 发生间接关系。子层 B 中各因素对目标层 A 的相对权重值为：

$$\overline{w}^{(1)} = (w_1^{(1)}, w_2^{(1)}, \cdots w_k^{(1)})^T \qquad (6.29)$$

子层 C 各影响因素对父层 B 的相对权重值为：

$$\overline{w}^{(2)} = (w_{1l}^{(2)}, w_{2l}^{(2)}, \cdots w_{nl}^{(2)})^T \quad l=1,2,3\ldots\ldots k \qquad (6.30)$$

对于子层 C 中各影响因素权重的计算，可以通过 $\overline{w}^{(1)}$ 与 $\overline{w}_l^{(1)}$（l=1,2,3……k）组合得到。如表 6.53 所示：

表 6.53 目标层与影响层权重的计算方法

	元素及权重	组合权重
$B_1 \quad B_2\cdots\cdots B_k$	$w_1^{(1)} \quad w_2^{(1)} \quad\cdots\cdots\quad w_k^{(1)}$	$V^{(2)}$
C_1	$w_{11}^{(2)} w_{12}^{(2)} \cdots\cdots w_{1k}^{(2)}$	$V_1^{(2)} = \sum_{j=1}^{k} w_j^{(1)} w_{1j}^{(2)}$
C_2	$w_{21}^{(2)} w_{22}^{(2)} \cdots\cdots w_{2k}^{(2)}$	$V_2^{(2)} = \sum_{j=1}^{k} w_j^{(1)} w_{2j}^{(2)}$
……	……	……
C_n	$w_{n1}^{(2)} w_{n2}^{(2)} \cdots\cdots w_{nk}^{(2)}$	$V_n^{(2)} = \sum_{j=1}^{k} w_j^{(1)} w_{nj}^{(2)}$

再次，对同一层次的因素分成两两一组，邀请专家在互相不见面、不沟通的情况下，独立地对这些因素两两进行对比，确定两两之间的相对重要性。在专家打分后，收集专家打分信息，构造两两比较判断矩阵，运用矩阵运算的数学方法，计算同一

层次的各个影响因素的权重。同理，计算各个层次的所有影响因素的权重，对所有因素进行总排序，以确定递阶结构图中最底层各个元素在总目标中的重要程度。

专家打分时，为了比较影响因素两两之间的相对重要性，可以参考 T.L.Saaty 设定的"1-9值法"进行取值。两个因素相比，具有相同重要性的情况，则用标度1表示；两个因素相比，前者比后者稍重要则用标度3表示。标度5，7和9分别表示前者比后者明显重要、强烈重要和极端重要。标度2，4，6，8分别为标度1，3，5，7，9之间相邻判断的中间值。如表6.54所示：

表6.54 T.L.Saaty 的1-9标度法

标度	含义
1	两个因素相比，具有相同重要性
3	两个因素相比，前者比后者稍重要
5	两个因素相比，前者比后者明显重要
7	两个因素相比，前者比后者强烈重要
9	两个因素相比，前者比后者极端重要
2，4，6，8	1，3，5，7，9之间相邻判断的中间值

在专家对影响因素进行两两对比并打出1到9分的分值后，为简化计算，可以将打分结果转化为5分标度，其中，9∶1用标度5表示，表明因素1相对于因素2对于目标层极为重要；8∶2用标度4表示，表明因素1相对于因素2对于目标层非常重要；以此类推，可以用3表示7∶3，用2表示6∶4，用1表示5∶5。如表6.55所示：

表6.55 专家对影响指标相对重要性的打分及其换算

专家给予的比值	对应5分标度下的值	含义
9∶1	5	极为重要
8∶2	4	非常重要
7∶3	3	比较重要
6∶4	2	稍微重要
5∶5	1	同等重要

在运用 AHP 方法进行复杂事物影响因素分析和计算时，由于具有若干个不同层次，每一层次下又有若干影响因素。专家打分时可能对因素之间的判断存在误差，各个专家之间的评判可能差异较大，可能导致结果的不一致。因此，AHP 方法创始

人 T.L.Saaty 建议进行一致性检验。T.L.Saaty 通过运算，给出各种情况下的一致性判别指标 CR 的对照值。只有当 CR<0.1 时，才表明可以接受判断矩阵的一致性。否则，要分析引发不一致的原因，再次进行专家打分和指标设置讨论，以获得合理的计算结果。

最后，在一致性检验通过后，根据各个影响因素的权重，通过数学方法，得出计算结果，根据计算结果采取相应的决策。

（二）AHP 方法在儿童社会福利评估领域中运用的可行性

在适度普惠型儿童社会福利制度建设中，绩效评价是一个复杂事物。对建设绩效进行评估时，要考虑儿童社会福利所在国内外环境，考虑经济增长情况、物价稳定情况和社会发展条件。要将儿童社会福利制度放在社会经济大系统中进行全面考虑。因此，我们要将影响适度普惠型儿童社会福利制度建设的各个影响因素进行分层，确定第一层次和第二层次，每个层次下，要分析哪些因素将会对制度建设成效产生影响。因此，层次的划分和影响因素的探寻可以采用 AHP 方法来进行分析。

对于一个复杂事物的影响，各影响因素的重要程度各不相同。在适度普惠型儿童社会福利制度建设绩效评价过程中，可以考虑各方面的意见，尤其是有足够多的学者进行的深入研究、政府官员的深刻认识和具体工作者的经验总结，可以听取各方面比较成熟的意见。

因此，通过调查，可以选取较多的学者、官员和工作人员组成专家组，独立探讨各个影响因素的相对重要性，以专家打分法的方式表现各因素的重要程度，最后，通过 AHP 方法提供的软件计算出所有影响因素的相对重要程度，得出各影响因素的权重。

AHP 方法是一个适合社会科学领域的、综合使用定性和定量方法进行测算的有效方法，它具有简明、灵活且实用的优点，耗费人力物力不多，计算准确性较强，具有科学性。因此，在适度普惠型儿童社会福利制度绩效评价中，AHP 方法具有运用的可行性。

二、适度普惠型儿童社会福利绩效评价指标体系构建

（一）指标体系设置原则

"绩效评价"从字面上来看，"绩"是指成绩，"效"是指效率或效益。绩效是指一定组织、群体和个体在一定环境中表现出来的活动效果，即成绩和贡献[1]。美国学者 Eri CRedaer 指出："绩效是指一个组织、群体和个体在一定环境中表现出来的

---

[1] 张延辉.我国残疾人社会保障制度绩效评价研究[D].吉林：吉林大学，2008：5.

成绩和贡献"[1]。绩效评价在许多领域都用使用。在经济领域,"绩效是指单位将投入通过一个过程转化为产出,再转化为结果的工作"[2]。在社会领域,绩效是指一个组织表现出来的成绩或一项事业对社会的影响。中国学者冯鸿雁提出,绩效评价的四个重要特征是:评价的依据具有合理性;评价的标准具有客观公正性;评价的方法具有科学性;评价的结果具有可比性[3]。

指标体系设置是绩效评价中的最重要一环。只有设置科学的指标体系,才能得出正确的结论。适度普惠型儿童社会福利制度绩效评价中,指标体系设置须遵循的原则有:

第一,科学性原则。科学性原则的含义是指,指标体系的设置要以科学发展观为指导,符合自然规律和经济社会发展规律,要符合中国社会主义建设的根本目标和党的政策方针,要符合人民群众的需要。指标体系源于生活,不能主观臆造。指标的名称要符合约定俗成的称呼方法,指标口径、计算单位及计算方法符合国际或国内公认标准,与《中国统计年鉴》等已有的统计保持一致。

第二,可行性原则。可行性原则主要是指数据的可获得性。根据科学理论的指导设置出来的指标体系,必须通过查阅统计年鉴或通过实地调查获得数据。如果选取的指标不能获得,则无法进行绩效的测算,也无从得到较为科学的结果。因此,设置的指标体系要具有可行性,具有可获得性。

第三,整体性原则。整体性原则是指,所有的指标都要服从一个整体,构成一个完整的系统。指标之间对事物的评价具有一致性,避免互相矛盾。指标之间适用的社会伦理道德观念和价值观念要相对统一,要符合中国社会主义现代化建设的理念。

(二)指标体系构建

根据科学性原则、可行性原则和整体性原则,本研究将儿童社会福利总体事业发展评估指标体系划分为最终目标(目标层)、一级指标(准则层1)和二级指标(准则层2)。

其中,最终目标是进行儿童社会福利事业发展总体评估。这是一个概括性的综合衡量值,经过计算,可以得出量化的分数,对各地儿童社会福利事业发展总体情况进行评估和比较。

最终目标下有六个一级指标,包括:儿童社会福利目标定位与指导思想、儿童社会福利发展规模、儿童社会福利事业管理、儿童社会福利发展环境、儿童社会福

---

[1] [美]EriCRedaer. 公共部门绩效管理[M].张泰峰译,郑州:郑州大学出版社,2004:8.
[2] [美]孙克姆·霍姆斯.公共支出管理手册[M].北京:经济管理出版社,2002:12.
[3] 冯鸿雁.财政支出绩效评价体系构建及其应用研究[D].天津:天津大学,2004:23.

利政策支持与法律保障以及儿童社会福利实施效果六个方面。

在一级指标之下，共设置二级指标 20 个。其中，目标定位与指导思想下包括 2 个二级指标；儿童社会福利发展规模方面包括 5 个二级指标；儿童社会福利事业管理方面包含 6 个二级指标；儿童社会福利发展环境方面含有 2 个二级指标；儿童社会福利政策支持与法律保障之下包含 2 个二级指标；儿童社会福利实施效果方面包括 3 个二级指标。

指标框架如图 6.23 所示。

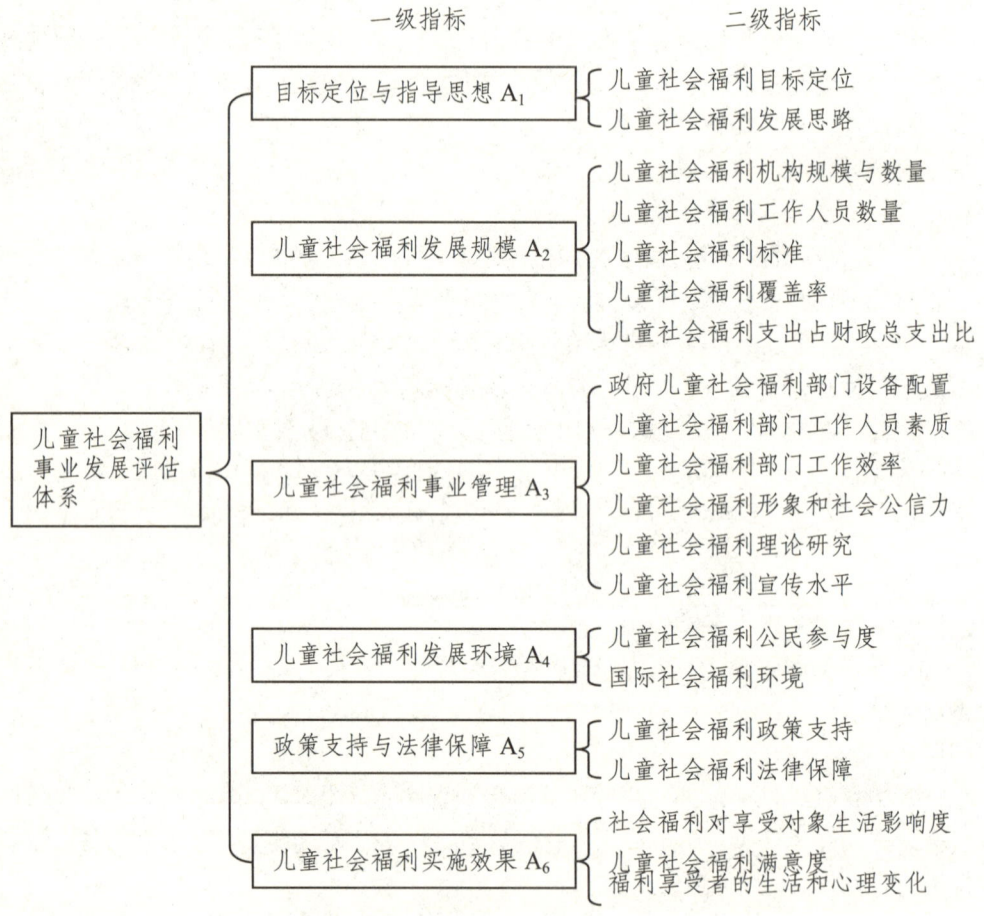

图 6.23　中国儿童社会福利事业发展评估体系框架图

关于目标定位与指导思想指标的内涵，可以由表 6.56 进行说明。一级指标为父层，指标为目标定位与指导思想；二级指标为一级指标的子层，包括目标定位与发展思路两个指标。

目标定位的指标内涵是指：在对儿童社会福利制度进程目标定位时，是否以儿童利益最大化为目标，是否以社会总福利最大化为目标。

发展思路的指标内涵包括：建设适度普惠型儿童社会福利制度，思路是否与经济发展水平相适应。

一个地区适度普惠型儿童社会福利制度建设的目标定位是否合理、发展思路是否正确，关系到该地区适度普惠型儿童社会福利制度建设的成败。因此，目标定位与指导思想指标具有非常重要的作用。

表6.56　儿童社会福利目标定位和指导思想指标及内涵

一级指标	二级指标	指标内涵说明
目标定位与指导思想（B_1）	目标定位（C_{11}）	在对儿童社会福利制度进程目标定位时，是否以儿童利益最大化为目标，是否以社会总福利最大化为目标
	发展思路（C_{12}）	建设适度普惠型儿童社会福利制度，思路是否与经济发展水平相适应

发展规模的二级指标，包括儿童社会福利机构数量和规模、儿童社会福利工作人员数量、儿童社会福利标准、儿童社会福利覆盖率和儿童社会福利支出占财政支出的比例。发展规模方面的二级指标及其内涵解释如表6.57所示：

表6.57　社会福利发展规模指标及其内涵

一级指标	二级指标	指标内涵说明
发展规模（B_2）	机构规模与数量（C_{21}）	考虑的因素包括：当地县级儿童福利指导中心个数除以县级行政区个数；当地乡镇（街道）儿童福利服务工作中心个数除以乡镇（街道）行政区个数；当地儿童福利院数量除以儿童总数；当地儿童福利院床位数量除以儿童总数；当地残疾儿童康复中心数量除以儿童总数；当地流浪儿童救助中心数量除以儿童总数；当地艾滋病相关儿童帮扶中心个数除以儿童总数；当地特殊教育机构数量除以儿童总数；当地免费免疫接种机构数量除以儿童总数；当地免费体检机构数量除以儿童总数
	工作人员数量（C_{22}）	考虑的因素包括：儿童福利院工作人员除以儿童总数；当地县级儿童福利指导中心工作人员数量除以儿童总数；当地乡镇（街道）儿童福利服务工作中心工作人员数量除以乡镇（街道）儿童总数；当地残疾儿童康复中心工作人员数量除以儿童总数；当地流浪儿童救助中心工作人员数量除以儿童总数；当地艾滋病相关儿童帮扶中心工作人员数量除以儿童总数
	社会福利标准（C_{23}）	考虑的因素包括：儿童福利机构集中供养儿童津贴标准除以当地居民平均消费支出；特殊儿童寄养津贴标准除以当地居民平均消费支出；散居孤儿津贴标准除以当地居民平均消费支出；单亲困境儿童津贴标准除以当地居民平均消费支出；重残儿童津贴标准除以当地居民平均消费支出；暂时性失依儿童津贴标准除以当地居民平均消费支出；重残儿童医疗康复津贴标准除以当地居民平均消费支出；大病儿童医疗康复津贴标准除以当地居民平均消费支出；流浪儿童津贴标准除以当地居民平均消费支出；艾滋病病毒感染儿童津贴标准除以当地居民平均消费支出

（续表）

	二级指标	指标内涵说明
	儿童社会福利支出占财政总支出比（C_{24}）	当地儿童社会福利支出占财政支出的比例
	儿童社会福利覆盖率（C_{25}）	实际享受儿童福利的儿童数量除以儿童总数

儿童社会福利事业管理主要考察制度的运行管理方面的行政效率、行政职能的完善程度等，包括六个二级指标。如表 6.58 所示：

表 6.58　社会福利事业管理指标与内涵

一级指标	二级指标	指标内涵说明
事业管理（B_3）	设备配置（C_{31}）	是否配备现代化设备如电脑、复印机、打印机、打印资料以及资料的保管是否得到保障
	工作人员素质（C_{32}）	是否以为儿童服务为宗旨，以提高儿童福利覆盖面和儿童福利标准为目的；社会福利工作人员的学历、办事能力、通过考核的比率
	工作效率（C_{33}）	接受群众申请后，儿童社会福利管理部门审批所需天数，收到信访后，答复解决所需天数
	社会形象（C_{34}）	人民群众对儿童社会福利管理部门的印象，是否存在弄虚作假现象
	理论研究（C_{35}）	各项儿童社会福利新措施出台率，各级部门儿童社会福利相关研究的数量质量
	宣传水平（C_{36}）	儿童社会福利工作是否为群众所知晓，各项政策是否深入人心，居民对儿童社会福利的关注率

儿童社会福利发展环境指标包括两个二级指标，分别是国内志愿者参与度和国际援助情况。其中，国内志愿者参与度主要指当地参与儿童福利服务的志愿者人数与当地儿童总数的比例；国际援助情况是统计国际社会对当地儿童社会福利的援助项目数量。如表 6.59 所示：

表 6.59　社会福利发展环境指标及其内涵

一级指标	二级指标	指标内涵说明
发展环境（B_4）	国内志愿者参与度（C_{41}）	当地参与儿童福利服务的志愿者人数除以儿童总数
	国际援助（C_{42}）	国际社会对当地儿童社会福利的援助项目数量

社会福利政策支持与法律保障方面，主要是统计各地出台的政府部门儿童社会福利相关政策措施数量和级别、各地儿童社会福利督导员数量与儿童总数的比例以及各级人大颁布的条例数量。如表 6.60 所示：

表 6.60　社会福利政策支持与法律保障指标与内涵

一级指标	二级指标	指标内涵说明
政策支持与法律保障（B_5）	政策支持（C_{51}）	各地出台的政府部门儿童社会福利相关政策措施数量和级别；是否建立督导员制度，督导员数量除以儿童总数；是否建立审计和财务监督制度
	法律保障（C_{52}）	各级人大颁布的条例数量

社会福利实施效果指标是统计和监测儿童社会福利制度对儿童的生活和心理的影响程度，包括三个方面的指标，分别为：儿童社会福利对享受对象生活的影响程度、社会成员对社会福利的评价和儿童社会福利享受者接受福利前后生活幸福指数对比。如表 6.61 所示：

表 6.61　社会福利实施效果指标与内涵

一级指标	二级指标	指标内涵说明
实施效果（B_6）	影响力度（C_{61}）	儿童社会福利对福利享受者生活的改善程度，用儿童社会福利津贴标准除以统计所需生活支出
	社会满意度（C_{62}）	通过问卷法或触屏法或其他方法获得的群众对儿童社会福利服务满意度，用五分法表示：非常满意、比较满意、一般、不太满意和非常不满意
	儿童社会福利享受者的心理变化（C_{63}）	计算儿童社会福利享受者接受福利前后生活幸福指数，并进行对比分析

三、基于 AHP 方法的绩效评价实证分析

（一）基于德尔菲法的各项指标权重计算

建立适度普惠型儿童社会福利制度评估指标体系后，笔者运用德尔菲法来计算各指标的权重，邀请 20 位专家进行不记名、不沟通的独立打分。各位专家来自高等院校以及科研院所社会保障研究领域以及各级民政局的社会福利管理部门、街道或乡镇儿童社会福利管理处干部。

专家对一级指标的打分如表 6.62 所示：

表 6.62　专家对一级指标两两打分表

	目标定位与指导思想	发展规模	事业管理	发展环境	政策支持与法律保障	实施效果
目标定位与指导思想	1	2/8	3/7	8/2	6/4	3/7
发展规模	8/2	1	6/4	9/1	8/2	7/3
事业管理	7/3	4/6	1	8/2	7/3	6/4
发展环境	2/8	1/9	2/8	1	4/6	2/8
政策支持与法律保障	4/6	2/8	3/7	6/4	1	3/7
实施效果	7/3	3/7	4/6	8/2	7/3	1

注：作者根据其中一名专家的打分整理[1]。

注：经 AHP 专用软件 Expert Choice 检验，一致性评判指标为 0.0166，通过一致性检验。

专家对二级指标的打分表如表 6.63 所示：

表 6.63　专家对二级指标两两打分表

	目标定位	发展思路
目标定位	1	5/5
发展思路	5/5	1

注：作者根据其中一名专家的打分整理，一致性评判指标为 0.0000，通过一致性检验。

运用同样的方法，作者请 20 位专家对其他二级指标进行打分，包括儿童社会福利发展规模方面的二级指标；儿童社会福利事业管理方面的二级指标；儿童社会福利发展环境方面的二级指标；儿童社会福利政策支持与法律保障的二级指标和儿童社会福利实施效果方面的二级指标[2]。如表 6.64、6.65、6.66、6.67 和 6.68 所示：

---

[1] 注：由于篇幅有限，本书不再将 20 位专家的打分一一在正文中展示，仅举一位专家的打分为例。其他 19 位专家均在独立不商量的情况下写出自己的打分表。二级指标也只展示一位专家的打分表。
[2] 各二级指标之间的打分表详见附录五。

表 6.64　专家对二级指标两两打分表

	机构规模与数量	工作人员数量	社会福利标准	儿童社会福利支出占财政总支出比	儿童社会福利覆盖率
机构规模与数量	1	5/5	3/7	4/6	6/4
工作人员数量	5/5	1	3/7	4/6	8/2
社会福利标准	7/3	7/3	1	6/4	9/1
儿童社会福利支出占财政总支出比	6/4	6/4	4/6	1	8/2
儿童社会福利覆盖率	4/6	2/8	1/9	2/8	1

注：作者根据其中一名专家的打分整理，一致性评判指标为 0.0234，通过一致性检验。

表 6.65　专家对二级指标两两打分表

	设备配置	工作人员素质	工作效率	社会形象	理论研究	宣传水平
设备配置	1	3/7	2/8	1/9	5/5	4/6
工作人员素质	7/3	1	4/6	3/7	7/3	6/4
工作效率	8/2	6/4	1	4/6	8/2	7/3
社会形象	9/1	7/3	6/4	1	8/2	7/3
理论研究	5/5	3/7	2/8	2/8	1	6/4
宣传水平	6/4	4/6	3/7	3/7	4/6	1

注：作者根据其中一名专家的打分整理，一致性评判指标为 0.0264，通过一致性检验。

表 6.66　专家对二级指标两两打分表

	国内志愿者参与度	国际援助
国内志愿者参与度	1	6/4
国际援助	4/6	1

注：作者根据其中一名专家的打分整理，一致性评判指标为 0.0000，通过一致性检验。

表 6.67 专家对二级指标两两打分表

	政策支持	法律保障
政策支持	1	6/4
法律保障	4/6	1

注：作者根据其中一名专家的打分整理，一致性评判指标为 0.0000，通过一致性检验。

表 7.68 专家对二级指标两两打分表

	影响力度	社会满意度	儿童社会福利享受者的心理变化
影响力度	1	4/6	6/4
社会满意度	6/4	1	7/3
儿童社会福利享受者的心理变化	4/6	3/7	1

注：作者根据其中一名专家的打分整理，一致性评判指标为 0.0001，通过一致性检验。

专家打分后，本书作者将专家对各指标两两对比的得分输入 AHP 方法的专用分析软件 Expert Choice，经过软件处理，得到各指标的权重。由于打分的人数较多，各专家的判断不一定一致，因此，笔者利用软件进行一致性检验。按照 T.L.Saaty 给出的一致性判别指标 CR 的对照值，当 CR <0.1 时，表明判断矩阵的一致性可以接受。对专家的评分结果进行统计检验，可以发现，一致性评判指标较高，CR 值为 0.0021。本次专家打分结果可以通过一致性检验。指标的名称、赋值方法以及权重如表 6.69 所示：

表 6.69 二级指标与权重

二级指标	指标代号	权重代号	指标权重
目标定位	C_{11}	P_{11}	0.0547
发展思路	C_{12}	P_{12}	0.0486
机构规模与数量	C_{21}	P_{21}	0.0532
工作人员数量	C_{22}	P_{22}	0.0626
社会福利标准	C_{23}	P_{23}	0.1439
儿童社会福利支出占财政总支出比	C_{24}	P_{24}	0.0220
儿童社会福利覆盖率	C_{25}	P_{25}	0.0870
设备配置	C_{31}	P_{31}	0.0135
工作人员素质	C_{32}	P_{32}	0.0342

（续表）

工作效率	C_{33}	P_{33}	0.0543
社会形象	C_{34}	P_{34}	0.0776
理论研究	C_{35}	P_{35}	0.0186
宣传水平	C_{36}	P_{36}	0.0219
国内志愿者参与度	C_{41}	P_{41}	0.0264
国际援助	C_{42}	P_{42}	0.0176
政策支持	C_{51}	P_{51}	0.0476
法律保障	C_{52}	P_{52}	0.0317
影响力度	C_{61}	P_{61}	0.0562
社会满意度	C_{62}	P_{62}	0.0853
儿童社会福利享受者的心理变化	C_{63}	P_{63}	0.0370

注：作者根据 AHP 专用软件 Expert Choice 处理结果自制。

通过专家打分法得到指标重要性两两对比值，输入 AHP 方法的专用软件 Expert Choice 进行计算后，可以得到每个二级指标的权重。再将专家根据当地实际情况对每个二级指标的赋值输入 AHP 专用软件，由软件算出最终目标值。将各个地方的最终目标值进行比较，可以得出各地适度普惠型儿童社会福利事业建设成效评价结果，并将结果用于比较。

（二）对三个地区的实证分析

1. 三个地区的相关资料

由于全国性的儿童社会福利数据的缺乏，笔者选取调研中的三个县级市（为保护这三个城市的数据安全，这里不作一一对应，分别用 A，B 和 C 代替），运用 AHP 方法和德尔菲法，收集这三个地区的儿童社会福利数据，来进行儿童社会福利绩效评价实证分析。

在笔者调查过程中，与 A，B 和 C 三个县（县级市）的民政局工作人员进行了深入交流，得到 A，B 和 C 三地的相关数据。

A 市民政局工作人员介绍道：

"我们民政局设立的机构有'办公室、优抚股、安置股、救灾救济股、基层政权和社区建设股、社会福利和社会事务股、老龄工作股、计划财务股、人事股、法制股、政务服务股'，并没有建立单独的'儿童社会福利股'，也没有建立县级儿童社会福利指导中心，没有建立乡镇（街道）儿童社会福利服务工作中心，没有专职或兼职的督导员。A 市没有建立特殊教育机构，残疾儿童一般是插入正常的学校进行学习或者进入 A 市所属的地级市设立的特殊学校进行学习。A 市的残疾儿童康复服务一般是去 A 市所属的地级市的康复机构，有时省里下达指标，可以去位于省会城市的康复机构接受康复治疗。A 市设立了一个流浪人员救助中心，一旦发现流浪儿童，将会把他们送到流浪人员救助中心去，给予吃住等救助，还会出路费将其送到老家或监护人所在地。A 市设有免疫接种中心。免疫接种中心只对国家规定的国产品种的免疫接种实行免费，如果要打进口药，则需要自费。民政局专管儿童社会福利工作的有 1 人，但他还兼任其他福利工作，如管理老年人福利。每个街道/乡镇有一名社会福利工作人员，也是兼管儿童社会福利和老年人社会福利。

A 市能按照民政部的规定给社会散居孤儿发放基本生活津贴，每人每月 600 元。为每一名社会散居孤儿发放一张《儿童福利证》，A 市民政局和与社会散居孤儿的监护人签订了分散供养委托协议书，协议对孤儿基本生活津贴的管理、使用及孤儿的抚养状况进行了严格规定，明确了监护人的职责。由于 A 市没有儿童福利院，故没有发放机构内集中供养孤儿基本生活津贴。A 市暂时还没发现艾滋病病毒感染儿童，因此也未发放艾滋病儿童基本生活津贴。

A 市没有建立困境儿童和困境家庭儿童津贴制度，因此，没有发放单亲困境儿童津贴等。A 市仅仅共为 497 名社会散居孤儿发放津贴，每人每月 600 元，每月一共发放 29.82 万元孤儿基本生活津贴。每年合计发放 357.84 万元。A 市每年财政总支出约为 26 亿元，包括社会散居孤儿基本生活津贴、流浪儿童补助、重残儿童康复补助等在内，儿童社会福利支出占财政总支出的比例约为 0.5%。

A 市没有专门的儿童社会福利部门，但统管社会福利的部门配备有一台电脑，制作了一些 Excel 电子表格，也有一些纸质的申请表，装订在一起。工作人员能清楚地了解自己辖区内特殊儿童的情况，有时下乡去看望社会散居孤儿和被寄养孤儿。社会福利管理部门工作人员大部分为专科学历，少数干事为高中学历。儿童社会福利申请效率还可以，公民信任度较高。但是，A 市几乎没有制定本市的儿童社会福利政策，宣传时全部下发民政部或者省里的文件，没有任何政策创新。参与儿童社会福利的志愿者不多，因为 A 市没有大学，中小学生的志愿活动比较零散，往往一学期只有几天志愿活动。A 市没有接受国际援助，监督制度也不完善，但因为民风纯朴，A 市市民对儿童社会福利工作还是持赞赏态度，由于生活成本较低，A 市的社会散居孤儿的生活保障程度较好。"

关于 B 市，民政局工作人员介绍如下：

"我们 B 市的适度普惠型儿童社会福利制度建设在民政部是得到表彰的。我们有很多方面的创新。首先，我们制定了'联席工作模式'，市政府牵头，建立了儿童社会福利工作小组，小组成员有民政、财政、发展和改革委、公安和教育等各方面的领导，建立了长效机制。日常工作中，我们制定了《关于加快推进适度普惠型儿童福利体系建设的实施意见》，我们还制定了《B 市'十二五'儿童发展规划》，比单纯引用民政部或省级文件的做法要先进一些，可以结合当地的实际情况。

B 市在绩效评价和监督检查方面做了有益的探索，我们建立了专职和兼职的督导员制度，深入了解孤儿和困境儿童的实际情况，对孤儿和困境儿童、甚至困境家庭儿童的现状、需要的福利、得到福利后的效果都进行评估。本来我们想建立全部的专职督导计划，但因为人手不够，还是吸收了居委会干部和村委会干部作为兼职督导员。但我们会逐步健全专职督导员制度。我们要求大家都持证上岗，现在持证上岗率达到 97%。

我们在组织管理上也有较多的创新。我们建立了县级儿童福利服务指导中心，对各种类型的儿童建立档案，进而利用网络，建立儿童信息库。这样，可以大大提高儿童福利申请、审批效率。我们设立了儿童福利热线，用来解答民众的疑问，以及为孤儿、困境儿童、困境家庭儿童以及部分普通儿童提供心理咨询等服务。

我们的福利项目也比较多，不仅执行民政部规定的给孤儿发放基本生活津贴的制度，也为困境儿童和困境家庭儿童设立档案，提供教育券，提供爱心营养午餐。我们每年为 1000 多名孩子发放基本生活津贴或各类补助。为贫困家庭儿童提供每年 5000 元的高等教育资助。我们为贫困儿童提供医疗资助，为就业困难的成年后孤儿等提供公益性岗位。

我们本来有一个建于 1997 年的老的儿童福利院，原来主要是供养孤儿，设施比较落后，功能比较单一。2014 年，新的儿童福利院建成，投入使用。新的儿童福利院总投资 5358.07 万元，占地面积 11989 平方米，建筑面积 9884.66 平方米，设计床位 120 张。服务功能将多样化。例如，既有可以供儿童生活的区域，也有医疗和康复区域，还有教育用房，供不能在普通学校上学的残疾、重病孩子在这里学习。我们儿童福利院还进行儿童福利相关事务培训，例如，进行职业培训、康复知识培训等。"

关于 C 市（县），民政局工作人员向本书作者做了一些介绍：

"我们 C 市（县）的儿童福利工作相对全国来说比较落后。但我们也尽力在做。我们没有制定自己的方案，只是运用民政部颁发的规定和省级政府颁发的条例。我们民政局比较弱势，每年要去向财政局要钱。可是，你知道，我们财政收入又有限，财政局要给各个方面做预算，也不容易。我们每年给儿童福利申请的经费，财政局有时给我们，有时不给我们。不给我们的话，我们就通过人大、政协代表写提案。财政局收到提案后，可能还是拿不出经费，但他会到我们这里来进行解释，然后承诺我们，明年或后年尽量给我们安排预算。我们也会在提案答复表上签'满意'。毕竟还是要长期合作的。

我们没有专门的儿童福利处，或者儿童福利股，也没有儿童福利指导中心。我们设立了一个专职负责人员，但这个负责人负责所有的福利，包括儿童福利和老年人福利等，我们有一个副局长分管福利，但他还要管很多其他工作，所以儿童福利不是我们的重点工作。我们设立了社会福利和慈善事业促进股，这个股管理老年人、残疾人、孤儿等特殊困难群体的社会福利，还负责慈善事业，负责婚姻登记和收养登记工作等。反正，管的事情很多、很杂。

我们没有建立自己的儿童福利院，孤儿和残疾儿童等要集中供养的必须去我们的上级城市。我们严格执行民政部的孤儿基本生活津贴标准，但我们不给其他儿童发补贴，没这么多钱啊！监督制度？孤儿就是孤儿，也不好造假，我觉得也用不着老是去监督吧。民众还是很信任的。我们工作人员学历有高中和大专的，设备嘛，你也看到了，我们民政局有电脑，打印机，但是到下面乡镇（街道）的话，很多也是手写的资料。工作人员作风还可以的。工作认真努力，踏实肯干。"

根据笔者对上述 A、B 和 C 三个县（县级市）工作人员的访谈和其他资料，作者请了 10 位专家，在相互之间不沟通的情况下给三个地方的儿童社会福利工作各项三级指标打分，再以算术平均法求出 10 位专家对各项三级指标打分的平均值。其中，由于有些项目 A、B 和 C 三个县（县级市）虽然没有做，但是在中国当前适度普惠型儿童社会福利制度初创阶段，整个国家都没有实施这些项目。因此，不能认为完全是当地政府的责任和过错。故全国都没有设立且当地也没实施的项目均给予 60.00 分。将专家打分的平均值输入 AHP 专用软件 Expert Choice，可以获得最后最终目标得分。参照一般通行的评分标准，我们将绩效评价得分定为百分制，优秀为 80~100 分，良好为 60~79 分，一般为 50~69 分，较差为 20~49 分，20 分以下（不含 20 分）为很差。

2. 三个地区的得分与计算

（1）每个地区的二级指标的分值

表 6.70　二级指标的得分

二级指标	指标代号	权重代号	指标权重	A 地平均得分	B 地平均得分	C 地平均得分
目标定位	C_{11}	P_{11}	0.0547	70.30	91.25	68.20
发展思路	C_{12}	P_{12}	0.0486	65.40	95.60	66.50
机构规模与数量	C_{21}	P_{21}	0.0532	60.00	98.30	60.00
工作人员数量	C_{22}	P_{22}	0.0626	68.75	90.35	68.50
社会福利标准	C_{23}	P_{23}	0.1439	85.40	90.35	80.25
儿童社会福利支出占财政总支出比	C_{24}	P_{24}	0.0220	80.75	85.70	70.40
儿童社会福利覆盖率	C_{25}	P_{25}	0.0870	75.60	95.60	72.25
设备配置	C_{31}	P_{31}	0.0135	70.20	93.80	65.20
工作人员素质	C_{32}	P_{32}	0.0342	88.90	96.70	75.30
工作效率	C_{33}	P_{33}	0.0543	80.10	95.40	76.30

（续表）

社会形象	C_{34}	P_{34}	0.0776	88.70	90.60	85.60
理论研究	C_{35}	P_{35}	0.0186	60.00	98.60	60.00
宣传水平	C_{36}	P_{36}	0.0219	80.20	96.70	76.40
国内志愿者参与度	C_{41}	P_{41}	0.0264	60.00	90.50	60.00
国际援助	C_{42}	P_{42}	0.0176	65.30	83.20	60.00
政策支持	C_{51}	P_{51}	0.0476	68.25	94.60	62.80
法律保障	C_{52}	P_{52}	0.0317	60.00	78.40	60.00
影响力度	C_{61}	P_{61}	0.0562	98.30	96.50	95.60
社会满意度	C_{62}	P_{62}	0.0853	87.50	90.60	85.40
儿童社会福利享受者的心理变化	C_{63}	P_{63}	0.0370	90.00	95.00	88.00

注：作者根据10位专家打分做算术平均法计算处理结果。

（2）计算总分和结果判定

将专家打分输入AHP专用软件Expert Choice，可以获得最后得分。最终得到A地区得分为77.46分，B地区得分为91.97分，C地区得分为74.30分。

从最终计算结果来看，B地区由于宣传非常到位、政策措施富有创新性、为孤儿及困境儿童和困境家庭儿童发放各种津贴、补贴、提供较多福利性服务、建立较为完善的监督和评价制度、有着清晰的发展思路和明确的目标定位等，获得最高分。A地区和C地区均属于遵照上级指示办事的地区，创新性不足，孤儿津贴能发放到位，但其他类型儿童社会福利几乎没有，本县（县级市）无儿童福利院等原因，得分较低。但由于儿童社会福利数据的缺乏，笔者及打分专家对这三个地区的绩效评价比较粗略，需要在今后的专门研究中进一步深入探讨和完善。

四、基于AHP方法的儿童社会福利绩效评价过程管理

（一）绩效评估目标定位

在适度普惠型儿童社会福利制度评估过程中，最重要的步骤是确定绩效评估目标。从宏观视角来看，中国发展适度普惠型儿童社会福利制度，最根本的目标是最大限度满足儿童的各层次需要，不断完善这项制度，让儿童和全国人民一起，共享经济社会发展成果。从微观视角来看，则是为了进一步完善行政管理职能，促进行政效率提高；通过绩效评价，发现管理中存在的问题，找出导致这些问题存在的原因，提出改革建议，以便提高行政管理质量。

在绩效评价过程中，不同的主体追求的目标不同。政府部门和公立福利机构一

般追求行政效率，不惜一切代价，不讲究节约成本。私立福利机构可能追求经济利益，追求成本最小化和利润最大化，享受福利制度保障的儿童则追求高质量的服务和高水平的福利待遇。作为独立的第三方评估机构，要站在中立的位置，以国家和民族的利益为重，以满足儿童的生理性需求、发展性需求和提高性需求为目标，以获取最大化社会总福利为目标，对绩效评估目标进行正确定位。

（二）绩效评估方法选择

适度普惠型儿童社会福利制度绩效评估的方法有多种。首先，评估主体分为第三方组织机构评估、受益对象评估、上级评估、下级和同级评估以及公众评估等；公众评估是指不限定特定对象的评估，主要采取的评估方式是触屏评估法。在政府部门办事大厅或其他公共场所，设置触摸屏，邀请任何社会群体进行评估，这种评估方式中的评估主体比较随意，评估时间不确定，评估结果比较符合人民大众对儿童社会福利制度的总体看法；上级评估、下级和同级评估是指由儿童社会福利管理部门的上级领导、下级或同级部门对其工作做出评价，这一方式存在较多弊端，由于评估主体与被评估主体存在利益关系，往往会使得评估结果发生偏离，代表性不强；受益对象评估的代表性适中，评估结果能体现受益对象的主观感受，但由于儿童社会福利受益对象大都是不具备独立行为能力的儿童，评估时遇到困难较多，评估准确性有待考察；第三方组织机构评估是目前采用较多的评估方式。通常由第三方独立机构制定较为科学合理的指标体系，通过问卷调查或访谈对儿童社会福利事业或儿童社会福利管理部门进行评估。第三方组织机构相对独立，有助于提高评估的公正性和正确性。

（三）绩效评估信息收集

开展绩效评估后，要积极有效地收集评估资料和信息。通过问卷调查的方法进行评估，需要剔除无效问卷，将有效问卷的答案准确无误地输入计算机，用 Excel、SPSS 或 Eviews 等统计软件对问卷结果进行收录。通过座谈会或个别访谈进行的评估，要整理座谈会谈话纪要，整理访谈信息，总结被访谈者所要表达的意见。通过触屏法进行的绩效评估，要收集触屏评估的资料。

（四）绩效评估结果测算

在将绩效评估信息资料进行录入和整理后，就要利用 SPSS 或 Eviews 等软件对评估资料进行分类和计算，分析统计结果之间的相关性和有效性。可采用较为简单的方法进行计算，只对评估资料进行简单的图示；也可采用较为复杂的方法，例如，采用 AHP 方法或综合多元评价法、模糊综合评价法等，采用综合性的指标体系，利用一定的科学方法计算综合性的指标得分。

在运用统计软件进行测算后，将得出综合性指标的值。根据一定的经济和社会理论以及价值观，可以将评估结果分为几个对应的等级，如优秀、良好、合格、基本合格以及不合格等，也可以用绝对分数表明评估的结果，根据绝对分数对各地实施的适度普惠型儿童社会福利事业运行效果进行排序和比较。

（五）绩效评估报告撰写

绩效评估的目的是反馈评估中存在的问题，提出改革建议，以便进一步提高适度普惠型儿童社会福利制度的有效性。因此，评估结束后，要撰写绩效评估报告，阐明绩效评估的目标、对象、主体、方式等，表述绩效评估结果，对被评估对象进行综合性评价，并提出改进意见。绩效评估报告撰写的作用非常重要，是对儿童社会福利机构工作的肯定和分析，也是公众获得绩效评估结果的信息来源。

（六）绩效评估运用与反思

在测算出绩效评估结果、撰写绩效评估报告后，评估机构要将评估结果反馈给被评估对象，将绩效评估结果进行运用。第三方组织机构可以将绩效评估结果分为优秀、良好、合格、基本合格以及不合格等等级，对不同绩效评估对象的工作进行比较，提交国家和公众，对优秀者进行表彰，对不合格者进行批评。

绩效评估的目的不仅是进行比较，更重要的是进行反思，探寻儿童社会福利制度中存在的问题，分析问题存在的原因，提出进一步改进的意见。

五、促进中国适度普惠型儿童社会福利绩效评价的建议

（一）强化第三方组织评估，避免政府失效

在社会主义市场经济建设过程中，存在市场失效和政府失效。市场失效表现在：信息不对称、外部性、自然垄断、宏观经济失衡、收入分配不公等方面。为了消除市场失效，政府往往加强监管，加大干预，不可避免地走向另一个极端，引发政府失效。政府失效的原因主要有：政府信息不完全，不能收集所有的信息；政府官员是经济人，容易以个人利益最大化为目标；官员个人能力参差不齐，能力不够强等。

著名经济学家、诺贝尔奖获得者布坎南在谈到政府失效时指出，可以用公共选择理论解释引发政府失效的原因。布坎南假定每个人都是经济人，官员也不例外。政治家和官员的效用函数中，包含很多因素，如当选和再次当选的概率、个人的威望、个人获得经济利益等。经济学家尼斯坎南利用官僚模型指出，官员都要最大化扩大支出的倾向。在行政事务中，社会化最优点是边际成本与边际收益相等的时候；官员则倾向于选择将预算最大化，只要财政能够支撑，不惜付出任何代价来办理面子工程。在绩效评价过程中，官员之间有互相照顾、进行寻租的可能性。寻租是指对既得利益进行再次瓜分，而不是以人民群众的利益最大化为目标。

因此，在适度普惠型儿童社会福利制度绩效评估过程中，要建立健全第三方组织机构评估制度。全力保证第三方组织机构的独立性，确保第三方组织机构获得足

够的信息，以便做出较为科学合理的评估，避免政府失效。

（二）健全评估法规体系，确保有据可依

适度普惠型儿童社会福利制度绩效评估有效与否，取决于是否有健全的法律法规。只有颁布制定比较完善的法律法规体系，才能使绩效评估有法可依，有法必依。通过制定《儿童福利法》或《绩效评估法》等法律，可以明确依法办事的重要性，阐明违法成本，统一人们的思想认识，促使人们遵守法律，提高绩效评估的可靠性。

法律对绩效评估的规范，还表现在：明确绩效评估的主体，对评估主体形成约束；明确评估过程，杜绝不合理现象的存在；阐明评估方法，确保评估的科学性和正确性；对评估流程、评估报告撰写以及评估结果反馈等，提供指导性意见，确保绩效评估程序顺利进行，保障评估结果有效运用。

（三）加大评估资金投入，提高评估正确性

提高适度普惠型儿童社会福利制度绩效评估正确性，还需要加大评估资金投入。只有提供足够的资金支持，才能扩大评估调查覆盖面，听取大多数人的意见；才能聘请具有较强专业性的专家进行指导、派出足够的人力进行调查，采用较多方法来获取评估相关信息和资料；才能采用较为先进的方法，采用计算机软件进行分析，获得比较可靠的分析结果，提高绩效评估的有效性。

绩效评估专业化是中国适度普惠型儿童社会福利制度绩效评估的必然趋势。格林伍德指出，专业化的绩效评估必须具备五个方面的特质：具备系统化理论权威、社区认可、规定的伦理守则、专业权威和有专业文化。中国学者徐秋慧提出，只有具备以下七条标准，才符合专业化要求：经过大学训练、具有伦理守则、拥有理论体系、体现专业权威、拥有组织文化、产生经济收入、得到社会认可[1]。

在促进绩效评估专业化的条件中，要经过大学训练、要体现专业权威等，都离不开资金投入和支持。资金投入训练专业评估人员，可以提高评估者的素质；资金投入研发评估方式和测算方法，可以提高评估结果的准确性。因此，中国要加大评估资金投入，提高评估准确性。

（四）实施多方监督机制，加强评估透明性

适度普惠型儿童社会福利制度绩效评估的有效性还取决于评估过程中是否实施多方监督机制，是否确保评估的透明性。被评估对象与评估主体之间存在一定的信息不对称现象，被评估对象所拥有的信息多于评估主体，可能为一定的目的隐瞒部分信息。存在被评估对象向评估主体寻租的道德风险，被评估对象为获得较好的评估结果，可能向评估主体进行贿赂。在选择评估主体时，存在逆向选择问题。被

---

[1]. 徐秋慧.社会工作专业化评估分析[D].上海：复旦大学，2008:15.

评估对象倾向于选择包容徇私舞弊的评估主体，导致公平公正的评估主体被逐出评估市场。

要避免评估过程中存在这些不合理现象，应实施多方监督机制，公布评估对象和评估主体的各种相关信息，接受普通群众、媒体、人大代表、法律工作人员等的监督。在绩效评估过程中，要公开评估方式、公布评估报告，公示评估结果，增强评估透明性，提高绩效评估有效性。

第七章　结语

第一节　基本结论

本书以制度分析理论、福利经济学、公平理论、需要理论等为理论依据，在文献研究的基础上，综合运用问卷调查法、访谈法、软系统分析法和宏观计量法等多种手段，对中国适度普惠型儿童社会福利制度的由来和现状进行全面系统的梳理，对取得的成效和存在的问题进行综合评估，在借鉴国际经验的基础上，对中国适度普惠型儿童社会福利制度建设的理念、原则、思路和实现路径等内在机理进行系统分析，并对适度普惠型儿童社会福利制度覆盖范围扩大、内容体系建设、财政支出规模、资金保障、法律法规建设、管理运行以及绩效评价等方面进行有益的探索。通过研究，本书得出如下结论：

一、中国适度普惠型儿童社会福利制度建设需要经历三个阶段

根据对儿童社会福利制度建设进程与经济社会发展的适应性分析，一个国家选择什么样的儿童社会福利制度受到这个国家经济社会发展和民主进程的影响。通过对中国人口、经济和社会发展进程的预测，2020年、2030年和2050年是未来中国人口、经济和社会发展的转折点和重要战略期。因此，中等发达经济水平下中国适度普惠型儿童社会福利制度建设也需经历三个阶段，分别是适度普惠型儿童社会福利制度初级阶段（2010-2020年）、中级阶段（2021-2030年）和高级阶段（2031-2050年）。

适度普惠型儿童社会福利制度初级阶段（2010-2020年），实现孤儿、困境儿童和困境家庭儿童等特殊儿童全覆盖，儿童社会福利以生存性福利为基础，兼顾发展性福利，福利项目逐步增多，福利水平逐步提高。

适度普惠型儿童社会福利制度中级阶段（2021-2030年），儿童社会福利逐步覆盖到部分普通儿童，将全体特殊儿童和部分普通儿童纳入覆盖范围，儿童社会福利以生存性福利为基础，生存性福利与发展性福利并重，城乡福利项目和内容多样化，实现较高的福利给付水平。

适度普惠型儿童社会福利制度高级阶段（2031-2050年），儿童社会福利逐步覆盖到更多普通儿童，逐步将全体特殊儿童和全体普通儿童纳入覆盖范围，最终实现全体儿童全覆盖，为全体儿童提供多层次、多样化的福利项目，实现高水平的福利供给。

二、中国适度普惠型儿童社会福利制度可从三个维度来建设

在民政部关于适度普惠型儿童福利概念界定的基础上，本书从"普惠"和"适

度"两个视角出发,着重探索适度普惠型儿童社会福利制度覆盖范围、福利内容和福利水平三个维度的建设。

第一维度,覆盖范围。在民政部关于儿童四层次划分的基础上,本书基于儿童权利优先序列和马斯洛需要层次理论,探索中国儿童社会福利覆盖范围如何逐步扩大。首先,到 2020 年中国全面建成小康社会时,应使儿童社会福利覆盖范围从孤儿扩大到困境儿童和困境家庭儿童,实现特殊儿童全覆盖;其次,到 2030 年时,应从特殊儿童扩大到部分普通儿童,包括新生儿、多子女家庭儿童,儿童福利覆盖范围进一步扩大;再次,到 2050 年中国全面建成现代化时,实现特殊儿童和普通儿童全覆盖,儿童社会福利覆盖全体儿童。

第二维度,福利内容。本书通过引入软系统方法论(SSM),探索中国适度普惠型儿童社会福利内容体系建设。通过绘制"丰富图"、设置根定义、构建目标活动模型、比较模型与现实世界、最终探索出有特色的适度普惠型儿童社会福利内容体系。这一内容体系由收入性福利和服务性福利两大板块构成,每一板块包含若干模块,在中国适度普惠型儿童社会福利制度建设的不同阶段,实现不同内容体系的儿童社会福利。首先,在中国适度普惠型儿童社会福利制度初级阶段(2010-2020年),重点实现全体特殊儿童的福利,福利项目以生存性福利为主,兼顾发展性福利;其次,在中国适度普惠型儿童社会福利制度中级阶段(2021-2030 年),在为全体特殊儿童提供福利的基础上,逐步扩大到为部分普通儿童提供福利,生存性福利与发展性福利并重;再次,在中国适度普惠型儿童社会福利制度高级阶段(2031-2050年),逐步为更多普通儿童、最终为全体儿童提供福利,儿童社会福利内容涵盖儿童生活、教育、医疗、住房、就业、娱乐、儿童开发等各个领域,形成多层次、多样化的儿童社会福利内容体系。

第三维度,福利水平。本书从微观视角探索满足儿童个体需要的福利标准。分别从津贴标准的确定、补贴标准的确定等方面探索儿童福利水平的逐步提高。本书认为,儿童的各类津贴和补贴标准应以满足儿童的基本生活需要为前提,应不低于当地平均生活水平,并随着人民生活水平的提高动态调整,儿童福利水平逐步提高。

三、中国适度普惠型儿童社会福利制度建设需要完善三大保障机制

(一)加大儿童社会福利的财政支出

经初步测算,2020 年时中国儿童社会福利支出占 GDP 的比重将达到 0.50%,2030 年时提高到 0.95%~1.03%,2050 年时进一步增加到 2.38%~2.66%。2050 年,中国儿童社会福利支出占 GDP 的比重相当于 OECD 国家 2009 年的平均水平(2.61%)。据预测,2050 年时中国 GDP 将达到 358 万亿元。那时,中国国家经济发展水平较高,财政实力雄厚,重大基础设施建设已经完成,中国有足够的财力保障民生。因此,中

国未来应提高儿童社会福利的给付水平，加大儿童社会福利的财政支出。

（二）完善儿童社会福利法律法规和管理运行

随着中国儿童社会福利制度的发展，中国对适度普惠型儿童社会福利法律法规体系的建设也显得更加迫切。尽快出台《儿童福利法》或《儿童福利条例》是适应中国经济社会发展的必然要求，也是发展儿童权利的需要。中国应逐步建立起以《儿童福利法》为母法，包含儿童生活、教育、医疗、就业、司法保护等专项福利法律法规在内的相对完善的儿童社会福利法律法规体系。

当前，中国的儿童社会福利职能分散在各个部门之间。这既不利于中国儿童福利事业的发展，也不利于行政管理。随着中国适度普惠型儿童社会福利制度的发展，中国应统一行政管理职能，在国家层面设立儿童福利局或国家儿童福利与家庭福利局，统一领导儿童福利事业。在地方层面，建立儿童社会福利具体事务的科室。省级部门、县（市）、和乡镇、村负责儿童社会福利的各项具体工作，将儿童社会福利行政管理在现有基础上向两端延伸，从而建立起符合儿童全面发展的行政管理体系。

（三）完善适度普惠型儿童社会福利制度建设的绩效评价

当前，中国儿童社会福利制度建设绩效评价体系处于萌芽阶段。从宏观视角来看，中国发展适度普惠型儿童社会福利制度，最根本的目标是最大限度满足儿童的各层次需要，不断完善这项制度，让儿童和全国人民一起，共享经济社会发展成果。从微观视角来看，则是为进一步完善行政管理职能，促进行政效率提高；通过绩效评价，发现管理中存在的问题，找出导致这些问题存在的原因，提出改革建议，以便提高行政管理质量。通过健全第三方评估机制，提高儿童社会福利制度管理的工作效率。本书初步设计了包含 6 个一级指标和 20 个二级指标的中国适度普惠型儿童社会福利制度建设绩效评价指标体系，以便为中国儿童社会福利绩效管理提供参考。

第二节　创新与不足

一、特色与创新

本书有以下五个方面的特色和创新之处：

（一）深化和发展了适度普惠型儿童社会福利概念的内涵

本书在民政部对适度普惠型儿童社会福利界定的基础上，从"普惠"和"适度"两个视角，覆盖范围、福利内容和福利水平三个维度对适度普惠型儿童社会福利的概念进行拓展和加深。本书认为：在中国，适度普惠型儿童社会福利是指从 21 世纪初叶中国步入小康社会到 21 世纪中叶中国达到中等发达国家水平这一阶段所要实现的一种福利制度，可以从"普惠"和"适度"两个视角来界定，所谓普惠，是指儿童社会福利覆盖全体儿童或某一特殊群体中全体儿童。所谓适度，是指儿童社会福利的渐进性，可以从覆盖范围、福利内容、福利水平三个维度加以界定，即：在覆盖范围上，由某一特殊群体的儿童逐渐扩大到更多特殊群体的儿童，并逐步扩大到普通儿童；在福利内容上，由生存性福利逐步扩大到发展性福利，并最终形成多样化的儿童福利体系；在福利水平上，从低水平逐步发展到高水平。

本书两个视角、三个维度的概括，较系统地阐述了适度普惠型儿童社会福利概念的内涵，在研究领域具有一定的特色。

（二）比较系统地提出适度普惠型儿童社会福利制度建设的理念、原则和思路

本书从变革社会制度的视角，着眼于完善适度普惠型儿童社会福利制度顶层设计，比较系统地提出适度普惠型儿童社会福利制度建设的理念、原则和思路。认为中国适度普惠型儿童社会福利制度建设必须"以科学发展观为指引，以联合国《儿童权利公约》精神为宗旨，以中国现实国情为蓝本，以国际经验为参照，以满足儿童需求为导向，充分考察儿童权利优先序列，与中国经济社会发展相适应"，必须坚持"政府主导、社会参与、逐步、适度、统一"的原则，在经济发展和人民生活水平提高的基础上逐步实现适度普惠型儿童社会福利制度。

（三）相对完整地构建起适度普惠型儿童社会福利制度建设的"三阶段"模式

本书依据中国经济社会发展趋势和重要战略机遇期的划分，比较完整地提出构建适度普惠型儿童社会福利制度的"三阶段"模式，并运用在对中国适度普惠型儿童社会福利制度建设的探索中。本书认为2020年、2030年和2050年是中国人口、经济、社会发展的重要战略机遇期，因此中国适度普惠型儿童社会福利制度建设也需经历这三个时间节点。提出中国适度普惠型儿童社会福利制度建设的"三阶段"模式，即：2010-2020年是中国适度普惠型儿童社会福利制度建设的初级阶段，实现孤儿、困境儿童和困境家庭儿童等特殊儿童全覆盖，福利项目逐步增多，福利水平逐步提高；2021-2030年是中国适度普惠型儿童社会福利制度建设的中级阶段，福利对象逐步覆盖全体特殊儿童和部分普通儿童，城乡福利项目和内容多样化，实现较高的福利给付水平；2031-2050年是中国适度普惠型儿童社会福利制度建设的高级阶段，全体儿童全覆盖，为全体儿童提供多层次、多样化的社会福利项目，实现高水平的福利供给。

本书用"三阶段"模式来表达中国适度普惠型儿童社会福利制度建设的内涵，从理论和实践两个层面回答如何建设适度普惠型儿童社会福利制度，对"适度"作出相对完整的阐释，这是本书的一个重要特色和创新。

（四）将软系统方法论（SSM）引入适度普惠型儿童社会福利制度建设，在研究方法的运用上具有创新性

软系统方法论是切克兰德发明的用于处理人类活动等复杂的"软问题"时的一种方法和手段。儿童社会福利问题牵涉到不同利益的博弈，关联经济、政治、文化等各个领域，具有高度的复杂性。本书通过"丰富图"的构建，并且通过分析根定义，探索出适度普惠型儿童社会福利制度的目标活动模型，然后通过提问、讨论、咨询等多种方式在模型和现实之间反复比较，最后发展出洞察力，构建起符合经济社会发展要求，考察儿童自身发展需要的适度普惠型儿童社会福利内容体系，在研究方法的运用上具有创新性。

（五）较早将绩效评价引入适度普惠型儿童社会福利制度建设，在评价手段上具有创新性

绩效评价是评价职能管理部门工作效能和效率的一种手段和方法，通过绩效评价有助于改进行政效率，提高工作效能。本书基于AHP方法初步设计了包含6个一级指标，20个二级指标和几十个三级指标的儿童社会福利事业发展评估指标体系。指标体系详细地考察了儿童社会福利目标与定位、儿童社会福利发展规模、儿童社会福利事业管理、儿童社会福利提供、儿童社会福利政策支持与法律保障、儿童社会福利效果监测等方面的内容，试图通过第三方评估机制健全中国儿童社会福利管理职能，提高儿童社会福利管理水平。

二、存在的不足

由于适度普惠型儿童社会福利制度建设涉及经济、社会、政治、文化、教育、管理等多个领域的理论和知识，要求研究者具有较深厚的理论基础和和专门的专业知识，而笔者学术理论和实践能力都相对有限，难以进行全面和深刻的研究。又由于时间和资源条件的限制，获得的资料和一些认识可能不完备和不充分，需要在后续研究中进一步深化。在后续研究中，笔者将尽量弥补这些不足，努力为推动适度普惠型儿童社会福利制度建设尽自己的一点力量。

参考文献

中文文献

一、著作类

[1]阿玛蒂亚·森.衡量贫困的社会学[M].北京：改革出版社，1993:35.

[2]A·C·庇古.福利经济学[M].朱泱，张胜纪，吴良健译.北京：商务印书馆，2006：94-98.

[3]埃斯平-安德森.福利资本主义的三个世界[M].苗正民，滕玉英，译.北京：商务印书馆，2010:168.

[4]巴林顿·摩尔.民主和专制的社会起源[M].拓夫等译，北京：华夏出版社，1989:335.

柏拉图.理想国[M].郭斌和，张竹明译.北京：商务印书馆，1986:38-42.

[5]《当代中国》丛书编制辑委员会.当代中国的民政（下册）[M]. 北京：当代中国出版社，,1994:13.

[6]曹艳春.我国适度普惠型社会福利制度发展研究[M].上海：上海人民出版社，2013：31.

[7]曹艳春.我国城乡社会救助系统建设研究[M].上海：上海人民出版社，2009：36.

[8]陈新民.公法学札记[M].台北：三民书局，1993：61-62.

[9]程丹峰.中国反贫困——经济分析与机制设计[M].北京：经济科学出版社，2000：113.

[10]道格拉斯·诺斯.制度、制度变迁与经济绩效[M].刘守英译，上海：上海三联书店，1994：2.

[11]多吉才让.《中国社会福利丛书》总序.周弘主编.国外社会福利制度[M].北京：中国社会出版社，2002：12.

[12]EriCRedaer. 公共部门绩效管理[M].张泰峰译，郑州：郑州大学出版社，2004：8.

[13]凡勃伦.有闲阶级论[M].蔡受百译，北京：商务印书馆，1964：3，139，148.

[14]费穗宇，张潘仕.社会心理学辞典[M].石家庄：河北人民出版社，1988：13.

[15]冯德全.0岁方案[M].北京：北京科技出版社，2000.

[16]哥斯塔·埃斯平—安德森.福利资本主义的三个世界[M].苗正民，藤玉英.北

京：商务印书馆，2010：37-38.

[17]关信平.中国城市贫困问题研究[M].长沙：湖南人民出版社，1999：88.

[18]国务院办公厅秘书局、中央机构编制委员会办公室综合司编.中央政府组织机构2008[M].北京：党建读物出版社，2009：33.

[19]哈维·S·罗森.财政学[M].马欣仁，陈茜译.北京：中国财经出版社，1992：122.

[20]何俊志.结构、历史与行为--历史制度主义队政治科学的重构[M].上海：复旦大学出版社，2004：257.

[21]鞠青，张小亮，陈晨编.中国流浪儿童研究报告[M].北京：人民出版社，2008：1.

[22]李建.学校营养[M].成都：四川大学出版社，2006：56.

[23]联合国儿童基金会：千年发展目标关注儿童问题[M].联合国儿童基金会，2003：56。

[24]刘纯彬.唐钧.中国贫困与反贫困报告[M].北京：华夏出版社，2003：47.

[25]刘继同.国家责任与儿童福利——中国儿童健康与儿童福利政策研究[M].北京：中国社会出版社，2010：35.

[26]邱皓政.量化研究与统计分析——SPSS 中文视窗版数据分析范例解析[M].重庆：重庆大学出版社，2009：261.

[27]尚晓援，张雅桦等.建立有效的中国儿童保护制度[M].社会科学文献出版社，2011：180.

[28]尚晓援.中国孤儿状况研究[M].北京：社会科学文献出版社，2008：19.

[29]沈晓明，王卫平. 儿科学（第7版）[M].北京：人民卫生出版社，2011：4.

[30]世界银行.1990年世界发展报告[M].北京：中国财政经济出版社，1990：15.

[31]孙克姆·霍姆斯.公共支出管理手册[M].北京：经济管理出版社，2002：12.

[32]威廉·罗雪尔.历史方法的国民经济学讲义大纲[M].朱绍文译，北京：商务印书馆，1997：233.

[33]杨雄主编.儿童福利政策[M].上海：上海人民出版社，2012：59.

[34]杨志勇.公共经济学[M].北京：清华大学出版社，2008：95-100.

[35]余永定，张宁燕，郑秉文.西方经济学（第二版）[M]. 北京：经济科学出版社，1999：54.

[36]袁方，王汉生.社会研究方法教程[M].北京：北京大学出版社，1997：392.

[37]约翰·罗尔斯.正义论[M]. 何怀宏等译.北京：中国社会科学出版社，2001：6.

[38]张海鹰.社会保障辞典[M].北京：经济管理出版社，1993：60.

[39]张建明，龚晓京.社会福利与社会保障关系刍议.窦玉沛主编.重构中国社会保障体系的探索[M].北京：中国社会科学出版社，2001：62.

[40]张京萍.社会保障法教程[M].北京：首都经济贸易大学出版社，2004：68.

[41]中国福利会.宋庆龄论儿童教育和儿童工作[M].上海：上海教育出版社，1992：1.

[42]中国社会科学院语言研究所词典编辑室.现代汉语词典（第6版）[M].北京：商务印书馆，2012：332.

[43]中国营养学会.中国居民膳食指南（2007）[M].拉萨：西藏人民出版社，2009.

[44]中华少年儿童慈善救助基金会、中国青少年研究会.中国孤儿基本状况及救助保护研究报告[M].北京：中国人民公安大学出版社，2013：8.

[45]周彬彬.向贫困挑战——国外缓解贫困的理论与实践[M].北京：人民出版社，1991：252.

[46]周沛.社会福利体系[M].北京：中国劳动社会保障出版社，2007：11.

[47]周震欧.儿童福利（修订版）[M].台湾：巨流出版社，2007：9.

二、学位论文类

[48]冯鸿雁.财政支出绩效评价体系构建及其应用研究[D].天津：天津大学，2004：23.

[49]赖素莹.全面发展与多元支持——农村孤儿救助模式探讨[D].武汉：华中师范大学，2007：11.

[50]李东瑞.对我国财政支出规模和结构的研究[D].石家庄：河北大学，2004：3.

[51]梁慧颖.失依儿童家庭寄养问题研究——以沈阳市为例[D].沈阳：沈阳师范大学，2009：15.

[52]王美静.农村脆弱儿童福利体系建构的探索性研究——以山西二十个村庄为例[D].南京：南京师范大学，2012：11.

[53]杨朝勇.队列要素法与浙江省人口预测[D].杭州：浙江大学，2003：6.

[54]杨盛花.制度分析理论视角下我国高校教学管理制度研究[D].长沙：湖南大学，2008：11.

[55]杨晓琳.残疾儿童义务教育福利的治理——以陕西省为例[D].西安：西北大学，2008：18.

[56]徐秋慧.社会工作专业化评估分析[D].上海：复旦大学，2008：15.

[57]张琳.儿童福利建设存在的问题及对策选择[D].沈阳：沈阳师范大学，2013：17.

[58]张萍.主体视角下的儿童福利体系建构——基于鄂北J镇农村艾滋孤儿"求助"的实证研究[D].武汉：华中师范大学，2011：9.

[59]张延辉.我国残疾人社会保障制度绩效评价研究[D].吉林：吉林大学，2008：5.

三、期刊论文类

[60]阿弗纳·格雷夫,韩毅.历史制度分析:从经济史视角研究制度问题的新进展[J].经济社会体制比较,2003(5):30-43.

[61]阿特日其木格.蒙古国儿童福利制度研究[J].劳动保障世界(理论版),2013(2):73-75.

[62]安双宏.论印度"整体性儿童发展服务"计划中的幼儿教育[J].比较教育研究,2008(8):44-46.

[63]北京师范大学儿童福利研究中心.英国的儿童福利制度[J].社会福利,2011(2):52-52.

[64]北京师范大学中国公益研究院.构建普惠型儿童福利服务体系[J].社会福利,2015(2):1-3.

[65]曹义隽.儿童福利事业的适度普惠之路如何延续[J].中国民政,2010(4):48-48.

[66]陈晨.托起折翼天使——全国流浪儿童抽样调查报告[J].和谐社会建设与青少年发展研究报告——第三届中国青少年发展论坛暨中国青少年研究会优秀论文集(2007),2007:460-463.

[67]陈文,蒋虹丽,黄勋宇.城镇儿童医疗保障的演变与发展现况分析[J].中国卫生政策研究,2009(2):18-23.

[68]陈卫.中国未来人口发展趋势:2005~2050年[J].人口研究,2006,30(4):93-95.

[69]陈晓敏.离异单亲母子家庭儿童的权益保障[J].青少年犯罪问题,2006(1):29-33.

[70]陈云凡.为增长而投资:中国儿童福利制度中的政府支出行为分析[J].第三届全国社会福利理论与政策研讨会论文集.http://www.dtiosw.com/news_show.asp?id=506.

[71]程福财.中国流浪儿童福利政策的绩效:基于流浪儿童视角的分析[J].社会科学,2009(4):80-86.

[72]成海军,朱艳敏.社会转型视阈下的普惠型儿童福利制度构建[J].学习与实践,2012(8):85-96.

[73]成海军.从中外儿童福利院舍的比较与变化看我国儿童福利的发展方向[J].社会福利,2003(10):57-59.

[74]成海军.中国儿童福利制度转型与体系嬗变[J].社会福利,2012(9):24-30.

[75]戴建兵,曹艳春.社会福利研究述评[J].浙江社会科学,2012(2):82-90.

[76]戴建兵,曹艳春.论我国适度普惠型社会福利制度的构建与发展[J].华东师范大学学报(哲学社会科学版),2012(1):26-31.

[77]戴建兵.构建与我国中等收入水平相适应的适度普惠型社会福利制度[J].华东经济管理,2012(8):48-51.

[78]董小苹,王丛彦.中美儿童福利制度比较研究[J].当代青年研究,2011(7):24-29,53.

[79]窦玉沛.儿童福利:从补缺型向适度普惠型转变[J].社会福利,2011(4):6-7.

[80]冯元,高云霞.流浪儿童救助模式转型的创新路径——基于优势视角理论的探讨[J].南京人口管理干部学院学报,2013,29(4):57-62.

[81]龚婷婷.法国、美国和日本儿童福利的发展及其启示[J].教育导刊,2010(3):88-92.

[82]龚婷婷.美国和日本儿童福利的发展及其启示[J].精神文明导刊,2010(6):27-27.

[83]关信平.我国贫困人口标准再探讨[J].人口研究,2006,30(6):15-22.

[84]国务院妇女儿童工作委员会办公室、石家庄市保护流浪儿童研究中心课题组.流浪儿童保护机制和对策研究[J].中国妇运,2005(6):11-14.

[85]华红琴.论残障儿童家庭支持性福利政策与服务体系[J].社会建设,2015(2):24-35.

[86]韩晶,韩芳.孤残儿童家庭寄养存在的问题与对策研究——以济南市儿童福利院为例[J].济南大学学报(社会科学版),2015(4):85-90.

[87]韩伟,罗利君,李珂.多元化孤儿救助模式研究[J].商品与质量,2010(7):35-36.

[88]何侃.残疾儿童教育现状与展望[J].残疾人研究,2012(2):15-20.

[89]何玲.瑞典儿童福利模式及发展趋势研议[J].中国青年研究,2009(2):5-9,15.

[90]胡晓毅,王勉.北京地区发展性障碍儿童家庭生活质量的研究[J].中国特殊教育,2012(7):3-10.

[91]金炳彻,张金峰.残疾儿童家庭支持体系研究综述[J].残疾人研究,2014(1):24-27.

[92]梁红秋,杜宇.重视孤儿基础教育与职业培训 提高就业能力[J].前进论坛,2013(10):37-38.

[93]林闽钢.缓解城市贫困家庭代际传递的政策体系[J].苏州大学学报,2013(3):15-19.

[94]卢珊,王小春.中国儿童收养问题的思考[J].社会福利,2014(8):36-38.

[95]李三梅.流浪乞讨儿童的社会支持网络研究——基于发展性社会福利理论的视角[J].赤峰学院学报(汉文哲学社会科学版),2014,35(2):120-122.

[96]蓝瑛波.俄罗斯儿童福利与保障制度述评[J].中国青年研究,2009(2):22-25.

[97]李胜男.我国居民消费物价指数（CPI）的计量经济预测研究[J].哲理：论坛版，2010（3）：142-144.

[98]李希如，崔红艳. 中国的生育率：到底下降了多少？[J]. 人口研究，2004（4）：3-15.

[99]李旭穗.我国城市居民最低生活保障水平"电梯理论"实证分析[J].华东经济管理，2010（8）：63-65.

[100]刘继同.中国儿童福利时代的战略构想[J].学海，2012（2）：50-58.

[101]刘继同.中国儿童福利政策模式与城市流浪儿童议题[J].青年研究，2003（10）：33-38.

[102]刘继同.中国孤儿、受艾滋病影响儿童和脆弱儿童生存与服务状况研究（下）[J].青少年犯罪问题，2010（5）：15-23.

[103]刘继同.中国孤儿、受艾滋病影响儿童和脆弱儿童生存与服务状况研究（上）[J]. 青少年犯罪问题，2010.

[104]刘继同.儿童健康照顾与国家福利责任——重构中国现代儿童福利政策框架[J].中国青年研究，2006（12）：51-56，86.

[105]刘继同.欧美人类需要理论与社会福利制度运行机制研究[J].北京科技大学学报，2004（3）：1-5.

[106]刘继同.当代中国的儿童福利政策框架与儿童福利服务体系（上）[J].青少年犯罪问题，2008（5）：13-21.

[107]刘建平.贫困线测定方法研究[J].山西财经大学学报，2003，25（4）：60-52.

[108]刘能铸，陈景江，刘开善.重庆天然气需求的指数平滑法预测研究[J].湘潭师范学院学报（自然科学版），2009，31（1）：24-26.

[109]刘晓红，宋继芳.孤儿救助及其存在的问题[J].西安电子科技大学学报（社会科学版），2008（1）：162-166.

[110]陆士桢，常晶晶.简论儿童福利和儿童福利政策[J].中国青年政治学院学报，2003（1）：1-6.

[111]陆士桢.简论中国儿童福利[J].华中师范大学学报（哲学社会科学版），1997（6）：10.

[112]陆士桢，徐选国.适度普惠视阈下我国儿童社会福利体系构建及其实施路径[J].社会工作，2012（11）：4-10.

[113]栾俪云.国外儿童照顾与支持的价值理念和制度安排[J].前沿，2010（12）：71-73.

[114]穆怀忠.社会保障适度水平研究[J].经济研究，1997（2）：56-63.

[115]彭华民，齐麟.中国社会福利制度发展与转型：一个制度主义分析[J]. 福建论坛：人文社会科学版，2011（10）：169-176.

[116]彭佳.浅析服刑人员未成年子女保护的必要性及途径[J].山西青年管理干部学院学报，2010（3）：72-74.

[117]秦睿、乔东平.儿童贫困问题研究综述[J].中国青年政治学院学报，2012（4）：41-46.

[118]仇雨临,郝佳.中国儿童福利的现状分析与对策思考[J].中国青年研究，2009（2）：26-30，46.

[119]尚晓援.中国儿童福利政策的重大突破与发展方向[J].社会福利，2011（6）：5-6.

[120]尚晓援.孤儿救助亟需加大力度[J].社会福利，2008（12）：32-33.

[121]尚晓援."社会福利"和"社会保障"的再认识[J].中国社会科学，2001（3）：113-121.

[122]尚晓援，陶传进.中国儿童福利制度的权利基础及其限度[J].《清华大学学报》（哲学社会科学版），2009（2）：143-150.

[123]尚晓援，吴文贤.对我国流浪儿童教育问题的探讨[J].青少年犯罪问题，2006（1）：34-37.

[124]宋文珍.加快建立适度普惠型的儿童福利制度[J].中国妇运，2013(6)：35-37.

[125]宋文珍.用制度保护我们的孩子[J].求是杂志(社会建设与管理)，2013（5）：55-56.

[126]孙宏义，陈建丽，朱梅.我国物价指数的时间序列分析[J].安徽工程科技学院学报：自然科学版，2004，19（4）：30-33.

[127]孙奕，巩桂双.儿童福利机构孤残儿童护理人员现状基线调研报告[J].中国民康医学，2008，20（19）：2292-2294.

[128]孙月蓉.加拿大低收入家庭保障计划对我国的启示[J].社会保障研究，2012（2）：107-112.

[129]唐钧.中国需要适度普惠的儿童福利政策[J].中国社会保障，2011，（6）：30-30.

[130]田北海.社会福利概念辨析——兼论社会福利与社会保障的关系[J].学术界，2008（2）：278-282.

[131]田珂.孤儿救助的制度化：孤儿的最好出路[J].重庆城市管理职业学院学报，2008（1）：8-11.

[132]汤秀娟.流浪儿童协调教育的缺失与重构[J].大连大学学报，2014，35（6）：123-127.

[133]田益祥.GMDH物价指数预测模型研究及实证[J].电子科技大学学报，2005，34（5）：569-572.

[134]童小军.美国社会工作者的主要从业领域[J].中国社会报,2007(4).

[135]王碧玉,庞柏林.我国农村贫困发生率变化趋势与贫困缺口率量化研究[J].商业研究,2006(3):150-152.

[136]王飞鹏.农村孤儿生活状态调查——以烟台部分农村为例[J].中国社会保障,2007(10):70-71.

[137]王飞鹏.农村孤儿的抚养模式与生活状况的实证分析——以山东烟台部分农村调查为例[J].中国青年研究,2010(2):60-63,34.

[138]王盼玉.灰色—马尔可夫模型在消费者物价指数预测中的应用[J].时代金融,2012(5):213-214.

[139]王思斌.我国适度普惠型社会福利制度的建构[J].北京大学学报(哲学社会科学版),2009(5):58-65.

[140]王延红,董大钧.Excel中的指数平滑法及其应用[J].中国公共卫生管理,1999,15(2):131.

[141]王增文.农村最低生活保障制度的济贫效果实证分析——基于中国31个省市自治区的农村低保状况比较的研究[J].贵州社会科学,2009(12):107-111.

[142]王振耀.建立与中等发展水平相适应的儿童福利制度[J].社会福利,2008(11):16-17.

[143]王作宝.国外未成年人贫困测度及启示[J].东北大学学报(社会科学版),2011(1):48-53.

[144]吴先华.对我国物价指数的预测与分析[J].统计与决策,1998(10):18-19.

[145]夏乐平. 1979-2000年中国人口生育趋势:出生数据和教育数据的比较分析[J]. 人口研究,2005(4):2-15.

[146]信长星.人力资源社会保障部:着力"四个加强",切实保障孤儿权益[J].社会福利,2011(1):10-10.

[147]徐建中,陈鲁南.英国的儿童福利[J].2011(5):50-51.

[148]徐素琼.美国对身心障碍者的家庭支持及其对我国的启示[J].中国特殊教育,2008(9):6-10.

[149]徐月宾.儿童福利服务的概念与实践[J].民政论坛,2001(4):17-21.

[150]徐浙宁,冯萍.服刑家庭子女生活状况及发展需求调查[J].青年研究,2005(6):41-48.

[151]许莉娅.失依儿童福利院内家庭养护模式探索性研究——以北京市儿童福利院孤残儿童为例[J].中国青年政治学院学报,2007(4):8-13.

[152]薛惠元.新型农村社会养老保险财政支持能力[J].经济管理,2012(4):159-171.

[153]薛在兴.社会排斥理论与城市流浪儿童问题研究[J].青年研究,2005(10):1-7,13.

[154]俞贺楠,刘黎明.贫困儿童义务教育福利现状、问题及对策研究[J].理论界,2012(12):145-147.

[155]姚建平,梁智.从救助到福利——中国残疾儿童福利发展的路径分析[J].山东社会科学,2010(1):49-52.

[156]姚建平,朱卫东.美国儿童福利制度简析[J].青少年犯罪问题,2005(5):57-61.

[157]姚伟,王宁.当代美国儿童福利政策的特点[J].外国教育研究,2011,38(5):62-65.

[158]姚跃华,牛园园.基于RBF神经网络的CPI预测[J].计算机应用于软件,2010,27(10):92-93,195.

[159]杨生勇.我国针对农村孤儿的社会变迁及调整对策[J].中国青年政治学院学报,2005,24(6):132-136.

[160]杨生勇,徐晓军.农村孤儿的成因及其现状分析——以武汉市郊李集镇、山坡镇义务教育阶段的孤儿为例[J].青年研究,2005(6):25-30.

[161]杨新臣,吴仰儒.中国消费者物价指数预测——基于小波变换与支持向量回归的分析[J].山西财经大学学报,2010(2):1-8.

[162]杨瑛.教育学视域下的中国孤儿教育救助[J].当代青年研究,2011(1):72-75.

[163]尹光志,张卫中,张东明等.基于指数平滑法与回归分析相结合的滑坡预测[J].岩土力学,2007,28(8):1725-1728.

[164]于学军.对第五次全国人口普查数据中总量和结构的估计[J].人口研究,2002(3):9-15.

[165]张成荣.落实"蓝天计划",造福孤残儿童[J].社会福利,2008(8):42-42.

[166]张长伟.从社会救助到社会保护:艾滋病致孤儿童社会福利体系的重构——以河南省S县为例[J].中国青年研究,2013(6):89-93.

[167]张荆.未成年人社会福利与犯罪预防[J].预防青少年犯罪研究,2013(1):50-53.

[168]张丽君,江勇,易榆杰.服刑人员未成年子女情况的调查和思考——基于A省B市的实证分析[J].预防青少年犯罪,2014(5):31-36.

[169]张时飞、唐钧.中国的贫困儿童:概念与规模[J].河海大学学报(哲学社会科学版),2009(11):42-46.

[170]张青.总和生育率的测算及分析[J].中国人口科学,2006(4):35-42.

[171]张晓霞.美法两国儿童福利制度的差异比较[J].社会,2003(6):46-49.

[172]张源,尚璐璐,万云晓.和谐社会下儿童福利事业发展问题之探究[J].法制

与社会，2011（17）：186-186.

[173]赵东缓，兰徐民.我国测贫指标体系及其量化研究[J].中国农村经济，1994（3）：45-49，59.

[174]郅玉玲.基于社会保障理论的孤残儿童福利研究[J].人口与发展，2011，17（1）：86-94.

[175]周尚君.儿童人权：中国与世界——中国实施《儿童权利公约》20 周年——儿童人权的中国语境[J].青少年犯罪问题，2012，（5）：4-8.

[176]朱孔芳.孤残儿童家庭寄养探析——以上海市儿童福利院为例[J].华东理工大学学报：社会科学版，2006（4）：28-33.

[177]朱丽平.儿童福利机构护士工作现状研究[J].护理管理杂志，2008，8（11）：7-8，11.

[178]邹明明."孤儿救助"——福利特征与政策选择[J].社会福利，2008（9）：30-31.

[179]邹明明.瑞典的儿童福利制度[J].社会福利，2009（12）：58-59.

[180]邹明明.日本的儿童福利制度[J].社会福利，2010（1）：53-54.

[181]左芙蓉，刘继同.国家与儿童：民国时期儿童福利政策与服务实践历史研究[J].青少年犯罪问题，2006（3）：9-13.

四、其他类

[182]北京师范大学壹基金公益研究院儿童福利研究中心.中国儿童福利政策报告(2012)[R].北京：北京师范大学，2012：12.

[183]北京师范大学壹基金公益研究院儿童福利研究中心.中国儿童福利政策报告(2011)[R].北京：北京师范大学，2011：10.

[184]北京晚报.少儿抚养比1982年来首次上升[EB/OL].2013-02-22, http://bjwb.bjd.com.cn/html/2013-02/22/content_50307.htm.

[185]常州日报.我国艾滋病6个高发省份[EB/OL]. 2008-12-02,http://news.sina.com.cn/o/2008-12-02/103614818072s.shtml.

[186]陈沙沙.儿童福利：何时从"院内"到"院外"[EB/OL].2012-02-20,http://paper.people.com.cn/mszk/html/2012-02/20/content_1014839.htm?div=-1.

[187]东方网.孤儿入住经适房 黄浦首纳成年孤儿入保障范围[EB/OL].2013-02-18, http://finance.eastday.com/economic/m1/20130218/u1a7199677.html.

[188]东南快报.民政部：福利事业将转为适度普惠型[EB/OL].http://news.sina.com.cn/c/2007-10-19/000512750829s.shtml.

[189]法制晚报.卫生部：儿童白血病等8类大病救助将全国覆盖[EB/OL]. 2012-

3-22，http://news.sina.com.cn/c/2012-03-22/131324157544.shtml.

[190]范跃东.人口普查分析技巧[EB/OL].2012-04-18, http://www.chinavalue.net/Blog/TagEntry.aspx?TagID=118740.

[191]公益时报.民政部投10亿公益金实施蓝天计划资助孤儿[EB/OL]. http://www.zhcw.com/gongyi/jiugu/749679.shtml.

[192]光明网.颜维琦.儿童福利应走向制度化[EB/OL].2010-06-01, http://www.gmw.cn/content/2010-06/01/content_1138453.htm.

[193]光明网.孤儿基本生活费补助标准提高，65.5 万名孤儿从中受益[EB/OL].2011-07-26, http://politics.gmw.cn/2011/07/26/content_2347120.htm.

[194]国际在线.中国艾滋病病毒感染儿童超过 8000 人 上学难问题亟待解决[EB/OL]. 2012-12-01,http://gb.cri.cn/27824/2012/12/01/2625s3944782.htm.

[195]国务院.中国的儿童状况(1996). http://news.xinhuanet.com/zhengfu/2002-11/15/content_630932.htm

[196]合肥在线-江淮晨报. 安徽省大病救助对象扩大 艾滋病者可获医疗救助[EB/OL]. 2011-03-29,http://health.sohu.com/20110329/n305044709.shtml.

[197]金成川.以家庭为中心的残疾儿童整合性支持体系研究报告[R].2009：3-30.

[198]京华时报.人社部专家:我国已进入上中等收入经济体国家[EB/OL]. http://news.sina.com.cn/c/2013-06-14/032427392132.shtml.

[199]柯林武德.历史哲学[EB/OL]http://www.jiahp.net/academic/yilin/collingwood/historyphilo.htm.

[200]民政部.重生行动——全国贫困家庭唇腭裂儿童手术康复计划[EB/OL].2012-09-10, http://www.mca.gov.cn/article/zwgk/mzbhshzzxm/201209/20120900354685.shtml.

[201]民政部. 李立国部长在"明天计划"推进工作视频会议上的讲话[EB/OL].2014-06-17, http://www.mca.gov.cn/article/zwgk/ldjh/201406/20140600654326.shtml.

[202]南方网.中国儿童状况发展扫描 [EB/OL]. http://www.southcn.com/news/community/shzt/children/wb/200405260567.htm.

[203]人民日报.蔡昉：人口红利拐点已现[EB/OL].2013-01-28,http://finance.sina.com.cn/review/hgds/20130128/040514418515.shtml.

[204]人民网.中国改革开放 30 年绝对贫困人口减少 2.35 亿[EB/OL].2008-11-04,http://politics.people.com.cn/GB/1026/8282588.html.

[205]社会福利和慈善事业促进司.民政部关于开展适度普惠型儿童福利制度建设试点工作的通知[EB/OL][2013-06-26].http://www.mca.gov.cn/article/zwgk/tzl/201306/

20130600478862.shtml.

[206]社会事务司."接送流浪孩子回家"专项行动进展情况[EB/OL].http://sws.mca.gov.cn/article/gzdt/201212/20121200398097.shtml,2012-12-20.

[207]腾讯科学.艾滋病感染及其死亡人数已经出现明显下降[EB/OL]. 2013-9-25,http://www.bioon.com/trends/news/582795.shtml.

[208]网易.丹麦-福利国家的典范[EB/OL].2006-09-25http://gmdy1.blog.163.com/blog/static/450306200682534448143/.

[209]西安晚报.各地累计接收社区服刑人员 170 万[EB/OL]. http://epaper.xiancn.com/xawb/html/2014-01/06/content_267993.htm.

[210]小青.2012 中国儿童福利政策报告 6 月 1 日发布[EB/OL].2012-06-05,http://epaper.jzrb.com/html/2012-06-05/content_118552.htm.

[211]新华网. 过去近30年中国农村贫困发生率从31%降至2.5%[EB/OL].2007-09-26,http://business.sohu.com/20070926/n252365403.shtml.

[212]新华网.我国人均 GDP 首次突破 1000 美元,经济发展进入新阶段[EB/OL]. http://news.xinhuanet.com/fortune/2004-01/20/content_1285206.htm.

[213]新华网.河南: 4 万名受艾滋病影响的儿童得到救助[EB/OL]. 2010-01-30, http://www.xinhuanet.com/chinanews/2010-01/30/content_18913439.htm.

[214]新华网.民政部:我国孤儿保障制度全面建立[EB/OL].2011-01-02, http://news.xinhuanet.com/society/2011-01/02/c_13673803.htm.

[215]新华网. 2009 年以来全国共解救 5.4 万余名被拐儿童[EB/OL].http://www.chinanews.com/fz/2013/03-25/4673938.shtml,2013-03-25.

[216]中彩网.民政部 2012 年度本级福彩公益金使用情况公告[EB/OL].2013-4-18, http://sports.qq.com/a/20130418/000577_1.htm.

[217]中国财经报.中央财政保障困难群众基本生活取得新进展[EB/OL].2013-02-05, http://www.mof.gov.cn/zhengwuxinxi/caizhengxinwen/201302/t20130205_732146.html.

[218]中国财经报网.中央财政全年共拨 22.6 亿元保障孤儿基本生活[EB/OL].2013-07-06, http://www.cfen.com.cn/web/meyw/2013-07-06/content_987243.htm.

[219]中国残疾人联合会.1987 年全国残疾人抽样调查研究资料-中国残疾儿童状况[EB/OL].2008-04-07,http://www.cdpf.org.cn/sytj/content/2008-04/07/content_30316023.htm.

[220]中国残疾人联合会.2010 年中国残疾人事业发展统计公报[EB/OL].2011-03-05,http://www.cdpf.org.cn/2008old/wxzx/content/2011-03/15/content_30326506.htm.

[221]中国经济导报. 我国儿童福利水平落后于经济发展[EB/OL].2012-06-05,

http://www.ceh.com.cn/jryw/116385.shtml.

[222]中国经济网.中华人民共和国 2012 年国民经济和社会发展统计公报[EB/OL].2013-02-23, http://news.xinhuanet.com/politics/2013/02/23/c_114772758.htm.

[223]中国经济周刊.世界贫困人口"版图":中国占比 30 年下降 30%[EB/OL].2013-05-21,http://news.xinhuanet.com/fortune/2013/05/21/c_124740255.htm.

[224]中国社会科学院报.2051 年中国老年人口规模将达到 4.37 亿人[EB/OL].2009-03-31, http://sspress.cass.cn/news/738.htm.

[225]中国网.十五部委联合出台《关于加强孤儿救助工作的意见》[EB/OL].2006-04-14http://www.china.com.cn/chinese/PI-c/1183979.htm.

[226]中国新闻网.卫生部部长:中国艾滋病患者人数已达 42.9 万[EB/OL].2011-11-01, http://discovery.163.com/11/1101/09/7HP0TPS1000125LI.html

[227]中国新闻网.卫生部部长:中国艾滋病患者人数已达 42.9 万[EB/OL].2011-11-01, http://discovery.163.com/11/1101/09/7HP0TPS1000125LI.html

[228]中国新闻网.中国监狱服刑人员未成年子女总数逾 60 万,现状堪忧[EB/OL].http://news.sina.com.cn/o/2006-07-04/09449367336s.shtml.

[229]中国新闻网.中科院报告:中国还有 1.28 亿贫困人口[EB/OL].2012-03-12, http://www.chinanews.com/gn/2012/03-12/3737442.shtml.

英文文献

一、著作类

[1]A.C.Pigou.The Economics of Welfare, Macmillan 4th[M].London,1952:689-690.

[2]Alderfer,C.P. Existence,Relatedness and Growth:Human Needs in organitional settings[M].New york:Free Presss,1972:216.

[3]Aoki, M.Toward a Comparative Institutional Analysis[M]. Cambridge, Mass: MIT Press, 2001:4-9.

[4]Beezley,P. Comprehensive family oriented therapy. In R.E. Helfer & C.H.Kempe(Eds.), The battered child(2nd ed.) [M]. Chicago: University of Chicago Press ,2004:155.

[5]Belsley, D. A.Conditioning diagnostics : Collinearity and weak data in regression[M]. New York: John Wiley,1991:233.

[6]Bradshaw J. A taxonomy of social need. In: McLachlan G, editor. Problems and progress in medical care[M]. London: Oxford University Press,1972: 71–82.

W.J. Baumol, J.C. Panzar, R.D. Willig.

[7]Carroll,C.A.,& Haase,C.C. The function of protective services in child abuse and neglect.In R.E.Helfer,& R.S. Kempe(Eds.),The battered child(4th ed) [M]. Chicago: University of Chicago Press., 2008:159.

[8]Davidson, H.A., & Gerlach, K.Child custody disputes: The child's perspective[M]. In R.M. Horowitz & H.A. Davidson (Eds.), Legal rights of children Colorado Springs, 1984:232-261.

[9]D. C. Mc Clelland. The Achievement Motive(Century psychology series) [M]. Appleton-Century-Crofts, 1953.

[10]Department of women and Child Development. Ministry of Human Resource and Development.Convention on the Rights of the Child Country Report. India 1997.

[11]Duva,j. Transitional difficulties of out-of-home youth[M]. Washington,DC:Youth and America's Future: William T.Grant Foundation Commission on Work, Family and Citizenship,2008:212.

[12]Fanshel, D., & Shinn, E.. Children in foster care: A longitudinal investigation[M]. New York: Columbia University Press,1978:122.

[13]Farber, E.A., & Egeland,B. Developmental consequences of out-of-home care for infants in a low-income population. In E. F.Zigler, & E.W. Gordon(Eds.), Day care[M]. Scientific and social policy issues. Boston: Auburn House,2002:133.

[14]Griffin, K., and J. Knight. Political Economy of Development and Under-Development, In Wilbur, C. and Jameson, K. Political Economy of Development and Under-Development[M].New York: McGraw-Hill,1992:56-82.

[15]Goldstein,B. Children and work. Astudy of socialization[M]. New York: Free Press,1979:54；

Harold L. Wilensky & Charles N. Lebeaux.Industrial Society and Social Welfare[M]. New York：Russell Sage. 1958:137-147.

[16]Jenkins,S.,& Norman,E.Filial Deprivation and Foster Care[M]. New York: Columbia University Press,2002:116.

[17]John Rawls. A Theory of Justice[M]. Cambridge, MA: Harvard University Press, 1971:60-62.

[18]Johnson, W. Effectiveness of California's child welfare structured decision-making (SDM) model: A prospective study of the validity of the California Family Risk Assessment[M]. Oakland, CA: Alameda County Social Services

Agency,2004:77.

[19]Kadushin, A., & Martin, J. A. Child welfare services(4th ed.) [M]. New York: Macmillan, 1998:226.

[20]Lacy,G. & Johnson,C.Tackling the youth employment problem[M]. Washington, DC: Adolescent Pregnancy Prevention Clearinghouse,Children's Defense Fund,2009:78-86.

[21]Lela B. Costin & Cynthia J. Bell. Child Welfare：Policies and Practice (4th ed)[M]. New York：Macmillan，1979:481.

[22]Liederman, D.S. Child welfare[M]. Washington, DC: NASW Press,1995:423-424.

[23]Lindsey, D. The welfare of children[M]. New York: Oxford University Press ,1994:91-118;

[24]Lindsey, D. The welfare of children (2nd ed.)[M]. New York: Oxford University Press,2004:233.

[25]Midgley，James. Social Welfare in Global Context[M]. London:Sage,1997:135-136.

[26]North, D.C.Institutions, Institutional Change and Economic Performance[M]. Cambridge: Cambridge University Press：1990:1-10.

[27]PAUL A. DAVID. Evolution and Path Dependence in Economic Ideas : Past and Present [M].Cheltenham ,England , 2000:138.

[28]Pecora, P. J., Maluccio, A., Whittaker, J., Barth, R. P., & Plotnick, R.. The child welfare challenge: Policy, practice, and research (2nd ed.)[M]. New York: de Gruyter，2000:138.

[29]Pelton, L. H.. For reasons of poverty: A critical analysis of the public child welfare system in the United States[M]. New York: Praeger,1989:193.

[30]Peter B. Checkland，Jim Scholes. Soft systems methodology in action[M]. John Wiley & Sons Australia, Limited,1990:27.

[31]Peter J. Pecora , James K. Whittaker , etc. The child welfare challenge:Policy, Practice, and Research[M]. Aldine de Gruyter,2008:14-15.

[32]Polier,J. W. Aview from the bench[M]. New York: National Council on Crime and Delinquency,1994:178.

[33]Pollitt, Ernesto. Malnutrion and Infection in the Classroom[M]. Paris: UNESCO ,1990:143.

[34]Richard Morris Titmuss. Social Policy: An Introduction [M]. New York:

Pantheon Books,1974:30-31.

[35]R.L. Barber. The Social Work Dictionary, 4th Edition[M].Washing D.C.: NASW Press,1999:20-21.

[36]Strean, H.S. Social work and clinical social workers. In Clinical Social Work: Theory and Practice[M].New York: Free Press , 2008:40.

[37]Whitaker, W.H, & Federico, R C . Social Welfare in Today's World[M]. Boston：WCB， McGraw-Hill，1997:171-173.

[38]W.J. Baumol, J.C. Panzar, R.D. Willig.contestable markets and the theory of industrial structure[M].New York: Harcourt Bbrace Jovanovich,1982:393-425.

二、学位论文类

[39]Checkland, P. Systems Thinking ,Systems Practice[M].Chichester:Wiley, 1981：254.

[40]Holwell, S.E.Soft systems methodology and its role in information systems[D]. London: Lancaster University,1997:163.

三、期刊论文类

[41]A.H.Maslow. A Theory of Human Motivation [J].Psychological Review, 1943(50):370-396.

[42]Alderfer.C.P.An Empirical Test of a New Theory of HumanNeeds,Organizational Behavior and Human Performance[J]. May,1969:142-175.

[43]Anna Mlnsdotter, Lars Lindholm, Ann Ohman. Women, Men and Public Health——How the Choice of Normative Theory Affects Resource Allocation[J].Health Policy, 2004，69 (1):351-364.

[44]ARTHUR W. BRIAN . Competing Technologies , Increasing Returns and Lock- in byHistorical Events[J] . Economic Journal , 99, 116- 131, 1989.

[45]Becker, G. S. & B. R. Chiswick.Education and the Distribution of Earnings[J]. American Economic Review, 1966, 56 (1/2):358-369.

[46]Bergson, A. A reformulation of certain aspects of welfare economics[J]. Q J Econ 1938(52):310－334.

[47]Brown, G.E. Seeking a national consensus[J]. Public Welfare, 2008,45(1):12-17.

[48]Checkland,P. Towards a systems-based methodology for real-world problem solving[J]. Journal of Systems Engineering, 1972,3(2):87-116.

[49]Checkland, P.and Griffin,R. Management information systems:a systems view[J].Journal of Systems Engineering, 1970,1(2):29-42.

[50]Checkland, P.The case for "holon"[J].Systems Practice, 1988, 1(3): 235-238.

[51]Dasgupta, P. Nutritional Status, the Capacity for Work and Poverty Traps[J]. Journal of Economics,1997, 77 (1):5-37.

[52]Fiske,E.B. Is casework effective? A review[J]. Social Work, 2008, 18(1):1-5.

[53]Gamble, T.J., & Zigler, E. Effects of infant day care : Another look at the evidence[J]. American Journal of Orthopsychiatry, 2006,56(1):42.

[54]Garfinkel, I. Sweden's child support system: Lessons for the United States[J]. Social Work, 1982,27(6):509-515.

[55]Gray,E., & Coolsen,P.How do kids really feel about being home alone? [J].Children Today, 2008,16(4):30-32.

[56]Lufoton, R,C,. Myths and realities of crisis intervention[J].Social Casework, 2002,63(2):276-285.

[57]M C Suchman.Managing legitimacy: Strategic and institutional approaches[J].Academy of Management Review,1995(20):571-610.

[58]Ozawa, M.N. The 2002 amendments to the social security act: The issue of intergenerational equity[J]. Social Work, 2003,29(2):131-137.

[59]Paul Pierson.The Path to European Integration: A Historical Institutionalist Analysis[J].Comparative Studies,1996, 29(2):126.

[60]Stone, L.M. Effects of maternal employment on children: Evidence from research[J].Child Development, 2007, 31(4):165-178.

[61]Straus, M.,& Gelles,R. The costs of family violence[J]. Public Health Reports, 2007,102(6):640.

四、其他类

[62]Behrman, J., V. Lavy, and et al. Child Nutrition, Child Health, and School Environment: A Longitudinal Analysis[R]. Working Paper 97-021. Washington, D. C. World Bank/Institute for Economic Research,1997.

[63]Central Intelligence Agency /The World Factbook/ COUNTRY COMPARISON : NET MIGRATION RATE .https://www.cia.gov/library/publications/the world- factbook/ rankorder/2112rank.html.

[64]Cohen, D.J.Federal day care standards: Rationale and recommendations[R].New York: National Association of Social Workers,2005.

[65]Department of Women and Child Development, Ministry of Human Resource and Development. Convention on the Rights of the Child Coutry Report[R].India, 1997:12-13.

[66]Forbes, P. and Checkland, P.Monitoring and control in systems models[R]. Department of Systems and Information Management, Lancaster University, 1987:87.

[67]Lynn, S. J., Lock, T., Loftus, E. F., Krackow, E., & Lilienfeld, S. O. The remembrance of things past: Problematic memory recovery techniques in psychotherapy. In S. Lilienfeld, S. J. Lynn, & J. M. Lohr (Eds.), Science and pseudoscience in clinical psychology[C]. New York: Guilford, 2003: 250－239.

[68]OECD. Doing better for children[R]. Paris:2009:179.

[69]OECD（2011）. Doing Better for Families[R]. http://dx.doi.org/10.78719789264098732-en.

[70]Saluter, A.F.Singleness in America[R]. In U.S. Department of Commerce, Bureau of the Census, Studies in Marriage and Family, Current Population Reports. Washington, DC:U.S. Government Printing Office, 2009:1-10.

[71]Schafer, W.E., & Polk K. Delinquency and the schools. In President's Commission on Law Enforcement and Administration on Law Enforcement and Administration of Justice,Task force report: Juvenile delinquency and youth crime:Report on Jucenile justice and consultants' papers[R]. Washington, DC: Government Printing Office, 2006.

[72]Wisdom,WIC. New York Times[N], 1987,October 14.

[73]Williams,C.W. Guardianship: A minimally used resource for California's dependent children: A study in policy: 1895-1978. Unpublished doctoral dissertation[R]. University of Southren California, Los Angeles,1980.